Zu diesem Buch

Glanz und Elend eines wechselvollen Schicksals: Auf dem Schloß der Familie in Baden verbringt Sybille keineswegs verwöhnte Kindertage bei ihrem Vater, der, um das Nötigste zu besorgen, sich von seinen Antiquitäten trennen muß. Als dieser stirbt, kommt sie im Alter von zehn Jahren nach Italien zu ihrer Mutter, einer schönen, extravaganten, hochgebildeten Frau von bestechendem Intellekt. In diesem mediterranen Ambiente wächst das junge Mädchen heran. Doch über die helle Welt fällt ein Schatten – die Mutter, von ihrem Geliebten verlassen, erliegt dem Morphium. Um diese komplizierte Lebenssituation auszuhalten, lernt Sybille, die Dinge des Lebens mit außergewöhnlicher Rationalität anzugehen, ohne daß ihr Charme, ihre Schönheit, ihr Witz darunter leiden. Und eben diese besonderen Eigenschaften machen Sybille Bedford zu der herausragenden Erzählerin, die mit Esprit und Humor von den Wechselfällen ihres intensiven Lebens berichtet.

Sybille Bedford, 1911 in Deutschland geboren, das sie nach wenigen Jahren mit ihrer Familie verließ, wurde als literarische Essayistin, Schriftstellerin, Kritikerin und als Gerichtsreporterin in England und den Vereinigten Staaten berühmt. Sie schrieb eine zweibändige Biographie über Aldous Huxley. Für englische Zeitungen berichtete sie vom Auschwitz-Prozeß in Frankfurt, vom Prozeß gegen Jack Ruby in Dallas, vom Prozeß um «Lady Chatterley» in London. In der Reihe der rororo-Taschenbücher erschien bereits ihr Roman «Das Vermächtnis» (Nr. 13311), den Nancy Mitford «einen der besten Romane, die ich je gelesen habe», nannte. Sybille Bedford ist Vizepräsidentin des englischen PEN-Clubs und lebt in London.

Sybille Bedford

ZEITSCHATTEN

Ein biographischer Roman

Deutsch von
Margarete Längsfeld

Rowohlt

Die Originalausgabe
erschien 1989 unter dem Titel
«Jigsaw. An Unsentimental Education»
bei Hamish Hamilton Ltd., London
Umschlaggestaltung
Nina Rothfos
Umschlagillustration
Peter Toepfer

Veröffentlicht im Rowohlt Taschenbuch Verlag GmbH,
Reinbek bei Hamburg, Juni 1994
Copyright © 1992 by Rowohlt Verlag GmbH,
Reinbek bei Hamburg
«Jigsaw» © 1989 by Sybille Bedford
Alle deutschen Rechte vorbehalten
Druck und Bindung Clausen & Bosse, Leck
Printed in Germany
1490-ISBN 3 499 13474 8

Allanah Harper gewidmet
für ein halbes Jahrhundert

The way things looked before
later events made them look different.
And this is as much a part of history
as the way things actually were.
                                      Robert Kee

In the end most things in life
– perhaps all things – turn out
to be appropriate.
                                      Anthony Powell

Die Kislings und die Aldous Huxleys sind die Kislings und die Aldous Huxleys und sie sind sie selbst…

Die Falkenheims, die Nairns und die Desmirails sind nicht Falkenheims, Nairns und Desmirails und sie sind weitgehend sie selbst…

Meine Mutter und ich sind ein Prozentsatz von uns selbst…

Diese und alle anderen Personen und Dinge sind, was sie mir – zu verschiedenen Zeiten – zu sein schienen.

INHALT

Teil I

VORGESCHICHTE

Deutschland

Dies ist meine erste bewußte Erinnerung: Ich wurde in einem Kinderwagen, den ich als zu klein für mich empfand (ich konnte ja schon richtig laufen), durch belaubte Straßen geschoben. Ich wußte, es war in Kopenhagen. Ich muß gut zwei Jahre alt gewesen sein. In jenem Augenblick befand ich mich in einem engen Raum, und meine Mutter, die einen voluminösen Schleierhut trug, beugte sich über mich, denn sie war es, die – eine große Ausnahme – den Kinderwagen geschoben hatte. Sie sprach zu mir in dem Tonfall, in dem Schwüre geleistet werden. *Bitte* sei brav, bitte sei *still*, er kann Babys im Flur nicht leiden. *Bitte schlaf doch ein.* Und ich schlief ein, ich schlief den ganzen seligen Nachmittag. Die Erklärung kam später, Jahre später, aber die tatsächliche Folge der Ereignisse – die Straßen, der Kinderwagen, der enge Raum, die Dringlichkeit in der Stimme meiner Mutter, ein Appell an Vernunft und Komplizenschaft, mein sofortiges Versinken in Vergessen – ist mir deutlich in Erinnerung. Der enge Raum war der Flur in der Wohnung eines Mannes. Er war ein gefeierter dänischer Romancier, ein Junggeselle, eher fünfzig als vierzig Jahre alt, von anspruchsvollem Wesen. Wir – meine Mutter, das Kindermädchen und ich – wohnten in einem Hotel. Das Kindermädchen hatte seinen freien Nachmittag. Meine Mutter wußte nicht, wohin mit mir. «Man konnte dich nicht allein lassen, du warst sehr lebhaft. Ich traute dem Zimmermädchen nicht, sie hätte es womöglich dem Kindermädchen erzählt. Das Kindermädchen durfte es nicht wissen. Niemand durfte es wissen. Darum habe ich dich kurzerhand in den Kinderwagen gesteckt und mit zu Peter genommen. Ja, es war ein Risiko. Aber du warst ein Engel.»

Die nächste Erinnerung (Tage später? Eine Woche?) ist Sand, endloser weißer Sand. Ein Strand – er ist für mich ein prägender Eindruck geblieben – wir waren in Skaagen. Ich wollte ins Wasser. Doch zwischen dem Sand und dem Wasser lagen in einem dichten Streifen kleine Fische, tote, nasse glänzende Fische. Ich schüttelte mich vor Ekel. Das Kindermädchen, das Stiefel und Strümpfe anhatte, nahm mich hoch und hob mich über die Fische hinweg. Ich war im Wasser – Kühle, Leichtigkeit, Zerfließen, Wonne: das ist die See, ich bin die See, hier gehöre ich hin. Für immer. Und dann verblaßt der Zustand des Nicht-ich-Seins, und die Furcht kommt stechend wieder: die toten Fische, ich muß wieder über die toten Fische hinweg, irgendwann... bald... jetzt gleich.

Eine dritte Erinnerung. Noch in Dänemark. Ich sitze auf einem hohen Stuhl an einem großen Tisch, Kinder um mich herum. Das Kindermenü im Hotel. Eine große Fensterfront, es ist sehr hell. Vor jedem Teller, auch vor meinem, steht ein Porzellanschälchen. Darin ist Sahne, und in der Sahne – köstlich – schwimmt ein ganzes rundes Eigelb, rohes Eigelb. Dieses Ei in Sahne ist für unser Essen bestimmt. Kindermädchen sitzen im Kreis hinter uns, bereit, einzugreifen. Ich bin fest entschlossen, mit meinem Ei ganz allein umgehen zu können, mir auszusuchen, ob ich es mit meiner Suppe, meinem Spinat oder meinem Kartoffelbrei verrühre, und es gelingt mir.

Das ist alles, was ich von Skandinavien erinnere, doch was das Gedächtnis zu bewahren auswählte, weist vielleicht auf drei künftige Neigungen hin: die Leidenschaft, im Meer zu schwimmen (und eine unterdrückte Abneigung, lebende Fische zu berühren), die große Liebe zum Kochen und das Bedürfnis, Liebenden beizustehen.

Mein Vater zieht seine Uhr hervor. Er geht neben der wartenden Kutsche auf und ab. Ich bin mit zwei von den Hunden auf dem Rücksitz, gespannt und zappelig. Ich möchte bei dem Kutscher auf dem Bock sitzen, aber *er* läßt mich nicht. Er ist mein Vater. Er sagt, es ist zu gefährlich. Wir wollen einen Tagesausflug nach Freiburg oder Basel machen. Meine Mutter ist noch nicht erschienen. Sie verspätet sich. Das ist angeblich furchtbar schlimm für die Pferde. Leute werden zum Haus hinein und hinaus geschickt. Mein Vater ist nicht böse, er ist besorgt. Wir sind alle besorgt. Es dauert und dauert. Ein Hund springt herunter, der andere folgt ihm. Sie werden wieder hinaufgehoben. Ich bete, es möge vorbei sein. *Meine Mutter.* Mein Vater zieht seine Uhr wieder hervor, Mutter gibt ihm keine Antwort. Sie ist nicht besorgt. Das macht es noch schlimmer. Mein Vater bemerkt, daß sie keinen Regenschirm bei sich hat. Sie sieht zum Himmel. Er sagt, *man muß immer einen Schirm mitnehmen.* Jemand geht ins Haus, um einen zu holen. Er sagt, wir können nicht tun, was wir vorhatten – die Fahrt ist verdorben, der Tag ist verdorben. Seine Stimme ist sehr unglücklich. Aber überzeugt. Ich bete wieder. Dann stellen sie fest, daß ich keine Handschuhe habe (ich habe sie absichtlich zurückgelassen). Dieses Kind … sagen sie. Weitere Minuten. Mein Vater in gespielter Verzweiflung. Als wir tatsächlich losfahren, ist die Erleichterung groß. An die Reise selbst, den Tag in Freiburg oder Basel, erinnere ich mich nicht.

Der Schauplatz dieser Szene war ein südlicher Zipfel von Deutschland, der damals, 1914, das Großherzogtum Baden war. Das Haus lag wenige Gehminuten von der französischen und eine längere Kutschfahrt von der Schweizer Grenze entfernt. Als in jenem Sommer der Krieg begann (ich war drei), sagte mein Vater, der zu alt für den Krieg und gegen ihn war, wir müßten bei seinen Schwiegereltern in Berlin Schutz suchen. Meine Mutter tat seine Befürchtungen geringschätzig ab, und wir blieben bis zum nächsten Frühjahr. Auch sie war gegen den Krieg, und im Gegensatz zu meinem Vater sprach sie darüber. Sie waren beide selbstverständlich Internationalisten – so viel hatten sie miteinander gemein. Mein Vater war damit aufgewachsen, Preußen als eine barbarische Bedrohung und das vereinigte Deutschland als neuen Unsinn zu betrachten. Er änderte seine Ansichten nie. Zudem liebte er Frankreich, wo er einen Großteil seines Lebens verbracht hatte, und wann immer auch nur die geringste Chance bestand, daß er verstanden wurde, sprach er französisch. Für ihn waren die Ereignisse eine Katastrophe – der Krieg eine gefährliche Torheit, der allen Betroffenen Zerstörung brachte und über den man am besten nicht nachdachte. Für meine Mutter war der Krieg eine Frage dessen, was Menschen – Männer und Frauen, sagte sie – imstande waren zu tun, einander anzutun. Sie benutzte Worte wie Verstümmelung und Töten. Die meisten unserer Dienstboten kamen aus dem Dorf, und es gab Gerede über unsere Ansichten. Wir unterhielten uns daher auf französisch und englisch. Eines Tages wurde ein Stein über die Parkmauer geworfen, als das Kindermädchen, meine Halbschwester und ich spielten. Er traf mich im Gesicht, es war nur eine Schürfwunde, aber es blutete stark, und ich schrie. Ich habe die Narbe noch, eine kleine, unterhalb der Augenbraue. Es war nichts Schlimmes, aber die Erinnerung wirkt nach. In einem Roman, den ich Jahrzehnte später schrieb, gibt es eine Episode in Deutschland, die ich den Feldenskandal nannte, wo der Mob einen Stein auf die kindliche Erzählerin wirft.

Im Jahre 1915 wurde unser Haus für die Dauer des Krieges verschlossen, und wir fuhren quer durch Deutschland nach Berlin. Das ist meine erste Erinnerung an eine Eisenbahnfahrt. Man hatte mir gesagt, ich würde vielleicht «die Verwundeten» sehen. Lange graue Züge, die Abteile übervoll mit Menschen, lange Wartezeiten in grauen, stahlüberwölbten Bahnhöfen, Soldaten auf den Bahnsteigen, in den Gängen, Soldaten, die zu den Fenstern hineinsahen, Soldaten, denen in die Abteile geholfen wurde – Soldaten auf Krücken, Soldaten mit Kopfverbänden, Soldaten mit großen Gipsverbänden um den Brustkasten – es war unmöglich, sie nicht zu sehen. Auch diese Erinnerung wirkt bis heute nach.

Die Schwiegereltern meines Vaters, die uns aufnahmen, waren nicht die Eltern meiner Mutter, sondern die seiner ersten Frau, die jung gestorben war. Sie betrachteten ihn weiterhin als ihren Schwiegersohn. Sie waren reich, entgegenkommend und hatten lächerlich beschränkte Ansichten. Mein Vater, der dem Alter nach besser zu ihnen paßte als zu seiner zweiten Frau, meiner Mutter, sah immer noch bemerkenswert gut aus. *Le beau Max* hatten sie ihn seinerzeit in der Pariser Halbwelt genannt, und zu seinen ewigen Klagen gehörte der Verlust seiner Jugend. Er konnte kluge Frauen nicht ausstehen. Meine Mutter war zu schön gewesen, als daß er bemerkt hätte, daß sie eine kluge Frau war, und als er es merkte, war es zu spät. Die Berliner Schwiegereltern standen einer jüdischen Familie vor. Sie waren Edwardianische Juden. In meinem Roman habe ich die Charaktere und Bräuche ihrer Familie – ich nannte sie Merz – und die ihrer Verwandten und Freunde geschildert. (Lebensecht? Ich glaube schon, wenn man von der dichterischen Freiheit der Romanschriftstellerin absieht.) Ich beschrieb ihr Haus in der Voßstraße, dessen Rückseite auf die Kaiserliche Gesandtschaft in der Wilhelmstraße hinausging und dessen ganzer Block im Zweiten Weltkrieg zerstört wurde. Es war ein großes, düsteres Haus, vollgestopft mit Polstermöbeln und überheizt. Seine Bewohner aßen unaufhörlich. Einige waren außerordentlich liebevoll, andere bekrittelten unsere Anwesenheit. Ich führte als Gast in einem oberen Stockwerk mein eigenes Leben: Ich konnte damals schon lesen, und ich war das einzige Kind im Haus. Meine Halbschwester, ihr richtiges Enkelkind, war schon halb erwachsen. Die Mahlzeiten wurden im Kreise der Familie eingenommen, die zufällig vierzehn Personen zählte; wann immer jemand ausfiel, wurde ich zum Essen nach unten befohlen, um zu verhindern, daß sie dreizehn bei Tisch waren. Ich wurde liebkost und war die Zielscheibe sarkastischer Bemerkungen von Onkeln und Cousins. Im übrigen fütterten sie mich durch und vergaßen, daß ich ein lebendes Wesen sein könnte. Ich wurde entweder neben Großmama Merz oder ans Ende des Tisches gesetzt. Man sprach offen miteinander, und so lernte ich viel über deutsch-jüdisches Familienleben. Ähnlich wie ein Kind in einem Roman von I. Compton-Burnett, ein gutbehandeltes Kind allerdings, und Gott sei Dank war es ein anderes *Milieu*! Ivy hat selbst einmal zu mir gesagt, als ich um einen Ingwerkeks statt eines Ingwerbiskuits bat: «Ich nehme an, Sie sind nicht *ganz* in England aufgewachsen?» Sie sagte es in ihrem strengen Ton, der mich meine Fremdheit in ihrem Land oft spüren ließ, *sie* hatte keinen Bezug zu «Ausland»; es ist wahrhaftig denkbar, daß sie in dieser Hinsicht genauso engstirnig war wie Großmama Merz.

Weihnachten, gefeiert am 24., dem Heiligen Abend, im weißgoldenen Ballsaal, dem einzigen Raum in der Voßstraße, der nicht in düsterem Mahagoni gehalten war. Für den Rest des Jahres war er verschlossen, seit die beiden Töchter vor Jahrzehnten an Tuberkulose gestorben waren, die erste Frau meines Vaters und ihre Schwester, junge Frauen in den Zwanzigern, eine nach der anderen. Jetzt ist der Kronleuchter enthüllt, ein Baum bis zur Decke strahlt mit *elektrischen* Kerzen (Dies sei vulgär, sagten mein Vater wie auch meine Mutter.) Vor den Wänden reihen sich Tische mit bodenlangen Damasttüchern, und auf jedem Tisch liegen Geschenke, nicht verpackt, sondern präsentiert wie Ausstellungsstücke in Schaufenstern. Jedes Familienmitglied hat einen Tischabschnitt für sich, und in der Mitte eines jeden Platzes steht ein Teller, auf dem sich selbstgebackene Plätzchen, Marzipantiere, leuchtende Äpfel und vergoldete Nüsse türmen. Das Personal – der Hausdiener, der über uns alle herrscht, die Köchin, die Dienstmädchen Marie und Ida, die im Hause alt geworden sind – und auch einige Cousins erhalten zusätzlich Geld. Auch das Geld ist nicht eingewickelt, sondern steht in kleinen Goldstapeln, die die Walnüsse überstrahlen, zwischen den Strümpfen und Zigarren. Wenn ich an den Heiligen Abend denke, sehe ich immer diese erste Minute, wie wir in schweigender Bewunderung stehen. (Ich erinnere mich nicht an Gesang, denn niemand in der Voßstraße war imstande, einen Ton zu halten.) Einzig mein Vater bekam keinen Teller mit Süßigkeiten, für ihn gab es ein Körbchen, darin ein paar Kohlen gebettet waren, nur daß die Kohlen Trüffel waren. Ihren Geruch habe ich noch heute in der Nase.

Ich kam nicht mit anderen Kindern zusammen, ausgenommen einem dünnen, steifen Jungen, der schon Kadett war, der Sohn einer Offizierswitwe, die ins Haus kam, um Großpapa Merz nach seinem Schläfchen die Zeitung vorzulesen. Dieser Junge – ich erinnere mich nur an seinen Nachnamen: von Moser – wurde, wenn er Urlaub hatte, zum Tee gebracht. Wie er diese Besuche bei einem Mädchen ertrug, das mindestens fünf Jahre jünger war als er, das weiß ich nicht. Ich hatte ein Schaukelpferd, eine Spielzeugeisenbahn und einen Spielzeugstall (Geschenke der Merzens), und wir spielten recht artig miteinander. Er starb 1918, wie wir hörten, an Unterernährung und der Spanischen Grippe.

Es gab auch einen reizenden jungen Mann – nicht in Uniform –, der mich öfters im oberen Stockwerk besuchen kam. Eine Zeitlang war er der Verlobte meiner Halbschwester, derjenige, den meine Mutter akzeptierte. Eines Tages fiel sein Blick auf ein Stück Gruyèrekäse, das ich von meinem Tablett zurückbehalten hatte und das in einem Pfännchen über der Heizung schmolz. Was für ein widerliches Zeug das sei, so oder ähnlich fragte er. Das ist ein Experiment, erwiderte ich. «Wozu?» «Willst du es essen?» «Du bist wirklich ein Schwein.» «Ist mir egal.» «Wenn du so weitermachst, bis du erwachsen bist, will dich keiner heiraten.» «Dann», sagte ich, «heirate ich eben ein Schwein.»

Von dem, was außerhalb unseres überheizten Hauses geschah, hatte ich keine Ahnung. Von Berlin kannte und sah ich wenig, nur ein Vergnügen schätzte ich sehr: Besichtigungstour nannte ich es. Es waren nicht die Spaziergänge im Tiergarten, zu denen ich mitgenommen wurde, dem ziemlich trostlosen Park (so kam er mir jedenfalls vor), den ich nur als kalt und feucht in Erinnerung habe. Die Wege waren schnurgerade, die Rasenflächen von Geländern umgeben. Es kam nicht in Frage, daß ich mir ein Kind zum Spielen aussuchte. Ich glaube, es war ein Verbot der Merzens, das von meinem Vater gutgeheißen wurde – seit dem Tod ihrer Töchter fürchteten sie sich vor Infektionen (wenn sie verreisten, was selten der Fall war, nahmen sie ihre eigene Bettwäsche mit in den Schlafwagen).

Gelegentlich jedoch gelang es mir, auf die nahe gelegene große Prachtstraße mitgenommen zu werden, die Siegesallee, erbaut von Kaiser Wilhelm, mit ihren gigantischen Marmorwerken der preußischen Geschichte, wie ein überlebensgroßes Madame-Tussaud-Kabinett. Später wurde mir gesagt, die Siegesallee mit ihren Skulpturen, die von den Berlinern Puppenallee genannt wurde, sei ein Haufen monströser Schwülstigkeiten, der Gipfel des Wilhelminischen Geschmacks. Auch sie wurde im Zweiten Weltkrieg zerstört. Ich liebte diese Allee. Ich blieb vor jedem Markgrafen von Brandenburg oder König von Preußen auf seinem Podest stehen, betrachtete seine Miene, studierte seine Daten und die seiner Gemahlin und seiner Höflinge. Die Monarchen waren vom Zeh bis zum Federbusch in weißem Marmor modelliert, die Höflinge waren lediglich Büsten. Hier war damals rundum Geschichte, sichtbare Geschichte, und in schöner Ordnung, denn die Statuen begannen am einen Ende der Allee mit dem fernen Brandenburg und gipfelten bei Kaiser Wilhelm I. Manchmal war ich von einer Figur fasziniert, ein andermal von einem Namen; meine Lieblinge waren Heinrich das Kind, ein zwitterhafter Jüngling, auf sein Schild gestützt, und eine geheimnisvolle Persönlichkeit im Kettenpanzer, Waldemar der Bär.

Herbst 1918. Der Krieg ist so gut wie vorüber. Meine Mutter kehrt mit uns nach Baden zurück. Mein Vater warnt, es sei nicht die Zeit zum Reisen. Wieder eine Eisenbahnfahrt. Nach einer Weile fährt der Zug nicht weiter. «*Sie* haben die Lokomotive weggenommen.» Wir sind in einem Hotel, es ist Abend, Zimmer sind keine zu haben, wir sind in einer Halle voller Menschen in einem oberen Stockwerk, von wo man den Platz überblickt, wo schreiende Matrosen und Soldaten mit Fahnen marschieren. Die Jalousien werden heruntergelassen, wir werden von den Fenstern weggezogen, einige von uns kauern sich auf den Boden. Unten herrscht ein großes Getöse, es wird geschossen. Einige sagen, es sind Maschinengewehre, ich höre Worte wie Rebellion, Revolution. Meine Mutter meint, das war unvermeidlich und vermutlich verdient, und was uns betreffe, müsse man dem Schicksal vertrauen. Danach nichts mehr; vielleicht bin ich eingeschlafen. Eine Hotelhalle, die auf einen Platz hinausgeht, Gewehrschüsse und der Lärm von Massen – später wurde mir gesagt, daß ich den Beginn der deutschen Novemberrevolution gesehen habe.

Mein Vater zieht seine Uhr hervor. Nicht weil es schlimm für die Pferde ist, wir haben keine Pferde mehr, wir sind jetzt arm. Es ist immer noch eine richtige große Kutsche, hoch, aber leicht, die Deichseln wurden ausgewechselt, und sie wird jetzt von zwei Eseln gezogen, einem grauen und einem schwarzen, Fanny und Flora. Sie wirken klein. Mein Vater ist, wie die Kutsche, zu groß für sie. Er ist immer noch elegant gekleidet in seinem Mantel, mit Hut und Handschuhen, die lange Peitsche in der Hand. Flora hatte einem Handelsgärtner gehört, aber Fanny, die von einem Zirkus kam und seit Jahren bei uns ist, findet keinen Geschmack an den neuen Anforderungen; alles in allem ist Warten beiden ebenso lieb wie Arbeit. Auch ist es nicht meine Mutter, um deretwillen wir uns verspäten, sie hat uns vor einiger Zeit verlassen. Das Kindermädchen ist auch nicht mehr da. Es muß das Jahr 1919 sein. Wir sind wieder in Baden, zu Hause, im Dorf Feldkirch. Ein alter Name – eine Kirche auf einem Feld. Die Kirche, schlicht romanisch, ist noch da, unser Haus ist ein kleines Schloß, drinnen Zimmerfluchten, angefüllt mit meines Vaters Sammlung von Möbeln und Kunstgegenständen, die Decken sind hoch, und alles erscheint mir unermeßlich groß. Vor dem Krieg, zur Zeit meiner Mutter, war hier viel Leben: meine Schwester war bei uns und ihre französische Gouvernante, die Zofe meiner Mutter und eine Köchin, die Mädchen aus dem Dorf, der Hausdiener, ebenfalls Franzose, der Kutscher und der Stallbursche, der Gärtner und ein liederlicher Italiener, der das Stromaggregat bediente. Jetzt sind wir nur noch zu dritt. Mein Vater, Lina, eine dünne, drahtige ältere Frau aus dem Dorf, und ich. Lina ist gütig und geduldig, und sie macht alles. Sie liebt meinen Vater, so merkwürdig mir das scheint – ich meine nicht, daß sie in ihn verliebt ist, ich meine bloße gutherzige Zuneigung. Sie putzt, kocht, lüftet (wir lüften sehr viel, wegen der Sammlung), sie wäscht, hackt das Feuerholz und trägt es nach oben, zündet die Öfen und den Herd an, kümmert sich um das Geflügel und um das, was von unserem Küchengarten übriggeblieben ist (den Rest haben sich die Nesseln geholt), und sie mistet mit meiner Hilfe den Eselstall aus. Wir sind nur drei Menschen, aber wir haben noch Tiere: zwei Hunde, eine Katze, ein paar Schafe, ein Schwein, Hühner und Gänse und einen übellaunigen Truthahn. Nur die Vorkriegskuh, die dekorativen Enten und der Pfau sind den Weg der Pferde gegangen. Mit den Tieren ist mein Vater, der keine Menschen mehr, ob Mann oder Frau, ins Haus einlädt, vertraut. Die Schafe kommen, wenn er sie ruft – wilde Vögel kommen ebenfalls –, das Schwein reibt seinen Rüssel an seiner makellosen Hose, die Gänse zischen nicht, und der Truthahn geht nicht auf ihn los. Was die Esel betrifft, konnte er nur aus Fanny und Flora ein Kutschgespann machen. Er liebt sie, und sie lieben ihn. Mich hat er auch geliebt, das weiß ich heute, doch – und das ist die traurige Seite – er konnte seine Zuneigung nicht zeigen, nur seine Ängste, seine Gereiztheit, seine Verbote: Du sollst nicht reiten, du sollst nicht klettern, du sollst nicht rennen: *Du fällst hin.* Und ich, mit seltsamer Gefühllosigkeit, mit der Arroganz eines lebhaften, unwissenden, obgleich intelligenten Kindes, empfand für ihn Ungeduld und Verachtung. Er erzeugte auch Furcht, vielleicht weil er mit keinerlei Gesprächen erreichbar war, vielleicht wegen der Aura der Einsamkeit, die ihn umgab. Heute könnten wir es als Entfremdung bezeichnen. Mein Vater muß in diesen letzten Jahren seines Lebens ein zutiefst unglücklicher Mensch gewesen sein.

Als ich gut dreißig Jahre später jenen Roman – *A Legacy* – schrieb, habe ich versucht, etwas von seinem Charakter und seiner Geschichte zu enträtseln. Die Behauptung, Jules, der Julius von Felden des Romans, sei mein Vater, wäre ebenso irreführend wie zu sagen, er sei es nicht. Jules ist wie mein Vater und doch anders; in welchem Maße das eine wie das andere zutrifft, kann ich nicht sagen. Meine Absicht war, einen fiktiven Charakter zu entwerfen. Ich benutzte Tatsachen und Erinnerungen, wenn sie brauchbar waren, und verwarf sie, wenn sie es nicht waren. Beispielsweise habe ich Vater und Mutter meines Vaters – meine Großeltern – tatsächlich nie gekannt, sie waren vor langer Zeit gestorben, und ich wußte nichts Verwertbares von ihnen, da mein Vater nur objektiv von Ereignissen und Gegenständen erzählte, nie von Menschen, nie von dem, was in ihnen vorging. Daher habe ich Jules' Vater in dem Roman, den alten Baron (der dem achtzehnten Jahrhundert ebenso verhaftet war wie sein Sohn dem neunzehnten), frei erfunden. Von dem wirklichen alten Baron, meinem Großvater, weiß ich nur, daß er Richter am Obersten Gericht war, was mich zu der Annahme verleitet, daß zumindest er mit beiden Füßen auf der Erde stand.

Jules ist in dem Roman ein keineswegs gefühlloser Mann, der durch Ereignisse an ein, zwei Wendepunkten in seinem Leben den Bezug zur Realität verliert. Er schützt sich, indem er seinen Horizont einschränkt. Ein Mann, der die Nerven verloren hat. Ein Mann, der im Zusammenhang mit einer bestimmten Zeit und den Veränderungen in dieser Zeit gesehen wird. Nun war mein Vater ebenfalls ein Mann, der die Nerven verloren hatte – wann oder wie, kann ich nur vermuten. (*Er* berief sich immer auf seine drei Gehirnerschütterungen, als junger Mann ist er Hindernisrennen geritten.) Wie Jules wurde er in den 1850er Jahren geboren. Für den Roman, den ich am Vorabend des Weltkrieges enden lassen wollte, mußte ich chronologische Änderungen vornehmen – Jules und Großpapa Merz sterben beide fünf Jahre vor ihrem wirklichen Tod, und daher mußte Francesca, die Erzählerin, fünf oder sechs Jahre früher geboren werden als ich. In dem Roman tritt der erste Wendepunkt in Jules' Leben ein, als er mit zwanzig Jahren nicht verhindern kann, daß sein jüngerer Bruder auf eine der berüchtigten Kadettenschulen zurückgeschickt wird. Der Bruder *wird* zurückgeschickt und verliert infolgedessen den Verstand. Ein halbes Jahrhundert später wird er versehentlich von einem Offizier erschossen, es kommt zu einem öffentlichen Skandal, der unter anderem Jules' Scheinwelt zerstört. War der Bruder ein Opfer? Gab es einen Feldenskandal? Ja und nein. Als ich die Geschichte schrieb, glaubte ich auf immer damit fertig zu sein. Sind die Tatsachen, die ich jetzt zu erinnern suche, verläßlicher als die Fiktion? Meine Quellen sind dieselben – *Hörensagen*: belauschte ältere Familienangehörige, Voßstraßenklatsch, Geschichten, die mir mein Vater erzählte, als wir beide nach dem Krieg allein in Feldkirch lebten, er über sechzig, ich ein Kind von acht… von neun Jahren…

Er war in einem Haus wie unserem in Feldkirch aufgewachsen, wie Feldkirch, bevor wir allein waren. Er hatte Brüder gehabt, es gab ländlichen Zeitvertreib, sie waren glücklich gewesen. Ein Sohn wurde auf eine Kadettenschule geschickt, konnte es nicht ertragen und trat eine dramatische Flucht an; er ging nachts, versteckte sich tagsüber und machte ungeheure Umwege, um nicht aufgegriffen und zurückgebracht zu werden. Halbverhungert, halb verrückt kam er zu Hause an. Sie päppelten ihn auf und schickten ihn dann zurück. Er versuchte sich umzubringen, indem er eine Schachtel Streichhölzer verschluckte. Sie schickten ihn trotzdem zurück. Er verlor nicht den Verstand, er wurde nicht in eine Irrenanstalt eingeliefert. Er wurde in der Tat Kavallerieoffizier, Kommandeur seines Regiments, und alsbald heiratete er. Wie weit hatte er Schaden genommen? Es ist zu spät, das festzustellen. Er muß exzentrisch gewesen sein. Sein Interesse galt den Tieren, und er konnte großartig mit ihnen umgehen. Wilde Tiere. Er hielt Wölfe und schenkte ihnen zu Weihnachten mit Edelsteinen besetzte Halsbänder, das hat mir jedenfalls mein Vater erzählt, ohne mit der Wimper zu zucken. Saphire (waren sie wirklich echt?) für die Wölfe, *nicht* für die Gattin – der Tonfall meines Vaters deutete an, daß dies ein Fehler war. Die Gattin war eine schöne junge Frau, die eine große Anziehungskraft auf Männer ausübte. Der Bruder meines Vaters war in einer kleinen Garnisonsstadt namens Allenstein an der Grenze zu Ostpreußen stationiert, und seine Frau soll mit dem halben Regiment geschlafen haben, mit und ohne Offizierspatent. An einem Weihnachtsabend, 1908 oder 1909, kam ein Hauptmann zum Essen; anschließend verabschiedete er sich zum Schein, versteckte sich jedoch, statt zu gehen, in der Zufahrt. Als im Haus alles dunkel war, schlich er zurück. Er hatte dicke Socken über seine Schuhe gezogen und einen Revolver in seiner Tasche. Der Bruder meines Vaters rief: «Wer da?» und machte Licht. *Er* stand im Lichtschein, der Hauptmann schoß auf ihn und tötete ihn. Im Gefängnis schrieb er ein Geständnis, er sei rasend in die Frau des Obersten, Antonia hieß sie, verliebt gewesen, und sie habe ihn zu der Tat angestiftet. Sie habe ihm die Wollsocken, die Socken ihres Mannes, und einen Schlüssel gegeben. Der Hauptmann erhängte sich vor der Gerichtsverhandlung in seiner Zelle. Antonia wurde verhaftet und wegen Mordes vor Gericht gestellt, man verurteilte sie zum Tode. Einem psychiatrischen Sachverständigen gelang es, sie für geisteskrank erklären zu lassen, und sie wurde nicht – gemäß der deutschen Gesetzgebung – durch das Beil hingerichtet, sondern in eine Nervenheilanstalt eingewiesen. Von dort wurde sie mit der Hilfe des Psychiaters nach wenigen Wochen entlassen. Sie gingen nach Italien und heirateten. Der Allenstein-Mord war eine nationale Sensation – die Vorgänge in einem kaiserlichen Regiment, die Ermordung des Obersten durch einen seiner Offiziere und seine eigene Frau am Weihnachtsabend, die Socken, die Wölfe, der Selbstmord im Gefängnis, die Schönheit der Frau und ihr ungeschorenes Davonkommen. Manche Leute wurden furchtbar wütend. Hinter dem lauten Säbelrasseln steckten erhebliche Ressentiments gegen die überbesetzte Militärverwaltung und die Kosten dafür; die Allenstein-Affäre goß Wasser auf viele Mühlen und wurde durch Teile der Presse, die parlamentarische Opposition und die Öffentlichkeit zum politischen Skandal. Maximilian Harden, ein aggressiver radikaler Journalist jener Zeit, schrieb einen glühenden Leitartikel mit unserem Familiennamen als Überschrift: wir – was wir angeblich waren und vertraten – wurden zur Zielscheibe. (Mein Vater war schlichtweg verwirrt und entsetzt.) Der Skandal war bemerkenswert wegen der unterschiedlichen boshaften Emotionen, die er erweckte. Er erzeugte sogar neuen Antisemitismus: die erste Ehe meines Vaters mit einer verstorbenen jüdischen Erbin wurde hineingezogen, und damit auch die armen Merzens. Zum Zeitpunkt des Mordes war meine Mutter mit meinem Vater verlobt, aber bereits dabei, es sich anders zu überlegen. Grob umrissen war es zu ihrer Verlobung ähnlich gekommen wie zu der von Jules und Caroline Trafford – er, empfänglich für Schönheit und Temperament, verliebte sich in sie und machte ihr zielstrebig den Hof; sie, von dieser Zielstrebigkeit eingenommen, amüsierte sich liebevoll über ihn und sein veraltetes Gehabe und war angetan von der Aussicht auf eine völlige Veränderung, durch die sie, so glaubte sie, die Schmerzen und die ausweglose Situation einer vorangegangenen gescheiterten Liebe überwinden könne. (Jener Mann war lange verheiratet und zu ehrenhaft, um eine Frau im Stich zu lassen, die älter war als er, was meine Mutter billigte.) Sie war gerade im Begriff, die Klugheit ihrer Entscheidung anzuzweifeln, als der Bruder meines Vaters erschossen wurde und sie es nicht mehr für statthaft befand, die Verlobung zu lösen. Sie heirateten 1910. Manche Leute fanden es amüsant, wenn sie ihr vorgestellt wurden zu fragen: «Die Mörderin?», denn natürlich trug sie jetzt deren Namen. Schließlich bewog sie meinen Vater fortzuziehen, und sie lebten eine Zeitlang in Spanien. Meine bevorstehende Geburt setzte dem ein Ende. Sie kehrten zurück und kauften das Haus in Feldkirch. Der Allenstein-Affäre verdanke ich meine Existenz.

Ich versuche über eine Mauer zu klettern. Es ist die Mauer, die Garten und Park umschließt. Sie ist hoch, aber ein paar Tritte sind vorhanden. Ich verfehle sie ein erstes und auch ein zweites Mal. Jemand sieht mich, es ist der Dorfpostbote. Was ich vorhabe? Oh, üben, meine Muskeln trainieren... glatte Lügen: Ich habe trainiert, das ja, trainiert, über diese Mauer zu kommen, über diese Mauer und hinaus.

Auf lange Sicht, nicht allzu lange Sicht, hatte meine Mutter recht – es konnte nicht halten, es hat nicht gehalten, und nun lebten mein

Vater und ich alleine in Feldkirch. Er ließ sich scheiden, ich sollte es nicht wissen. Wir sprachen nicht von ihr. In den Anfangswochen des neuen Lebens war ich von einem starken Gefühl besessen, das aus meinem Innern zu kommen schien und gegen das ich nichts tun konnte. Es war jeden Morgen da. Wenn ein kleines Kind an Depression leiden kann, dann könnte es das gewesen sein. Ich konnte bei Tisch nicht viel essen, und da dies meinen Vater beunruhigte, konnte es das Unbehagen zwischen uns nicht mildern. Ich lief vor den Mahlzeiten dreimal um den Park, aber es nützte nichts. Das soll nicht heißen, daß ich meine Mutter vermißte. Die Ansichten meiner Mutter interessierten und beeinflußten mich, aber ich fürchtete das Alleinsein mit ihr. Sie konnte ironisch und oft ungeduldig sein; sie ertrug kleine Dummköpfe nicht gelassen. Daß ich ihr eigenes Kind war, änderte nicht das geringste. War ich langsam, nannte sie mich langsam, war ich schnell, nannte sie mich Papagei. Leidenschaftlich in ihren Prinzipien, war sie selbstherrlich, ja barsch im täglichen Umgang. Zwischen ihr und meinem Vater brachen häufig böse Gefühle offen aus – Szenen, in denen grausame Worte fielen, die mich erschütterten. Daher fürchtete ich mich in meinen frühen Jahren (unsere harmonische Beziehung kam erst später) vor meiner Mutter, mehr und anders als vor meinem Vater. Auch er empfand nun, nachdem sie fort war, Abneigung gegen sie, was aber nicht durch das zum Ausdruck kam, was er sagte – er sagte wenig –, sondern durch das, was er nicht sagte. Er, der einst alles getan hatte, um sie zu gewinnen: Es machte mir sehr zu schaffen, daß Menschen sich so ändern konnten. Gefühle, dachte ich, seien für die Ewigkeit.

Der einzige Mensch, den ich damals aufrichtig liebte, war meine Halbschwester. Meine Schwester. Man schüttelte den Kopf über sie, weil sie für Tanzen, Flirten und Kleider schwärmte und als Mädchen Schulden machte (trotz eines reichlichen Merzschen Taschengeldes). Plötzlich gab sie allen jungen Männern den Laufpaß und bestand darauf, noch nicht volljährig, einen Mann von Ende Vierzig zu heiraten. Sie war warmherzig, großzügig und vergnügungssüchtig. Seltsamerweise hatte sie sich meiner, als ich geboren wurde, wie eine Mutter angenommen (sie muß schon zwölf gewesen sein). *Sie* machte mir keine Szenen, obgleich sie dafür sorgte, daß ich mich anständig benahm – von ihr fühlte ich mich nicht eingeengt.

Als die Traurigkeit anhielt, kam mir ein Plan, und sogleich fühlte ich mich besser. Ich wollte fliehen. (Wie der arme Bruder meines Vaters.) Ich wollte weglaufen, zu meiner Schwester. Sie wohnte damals in Wiesbaden, einem Kurort, wo ihr frischgebackener Ehemann zweiter Bürgermeister war. Ich besaß Geld, denn ich hatte einen großzügigen Betrag aufgespart, den mir ein Verehrer meiner Mutter damals in der Voßstraße einmal zugesteckt hatte. Ich wußte nicht, wie weit ich damit kommen würde, aber man hatte mir gesagt, es würde für ein Fahrrad reichen. Das Hauptproblem (*ich* sah es voraus) war, aus unserem Haus zu gelangen. Die Tore waren verriegelt, die Fenster im Erdgeschoß vergittert, Haustür und Nebeneingänge, Fenster und Hintertür wurden abends fest verschlossen, nicht mit herkömmlichen Schlössern, sondern mit großen, knarzenden Schlüsseln und schweren Riegeln und Bolzen. Die Küchentür sah am modernsten aus und war geölt. Mit etwas heimlicher Übung gelang es mir, den Knauf geräuschlos zu drehen. Die richtige Zeit zur Flucht war unmittelbar vor dem Morgengrauen. Es war Frühling, der Morgen dämmerte sehr früh, und das brachte eine neue Schwierigkeit mit sich: Ich wachte nicht rechtzeitig auf. Ich versuchte, gar nicht erst einzuschlafen, aber wenn ich aufrechtsitzend wachblieb, fürchtete ich mich davor, daß eisige Hände durch die Gitter des Messingbettgestells nach mir griffen (wir glaubten alle, daß es im Haus spukte), und wenn ich mich hinlegte, schlief ich ein. Eine Morgendämmerung nach der anderen verstrich ungenutzt. Dann, eines Morgens, wachte ich doch auf. Ich zog ein Baumwollkleid an und schlich, die Schuhe in der Hand, nach unten. Die Treppe war aus Stein und knarrte nicht. Die Hunde rührten sich nicht, das Küchenschloß ließ sich leicht öffnen (ich ließ die Tür *un*verschlossen hinter mir, eines der Dinge, die meinen Vater entsetzten), ich kletterte über die Mauer. Dann kam ich gut voran, gehend, nicht laufend. Ich traf einen Mann, der uns kannte und auf dem Weg zu seinem Acker war, und rief ihm zu: *ich mache einen Morgenspaziergang* (auch das wurde mir später vorgehalten). Ich hatte eine Handtasche und ein Buch bei mir, ein Buch über Indianer, und sonst nichts. Ich hatte nichts zu essen mitgenommen, nicht einmal einen Brotkanten (dies sollte sich auf späteren Reisen selten wiederholen). Als ich nach ungefähr einer Stunde zum Bahnhof kam, ging ich geradewegs hinein und verlangte eine Fahrkarte, einfache Fahrt, zum halben Preis, vierter Klasse, nach Frankfurt. Damals gab es tatsächlich eine vierte Klasse. Der halbe Fahrpreis, der auf mein Alter aufmerksam machte, war kein geschickter Schachzug. Ich sagte Frankfurt statt Wiesbaden, teils, weil ich nicht wußte, wie weit mein Geld reichte, teils, um meine Spuren zu verwischen. Ich bekam die Fahrkarte und etwas Wechselgeld, und man stellte mir keine Fragen. Ich ging auf den Bahnsteig, um auf einen Zug in der richtigen Richtung zu warten. Zuerst nahm ich einen Vorortszug nach Freiburg, dann stieg ich in einen Personenzug nach Karlsruhe um. Nur in den Personenzügen, den Bummelzügen, die überall hielten, gab es eine vierte Klasse. In Karlsruhe stieg ich wieder um. Ich weiß nicht mehr, auf welcher Strecke es dann weiterging, nur, daß ich noch mehrmals umstieg. Ich las mein Buch, ich verspürte keinen Hunger und war ganz ruhig; dies war vermutlich meine einzige Reise ohne Angst. Ich war fest entschlossen anzukommen, und ich benahm mich und sah deshalb vermutlich so aus, als sei es das Selbstverständlichste auf der Welt, daß ein Kind allein verreist. Natürlich versuchten Mitreisende und Schaffner, mir mit Fragen zuzusetzen und mir belegte Brote und Süßigkeiten aufzudrängen. Ich wehrte sie ab, und ich sagte, ich sei unterwegs, um Verwandte zu besuchen (mein Gepäck werde folgen), und vertiefte mich wieder in mein Buch. Darauf, daß ich verfolgt werden könnte – und tatsächlich *wurde* –, verschwendete ich kaum einen Gedanken.

Meine Abwesenheit war tatsächlich zeitig bemerkt worden, und schon am Vormittag war die Polizei hinter mir her. Der Mann, der mich auf seinem Weg zur Arbeit gesehen hatte, und der Fahrkartenverkäufer am ersten Bahnhof hatten mich gemeldet. Warum ich nicht erwischt wurde, verstehe ich nicht, vielleicht hatte es damit zu tun, daß ich so viele Bummelzüge, und manchmal den falschen, nahm. (Später hörten wir, daß ich in Karlsruhe der Entdeckung um Minuten entgangen war.) Jedenfalls muß ich unglaubliches Glück gehabt haben. Als ich endlich nach Frankfurt kam, ging ich ein großes Risiko ein: Ich blieb im Zug, statt auszusteigen und eine neue Fahrkarte zu kaufen. Ich fürchtete, ich hätte nicht genug Geld. Wiesbaden war damals von den Franzosen besetzt. Das hatte ich gehört, nicht aber, daß man, um in die französische Zone einzureisen, einen Paß benötigte und daß die Papiere der Fahrgäste in den Zügen kontrolliert würden. Doch es kam niemand. Wir fuhren in Wiesbaden ein, es war heller Nachmittag, an der Sperre gab ich meine Fahrkarte gesenkten Hauptes ab. Keine Hand legte sich schwer auf meine Schulter. Ich fragte mich durch die Stadt, und nach einem längeren Fußmarsch klingelte ich an der Haustür meines Schwagers. Ich war ihm nie zuvor begegnet. In meinem Plan war ich nicht weiter als bis zum Augenblick der Ankunft gegangen. Meine Schwester war nicht daheim, und das Haus war in Aufruhr. Man hatte meinetwegen Telegramme geschickt. Mein frischgebackener, glatzköpfiger Schwager konnte sich meine Anwesenheit nicht erklären, und für mich gab es nun, da der Augenblick gekommen war, ebenfalls keine Rechtfertigung. Er begann mich auszufragen. Ich sei einsam gewesen, sagte ich. Ich wolle meine Schwester sehen. Dabei blieb ich. Es schienen Stunden zu vergehen, bis man sie erreichte – sie spielte in irgendeinem Tennisturnier – und nach Hause brachte und ich mich in ihre Arme werfen konnte.

Sie waren verwundert, sie waren liebevoll, sie gaben sich nicht allzu große Mühe, es zu verstehen. Meine Schwester versuchte, mir die Ungeheuerlichkeit meines Benehmens verständlich zu machen – mein armer Vater, die vielen Qualen, die ich ihm bereitet hatte. Ich gab mich verschlossen. Über meine Zukunft wurde nicht gesprochen, zumindest schien es so, oder vielleicht habe ich mich auch dem verschlossen. Jedenfalls wurde ich nicht auf der Stelle zurückbefördert. Ein Tag nach dem anderen verging, und ich war immer noch da.

Und wo war ich? Wieder einmal wohl oder übel aufgenommen in einer Erwachsenenwelt. Wiesbaden als Stadt und Kurbad muß im damaligen Nachkriegsdeutschland ziemlich einmalig gewesen sein: Es florierte. Es gab Arbeit, es gab Lebensmittel in den Geschäften. Leben und Geld wurden durch die französische Besatzung in Fluß gehalten und in absurder Weise auch durch weiß-russische Emigranten, sehr vornehme Flüchtlinge, die sich auf ihrer ersten Station befanden und noch Schmuck zum Verkaufen im Gepäck hatten, bevor sie in Paris Taxis chauffierten. Der Mann meiner Schwester, dessen Mutter Engländerin gewesen war, hatte gute Verbindungen zur Besatzungsmacht und schmiedete, so hieß es, ein heimliches Komplott zur Abspaltung des Rheinlandes. (Dafür mußte er zwanzig Jahre später teuer bezahlen: Er wurde von den Nazis hingerichtet.) Er war ein Mann mit großem Musikverstand und einem Faible fürs Theater: *les spectacles*. Als zweiter Bürgermeister war er für die Staatsoper, das Ballett und das Feuerwerk zuständig. Er hatte für drei Kategorien von Gästen, und nur für diese, ein offenes Haus: ältere französische Beamte, russische Emigranten, Sänger und Musiker. Sie kamen jeden Abend. Seine Gastfreundschaft und Kennerschaft... Meiner Schwester Jugend, Vitalität und Eleganz... (Auch diese Ehe hielt nicht.) Obwohl ich eigentlich zu einer bestimmten Zeit schlafen gehen mußte, bekam ich eine Menge von alledem mit, und es war anscheinend mein Los, nur die eher uncharakteristischen Enklaven des Lebens in Deutschland kennenzulernen. Ich war geblendet. Die Sänger sangen, die Musiker spielten. Zum ersten Mal hörte ich Brahms und Schubert und «Voi che sapete», und ich hörte Strawinsky. (Alles, was die Voßstraße und mein Vater zustande gebracht hatten, war Caruso auf dem Grammophon.) Ein junger Ungar versuchte mir Klavierunterricht zu geben. Ein hühnenhafter älterer Herr, ein Cousin der verstorbenen Zarin, schenkte mir Eis in der Patisserie. Ich durfte in die Oper gehen, und eines Abends sah ich ein Feuerwerk. Man nahm mich zu den Pferderennen mit, wo jemand mir freundlicherweise die Funktion des Totalisators erklärte, und jeden Morgen verbrachte ich im Tennisclub. Es gelang mir – o Seligkeit! –, als Ballmädchen auf dem Platz zu arbeiten.

Wonne, Tage voller Wonne. Denn, das wurde klar, ich sollte zurückgeschickt werden. Ich mußte nur *entschlossen* bleiben, sagte ich mir (wie die Indianer), dann konnte ich es verhindern. Sie konnten mich nicht gegen meinen Willen zurückschleppen. Ich mußte nur unbedingt mit meiner Schwester reden. Wenn du mich nicht zurückschickst, wollte ich sagen, wenn du mich bei dir bleiben läßt, verzichte ich auf alles andere, die Oper, das gesellige Leben, Tennis; du kannst mich in eine strenge Schule schicken. Dies hatte ich parat, aber ich hatte keine Worte für den Rest: *Warum* sie mich nicht zurückschicken sollte. Es war schwierig, meine Schwester allein anzutreffen, morgens schlief sie lange, und danach war ein ständiges Kommen und Gehen in ihrem Zimmer. Jeden Tag gelobte ich mir, am nächsten mit ihr zu sprechen. Als der schreckliche Morgen kam, war es noch immer ungesagt. Ich konnte nur zusammenbrechen und heulen. Sie zerrten mich auf die Straße hinaus… sie brachten mich zurück. Diesmal wurde ich auf der Reise begleitet.

Wir sitzen in Feldkirch bei Tisch, wir essen im oberen Stockwerk in dem Zimmer, das wir jetzt im Winter benutzen und das früher das Morgenzimmer hieß. Mein Vater sitzt am Kopfende, Lina sitzt rechts von ihm, die Hunde kauern neben uns, erwartungsvoll. Er tranchiert eine geräucherte Hammelkeule – dünne wellige Scheiben wie roher Schinken. Es ist seine Erfindung, aus unseren Schafen hergestellt, zu Hause geschlachtet und geräuchert (wir haben kein Geld, um Schinken beim Metzger zu kaufen), auf unsere, auf seine Art leben wir vom Land. Mein Vater gibt Lina zuerst, dabei wird einiges den Hunden zugeworfen, ich komme als nächste. Die geräucherte Hammelkeule ist sehr gut, das gibt sogar Lina zu. (Das Dorf ist mißtrauisch. Die süddeutschen Bauern halten Schafe nur der

Wolle wegen, Hammel- oder Lammfleisch rühren sie nicht an.) Es gibt auch ein warmes Gericht aus Kartoffeln oder Mehl, das Lina gemacht hat, *Pflutten, Knöpfli, Spätzle* – sie kocht grauenhaft, obwohl mein Vater sie behutsam anleitet. Er ist ein hervorragender Koch, auch von einfachen Gerichten (er muß seiner Zeit weit voraus gewesen sein). Er hatte es sich in seiner Jugend beigebracht: Er sah den französischen und italienischen Küchenchefs der achtziger und neunziger Jahre zu, saß in ihren heißen, wuseligen Küchen, schloß Freundschaft mit ihnen und trank Champagner aus der Flasche (Magnumflaschen, locker aus dem Handgelenk). Später vereinfachte und verfeinerte er die Gerichte, die er ihnen abgeschaut hatte. Heute kann er leider nicht mehr grillen oder braten oder überhaupt etwas auf dem Herd zubereiten, denn der unsere wird mit Holz befeuert, und von dem Rauch bekommt er Asthma. Deshalb überwacht er das Kochen aus der Entfernung, oder er kocht selbst über einer Spiritusflamme in seinem Ankleidezimmer – erlesene Eierspeisen, Gänseleber in schäumender Butter... auch ich mache gute Fortschritte, er hat mich gelehrt, Gemüse nicht zu zerkochen.

Vor jedem von uns steht ein großes Stielglas, mein Vater nimmt die Karaffe in die Hand und schenkt präzise ein – jedes Glas ist zu einem Drittel gefüllt. Lina will ihres und meines mit Wasser auffüllen, doch mein Vater hält sie zurück, Wasser in Bordeaux, *quelle horreur*! Ich schnuppere an meinem, nehme langsam einen Mundvoll, schwenke den Wein im Glas, wie er es mir gezeigt hat. Diese Sache ist ihm so ernst wie alles, was mit Ritualen und Kunstfertigkeiten zusammenhängt, aber er macht nicht viel Aufhebens davon. Genieße deinen Wein, sagt er, und das tue ich. Mittags trinken wir Apfelwein – er wird in einer alten Holzpresse aus Äpfeln gewonnen, die auf der Obstwiese wachsen. Abends trinken wir Rotwein. Wir brauchen uns keine Sorgen zu machen, sagt er, wir haben noch genug im Keller. Er hat mir beigebracht, die Namen auf den Etiketten richtig auszusprechen und auf die Abbildungen von den *Châteaux* zu achten, er ist dort gewesen, hat die Besitzer kennengelernt. Was trinken wir morgen? Ich werde geschickt, die Flasche zu holen. Ich bin stolz auf diese Aufgabe, aber wenn es spät ist, habe ich Angst – vom Morgenzimmer zwei Treppen hinunter, durch die große dunkle Halle voller Kruzifixe und Statuen, wieder eine Treppe hinunter in den Keller. In einer Hand halte ich eine Kerze, in der anderen werde ich eine Flasche halten *(bringe sie vorsichtig nach oben)*, mir bleibt keine freie Hand, um mich zu bekreuzigen, wenn der Geist erscheint. Er ist ein Bischof, Wessenberg war sein Name, und soll hier in dieser Halle eine abscheuliche Tat begangen haben. Lina hat mir eine Beschwörung beigebracht, die ich anwenden soll, falls ich, was der Himmel verhüten möge, ihn sehen sollte, ein Liedchen, *Alles was atmet, lobe den Herrn*, aber das Bekreuzigen ist ausschlaggebend. Wenn ich wohlbehalten wieder oben in dem erleuchteten Zimmer bin, mit dem richtigen Wein, und die Kerze ist nicht erloschen, schenkt mein Vater mir oft ein Stück Lebkuchen oder ein paar Geldstücke. Gefahrenzulage. Denn er gibt vor, an den alten Wessenberg, wie er den Geist lässig nennt, zu glauben – oder glaubt er tatsächlich an ihn? –, und behauptet, ihn in den Sesseln angetroffen zu haben, die dieser in der Bibliothek und im Renaissancezimmer bevorzugt haben soll. Um diese Sessel mache ich einen großen Bogen, und auch die Hunde gehen nicht in ihre Nähe, ich habe gesehen, wie sich ihre Rückenhaare sträuben. Nun, da der Wein wohlbehalten oben ist, wird er irgendwo hingestellt, um sich zu setzen – in diesem Zimmer ist es zu warm, halte ihn vom Ofen entfernt –, und am nächsten Tag darf ich das Siegel brechen und, wenn der Wein nicht sehr alt ist, auch den Korken ziehen und den Hals innen und außen abwischen. Das Dekantieren besorgt mein Vater, meine Hände sind noch nicht kräftig genug, um es ordentlich zu machen.

Und worüber reden wir beim Wein, am Tisch und später, wenn wir am schönen warmen Ofen (mit Kacheln aus dem 16. Jahrhundert) sitzen? Lina sagt nicht viel. Sie hat mir anvertraut, daß sie anfangs schreckliche Angst davor hatte, mit meinem Vater zu speisen. Aber *er* sagte, es gehöre sich so in diesen neuen, revolutionären

Zeiten, und allmählich gewöhnt sie sich daran. Ihr Wunsch ist es, ihre Tage als Haushälterin eines Priesters zu beschließen. Mein Vater führt die Konversation, als seien Lina und ich richtige Damen. Er erzählt uns Geschichten. Von seiner Jugendzeit, von Paris, von Monte Carlo und verschiedenen Methoden, die Bank zu sprengen. «Und, hast du es getan?» «O nein! Aber es *geht*. Systeme... man braucht Kapital... » Er erzählt uns von den zwei Schimpansen, die er als junger Mann zuerst auf Korsika, dann in seiner Villa in Grasse hielt, wo sie morgens aus dem Haus stürmten, um sich an den Birnbäumen der Nachbarn gütlich zu tun. Als er heiratete, verlangten die Merzens, daß er sich von den Tieren trennte, schmutzige Affen, unhygienisch, «dabei waren sie wirklich sehr *soigniert*». Er erzählt uns von der Zeit, die er mit einer Gruppe Mesmerianer in einem Schloß in Mittelfrankreich verbrachte, das einem polnischen Grafen gehörte, einem komischen Kauz, der behauptete, Tote erwecken zu können.

So wenig mein Vater es verstand, Zuneigung zu zeigen, so wenig war er gekränkt oder machte mir gar Vorwürfe. Als ich zurückkam, nachdem ich ausgerissen war, hatte Lina mich gescholten und geküßt, und sie hatte geweint. Mein Vater ging darüber hinweg. Etwas Sonderbares geschah mit mir: Die Traurigkeit war fort, verschwunden, ich fühlte mich gleich wieder zu Hause. Ich vermißte meine Schwester, ich vermißte sie auch noch viele Jahre danach, wo immer ich war, und die Zeit in ihrem Haus wurde das verlorene Paradies, ein Traum. Irgendwann, gelobte ich mir, würde es für mich wieder Klavierstunden und Tennis geben. Unterdessen hatte ich resigniert, nein, besser: Ohne daß es mir recht bewußt wurde, war ich zufrieden. Meine Einstellung zu meinem Vater hatte sich nicht geändert, ich verachtete seine Verbote und Ängste – ich war überzeugt, es besser zu wissen. Seine umsichtige Fürsorge machte mich rebellisch, nicht dankbar, und wir versuchten, uns aus dem Weg zu gehen. Doch so losgelöst ich von ihm war, ich lebte in seinen Geschichten – ich spielte mit Holzstücken, die die Pferde darstellten, die er als Knabe und als junger Mann hatte –, ich freute mich auf unsere Abende – trug der Rotwein dazu bei? – und war offen für alles, was er mich lehrte.

Wenn ich sage, mein Vater machte mir keine Vorwürfe, so meine ich, daß er nie davon sprach, daß ich ihn im Stich gelassen und bloßgestellt hatte. Meine Mutter, die unweigerlich von der Eskapade gehört hatte, bezeichnete sie in ihren Briefen als Riesenspaß. Er schalt mich, weil ich das Haus unverschlossen gelassen hatte, eine Beute für Diebe und Plünderer. In den Wirren von Kriegsende und dem Beginn der Weimarer Republik wähnte er sich in einer nahezu vollkommen feindlichen Umgebung. Die Monarchie mit ihren Begleiterscheinungen des Hofes und der Etikette gehörte, auch wenn sie langweilig war – er hatte früher als Adjudant seinen Dienst abgeleistet –, der natürlichen Ordnung der Dinge an: Sie war *sicher*. Von meiner Mutter verlassen zu werden zehrte ebenso an ihm wie unsere Armut oder unser Ruin, wie er es nannte. Er fühlte sich hintergangen, von meiner Mutter, von seinen Schwiegereltern, von den Zeiten, von gesellschaftlichen Mächten, die er weder verstehen noch benennen konnte. Und von mir, Gott helfe mir. Sind alle Kinder unverbesserlich? Zu keinen moralischen Regungen fähig? Regungen des Herzens? Können diese geweckt werden? Meine wurden es nicht. Ich war unverbesserlich und egozentrisch. Und unsere Armut? War sie echt? Oder war es Selbstschutz? War sie relativ? Ich denke, sie muß alles drei gewesen sein und auf jeden Fall sehr bitter für einen Mann in den Sechzigern, der zwar nicht gerade mit Geld, aber mit den Annehmlichkeiten des Lebens großgeworden war. Übrigens auf bescheidene, sehr kultivierte Weise: Die Opulenz der Merzens war nichts für ihn, sein Geschmack war zu gut, sein Anspruch zu hoch. In ihrem Haus hielt er sich abseits wie ein ehrenhafter Verlierer beim Bankett des Siegers. Das wenige Geld, das er geerbt hatte, brachte er früh durch, danach kam das Geld von seinen Ehefrauen. Als die erste starb, erhielt er von den Merzens, auch nachdem er meine Mutter geheiratet hatte, regelmäßige Zuwendungen. Jetzt hatte ihn meine Mutter verlassen, und Großpapa Merz war tot. Er war mit über neunzig Jahren vor Kriegsende in der Voßstraße gestorben – ich war dort: *der Tod im Haus*. Die Merzens hatten als sehr reich gegolten, doch der alte Herr hatte längst aufgehört, sich um seine Angelegenheiten zu kümmern, und als er verstarb, war kaum genug für Großmama übrig, um das riesige Haus zu halten. Mein Vater ging wie viele andere ihrer Zuwendungsempfänger leer aus. Er hatte noch Feldkirch (das meine Mutter gekauft hatte) und seine Sammlung von Objekten, denen er verfallen war – das Haus war der notwendige Rahmen dafür. Waren sie schön? Worauf er achtete, seit er als junger Mann begann, in den Auktionsräumen auf Jagd zu gehen, waren handwerkliches Können, Erlesenheit und dekorative Eigenschaften, nicht Kunst. Er hatte wenige Gemälde gekauft, und er verschmähte alles, was nach 1600 entstanden war. Er legte auch eine düstere, ja makabre Neigung an den Tag. Gotische Schnitzereien, Altargefäße, mittelalterliche Truhen, Regale voller Zinnkrüge, Bronzen aus dem 15. Jahrhundert, Renaissancestühle, Fragmente von Wandteppichen – wir lebten in einem Museum, einem Museum, das niemand besuchen kam. (Wenn er heute hier wäre, könnte er ertragen, es der Öffentlichkeit zugänglich zu machen?)

Und *wovon* lebten wir? Weitgehend durch Tauschhandel, und hier entwickelte mein Vater, der auf dem Land großgeworden war, eine gewisse Genialität. Wir hatten nämlich kein Land, das uns ernähren konnte, nur Park und Rasen, Innenhöfe und Zufahrten, wo die Nesseln hüfthoch standen. Er hatte eine Wiese von einem Mann mit einem Pferd umpflügen lassen und das Gras unter Kartoffeln und Mohn gegeben. Der Mohn diente zur Herstellung von Speiseöl, Mohnsamenöl – Lina und ich mußten die Kapseln knakken und schälen, während mein armer Vater, dem das alles zuwider war, traurig von Oliven träumte. Was von der Wiese übrig blieb, war für die Schafe und Gänse. Wir kochten und heizten mit Holz aus dem Park, und es blieb noch genug, um es gegen Futter für die Esel und Hühner sowie Mehl für unser Brot einzutauschen. Wir hatten fast dreihundert Apfelbäume, bekanntermaßen gute Sorten, zum Essen und für Apfelwein, und auch diese wurden getauscht gegen Milch, Sahne – wir stampften unsere Butter selbst –, Honig und Arbeitsstunden. Alle paar Monate kam ein Metzgergehilfe von dem Marktflecken, um ein Schaf oder ein Schwein zu schlachten. Wir hatten Geflügel und Eier, wir bauten Gemüse und an einer Südwand sogar Weintrauben an. Aus diesen machte mein Vater im Oktober ein kleines Quantum guten Weißwein. Soweit unsere Verköstigung. Die Garderobe meines Vaters – Anzüge, Mäntel, Hemden, Stiefel – war unerschöpflich; meine wurde nicht ergänzt. Alltags trug ich eine Latzhose oder meine Indianerkluft, ein Relikt Merzscher Großzügigkeit, aus der ich noch nicht allzu sehr herausgewachsen war. Zur Messe trug ich eines meiner alten Kleider, und darüber, weil diese immer kürzer wurden, ein Jackett meines Vaters, an dem Lina nur die Ärmel und sonst wenig geändert hatte. Wir hielten eine Zeitung, ein Lokalblatt, hauptsächlich wegen der landwirtschaftlichen Inserate, *sie* mußte bar bezahlt werden, ebenso einige andere Dinge – Salz, Seife, Kerzen, Zündhölzer –, und da wir inzwischen ans Stromnetz angeschlossen waren, machte sich mein Vater Sorgen über die bevorstehenden Rechnungen. Was am meisten kostete, sagte er uns, war das Anknipsen, weil der Strom von so weit hereinfließen mußte. Deshalb hatten wir Lampen im Morgenzimmer und in den Räumen meines Vaters und gingen ansonsten mit der Kerze in der Hand durchs Haus. (Ich versuchte, Kerzen zu sparen, indem ich die Enden einschmolz und neu formte, kam aber mit dem Docht nicht zurecht.) Ich fand Gefallen an diesem Robinson-Crusoe-Spiel, doch in meiner unempfindsamen Art ging mir das Gestöhne meines Vaters wegen der Geldsorgen auf die Nerven. Wiederum wußte ich es so viel besser – er brauchte nur ein paar von den Sachen zu verkaufen, einige Objekte aus der Sammlung, und schon würde es uns wieder gut gehen. Der Arme, ich fürchte, genau das muß er getan haben, heimlich, qualvoll, Stück für Stück. Er erlaubte niemals, daß ein Händler in die Nähe des Hauses kam (einige schlichen herum), doch es gab Tage, an denen er mit einer leichten Reisetasche und abwesendem Blick in der Eselkutsche zum Bahnhof fuhr und den Zug nach Freiburg oder Basel nahm. Er kam abends zurück, mit undurchdringlicher Miene, und brachte Lina und mir Geschenke mit. Heute bin ich sicher, daß auf diese Weise die Stromrechnung beglichen und Linas Lohn gezahlt wurde.

Ich selbst hatte ein erfülltes Leben. Ich öffnete und schloß die Hühnerställe, wenn es dämmerte, ich fütterte die Gänse und bereitete das Futter für die Hunde, das mein Vater ihnen gab, ich fachte das Feuer in der Räucherkammer an, wendete das Schweinefleisch in seinem Lakefaß, zapfte unser tägliches Quantum Apfelwein. Es gab keine Mußezeit mehr zu fürchten. Es mußte gejätet und gewässert werden, Gemüse mußte geerntet und Fallobst gesammelt, Feuerholz mußte gehackt werden, und inzwischen konnte ich den Eselstall allein ausmisten. Dazu kamen die jahreszeitlichen Aufgaben, Äpfel pflücken und lagern (auf dem Parkettboden im Salon meiner Mutter, aus dem die leichten, graziösen Möbel verschwunden waren), die kurze Zeit der Weinlese, Holz stapeln, das herbstliche Zusammenrechen der Blätter... Für die Blätter war ich zuständig. Sie wurden als Streu für die Esel benötigt, weil wir es uns nicht leisten konnten, Stroh zu kaufen. Das Laub wurde ausgebreitet, getrocknet und gewendet, dann in den Karren geschichtet und in die Scheune gefahren, mit Flora in der Deichsel. (Fanny war zu durchtrieben.) Ich hatte auch private Beschäftigungen. Ich wollte den Hunden Rechnen beibringen – da ich von rechnenden Pferden gehört hatte – und versuchte sie mit Überredung und Belohnungen zu bewegen, mit ihren Pfoten Zahlen zu klopfen, es wurde ein totaler Fehlschlag. Kunstradfahren auf einem alten Rad: ich durfte selten auf die Straße, deshalb übte ich meine Kunststücke im Hof – ich konnte auf dem Sattel knien, während ich bergab fuhr, und in engen Kreisen rückwärts fahren (*nicht* in Sichtweite meines Vaters). Und Tennis. Tennis solo, stundenlang mit den Vorkriegsbällen und dem schlecht gespannten Schläger an der Waschküchenmauer, ich zählte die Punkte und träumte von Wimbledon. (Oh, davon hatte ich gehört). Eine neue Sorge beschlich meinen Vater. *Er* hatte die Vormundschaft über mich, aber meine Mutter mischte sich immer noch ein (seine Worte). Sie wünschte, daß ich eine Schulbildung erhielt, und so verlangte es offensichtlich auch das Gesetz. Meine ersten Schreibversuche mit meinem Kindermädchen lagen weit zurück, Lesen hatte ich mir mehr oder weniger selbst beigebracht, mit Zahlen spielte ich gern. In der Voßstraße hatten mir die vierzehntägigen Besuche eines ziemlich altersschwachen Hauslehrers Spaß gemacht... In Feldkirch vergaßen wir das alles. Als meine Mutter eine Gouvernante vorschlug, um uns auf die Sprünge zu helfen, beschloß mein Vater, außer sich vor Ärger, mich zur Dorfschule zu schicken.

Das Schulhaus war ein neueres Gebäude, von irgendeiner fernen Autorität in Auftrag gegeben – ein Klassenzimmer im Erdgeschoß und oben einige Waschräume, eine Wohnung für den Lehrer und seine Familie –, und es roch nach Zement, Linoleum und Pisse. Hierher wurde ich eines Tages mitten im Schuljahr gebracht. Die Kinder, etwa dreißig an der Zahl, saßen in Bänken, ein jedes mit einer Tafel vor sich, die Mädchen auf einer Seite, die Jungen auf der anderen, durch einen Gang getrennt. Sie waren dem Alter nach gesetzt worden, die Sechsjährigen in der ersten Reihe, die Elfjährigen ganz hinten. Der Lehrer, ein ziemlich junger Mann im Straßenanzug, kam herein, und alle standen auf und sagten im Chor, *Grüß Gott, Herr Lehrer*. Er ging nach vorne und begann mit einer höchst faszinierenden Tätigkeit – er ließ jede Reihe zur gleichen Zeit etwas anderes lernen. Die Sechsjährigen mußten ihre Buchstaben üben – wie ihre Schiefertafeln quietschten! –, die nächste Gruppe bekam Rechenaufgaben, die Reihe dahinter lernte ein Gedicht, und die letzte Reihe bekam eine Landkarte. Wir Neunjährigen, ein Mädchen und ich sowie drei Knaben auf der anderen Seite des Ganges, mußten abwechselnd laut lesen. Dann gab es für einige ein Diktat, und andere lernten etwas auswendig. Später sangen alle zusammen und sagten den Katechismus auf. Es war laut, aber nicht eigentlich verwirrend, und ich hatte den Dreh bald heraus. Der Unterricht wurde in Hochdeutsch mit starkem südlichen Einschlag erteilt, und auch die Kinder sagten ihre Lektionen auf Hochdeutsch auf, das ziemlich gestelzt herauskam, doch wenn sie redeten, auch mit dem

Lehrer, verfielen sie wieder in ihre Mundart. Jede Reihe bildete ein Schuljahr, meine hatte Lehrbücher, die mit 4. gekennzeichnet waren: eine Fibel zum Lesen, ein Rechenbuch, Geschichten aus der Bibel. Der Inhalt der Bücher, der Lehrplan (ein Standardlehrplan!), war Wort für Wort in ganz Baden derselbe und mußte Tag für Tag, Woche für Woche von allen neunjährigen Kindern im ganzen Land gelernt werden.

Die Mädchen waren duckmäuserisch, und die meisten waren ohne große Hoffnung beim Lernen, die Knaben waren faul und laut. Die Hauptbestrafung waren *Tatzen*, Rutenstreiche auf die Hand. Wer mehr als einmal zu spät kam oder sein Tagespensum nicht schaffte, bekam zwei *Tatzen*, für etwas Schlimmeres gab es vier, für etwas wirklich Schlimmes sechs. Sechs gab es selten. Manchmal warf der Lehrer einen Knaben kurzerhand über das Pult und versohlte ihm das Hinterteil. Der Knabe schrie gewöhnlich, stoisches Ertragen zahlte sich nicht aus. *Tatzen* und Prügel aufs Hinterteil wurden vor Augen der ganzen Schule erteilt, und die Unschuldigen saßen still und geduckt mit unterschwelligen gemeinen Empfindungen: Schadenfreude, eine ruchlose Erregung.

Der Unterricht dauerte nicht lange, da von den Kindern genau wie von mir erwartet wurde, daß sie zu Hause mithalfen. Nachmittags von eins bis vier kamen wir unteren Klassen, morgens von sieben bis elf die Zwölf- bis Fünfzehnjährigen. Ebenso richteten sich die Ferien nach den Erfordernissen der Feldarbeit und der Jahreszeiten – Heuferien, Ernteferien, Kartoffel- und Holzhackferien. Ich kann mich auch nicht an viele Hausaufgaben erinnern. Wenn die Dreschmaschine zum Einsatz kam oder jemand eine Scheune reparierte, bekamen die Schulkinder den Tag frei – wir saßen auf Leitern, bildeten eine Kette und reichten die Ziegel hinauf.

Wie einst das Haus meiner Schwester, so eröffnete mir auch die Schule eine andere Welt. Wieder entdeckte ich die Vergnügungen des geselligen Lebens. Da waren zunächst die Kinder. Obwohl sie mir anfangs mit Neugierde und Zurückhaltung begegneten (ihre

Eltern und der Lehrer gaben mir den absurden Namen Baroneß Billi – Billi wurde ich in meiner Familie genannt, eine Verballhornung der letzten Silben meines Vornamens), versuchte ich mit dem Eifer eines Hündchens Freundschaften zu schließen. Wo sind sie jetzt, meine flüchtigen Gefährtinnen aus Feldkirch (denn meine Schultage waren gezählt)? Wo waren sie 1933, und was haben sie gemacht? 1939? 1945? Josephina, meine Altersgenossin, ein stilles, blasses Mädchen mit streng zurückgekämmten schwarzen Haaren? Clara, auch ein langsames Kind, Katharina, die sich nie wusch – ich wusch mich auch nicht, wenn es sich vermeiden ließ – und die ich zu Streichen verleiten konnte, die fünf Martin-Mädchen, jedes ein Jahr älter und fünf Zentimeter größer als das nächste und ansonsten genau gleich? Die Mädchen waren im großen und ganzen eine zahme Gruppe, ihre Vorstellung von Spielen bestand darin, Arm in Arm Sonntag nachmittags auf der Dorfstraße zu flanieren und dabei lauthals traurige Lieder zu singen. Ich wandte mich bald den Jungen zu und gründete mit drei älteren, Alphons, Robert und Anton, eine Bande, denn wir hatten dieselben Interessen: meinen Metallbaukasten, Eisenbahnspielen, auf einen Ackergaul steigen, wenn niemand hinsah.

Mich interessierte ihr Zuhause, und ich ging gern nach der Schule mit zu meinen neuen Freunden. Von ihren Eltern wurde ich gastlich aufgenommen. Sie saßen bei der Vier-Uhr-Mahlzeit, *Z'fiere neh'* in badischer Mundart, die eine Sprache für sich ist. Die Kost war in allen Häusern die gleiche: kalter roher Speck, Brot und Apfelwein. Der Speck wurde in der Speisekammer in Scheiben, so dick wie ein Beefsteak, geschnitten. Das Brot war selbstgebacken, in großen runden Laiben von etwa fünf Pfund, weißlich, nicht zu weiß, dem französischen *pain de campagne* nicht unähnlich, aber fester und dichter in der Konsistenz, und es schmeckte am besten, wenn es etwa acht Tage alt war. Der Apfelwein wurde als Wein bezeichnet und konnte mit unserem nicht mithalten, da viele ihn mit Wasser und einem pulvrigen Zeug, einer Art Schimmel aus einer Pappschachtel, streckten. Niemand im Dorf, ausgenommen der

Priester und der Bürgermeister, trank Wein aus Trauben, und sie tranken selten Bier.

Es war ein kleines Dorf, eine lange kurvige Straße, ungepflastert, ein paar Feldwege, gut zweihundertfünfzig Einwohner in weniger als fünfzig Häusern. Es gab wohl vier Nachnamen, Rinderle, Faller, Martin und Hauser. Alle betrieben Landwirtschaft, ausgenommen der Priester und der Lehrer, und fast alle bestellten ihr eigenes Land. Manche hatten nur einen oder zwei Morgen, andere hatten dreißig oder vierzig. Einige waren angeblich durch Hypotheken hoch verschuldet, manche waren recht wohlhabend. Ein paar hatten noch eine Nebenbeschäftigung wie die Schmiede, das Postamt (mit dem einzigen Telefon, das um sieben Uhr abends stillgelegt wurde), den Dorfladen und das Wirtshaus. Alle führten ein ähnliches Leben. Die Häuser unterschieden sich in der Größe, waren alle aus Stein, und die meisten hatten zwei Stockwerke. Einige waren blitzsauber mit polierten Kochherden und Fußböden, einem reinlichen, ruhigen Wohnzimmer, einem Elternschlafzimmer mit Warenhauseinrichtung, Doppelbett, Kleiderschrank, gerahmten Hochzeitsfotos auf der Kommode, oft auch eine Fotografie von einem (vor so kurzer Zeit erst) im Krieg gefallenen Sohn. Einige Häuser waren weniger makellos, einige waren schlampig. Hinter dem Haus war der Hof mit dem Misthaufen, der Pumpe und dem Trog, nur das Schulhaus, das Pfarrhaus und das Schloß hatten eine Wasserleitung. Dahinter lagen die Ställe und Scheunen, und auch diese sprachen für sich. Die des Bürgermeisters waren ein erfreulicher Anblick, die Ställe luftig, die Streu hoch und sauber, die Kammer mit dem Pferdegeschirr blitzeblank, die Milchkannen geschrubbt, der Apfelspeicher süßduftend. Hier gab es einen ummauerten Weingarten. Der Bürgermeister hatte, wie einige andere Großbauern, vier Pferde, die meisten hatten nur eins, und oft sah man ein Pferd und einen Ochsen vor ein Fuhrwerk gespannt. Ein Großteil der Arbeit verrichteten Ochsen, aber ein Mann, der zugleich der Schuster war, mußte seine einzige Kuh vor den Pflug spannen.

Wenn ich sage, alle im Dorf führten ein ähnliches Leben, dann denke ich an die Arbeit der Leute, ihre Ernährung, ihre Religion und ihre Mußestunden. Zum Frühstück gab es stets Milchkaffee aus gerösteter Gerste und Zichorienessenz, Brot und Pflaumenmus. Keine Butter, Butter und Eier waren für den Verkauf bestimmt. Die Männer auf den Feldern hatten für die spätere Pause Speck und Apfelwein. Mittagessen gab es zwischen elf und zwölf, es glich weitgehend dem, was Lina kochte, Pflutten, Bratkartoffeln, Spätzle und gelegentlich Kohl oder Karotten, viel zu lange gegart. Gekocht wurde mit Schweineschmalz. Salat bedeutete Kartoffelsalat. Fleisch gab es, wenn nicht gerade eine besonders harte Arbeit anstand, nur an Festtagen und sonntags: Schweinebraten, gekochtes Rindfleisch, ein Huhn, und gelegentlich auch ein Hähnchen. Reichliche Vier-Uhr-Mahlzeiten an jedem Tag, bei Einbruch der Dunkelheit Abendessen mit einer Schale Kaffee und Brot. Die Kleidung interessierte mich weniger, aber ich sehe sie noch vor mir. Nach heutigen Maßstäben war sie fürchterlich. Unförmige Röcke, hochgeschlossene Blusen, schlecht gearbeitete Kleider aus Baumwolle und Serge. Niemand über dreißig trug andere Farben als schwarz und braun. Damals gab es für Frauen keine Westen oder Strickjacken. Pullover waren in Mode gekommen, aber sie erreichten uns nicht. Ein Mädchen glänzte zweimal im Leben mit einem Kleid, bei der Erstkommunion und bei der Hochzeit, jeweils natürlich in Weiß. Die Männer begnügten sich mit schäbiger Arbeitskleidung (keine eng geschnittenen Jeans) und einem steifen Sonntagsanzug. Die Kinder gingen von Mai bis Oktober barfuß. Lektüre? Bei den Erwachsenen sah ich nie etwas Gedrucktes, ausgenommen das Lokalblatt und Versandhauskataloge.

Politik? Die Männer hatten ihren Gemeinderat, der sich in einem Raum im Wirtshaus versammelte; die nationale Politik erweckte trotz des Krieges und der jüngsten Revolution kein großes Interesse, doch man redete darüber und fürchtete eine Inflation. Bei den ersten allgemeinen Wahlen nach dem Krieg im Jahre 1919 kam kein Reichstagskandidat, um vor der Wählerschaft von Feldkirch zu reden. Die Leute gingen dennoch zur Wahl, und es war allgemein bekannt, welche Richtung sie wählten. Lina war imstande, uns über jede einzelne Familie ins Bild zu setzen. Trotz der Voraussagen meines Vaters, der nur potentielle Jakobiner sah, stimmte das Dorf einmütig entweder für die demokratische oder die Zentrums- oder eine landwirtschaftliche Splitterpartei, die alle die katholischen Interessen vertraten. Keiner stimmte für die nationalistischen und konservativen Parteien oder Gruppierungen der extremen Rechten, möglicherweise weil man sie mit Norddeutschland und Protestantismus verband. Nur ein Mann wählte sozialdemokratisch und wurde als *Sozi* tituliert: *Er* war als leichtsinniger Trunkenbold bekannt, der sein Land verspielt hatte. Für die Kommunisten und Spartakisten wurde keine Stimme abgegeben.

In Feldkirch gab es weder Arzt noch Krankenschwester, kein Armenhaus, keine Wohlfahrt, keinen Frauenverband, keinen Verein, keine Musikkapelle, keine Sportplätze, keinerlei Lustbarkeiten. Einige Frauen zogen Blumen vor dem Haus, ansonsten wurde kaum gegärtnert, es sei denn für den Kochtopf. Es gab Mundharmonikas und etliche Ziehharmonikas, das Schulhaus verfügte über ein Harmonium, niemand, wir selbst eingeschlossen, besaß ein Klavier. Auch erinnere ich mich nicht, daß jemand einem Hobby nachging, es gab keine Briefmarkensammlungen, kein Schachspiel. Was haben sie mit sich angefangen? Damals gab es kein Radio, geschweige denn Fernsehen, kein erreichbares Kino; nur zwei, drei Leute hatten jemals einen Film gesehen. Zwischen Verdummung durch endlose maschinenproduzierte Ablenkungen und überhaupt keinen Anregungen liegt eine Welt. Was *haben* sie mit sich angefangen? Die Männer konnten ins Wirtshaus gehen, um zu trinken und Karten zu spielen, ins Gasthaus zum Kreuz, ein schlampiges, muffiges Lokal, wo es nach nassen Stiefeln und Schnaps roch – ich bin ein-, zweimal hineingegangen, um Limonade zu holen. Sie konnten Hasen und ein paar Vögel schießen, das Land war flach mit wenig Wald. Sie konnten sich einen Ausflug gönnen, wenn eine Stute gedeckt oder ein Kalb verkauft werden mußte (ein lahmer Ausrufer mit einer Glocke humpelte die Straße entlang und kündigte Vieh-

und Jahrmärkte an). Junge, verheiratete wie ledige Frauen promenierten sonntags Arm in Arm wie Schulmädchen über die Feldwege und sangen von Liebe, frühem Tod und dem Soldaten, der nicht wiederkehrte. Bei diesen deutschen Liedern hätte ich heulen können wie ein Hund, und die Melodien waren himmelweit von Schubert und Brahms entfernt. Auch junge Männer promenierten am Sonntagnachmittag in Zweierreihen – sie müssen rechte Faulenzer gewesen sein – an den Mädchen vorbei, doch ohne sich unter sie zu mischen. Die Geschlechtertrennung war strikt, man hätte sich in Lateinamerika oder in der Türkei befinden können. Einzelne junge Männer gingen mit einzelnen Mädchen (natürlich!), doch das mußte entweder heimlich geschehen, oder sie waren bereits verlobt. Es blieb nie ein Geheimnis – Klatsch und Tratsch über die Nachbarn war ein wesentlicher Zeitvertreib, und wehe den Entdeckten; Verlobungen, wenn keine Schwangerschaft dazwischen kam, währten im allgemeinen lange.

Ein Trost waren die großen Freß- und Sauffeste, die bei der Weinlese und an Ostern ziemlich ernst genommen wurden, dagegen ausgelassen waren bei einer Taufe, Erstkommunion oder Hochzeit. Ein Schwein wurde geschlachtet, Gänse wurden gebraten, Sauerkrautfässer ins Freie gewälzt. Verwandte und Helfer wurden zum Festschmaus geladen, und da jeder irgendwie mit jedem verwandt war, war es eine große Gesellschaft. Wer nicht dabei sein konnte, dem wurde eine Metzgerplatte geschickt, eine Riesenschüssel mit Blutwurst, Rippenspeer, warmem Schinken, Kutteln und einer glibbrigen Fleischmasse, dem Schwartenmagen.

Einen Mittelpunkt gab es, eine allgemeine Quelle für dramatische Ereignisse, Erfüllung und Vergnügungen, und das war die Kirche mit ihren Messen und Andachten. Feldkirch war durch und durch katholisch. Es kannte einen Juden, *den* Juden – nicht ansässig –, der regelmäßig auftauchte, um Kaninchenfelle zu kaufen. Protestanten, Ketzer, waren reine Schreckgespenster; die einzige Person in ihrer Nähe, auf die diese Bezeichnung einigermaßen zutraf, war meine Mutter gewesen, die erst zum wahren Glauben übergetreten war, als sie meinen Vater heiratete. In der Kirche gab es Musik, eine Orgel, vom Lehrer gespielt, und alle, die singen konnten, sangen im Chor, ein junger Mann diente als Küster, andere läuteten die Glocken, die Angelusglocke morgens, mittags und abends, die Glocken für die Messe, die aufgeregten Feueralarmglocken und die langsame, einzelne Glocke, wenn jemand gestorben war, die kleine helle für eine Frau, die tiefere für einen Mann. Man hörte sie und sprach sein *Ave Maria* oder machte sich fertig für die Kirche oder eilte zu helfen oder fragte sich, wer es sein mochte. Frauen kümmerten sich um die Altartücher, fegten die Kirche – es war eine schöne kleine Kirche, mit makellosen Bögen, weißgetüncht, schlicht – es war Aufgabe der Jungfrauen (Jungfrauen jeden Alters), Blumen und Zweige zu bringen, Weihrauchfaß und Kerzenständer blank zu putzen. Der Bürgermeister und mein Vater stellten abwechselnd den Meßwein zur Verfügung. Die Jungen, mit denen ich spielte, waren Ministranten. Rosenkranz und Meßbuch waren hochgehaltene private Besitztümer.

Die tägliche Frühmesse, eine stille Messe mit einem einzigen Meßdiener im Halbschatten der Kerzen und ohne Musik, war spärlich besucht von frommen alten Frauen und Erstkommunikanten. Die großen Ereignisse waren die jährlichen Prozessionen an Fronleichnam und am Tag des Schutzheiligen, die um die Kirche, über die Feldwege, um den Park und das Schloß führten und unter den Fenstern der Bettlägerigen anhielten, mit Fahnen im Wind und Baldachinen, unter denen die Statuen der Madonna und des heiligen Johannes getragen wurden; wer konnte, ging in Weiß, und die Jungfrauen durften sich mit einem blauen Band schmücken. Das ganze Jahr hindurch war das Hochamt am Sonntag das große Ereignis, bei dem nicht eine Bank im Hauptschiff unbesetzt blieb. Auch hier galt die strenge Trennung nach Geschlecht und Alter: Mädchen und Frauen auf einer Seite des Mittelganges, Knaben und Männer auf der anderen. Eine Frau, die in Feldkirch geboren und begraben wurde, hatte ihren ersten Auftritt in der Kirche vor der Reihe der Kinder und rückte mit dem Größerwerden nach hinten, saß erst bei den jungen Mädchen, dann bei den jungverheirateten Frauen, den Ehefrauen, den älteren Frauen, bis sie richtig alt war und in der letzten Reihe saß. Dasselbe, wenn man als Junge geboren war. Die Leute vom Schloß hatten ihr eigenes Gestühl im Chor neben dem Altar, und wir kamen nicht durch die Vorhalle herein, sondern durch den Pfarrhausgarten und die Sakristei. Lina kam bis hierhin mit uns, dann nahm sie ihren Platz in der Hierarchie ein. Ich blieb allein mit meinem Vater, der nicht wie wir übrigen kniete, sondern in gebückter Haltung saß, die als Knien gelten mußte. Ich wäre gerne in den Reihen der Schulkinder gewesen, doch ich liebte unsere Plätze, weil sie so nahe am Altar waren. An gewöhnlichen Sonntagen dienten zwei Ministranten, und die Gewänder waren grün, in der Fastenzeit waren sie violett, schwarz am Karfreitag, rot und gold an hohen Sonntagen. Ostern waren sie rein weiß und gold, und es gab Weihrauch und sechs Meßdiener. Ich beobachtete jede einzelne ihrer Kniebeugen, wußte, wann sie mit ihren Handglocken bimmeln, das Weihrauchfaß schwenken, die Bibel von der Epistel- auf die Evangeliumseite tragen mußten. Ich hatte den heimlichen Ehrgeiz, es ihnen gleichzutun, und schmiedete meine Pläne.

Nach der Messe verweilten alle in der Vorhalle; mein Vater ging durch die Sakristei hinaus und unterhielt sich mit dem Priester, während dieser seine Gewänder ablegte, danach begleiteten wir ihn durch seinen Garten nach Hause. Wenn ich sage, der Priester, dann meine ich zwei Männer. Der eine war ein Kaplan, der schon lange vor dem Krieg in der Pfarrei gewesen war; ausgemergelt, gebrechlich, alt, mit edlem asketischem Gesicht und beinahe transparenter Haut, er war ein seltsamer Mann in unserer Mitte. Er achtete überhaupt nicht auf seine eigene Bequemlichkeit und Gesundheit, und er las die Messe stets langsam, mit Inbrunst und Würde. Seine Predigten waren streng. Er war den Dorfbewohnern nicht geheuer, und viele fürchteten sich vor ihm, doch sie waren stolz auf ihn. Mein Vater war dem Kaplan ergeben und sprach mit großer Hochachtung von ihm, für mich verkörperte er die Vorstellung davon, wie ein Priester aussehen und sein sollte. Ich fürchtete den Tag, an dem ich alt genug sein würde, um meine erste Beichte bei ihm abzulegen. Heute meine ich, daß es sicher nicht geschadet hat, einmal in sein Gebet eingeschlossen gewesen zu sein – was nicht unwahrscheinlich war. Ende 1919 verließ er uns und setzte sich in einem Priesterheim zur Ruhe. Sein Nachfolger, Pfarrer Huber, war das genaue Gegenteil. Kugelrund, rosig, ein herzhaftes Lachen und eine in Mundart glucksende Stimme. Er leierte die Messe herunter, aber wenn ein Meßdiener nachlässig war oder kicherte, drehte er sich um und schlug ihm ins Gesicht. Er schockierte mich auf dem Weg aus der Sakristei bis ins Mark, als er zu meinem Vater sagte, er freue sich auf ein Schweinekotelett so groß wie ein Klosettdeckel (er sagte nicht Klosett, er benutzte einen dorfüblichen Ausdruck). Auch *seine* Predigten waren streng.

Die beliebtesten Andachten waren die Vespern und die allabendlichen Rosenkranzandachten im Mai, weil wir daran mitwirken konnten. Die Antworten – *Et cum spiritu tuo, Orate pro nobis, Dona nobis pacem* – wurden nicht von den Altardienern gemurmelt oder vom Chor gesungen, sondern einstimmig von der Gemeinde nachgesprochen. Wenn man es gut beherrschte und mutig war, wurde man ausgewählt, die Gebete von einem Betschemel vor dem Hauptschiff anzuführen. Dort intonierte man dann das *Pater noster* und das *Ave Maria* oder, das Schönste von allem, man rezitierte die Bitten einer Litanei im Dialekt. Diese erhabene Rolle wurde oft von einer jungen Bäuerin ausgefüllt, die ihre vielbewunderte Aussprache erworben hatte, als sie auf irgendeinem Landsitz Dienst tat. Ich strebte danach, ihre Rivalin zu werden. Ich brüstete mich, eine ganze Litanei aufsagen zu können, ohne mein Meßbuch aufzuschlagen. Man nahm mich beim Wort. Eines Abends im Mai kniete ich auffällig abgesondert auf dem Schemel, das Meßbuch neben mir geschlossen, und sang in der richtigen Mischung aus Hochdeutsch und Mundart Zeile für Zeile, unterbrochen durch die donnernde Antwort hinter mir. «*Du Engel des Herrn:*» «*Bet f'r unsch!*» (Mundart für *Bitte für uns.*)

«Du heilige Jungfrau:
Bet f'r unsch!
Du elfenbeinerner Turm:
Bet f'r unsch!
Du Rose Davids:
Bet f'r unsch!
Du Lamm Gottes:
Erbarme dich unscher!»

Es dauerte gute fünf Minuten, und es war berauschend.

Der Hochmut kam vor dem Fall. Die Umstände meines geselligen Lebens waren weit weniger gesichert, als ich vermuten konnte, und bald wurde ich von zwei Katastrophen heimgesucht. Mein Vater, der nie ins Dorf ging außer zur Messe, war nicht unbesorgt über meine Verbindung zum Dorf, die er gleichsetzte mit dem Übel, daß ich die Schule besuchen mußte. Er wußte nicht genau, wie viele Stunden ich in verbotenen Gefilden zubrachte, da Lina sich vorsorglich schützend vor mich stellte. Er hatte nichts gegen die Informationen, die ich über Ernten und Kälbergeburten nach Hause brachte, aber es beunruhigte ihn, daß ich die Gastfreundschaft der Leute annahm. Seine Manieren überwanden die Furcht, daß jemand einen Blick auf seine Sammlung warf, und es wurde beschlossen, daß ich meine Freunde einladen müsse. Unsicher, ob mein Zuhause ihren Beifall finden würde, fragte ich, ob wir Speck haben könnten. Speck werde nicht erwartet, sagte Lina, sie wolle für Kuchen und Limonade sorgen. So lud ich denn meine drei Kameraden Alphons, Robert und Anton ein, nach der Schule vorbeizukommen. Linas Gesicht färbte sich rot, sie brach in Tränen aus und flehte meinen Vater mit hysterischer Stimme an, Bitte, Herr Baron, lassen Sie es nicht zu. Dann kam alles heraus. Im Dorf gab es Gerede! Die Eltern waren verärgert! Ich hatte einen Skandal verursacht! Und nun sei ich im Begriff, den letzten Fauxpas zu begehen – *denn daß ein Mädchen mit Jungen spielte, das ging einfach nicht an.* Mein

Vater und ich waren verblüfft, entrüstet, peinlich berührt. Sie hätte uns warnen sollen, sagte Lina, hätte früher etwas sagen sollen, aber sie habe gewußt, daß Billi es nicht böse gemeint hatte. Böse? Ich war durcheinander, fühlte mich elend, betrogen – ich hatte geglaubt, willkommen, beliebt zu sein… Was hatte ich getan? Was sollte ich getan haben? Lina deutete etwas hier Unaussprechliches an, eine Schwelle zum Abgrund des Erwachsenseins. Dann bog mein Vater es auf seine Art hin – in diesen Zeiten darf man kein Aufsehen erregen: Ich sei wild, ich sei leichtsinnig, *ich fordere die Gefahr heraus.* Beschlüsse wurden gefaßt und verworfen – ich dürfe nicht mehr ins Dorf gehen, nicht mehr zur Kirche gehen, nicht mehr zur Schule gehen. So ging es tagelang, dann beruhigten sich die Gemüter. Ich ging weiter zur Schule, Ausflüge ins Dorf wurden selten (der Reiz war ohnehin verblaßt), eine schnatternde Mädchenschar wurde zum Spielen eingeladen. Sie kamen, guter Gott, in ihrem besten Sonntagsstaat und hatten keinen Spaß an meinen Spielsachen: Puppen besaß ich keine. Als wir durch den Park schlenderten, erschienen meine Kameraden auf der Mauer und machten spöttische Bemerkungen. Ich konnte mich weder erklären noch entschuldigen; ich überlebte es.

Vielleicht sollte ich ein Wort über unsere – erwünschte sowie tatsächliche – soziale Stellung in der Nachbarschaft sagen (soweit ich es noch zusammenbringe). In diesem ländlichen Winkel von Baden, dem Breisach, gab es lauter kleine Dörfer wie unseres, und viele hatten ihr Schloß, ihr Gutshaus, bewohnt von Familien, die wir kannten, mit denen wir aber nicht mehr verkehrten. Da waren Graf Kageneck in Munzingen, Baron Neveux in Biengen, die Gleichensteins in Krozingen, die Landenbergs… Die meisten betrieben Landwirtschaft, Kageneck produzierte einen berühmten Wein. Vor dem Krieg lebten alle, wie es von ihnen erwartet wurde, in einem gewissen Stil, sie gaben den Dorfleuten Arbeit und trieben Handel mit ihnen und waren mit ihren Pferdekutschen gern gesehen (niemand protzte mit einem Automobil), ihre Farben und Adelswappen zierten nach deutscher Sitte Silberbesteck und Satteldecken. Jetzt aber spürten auch sie die Notlage, wenngleich niemand, soweit es mir bekannt war, sich so einschränken mußte wie wir. Einige waren leicht exzentrisch. Neveux sprach ausschließlich Mundart, und die alte Baronesse war tatsächlich im Gefängnis gewesen, weil sie die Milch verwässert hatte. Nachdem Gleichenstein gestorben war, hatte seine Witwe zu kämpfen, Landenberg befaßte sich nebenbei mit politischen Splittergruppen, nur die Kagenecks waren immer noch sehr reich und angesehen. Aus dieser Welt hatte sich mein Vater freiwillig zurückgezogen. Er trank nach wie vor ein Glas Wein mit einem Bauern, nachdem sie einen Handel mit Äpfeln oder Holz abgeschlossen hatten, und hin und wieder sprach er vormittags bei der Bürgermeistersgattin vor, die, wie er sagte, eine ungemein hübsche Frau war. Alle sechs Monate etwa lud er den Pfarrer zum Essen ein und tischte ihm nach Tagen des Brummelns und Seufzens und sorgfältiger Vorbereitungen ein beachtliches Mahl auf. Sein Auftreten war unbefangen, er war außerordentlich höflich, bemühte sich, den Menschen ohne Rücksicht auf ihr Alter oder ihre Stellung zu begegnen. Meine Mutter sagte, daß er fröhlich und lebhaft, ja sogar äußerst charmant sein konnte, wann immer er engagiert war und seine vielen Ängste vergaß, etwa wenn er einer Frau den Hof machte oder auf der Jagd nach einem Kunstgegenstand war. Daher war er trotz seiner Reserviertheit und seiner privaten Bedenken in Feldkirch persönlich sehr beliebt. Was sie *nicht* liebten, war unsere neue Schäbigkeit, sie raubte ihnen etwas, und sie konnten es nicht verstehen – das Schloß war immerhin noch da –, die Eselkutsche und meine Kleidung waren ihnen peinlich, während es für ihn die kluge Reaktion auf ein Zeitalter der Revolution war; damit wollte mein Vater den Kopf in den Sand stecken. Er hatte unrecht. Die Leute wollten uns gar nicht auf die Guillotine schikken, sie vermißten unsere livrierten Diener.

Gegen Ende meines zweiten Winters in Feldkirch, als ich bald zehn wurde, erinnerte der Pfarrer meinen Vater daran, daß ich noch nicht zur Erstkommunion gegangen war. So wurde ich denn zusammen mit einigen kleinen siebenjährigen Mädchen zweimal in der Woche im Pfarrhaus unterrichtet. Wir wurden nun angehalten, täglich zur Frühmesse zu gehen und ein mustergültiges Leben zu führen. Ich dachte, dies sei die Gelegenheit für mein Vorhaben, in der Messe zu dienen. Als ich die lateinischen Texte perfekt beherrschte, begann ich bei Lina, die mich an sich drückte und sagte, das habe es noch nie gegeben. Dann versuchte ich es bei meinem Vater und rasselte vor ihm das *Qui glorificat iuventutem meam* herunter. Zu meiner Überraschung war er beeindruckt. Er sehe nicht, warum ich es nicht machen sollte. Pfarrer Huber meinte, es sei zwar nicht üblich, aber er sehe nicht, warum ich nicht allein in einer stillen Messe dienen könne. Mir wäre ein größerer Rahmen lieber gewesen, doch meine Freude war so groß, daß es mir nichts ausmachte. Ich bekam das Handbuch und übte zu Hause, schwenkte ein Weihrauchfaß (wir hatten so viele), machte eine Kniebeuge, während ich unter dem Gewicht eines großen Folianten anstelle eines Meßbuchs auf meinen Armen wankte. Ich wußte genau, wie es gemacht wurde. Ich hatte die Flegel am Altar beobachtet, wie sie mit offenem Mund glotzten, wie sie gähnten und sich am Kopf kratzten und es gerade noch unterließen, in der Nase zu bohren. Sie verpaßten ihre Einsätze und machten Fehler, wohingegen *ich* es mit Präzision, stiller Würde und Haltung zu tun gedachte. Ich ging so weit, eines Nachmittags einen Chorrock überzuziehen und am richtigen Altar zu üben. Dann traf mich der Schlag. Pfarrer Huber, der vermutlich kalte Füße bekommen hatte, fragte den Bischof, und der Bischof sagte nein.

Mein Vater bedauerte, wie die Zeiten sich geändert hätten; wenn ein Kind *seines* Vaters gewünscht hätte, in der Messe zu dienen, hätte der Pfarrer nicht erst dämlich um Erlaubnis gefragt. Die Zeiten haben sich abermals geändert. Würde man mir in den 1980er Jahren erlaubt haben, am Altar zu dienen?

Da das Fiasko nun mitten in die Vorbereitungen auf meine Erstkommunion fiel, fühlte ich mich frei, mich dem Zweifel zu überlassen, der zum Verlust meines Glaubens führte, wie ich es nannte. Und bitte, was war denn mein Glaube gewesen? Es war der Glaube einer römisch-katholischen Wilden. Eher weniger erleuchtet, wenn überhaupt, da meine Missionarinnen Bauersfrauen gewesen waren. Sie setzten mir ein kunterbuntes Höllenfeuer in den Kopf, Spitzfindigkeiten über Rituale und die Todsünde, sie erzählten mir Schauergeschichten von der Nonne, die ihr Gelübde brach, und dem Jungen, der ein Krümelchen von der Hostie aß, bevor er die Kommunion empfing. Ich hörte wenig von der Gnade Gottes und potentiellen menschlichen Tugenden. Ich hörte von der Sünde und ihren Folgen – ewige Verdammnis. Ich war imstande, ein logisches, wenn auch erschreckendes System zu begreifen. Etwas von seiner Planmäßigkeit, seinem Absolutismus sagte mir sogar zu. Ich *liebte* Ordnung, obwohl Ordnung weniger Alternativen zuläßt. Es war klar, was man nicht durfte. Die Zehn Gebote, die Sieben Todsünden, die Fünf Gebote der Kirche. Letztere überragten die anderen. Die allgemeinen Gebote lagen ziemlich weit außerhalb der Reichweite eines Kindes – Mord, Götzenanbetung, einem anderen Mann die Frau wegnehmen –, während Lügen und Stehlen, so sagte man uns, läßliche Sünden waren, keine Todsünden. Die Todsünden waren zu abstrakt, nur die kirchlichen Gebote waren ganz alltäglich. Zwei davon, die Verpflichtung, sonntags die Messe zu besuchen und freitags kein Fleisch zu essen, hatten mich schon in der Voßstraße in Berlin in einer Zeit des vollständigen, wenn auch privaten Glaubens geängstigt. Da es niemandem in jenem jüdisch-agnostischen Haus je eingefallen war, mich zu irgendeiner Form von Gottesdienst mitzunehmen, und ich noch viel zu klein war, allein irgendwohin zu gehen, konnte das Versäumen der Messe so schlimm nicht sein: Die Verantwortung lag nicht bei mir. Aber das Fleisch am Freitag! Ich hätte aufstehen und es offen verweigern sollen, aber ich war nicht aus dem Stoff, aus dem Märtyrer und Bekenner sind. Deshalb versteckte ich den Belag der delikaten Hähnchenstulle, die man mir zum zweiten Frühstück heraufschickte, und verbannte das Schnitzel von meinem Tablett; das Schwierige in dem Stadthaus ohne Hunde oder Katzen war die endgültige Beseitigung. Ich mußte das Fleisch am nächsten Tag aus seinem Versteck holen und herunterschlucken. Wieder in Feldkirch, hatte ich jetzt ernstere Gründe, mit meiner Religion uneins zu sein: Mir wurde gesagt, daß geschiedene Leute in die Hölle kommen. Mein Vater und meine Mutter waren inzwischen geschieden, so viel wurde jetzt immerhin eingeräumt. Wußten sie über die Konsequenzen ihres Tuns Bescheid? Immer wenn ich meine Gedanken nicht davon abwenden konnte, wurde ich rebellisch. Solche Regeln, sagte ich mir, seien zu schlimm, um sie zu glauben.

Pfarrer Huber begann den Kommunionsunterricht damit, daß er uns in aller Gemütsruhe erzählte, wir würden nun in ein wichtiges Stadium unseres Lebens eintreten und müßten uns in der Kasteiung des Fleisches üben. Das hatte für mich immer einen peinlichen Klang. Wie viele Stücke Zucker tust du morgens in deinen Kaffee? fragte er alle Mädchen der Reihe nach, um sie zu bewegen, sich beim Zucker zu beschränken. Eine jede flüsterte, sie dürfe werktags ein halbes Stück nehmen. Da wir zu Hause Tee tranken (Geschenkpäckchen von meiner Schwester), freiwillig ungezuckert, kam ich mir schmerzlich benachteiligt vor und bekannte mich zu einem schwach gezuckerten Becher Kaffee. Mein Vater hätte das gutgeheißen, da er es als weise Ausflucht betrachtet haben würde – «Zeige nie den Unterschied in deinem Geschmack und deinen Gewohnheiten.» (Der Arme, ich habe nie jemanden gekannt, der leichter zu durchschauen war.) Ich hatte die Unwahrheit gesagt, weil ich die Genüsse der anderen nicht herabsetzen wollte und weil ich verzweifelt versuchte so zu tun, als ob ich dazugehörte. Ich ging hierin so weit, daß ich meinen Mitschülerinnen erzählte, der Mann, der kam, um unseren Rasen umzupflügen, sei mein Patenonkel. Den Wunsch, mich anzupassen, habe ich seit langem aufgegeben, aber ich sage immer noch lieber die Unwahrheit statt zu verstören; die kläglichen halben Zuckerstückchen waren meine erste Lüge über meine sozialen Verhältnisse.

Leider haftete Pfarrer Hubers «geistlicher Vorbereitung» von Anfang an eine falsche, triviale Note an. Er nahm mit uns den Katechismus und den Kommunionsgottesdienst durch, und das war alles. Enttäuscht verließ ich das Pfarrhaus. Was hatte ich mir erhofft? Erleuchtete Worte, Antworten auf meine Fragen, Erlösung von Ängsten? Eine große Veränderung in mir? Ich begann, meine Fragen selbst zu beantworten. Die Kirche konnte gewiß nicht unfehlbar sein, weil sie unfair war. *Unfair*. Kein Feldkircher Ausdruck. War es nicht *unfair*, daß Babys für immer in der Vorhölle bleiben mußten, nur weil niemand imstande gewesen war, sie rechtzeitig mit Wasser zu besprengen? War es nicht unfair, daß es nur eine einzige wahre Kirche geben sollte, wenn es reiner Zufall war, ob man in die falsche hineingeboren wurde und niemals ins Paradies eingehen konnte? War es nicht unfair, daß man, wenn man vom Pferd stürzte und starb, ohne eine Sekunde Zeit zu haben, seine Sünden zu bereuen, auf ewig verdammt war? Und warum sollte ein Mensch für dieselben Sünden in die Hölle kommen, wenn ein anderer mit einer Pilgerfahrt nach Rom oder dem Sprechen einiger Gebete davonkam? Mir war nicht klar, daß dies nicht gerade ein origineller Protest war. Schön: Gott war allmächtig und würde dergleichen nicht zulassen. Zudem war er allgegenwärtig, also überall, warum wurde uns dann gesagt, wir müßten ihn im Innern einer Kirche anbeten? Ja, sie hatten alle unrecht. Es fiel mir nicht schwer, davon überzeugt zu sein, und ein Gefühl der Überlegenheit und der Freiheit überkam mich bei diesen Gedanken. Nur einmal wurde meine Phantasie im Kommunionsunterricht entfacht, als wir von den Arten der Reue lasen. Es gab die Furchtreue, die Liebesreue aus Liebe zu Gott, aus Abscheu vor unserer Schlechtigkeit. Doch auch dies wurde uns routinemäßig mitgeteilt. Alles wäre vielleicht anders gewesen, hätten wir noch den Kaplan statt Pfarrer Huber gehabt. Als es soweit war, empfing ich meine erste Kommunion mit selbstgefälliger Rebellion.

Meine zweite gesellschaftliche Katastrophe wurde von Lina ausgelöst. «Gib mir den Kamm!» «Ich kann das alleine.» «Gib mir den Kamm!» Ich ließ los, und es war nicht zu verheimlichen, die Zinken des Kammes wimmelten von Läusen. *Was sollen wir tun?* Meine Haare mit Petroleum waschen. *Er* wird es riechen. Papa darf es nicht wissen. Aber Lina war entsetzt – was, wenn *er* sie bekommt? Ich sah ein, *das* war undenkbar, ich gab nach. So wurde mein Vater aufgeklärt. Ich hatte es vermutet: Einige meiner Mitschülerinnen hatten Läuse, nicht alle, nicht viele… Meine Haare wurden stündlich mit dem Staubkamm bearbeitet, Tag für Tag mit Petroleum gewaschen, bis wir die Läuse mitsamt Nissen los waren. Dem unterwarf ich mich, aber jetzt sprach mein Vater ein Machtwort. Dies war das Ende meiner Schultage.

In der Hoffnung, damit der Schulpflicht zu genügen, beschloß mein Vater, mich selbst zu unterrichten. Er fuhr nach Freiburg und kaufte eine Reihe Schulbücher. Es waren Bücher für die höhere Schule, also ein ziemlicher Sprung. Vier Stück waren es, ein Erdkundebuch, ein Geschichtsbuch, eine deutsche und eine französische Grammatik. Die Methode meines Vaters war einfach: An jedem Wochentag mußte ich für mich allein einen Abschnitt aus jedem Buch lernen. Unter lernen verstand er auswendig lernen. Er erwartete von mir, daß ich die Texte perfekt beherrschte. So lernte ich denn französische unregelmäßige Verben, deutsche Deklinationen, die Länge von Flüssen, das Datum von Hannibals Alpenüberquerung. Ich langweilte mich und gewöhnte mir an, das tägliche Pensum bis zur letzten Minute aufzuschieben, wobei ich ein paarmal mit knapper Not davonkam. Einmal mußte ich auf die Lektion vom Vortag zurückgreifen, und zu meinem Schrecken kam ich damit durch. Ich fand mich gemein und hatte ein schlechtes Gewissen, zugleich aber bekam ich ein recht zynisches Gefühl der ganzen Prozedur gegenüber. Sie mußte jedoch beibehalten werden, denn als Alternative drohte eine Gouvernante, die bei uns im Haus wohnen und, so sagte mein Vater, unser Leben ruinieren würde. Was ihm entging, war die ungleiche Verteilung meiner täglichen Aufgaben: Der Abschnitt, den ich lernen mußte, konnte von sechs Zeilen bis zu anderthalb Seiten lang sein.

Es muß in dieser Zeit gewesen sein, als mein Vater unsere abendlichen Rouletterunden einführte. Er brachte aus einem verschlossenen Winkel ein richtiges Rad zum Vorschein und stellte es auf. Er spielte die Bank und den Croupier, Lina und ich waren die Pointeure, und wir begriffen schnell. Kerzen, Weingläser, Jetonstapel auf dem Tisch, mein Vater hielt sich streng an die Regeln von Monte Carlo. *Faites vos jeux … Rien ne va plus!* Das sich drehende Rad und die Stille, wenn die winzige Kugel sprang – *Le Seize, Rouge, Impair et Passe.* Wir spielten um richtiges Geld, Linas Lohn, mein Taschengeld, und lernten, vorsichtig zu sein. Einmal glaubte ich schlau zu sein und setzte das Minimum auf einfache Chance, dann verdoppelte ich meinen Einsatz und verlor. Als ich es zum fünften Mal nacheinander versuchte, erlitt ich einen gehörigen Schrecken. Wenn wir ernste Verluste hatten, ersetzte mein Vater sie uns, wollte aber am nächsten Morgen, bei Tageslicht, nichts mehr davon wissen. Am Abend waren wir wieder ein Spielcasino, spielten mit dem Gedanken an Ruin, während mein Vater uns mit Anekdoten von jungen Männern unterhielt, die *Banco* schreien, alles verlieren und sich im Morgengrauen erschießen. In der übrigen Zeit spielte ich damals in Feldkirch viel Solo-Tennis.

Es war wieder Herbst, etwas Beunruhigendes lag in der Luft. Briefe kamen: Meinem Vater ging etwas im Kopf herum. Mir wurde bis zur allerletzten Stunde nichts gesagt. Als wir eines Abends nebeneinander in seinem Zimmer saßen, er nach Luft ringend, wie so oft, und ich daran gewöhnt, rückte er damit heraus. Deine Mutter… Die Anwälte… Du *verstehst*… Dies waren die Fakten: Mein Vater hatte die Vormundschaft, meine Mutter das Anrecht, mich zu sehen, sie sollte mich für ein paar Monate im Jahr bei sich haben. Fast drei Jahre waren jetzt vergangen; bislang hatte sie ihr Recht auf mich nicht geltend gemacht, oder es war meinem Vater gelungen, sie fernzuhalten (ich glaube, beides traf zu). Jetzt sagten die Anwälte, sie wolle mich haben, da sei kaum etwas zu machen, sie wünschte, daß ich das nächste halbe Jahr mit ihr in Italien verbringe – übermorgen sollte ich nach Florenz abreisen, jemand würde mich in Freiburg in Empfang nehmen und hinbringen. Ehe ich wußte, wie mir geschah, brach ich laut in Tränen aus. *Nein*, schrie ich und klammerte mich zum erstenmal an ihn. Mein Vater bedauerte, ich bin nicht sicher, ob er es sagte oder ob ich es nur mit einem inneren Ohr hörte, er hob mit einer resignierten Geste die Hände: Zu spät. Ich weinte noch bitterlicher und hatte den Anstand zu sagen – zu diesem Mann, der mich behütet, der so viel für mich getan und dem ich nie meine herzliche Liebe gezeigt hatte –, ich will bei dir bleiben. Wieder machte er diese Geste: «Aber Billi – du bist doch von mir weggelaufen.»

Zwei Tage später wurde ich in den Zug gesetzt. Wenige Monate danach erkrankte mein Vater an Blinddarmentzündung. Er wurde in Freiburg operiert, er bekam Asthmaanfälle, er konnte im Krankenhausbett liegend nicht atmen; er starb nach wenigen Tagen. Ich wußte, daß er sich sehr vor dem Tod gefürchtet hatte.

Teil II

FLÜCHTLINGE

Italien

Meine Zukunft, die mir so kurzfristig auferlegt worden war, sollte für mich ein Haus bei Florenz und einen Stiefvater bedeuten. Am Ende der Reise wurde jedoch klar, daß keines von beiden unmittelbar bevorstand. Wie ich erfahren mußte, waren die Vorhaben meiner Mutter oft sprunghaft und keineswegs unabänderlich. Der Zug überquerte die Alpen über den Brennerpaß, und während er langsam bergab fuhr, erblickte ich an einem Septembermorgen zum ersten Mal den Himmel und das Licht des Südens und erwärmte mich dafür mit der regen Freude eines im Norden geborenen und von dort kommenden Menschen. Wir stiegen – leider, leider – knapp fünfhundert Kilometer von Florenz entfernt in dem Kurort Cortina d'Ampezzo aus. Der Name mag wohl eindeutig italienisch sein, der Ort war es nicht. Das österreichische Trentino war erst durch den Versailler Vertrag italienisch geworden, wir befanden uns daher im politischen, nicht im ethnographischen Italien. Hier sollten wir in einem Hotel auf meine Mama warten. «Wir», das schließt die letzte in einer Reihe von Reisebegleitungen ein (Anwaltsgehilfen? Ich habe sie samt und sonders vergessen), ein Mädchen aus Berlin, nicht ganz doppelt so alt wie ich, das meine Mutter in einem anderen Hotel kennengelernt und dafür eingespannt hatte, mich an der Grenze in Empfang zu nehmen. Ihr Name war Doris. Meine Mutter erschien am nächsten Tag und wirkte ein wenig ratlos, warum sie mich hatte kommen lassen. Vielleicht, sagte sie, war es tatsächlich übereilt. Ja, ja, ich werde O. heiraten – hat man es dir erzählt? – und dann für allezeit glücklich in Florenz leben. Wenn auch vielleicht nicht gleich nächste Woche. Sie wolle es sich noch einmal gründlich überlegen.

O. war ein Maler, nicht ganz unbekannt, und sie wollten in einer Botschaft heiraten. Doris beschrieb ihn als einen *interessanten* Mann: erfahren, weitgereist – in unseren Augen lauter erstrebenswerte Eigenschaften. An dieser Stelle noch ein Wort zu Doris, weil wir ihr später, in anderen Zeiten, auf anderen Schauplätzen, wiederbegegnen sollten. Sie erwies sich als wahrhafte Verkörperung einer verlorenen Generation, der Jugend, die in der Weimarer Republik volljährig wurde. Doris hatte sich erst kürzlich die anglisierte Version ihres Namens Dorle zugelegt. Mir scheint, daß es schon, bevor Christopher Isherwood und seinesgleichen sich für Berlin begeisterten, umgekehrt unter intelligenten jungen Deutschen eine Anglo- und mehr noch Amerikabesessenheit gegeben haben muß, ein Austausch erotisch-romantischer Faszination.

Nun also zu Doris. Aus «guter Familie», norddeutsch, jedoch nicht preußisch, niederer Adel, Beamtentradition, zwei, drei Gelehrte, ebenfalls unbedeutend (ein Onkel, Großonkel die anderen), gebildet, kultiviert, war sie eher durch Herkunft und Umgang denn aus eigenem Anspruch der Intelligenz zuzurechnen. Ihre Mutter war früh an Tuberkulose gestorben, und Doris wuchs bei einer liebevollen, aber weltfremden Großmutter auf, nachdem auch ihr Vater gestorben war – gefallen im Krieg – und das vorhandene Geld alsbald von der ungeheuren, in die Billionen gehenden Inflationswelle, die über Deutschland hereinbrach, aufgefressen worden war. Als wir uns zum erstenmal begegneten, hatte die Großmutter ihre Berliner Wohnung schon in eine Familienpension umgewandelt, von der Art, wo die Bewohner Freunde und die meisten Freunde Künstler und Schauspieler ohne Beschäftigung sind. Obwohl blutjung, hatte Doris einige Male versucht, eine Anstellung zu halten, Maschineschreiben bei einer literarischen Agentur, Modellstehen, sie hoffte, beim Film unterzukommen. In jenem Sommer war sie als Sekretärin eines amerikanischen Drehbuchschreibers nach Italien gekommen; das war schiefgegangen, doch weil sie noch etwas Geld übrig hatte, blieb sie da, sporadisch unterstützt von meiner Mutter. Doris' Gesicht war blaß, mit großen Augen, ihre Figur dünn, flachbrüstig, drahtiger, als es die Mode jener Zeit verlangte. Ihre Gespräche drehten sich um Partys, Avantgarde-Filme und junge Männer, die Dichter und Maler werden wollten. Für mich war sie eine neue Spezies und ein Puffer zwischen mir und meiner wiedergefundenen Mutter.

Telegramme von O. störten unser Zusammensein. Meine Mutter unternahm nichts. Sie erzählte uns nicht viel; es gebe nichts zu erklären, sagte sie. Sie lachte über sich, machte ein Spiel daraus, vielleicht ein Wartespiel, dachten wir. Doris paßte sich der ungewissen Zukunft mühelos an, ich ärgerte mich. Ich konnte das Warten nicht ertragen – konnte es nie und werde es nie können –, dazu kam die Enttäuschung, nicht in das eigentliche Italien zu gelangen. Dann, eines Abends, spielte Artur Schnabel auf einer Soiree in irgendeiner Villa, und meine Mutter, die so unmusikalisch war, wie man nur sein kann, war eingeladen. Sie kannte anscheinend immer überall Leute. Doris und ich amüsierten uns bei einem Nachtspaziergang in den Weinbergen, ließen uns gestohlene Trauben schmecken (während wir beide in vieler Hinsicht älter waren, als es unserem jeweiligen Alter entsprach, waren wir vermutlich andererseits beträchtlich jünger). Am folgenden Nachmittag sprach ein junger Mann in unserem Hotel vor. Meine Güte, sagte meine Mutter, Doktor Caligari, nehme ich an! Das kommt davon, wenn man eine Beethoven-Sonate durchhält. Empfangt ihr ihn lieber, er paßt im Alter viel besser zu *euch*. So war es an uns, den Herrn, den meine Mutter beharrlich Doktor Caligari nannte, im Hotelsalon zu empfangen. Herein kam ein junger Mann von gutem Aussehen, der nicht das geringste Interesse für Doris, geschweige denn für mich bekundete; schließlich erschien meine Mutter, wir stahlen uns fort, und es muß ihm gelungen sein, sie zum Essen auszuführen.

Obwohl sehr jung und ansehnlich, hatte der Besucher nichts Geziertes oder Oberflächliches an sich. Wäre man ihm in einer anderen Zeit begegnet, so hätte man ihn vielleicht auf einer Cinquecento-Piazza am Schafott stehen sehen, niemals beim Tanztee. Stil, innere Traurigkeit, eine lockere Fassade aus Neckerei und Geschmeidigkeit – in einigen Jahren, prophezeite uns meine Mutter, werde er aussehen wie Tizians Mann mit dem Handschuh.

Eine Woche später sagte meine Mutter, sie werde für ein paar Tage wegfahren. Nach Florenz? *Nicht* nach Florenz. Und ich würde zurechtkommen, hier mit Doris, nicht wahr? Natürlich. Keine weiteren Fragen, meine Mutter verließ uns. Am nächsten Tag bekam Doris ein Telegramm, es betraf Probeaufnahmen beim Film. Nein, sagten wir, die könne sie nicht versäumen. Du kommst hier allein zurecht, nicht wahr? Natürlich. Und es ging einigermaßen. Ich hatte ein Zimmer für mich, meine Mutter hatte Bücher dagelassen, in einem Hotel zu wohnen war ein faszinierendes Erlebnis. Die Verpflegung war für meine Begriffe köstlich (jeden Tag etwas mit Mayonnaise), das Personal war außerordentlich freundlich. Erwachsene Hotelgäste versuchten mir Fragen zu stellen. Ich wich ihnen aus und lehnte auch ihre Einladungen ab, ihnen bei den Mahlzeiten Gesellschaft zu leisten. Ich aß an einem Tisch für eine Person, bedient von netten Kellnern, die mir bei der Auswahl der Gerichte behilflich waren und mir von allem, was mir schmeckte, ein zweites und drittes Mal auftrugen. Ich machte Spaziergänge, betrachtete Schaufenster. Ich kam zurecht, und doch... Die Zeit verflog nicht gerade, und da war eine unterschwellige Angst, der ich nicht gestattete, sich gedanklich zu artikulieren. Wird sie wiederkommen? Wird irgendwer jemals wieder zu mir kommen? Irgendwann kaufte ich mir eine italienische Grammatik; ich entdeckte Auswendiglernen und anschließendes Repetieren als angenehmen Zeitvertreib.

Ein Telegramm kam – es waren immer Telegramme, das Telefon spielte im Leben der Menschen noch keine große Rolle –, es lautete: *Bleibe bis Sonntag, mach Dir keine Sorgen.* Es war in Venedig abgeschickt. Sie kam zurück, allein, schön sah sie aus – aber das tat sie immer. Du warst in *Venedig*? fragte ich, und es war himmlisch? Ja. Sie zeigte mir Schnappschüsse von sich, wie sie in einer Gondel lag. Wer hat das aufgenommen? fragte ich, und sie lachte. Doktor Caligari? Es entfuhr mir in diesem Moment zu meiner eigenen Überraschung, einfach so aus dem Nichts. Meine Mutter lachte wieder und schien sehr zufrieden mit mir. «Nenn ihn nicht immer mit diesem albernen Namen.» Und ich lachte auch und sagte, ich wisse nur, daß ein Film so heiße, und von da an war für alle Zeit ein Stück von dem Eis zwischen uns gebrochen.

Dies war der Beginn einer Zeit der Verwirrung, der plötzlichen Reisen, der neuen Orte, des Wartens – wohin gingen wir und in welcher Reihenfolge? Wer ging und wer kam? Wie lange ist er, oder sind wir, geblieben? Erinnerungen überschneiden sich, setzen aus. Alessandro, wie wir Tizians Mann mit dem Handschuh jetzt nannten, hatte sich in meine Mutter verliebt. Heftigst. Sie nahm es zunächst leicht. Sie war amüsiert, geschmeichelt, angetan. Sie hatte sich nie zuvor für einen Mann interessiert, der nicht gleichaltrig, vorzugsweise älter war und der – mit Ausnahme meines Vaters, dessen exzentrische Ader sie verführt hatte – nicht das geringste von dem besaß, was man eine gewisse Eleganz der Rede und des Geistes nennen könnte. Alessandros Geist, sagte sie zu mir, sei nicht geformter als meiner. Auf jeden Fall war es eine Torheit: Er war viel zu jung. Ein Altersunterschied von gut fünfzehn Jahren, das war die nackte Tatsache. Es war an ihr, es hier und jetzt zu beenden. Nun, vielleicht nicht jetzt gleich.

Alessandro tauchte wieder in Cortina auf. Meine Mutter warf ihn hinaus. Tat es ihr schon leid? Sie gab nach, schickte ihn dann wieder fort. Währenddessen war immer noch die Frage offen, ob sie O. heiraten würde. *Das* wäre vielleicht ein Ausweg, sagte sie, aber den wolle sie nicht gehen, soviel sei sie O. schuldig. Er wollte eine abschlägige Antwort per Post nicht hinnehmen und bestand auf einem Treffen. Sie sagte, auch das sei sie ihm schuldig. Sie lud ihn nach Cortina ein, er lehnte ab; sie wollte nicht nach Florenz. So zogen wir weiter nach Meran, wieder ein Kurort, in geschützter Lage, gewärmt von der späten Herbstsonne. Ich nehme an, daß Alessandro folgte und wieder fortgeschickt werden mußte. Schließlich kam O. Zum erstenmal begegnete ich einem echten Künstler. (Meine Mutter schalt mich einen Snob.) Er bemühte sich um eine Konversation mit mir, ich fand das reizend. Er sprach gewählt und schien eine Menge von vielen Dingen zu verstehen. Er erinnerte mich an den Mann meiner Schwester, der mich Strawinsky hatte hören lassen. (Wie sehr sehnte ich mich nach Seßhaftigkeit!) Auch meiner Mutter leistete er aufs angenehmste Gesellschaft. Alles, worum er sie bat, war, jetzt noch keine endgültige Entscheidung zu treffen; er gebe der anderen Geschichte sechs Monate, ein Jahr, er wolle abwarten, wie sie dann urteile. Sie sagte zu ihm, sechs *Wochen* seien schon zu lang, wenn es beendet werden müsse, dann jetzt. Er muß gesagt haben, gut, dann tu's. Zu mir sagte sie (eher *vor* mir als *zu* mir, wie so oft, wenn sie etwas über sich sagte): Heirate nie, um vor etwas wegzulaufen. Einmal war genug, nie wieder. Wenn ich Alessandro jetzt aufgebe, könnte ich ebensogut die Welt aufgeben!

Wie alt war sie damals? Achtunddreißig? Neununddreißig? (Ich wußte, sie hatte mich spät bekommen.) O. reiste ab, gelassen wie immer, nachdem er deutlich gemacht hatte, daß er sich nicht als aus ihrem Leben gelöscht betrachte. Alessandro kam und war so verzweifelt über O.s Besuch, daß meine Mutter eine Woche mit ihm wegfuhr. Ich war wieder allein. Dieses Hotel war nicht annähernd so schön wie das vorige, aber zufällig logierte dort ein schwedisches Geschwisterpaar, älter als ich und sehr unbändig; sie schienen zu allem fähig. Sie stachelten sich gegenseitig an, sie kletterten, liefen um die Wette, übertraten Verbote, blieben abends schrecklich lange auf. Ich war berauscht von ihrer Gesellschaft und strengte mich an mitzuhalten, indem ich vorgab, auch ich habe stets gefährlich gelebt. Um mich zu behaupten, regte ich an, eine Spendenbüchse mit einem aufgeklebten Symbol ähnlich dem Roten Kreuz und der Aufschrift *SOCCORSO D'INVERNO*, Winterhilfe, aufzustellen. Wir zogen unsere saubersten und meistgehaßten Sachen an und gingen tatsächlich in den öffentlichen Park von Meran, um für diese Scheinwohlfahrt zu sammeln. Wir nahmen eine hübsche Summe ein und schwelgten im Gefühl unserer Niedertracht und der Gefahr.

Meine Mutter kam allein zurück, und wir zogen in eine Pension (es müssen wohl Geldschwierigkeiten gedroht haben). Sie dachte über ein geeignetes Nonnenkloster nach, das uns beide aufnehmen würde. Es folgte eine ziemlich langweilige Zeit. Soll ich dich in eine Internatsschule schicken? Soll ich dich bei mir behalten? Beides bringt Komplikationen mit sich. Oh, ich habe meine Brücken hinter mir abgebrochen! Vielleicht nicht alle meine Brücken. Wirst du es noch eine Weile mit mir aushalten?

Es war Winter geworden, meine Mutter sprach davon, in den Süden zu ziehen. Endlich! Sie sprach auch von den Problemen, die mit Alessandros Zukunft verbunden waren – er wollte Architekt werden, mußte aber sein Studium unterbrechen, er stammte aus einer großen Familie, seine Mutter war die Witwe eines Akademikers, und Italien standen schwere Zeiten bevor. Einer seiner Brüder versuchte sich als Landwirt, einige gingen noch zur Schule, einer war im Begriff, eine Geldheirat einzugehen... Du weißt, wie knapp solche Familien bei Kasse sind, oder nein, du weißt es wohl nicht, aber ich weiß es neuerdings. Und wie würde ich da hineinpassen? Nach einigen weiteren Aufschüben (die Umzüge meiner Mutter wurden von ihren Treuhändern, von denen ich stets hörte, die ich aber nie zu Gesicht bekam, erschwert) brachen wir nach Neapel auf. In Verona stieg Alessandro zu uns in den Zug. Es war unsere erste Reise zu dritt, und als wir ins Hotel kamen und ich ihn zwei Zimmer verlangen hörte, verließ mich der Mut: Kein eigenes Zimmer mehr für mich. Als sich herausstellte, daß dem nicht so war, war ich ebenso überrascht wie erleichtert; obwohl ich gewissermaßen dabei gewesen war, wenn Männer und Frauen sich verliebten, war ich vollkommen unwissend und uninteressiert.

Ich erinnere mich noch genau an jenen ersten Abend in Neapel: die Bucht, der Vesuv, Essen im Hafenviertel – *frittura, melanzane, mozzarella* –, die Bettler, die Lieder. Die touristischen Attraktionen von Süditalien waren vollkommen neu für mich. Hier, sagte ich mir, möchte ich bleiben: Ich war überwältigt. Ich hatte auch ein ordentliches Quantum Wein getrunken. Am nächsten Tag ging es nach Sorrent, wo wir in einer kühlen, sauberen, weißgetünchten Pension wohnten, während meine Mutter sich nach einem Haus umsah. Es schien da Schwierigkeiten zu geben, und die hatten zweifellos mit Geld zu tun. Ich wußte nichts Genaues über die finanziellen Verhältnisse meiner Mutter, außer daß es auch mit ihrem Vermögen bergab ging. War sie zunächst gutsituiert gewesen, so schien sie nun einen Punkt erreicht zu haben, wo sie sehr umsichtig sein mußte, was nicht ihrer Natur entsprach. Sie hatte nie Geld besessen, sie hatte über Geld verfügt, ein Treuhandvermögen, das ich einmal erben sollte, wozu es dann aber nicht kam: Als es soweit war, hatte es sich in Luft aufgelöst, aber das ist eine andere Geschichte. Die gegenwärtige Knappheit – sie nahm mit den Jahren zu, und anders als mein Vater versuchte meine Mutter, sie zu ignorieren – mag etwas mit den Brücken zu tun gehabt haben, die sie, wie sie sagte, hinter sich abgebrochen hatte. Hinzu kam, daß ihr gestattet worden war, bei ihrer Eheschließung einen Batzen von dem Kapital zu entnehmen, um meinem Vater das Anwesen in Feldkirch zu kaufen, das sie ihm nach der Scheidung einfach überlassen hatte. Großzügigkeit? Fatalismus? Das Gefühl, mit diesem Abschnitt ihres Lebens abgeschlossen zu haben? Möglicherweise alles zusammen.

Während wir in der Pension Emilio wohnten, erreichte uns die Nachricht vom plötzlichen Tod meines Vaters. Meine Mutter war tief betroffen. Sie, die so voller Spott gewesen war, die sich über meinen Unterricht, meine Kleidung und die Erzählungen vom Landleben lustig gemacht hatte... Sie sprach auf einmal von ihm und wollte nicht wieder aufhören: von den alten Zeiten, den guten

Zeiten, als er auf Freiersfüßen ging, in Paris, nicht länger her als, denk nur! zwölf Jahre. Ich hörte zu, bemüht, was sie mir erzählte, in Einklang zu bringen mit dem, was ich wußte. Den Tod, das Verschwinden von einem Menschen, der gelebt hatte, schaltete ich aus meinem Denken und Fühlen aus. Was mir bewußt wurde war, daß ich nun nie mehr zurückgehen würde, nicht zurück müsse, *nicht zurück wolle*. Dieser Abschnitt meines Lebens, jenes Land, lag hinter mir.

Meine Mutter beeindruckte allein durch ihr Aussehen, doch was die meisten Männer und Frauen in ihren Bann zog, war ihre Art zu reden. Sie war eine außergewöhnliche Gesprächspartnerin, eine Geschichtenerzählerin, die die Wahrheit mit all ihren Vieldeutigkeiten aufdecken konnte: den Augenblick, die Zusammenhänge, die Perspektiven. Dabei war sie rücksichtsvoll, offen, selbstironisch und oft auch sehr lustig. Ich sah, daß Alessandro ihr ebenso gerne zuhörte wie ich – *das* war unsere Weiterbildung. Wir erkannten, daß Taten voraussagbare Ergebnisse hatten und doch wieder nicht, daß alles immer mehr als zwei Seiten hatte und daß jede Tat ihre Folgen hatte. Wir waren beide begierig, von ihr zu lernen, er und ich. Das Erzählen begann oft beim Frühstück, sie in ihrem Bett, wir darauf sitzend; die Stunden vergingen, und es wurde wenig getan. Sie nahm keine Rücksicht auf mein Alter oder seine Gefühle. Mit unbekümmerter Offenheit erzählte sie von der großen «früheren Bindung», dem Mann, den sie so sehr geliebt hatte und doch verlassen mußte, und wie sie meinen Vater erwählt hatte – von seiner Werbung um sie in Bann geschlagen –, als Rückzug in eine andere Welt, und wie wunderbar unkonventionell die Einstellung meines Vaters, der alles geahnt hatte, gewesen sei. Eine neue Erkenntnis für mich. Unkonventionell könnte man auch Alessandros Einstellung nennen: Er nahm das Wiederaufleben ihrer Vergangenheit hin, für ihn waren es Bestandteile ihrer Legende.

Etwas ging schief. Alessandro mußte in den Norden zu seiner Familie. Kümmere dich um sie, sagte er zu mir, versuche sie aufzuheitern; ich werde bald zurück sein. Wie bald? hätte ich gerne gefragt. Er fügte von selbst hinzu: Sobald ich kann.

Ich war ihm dankbar für sein Vertrauen, sah mich jedoch außerstande, sie abzulenken. Sie sprach kaum, unsere Mahlzeiten waren still geworden. An einem Winternachmittag machten wir einen ausgedehnten Spaziergang am Strand. Ihre Schritte, sie ging voraus, waren unsicher, sie hatte schlanke Fesseln und trug das falsche Schuhwerk, sie achtete nicht darauf, wohin sie ihre Füße setzte. Als ich sie so gehen sah, erfaßte mich eine ungewohnte Empfindung: Mitleid. Meine Mutter war kein Mensch, den man bemitleidete, sie schien stets unanfechtbar zu sein. Sie setzte sich auf einen Felsen. Ich stellte mich vor sie hin. Wie *kann* er zurückkommen, sagte sie, sie wollen ihn zu Hause haben, sie brauchen ihn zu Hause – ich kann mir vorstellen, wie *sie* es sehen: eine Ausländerin, eine Geschiedene, und natürlich die sprichwörtliche Frau, die alt genug ist, um seine Mutter zu sein; dazu noch eine zweifelhafte Katholikin. Sie werden ihn nicht zurückkommen *lassen*, und er ist nicht stark genug.

Er kommt zurück, sagte ich. Er hat es mir gesagt.

Und wie kann es dauern? Er ist zu jung. Er wird immer zu jung sein. Wir sind uns zur falschen Zeit begegnet. Genau genommen kann es die richtige Zeit für uns nicht geben, der Altersunterschied ist zu groß. *Das* ist der unausweichliche Faktor. Ich bin ein Dummkopf, aber nicht so ein Dummkopf, um nicht zu wissen, daß wir auf ein großes Unglück zusteuern...

«Billi – kannst du verstehen, daß man *einen* Menschen, daß man seine Gegenwart... im ganzen Universum so vermissen kann, daß alles andere... ausgelöscht ist? Eines Tages wirst auch du es wissen.»

«Ja», sagte ich.

Ich liebte meine Mutter, ich wünschte das Beste für sie. Ich sah, daß womöglich Dinge bevorstanden, für die es keine Hilfe und keine Lösung gab. Zum erstenmal spürte ich dieses brennende Mitgefühl. Jenen Nachmittag am grauen Mittelmeer habe ich nie vergessen.

Er kam nicht zurück. Statt dessen schickte er nach ihr. Sie mußte mich abermals allein lassen. Der Augenblick hätte nicht ungünstiger sein können. Da mein Vater tot war, verlangte ein deutsches Gericht einen gesetzlichen Vormund. Sie wollten weder meine Mutter akzeptieren noch jemanden, den sie vorschlug, sie verfügten, daß es jemand sei, der in Deutschland wohnhaft war. Ich sagte, ich wolle den Mann meiner Schwester, den zweiten Bürgermeister. Meinst du, sagte meine Mutter, deine Schwester wäre eine schlechtere Wahl? Ich habe ihn gern, sagte ich. Er steht auf unserer Seite. Ich glaube nicht, daß *überhaupt* jemand auf unserer Seite stehen wird, sagte sie. Aber meinetwegen, nehmen wir ihn, und unterdessen verhalten wir uns besser eine Weile still – mach keine braunen Umschläge mit großen deutschen Siegeln auf, wenn ich fort bin. Sie schien eine Ewigkeit fortzubleiben. Mich quälten lange Nachmittage, das Gefühl des Stillstands, die Angst, nirgends hinzugehören. Tagsüber war es warm, draußen auf der Terrasse, auf der Sonnenseite der Straße; drinnen war es kalt. Ich hatte nicht gewußt, daß es im Süden so kalt sein konnte. Die Pension war leer, die Besitzer, die hart arbeitenden Besitzer, die Emilios, waren lieb zu der *bambina*. Oh, sie waren mehr als das. Ich erlebte die Warmherzigkeit italienischer Arbeiter; ihre Güte, Schlichtheit und Zuneigung erinnerten mich an Lina, doch in unserem Dorf war Lina ein seltener Vogel gewesen; hier sprühte man vor liebevoller Zuwendung, und das verbindende Gefühl der Gemeinschaft erfüllte noch den banalsten alltäglichen Umgang. Trotzdem weinte ich mich nicht in Signora Emilios Armen aus, so schön es gewesen wäre, und zwar wegen ihrer – unausgesprochenen – Kritik an meiner Mutter. Die Loyalität verbot es mir. Ich hatte noch einen alten Schläger und fand eine Mauer, an der ich Solo-Tennis spielen konnte. Der Ball flog ständig über Gartenzäune, das bedeutete an Türen läuten und Entschuldigungen vorbringen; einmal wurde ein Mann wütend, und das verdarb mir das Spiel. Als O. bei uns in Meran war, hatte er mir etwas gekauft, das ich sehr begehrt hatte, eine kurze Tiroler Hose aus herrlich weichem Sämischleder, komplett mit bestickten Hosenträgern und weißer Leinenbluse. Um meine Stimmung zu heben, zog ich diese Hose und eine hübsche saubere Bluse zur *cena* am Abend an. Ich merkte bald, daß ich Anstoß erregte – Mädchen waren in Sorrent nicht besser dran als in Feldkirch, auf obskure Weise verursachte ich abermals einen Skandal. Ich härtete mich ab: Es machte mir keine Freude mehr, meine Lederhose anzuziehen, doch ich trug sie weiter. Als sie schließlich zurückkamen – diesmal kamen sie zusammen, Mami und Alessandro –, nahmen sie mich zum Trost auf einen Ausflug nach Pompeji mit.

Die Unstetigkeit in unserem Leben wurde zur Regel. Wir zogen für eine Weile nach Capri (wo ich wieder Unterricht erhielt), dann zurück aufs Festland, dann nach Sizilien hinüber, Palermo, Taormina, Syrakus. «Sind wir auf der Flucht, Mami?»

«So könnte man es nennen.»

«Wollt ihr... werdet ihr...?»

«Nein, Liebes, wir werden nicht heiraten. Er will es, ich will nicht. Ich habe bestimmt recht. *Carpe diem*. Und mach nicht dauernd so ein fragendes Gesicht.»

Es muß Probleme gegeben haben zwischen ihr und Alessandro. Eines davon war ich. (Man denke nur, sie nehmen das Kind mit, sagten *sie*, die Leute; *sie* schienen überall zu lauern.) Die braunen Umschläge kamen zu den postlagernden Adressen nur mit Verzögerung, aber sie kamen. Der Mann meiner Schwester war als mein gesetzlicher Vormund akzeptiert worden. Dann verließ ihn meine Schwester aus heiterem Himmel und lief mit einem jungen Taugenichts davon – gab es irgendeine Beständigkeit in unserem Familienleben? –, und mein Schwager, mein Ex-Schwager, machte einen

Rückzieher. Ich wurde das Mündel eines Gerichts, und das Gericht wollte wissen, wo ich war. Jetzt war es meine Mutter, die sich um meine Schulbildung kümmern mußte. Im Prinzip war sie dafür, da sie selbst sehr gebildet war, sie war zu Hause unterrichtet worden. Sie hielt viel von Hauslehrern, aber dem standen die Umstände entgegen. Lokale Leuchten wurden engagiert, wenn sie zu finden waren, aber das brachte nicht viel. Alessandro versuchte, mich in Algebra, wovon er etwas verstand, zu unterrichten, doch er konnte nicht gut erklären; außerdem hat meine Mutter, für die Zeit nicht existierte, uns dauernd unterbrochen.

Eine weitere Schwierigkeit war das Testament meines Vaters, ein unmögliches Testament, wie die Gerichte alsbald einräumten. Er hatte das Schloß mitsamt der Einrichtung meiner Schwester und mir hinterlassen, unter der Voraussetzung, daß das Anwesen nie verkauft und die Sammlung auf immer bewahrt würde. Es war kein Geld da, um das Anwesen instandzuhalten, Reparaturen vorzunehmen, die Objekte abzustauben, zu heizen und die Steuern zu bezahlen – wir waren mit horrenden Beträgen im Rückstand. Meine Schwester beschloß, das Testament anzufechten, doch das konnte sie nicht ohne meine Einwilligung: Ich war minderjährig, die damalige Adresse meiner Mutter war postlagernd Agrigento, mein offizieller Vormund ein Gericht. Das Gericht hielt uns hin; unterdessen wurde Geld gefordert, beträchtliche Summen, und es war keines da, nur ein Bündel alter Banknoten im Tresor meines Vaters, das die Inflation wertlos gemacht hatte. Um eine Hypothek auf das Grundstück aufzunehmen, war meine Einwilligung erforderlich, und da fingen wir wieder von vorne an. Die Treuhänder meiner Mutter, die brieflich Entsetzen und Widerwillen bekundeten, erboten sich, vorübergehend für meinen Unterhalt aufzukommen, wenn ein geeignetes Institut gefunden sei. Das deutsche Gericht äußerte sich ähnlich. Es schien aussichtslos, und ich ängstigte mich sehr. Das Gericht saß in einem Marktflecken in Baden, beim Anblick des Poststempels wurde mir noch viele Jahre danach übel. Meine Mutter indessen steckte vor den Problemen einfach den Kopf in den Sand.

«Liebling» (meine Mutter eines Morgens), «ich glaube nicht, daß ich den Rest meines Lebens in Agrigento verbringen kann, außerdem ist es nicht so warm, wie es angepriesen wird, findest du nicht auch? Alessandro und ich denken daran, nach Nordafrika zu gehen, wir möchten es gerne mit Tunesien versuchen.»

«Afrika!» sagte ich. «Ein anderer Kontinent!»

«Du reist gerne... Vielleicht ist dies nicht der rechte Augenblick. Wir können dich nämlich nicht mit auf die Reise nehmen.»

«Ja?...»

«Darum, Schätzchen, denke ich, du gehst am besten nach England.»

«In ein *Institut*?»

«Wenn du eine Schule so nennst.»

«Was für eine Schule, Mami?»

«Das ist das Problem. Wie kann ich von Sizilien aus eine Schule aussuchen? Kannst du dir vorstellen, daß die italienische Post mit den vielen Prospekten fertig wird? Deshalb dachte ich, ich schicke dich am besten zu Freunden, und sie suchen eine Schule für dich aus. Ich habe Susan und Jack geschrieben – man kann nicht jeden um einen solchen Gefallen bitten, aber sie sind ganz unkompliziert. Sie haben ein Dutzend Kinder, es dürfte kein Problem für sie sein. Die Treuhänder bezahlen dein Fahrgeld und das Schulgeld. Beide sind Maler, ich habe gemerkt, daß du Künstler bewunderst. Ich wollte niemanden von meinen spießigeren Freunden bitten... jedenfalls wirst du Susan und Jack reizend finden.»

«Wo wohnen sie in England?»

«Wie genau du bist. Eigentlich sind sie dauernd unterwegs. Ich habe an die Adresse von Susans Eltern geschrieben.»

«Mami, wann fahre ich?»

«Sobald ich von ihnen höre.»

Teil III

UNTERWEGS

England – Italien

Alessandro brachte mich mit Fähre und Eisenbahn auf das italienische Festland. Ein Begleiter von irgendeiner Behörde sollte mich an der französischen Grenze in Empfang nehmen, Susan, Mrs. Robbins, sollte mich an Victoria Station abholen. Die Strecke von Neapel nach Ventimiglia mußte ich alleine fahren, die Anschlüsse waren herausgesucht, die Fahrkarte hatte ich in der Hand. Bevor wir uns trennten, fragte ich Alessandro, nachdem ich auf dem ganzen Weg meinen Mut zusammengenommen hatte: Wie lange bleibt ihr in Afrika, du und Mami? Er sagte, er wisse es nicht, er habe keine Ahnung. Gehst du gerne auf Reisen? fragte ich. Ach weißt du, sagte er, ich konnte es ja früher kaum. Von meiner eigenen Reise ist mir in Erinnerung geblieben, daß sie lang war, entsetzlich lang und schmuddelig. Frankreich nahm ich nicht wahr, vielleicht habe ich Frankreich verschlafen. Auf dem Kanaldampfer war ich wie betäubt vor Müdigkeit, aber die neuen Gerüche hielten mich ein wenig wach. Ich ertrug die Überfahrt. Dover und der Anblick eines wartenden Zuges – der mir klein erschien – und wieder neue Gerüche, Ruß, fremder Tabak. In London war es wieder Abend – der dritte? –, Mrs. Robbins holte mich ab, wir rekelten uns in einem geräumigen Taxi, aufgeschreckt von riesigen großen Omnibussen, und dann waren wir in der Halle des Green Park Hotels (das nun schon lange nicht mehr existiert), es war geheizt und plüschig, und seine Atmosphäre ähnelte dem Haus in der Berliner Voßstraße mehr als alles, was ich in den letzten Jahren gesehen hatte. Bist du es wirklich? sagte Mrs. Robbins jetzt. Sie nannte mich bei meinem ungekürzten Vornamen, was sonst niemand tat. «Ich hatte angenommen, du wärst *viel* älter... solltest du nicht in ein Pensionat...?» «O nein», sagte ich.

Sie musterte mich noch einmal und brachte mich in einem Fahrstuhl nach oben, in ein großes Zimmer mit hohen Fenstern, die auf Straßenlaternen und Bäume hinausgingen, und einem Badezimmer mit fließend warmem Wasser. Ich war fast sofort im Bett, ein Tablett mit Keksen und etwas Milchigem, Warmem wurde gebracht, ich hatte das Gefühl, Behaglichkeit und Geborgenheit gefunden zu haben.

Am folgenden Tag führte mich Susan – ich sollte sie so nennen, und sie war reizend, genau wie meine Mutter gesagt hatte – in die National Gallery und zum Essen in ein chinesisches Restaurant mit Ausblick auf den Piccadilly Circus. Der ganze Tag war ein großartiges Erlebnis, das beinahe jenem Abend in der Bucht von Neapel gleichkam. Dies ist das Zentrum eines Empires, sagte ich mir. Am Nachmittag nahmen wir den Zug nach Mittelengland.

Das war der Beginn eines Lebens, das für mich in hohem Maße exotisch, für richtige Engländer freilich durchaus nicht ungewöhnlich war. Im Zug erklärte mir Susan – ich merkte an ihrem Tonfall, daß etwas im Schwange war –, wir führen zum Haus ihrer Eltern, natürlich nur für eine kurze Zeit, sie und Jack hätten ihr Häuschen aufgeben müssen. Jack habe mit Freskenmalerei angefangen, Fresken fänden anscheinend keinen besonderen Anklang – kurz und gut, wir sind pleite, verstehst du? Ich verstand.

Das Haus, am Stadtrand gelegen, war sehr groß, und groß war auch der Haushalt. Großmutter, altjüngferliche Tanten, unverheiratete Schwestern, eine Reihe weiblicher Dienstboten: Hausmädchen, Zimmermädchen, Köchin, und natürlich die alten Herrschaften, Susans Mutter und Vater. Es gab nicht ein Dutzend

Kinder, sondern nur zwei Mädchen, die zwischen den Schulstunden nach Hause kamen, Marjory und Joan, große Mädchen im Backfischalter, älter als ich, jünger als Doris. Du bist Ausländerin, sagten sie. Ich weiß nicht, erwiderte ich. Sie verloren schnell das Interesse an mir, das von vornherein nicht sehr groß gewesen war. Die Mahlzeiten waren Welten entfernt von allem, was ich bislang kannte, doppelt so viele Mahlzeiten wie in Italien. Sie waren, wie es vor sechzig Jahren üblich war, bevor Quiche, Kebab und Pasta sich ausbreiteten im Lande – Frühstück am Buffet, was ich herrlich fand, ein fürstliches Mahl um vier Uhr nachmittags, zu den Hauptmahlzeiten gab es im turnusmäßigen Wechsel eine wäßrige Suppe und etwas Fisch, dann Rind- und Hammelfleisch, warmen Braten, kalten Braten, Gehacktes, Schnitzel, warmen Braten, kalten Braten – Essiggurken, fertige Soßen in Flaschen, labberige Salate, Eiercremes, Gemüse, die etwa der Küche in Feldkirch entsprachen, und Puddings, die viel besser waren. Zu trinken gab es Wasser: Sodawasser oder schlicht Wasser. Tee wurde auch zur Schlafenszeit serviert. Bei den Morgengebeten hatte ich ein komisches Gefühl. Gehörte die Familie der anglikanischen Kirche an? Heute denke ich, sie könnten etwas Strengeres, Engstirnigeres gewesen sein, damals kam es mir nicht in den Sinn, daß es häretische Feinheiten gab; war ich auch von meiner Religion abgefallen, so lehrte sie mich dennoch, keine andere anzuerkennen. Man stellte mir keine Fragen, möglicherweise, um mir das Eingewöhnen zu erleichtern. Jacks Schwiegermutter hatte ihm als große Gefälligkeit das Gartenzimmer als Atelier überlassen, und er bat mich, ihm Modell zu sitzen; er brauche ein Kind für ein großes Gemälde. Wenn ich gerade nicht für ihn saß, sollte ich das Pianola bedienen – was viel vergnüglicher war –, da Jack Musik bei der Arbeit liebte. Die übrige Zeit muß ich wohl hinter Marjory und Joan hergezockelt sein, wenn sie eine Tante begleiteten, die beim Lebensmittel- und Gemüsehändler Bestellungen aufgab und in der Leihbücherei Bücher austauschte oder Großpapa mit dem Ponywagen von der Firma abholte. Ist dies alles wirklich so gewesen? Haben die Menschen jemals so gelebt wie in einem

Roman von E. F. Benson oder Agatha Christie? Mittwochnachmittag gingen wir ins Kino, und gelegentlich, wunderbarerweise, wurde Tennis gespielt! Tennis mit einem lebendigen Gegner auf einem richtigen Platz. Trotz meiner frühen Versuche brachte ich es dabei nicht besonders weit.

Was lernte ich, was verlernte ich bei diesem ersten Englandaufenthalt? Es war so ein himmelweiter Unterschied zu meiner Mutter, zu der Dorfschule, zu der Pensione Emilio. Ich begriff, daß man sich nicht jedesmal die Hand gab, wenn man sich morgens begrüßte oder zur Nacht trennte, daß die Leute Zeitung lasen, wenn sie zusammen in einem Zimmer saßen. Ich lernte eine neue Kälte kennen: die der ungeheizten Schlafzimmer und die der nüchternen Badezimmer, wo es Schmierseife gab und das Desinfektionsmittel in den Zahnputzbechern schwappte. Ich lernte eine neue Wärme kennen, wenn man am Feuer saß. Ich lernte, daß Dienstboten nicht ganz so ungezwungene Menschen waren, denen man sich in die Arme warf und mit denen man lachen und weinen konnte, und doch waren sie durchaus freundlich – alles war ungewohnt. Auch Jack und Susan waren nicht immer die gleichen, sie waren anders, wenn sie nicht am Familientisch saßen, sondern unter sich waren. Es gab einen Bruder, der nicht im Haus wohnte, der an der Leitung der Firma beteiligt war – Traktoren, glaube ich, landwirtschaftliche Maschinen –, und seinen Besuchen war zu entnehmen, daß Susan und Jack keineswegs waren, was von ihnen erwartet wurde. Eines Tages sagte Jack, er und Susan wollten mit mir sprechen, wir hatten eine Konferenz, wie sie es nannten, und saßen zu dritt in dem provisorischen Atelier.

Also, deine Schule... Susan hatte dich in einer angemeldet, aber die war für ältere Mädchen, deshalb müssen wir wieder von vorne anfangen. Wir haben darüber nachgedacht – du weißt, es ist nicht leicht, die richtige Schule für dich zu finden; Marjory und Joan haben es in keiner lange ausgehalten, sie haben jede noch mehr gehaßt als die vorige. Deshalb haben wir einen Vorschlag zu machen – deine Mutter muß natürlich zustimmen –, aber wir möchten wissen, was du davon hältst. Möchtest du gerne bei uns bleiben und von einem Privatlehrer unterrichtet werden? Wir würden die Mädchen auch zu Hause behalten und das Geld zusammenlegen, dann könnten wir einen wirklich guten Lehrer für euch bekommen. Wir denken daran, nach London zu ziehen – Jack meint, er hat die Möglichkeit, Plakate zu machen. Du würdest so etwas wie ein zahlender Gast sein, das käme nicht teurer als dein Schulgeld. Was, glaubst du, würde deine Mutter dazu sagen?

Oh, *sie* hält viel von Privatunterricht, sagte ich.

Und du? Die Schule hat Vorteile, du kämst mit Gleichaltrigen zusammen... Du mußt es dir überlegen.

Ich überlegte nicht. Ich stimmte dem Plan sofort zu. Kein *Institut*, keine neue Veränderung, der Weg des geringsten Widerstandes.

Ich gab mir Mühe mit dem Brief an meine Mutter, der zu Susans in den Umschlag gesteckt wurde, bat sie eindringlich, unserem Plan zuzustimmen. Als ihre Antwort eintraf – ein zögerliches Ja –, hatten wir uns schon in einer Wohnung in Hampstead eingerichtet. Damit war für den Rest meiner Kindheit und die frühe Jugend ein beständiger Rahmen festgelegt. Es war eine maßgebliche Entscheidung, und, das war mir damals schon klar, ich hatte sie selbst getroffen. Die Umstände gestatteten mir, eine Wahl zu treffen, als ich noch außerstande war zu ermessen, was die Wahl mit sich brachte. Das Leben mit Susan und Jack – sobald sie ihren Eltern und den steifen Dienstboten entkommen waren – war heiter und ungezwungen. Sie genossen es, Künstler zu sein, auch wenn sie nicht erfolgreich waren, und nahmen ihre regelmäßigen finanziellen Katastrophen gelassen hin. Sie waren nette Leute, liebenswerte Menschen, auf naive Weise Bohemiens, genauso vergnügt wie ich, wenn sie in einer Trattoria in der Charlotte Street aßen. Sie waren gut zu mir, hatten jedoch nicht die Absicht, Pflegeeltern zu spielen – ich war Logiergast und eine Fremde, ihnen gleichgestellt, nur wie von einem anderen Stamm; daß ich ein Kind war, wurde großzügig übersehen. Solange ich mich um mich selbst kümmerte, so lautete der unausgesprochene Kontrakt, und nicht wegen ihrer unaufdringlichen

Obhut in Schwierigkeiten kam, konnte ich tun und lassen, was ich wollte.

Was meine Schulbildung betraf, hielten sie Wort. Zunächst. Sie fanden eine Lehrerin für mich, die ihr Examen in Geschichte gemacht hatte. Ich radelte zweimal täglich zu ihrer Wohnung, und es machte mir Spaß. Kein stures Auswendiglernen mehr – ich wurde wirklich unterrichtet. Jacks Plakate fanden keinen Anklang, London war teuer, wir wurden gemahnt... Nach weniger als einem Jahr verließen wir eines Morgens die Wohnung in Hampstead mit einem Möbelwagen. Mir kam es vor wie eine Flucht und ein Ausflug zugleich. Eine Zeitlang lebten wir an der Südküste, an verschiedenen Orten, einmal in einem umgebauten Eisenbahnwaggon an einem Strand, dort las ich in einer oberen Koje beim Licht einer Kerze. Als es dann mit den Finanzen richtig bergab ging, zogen wir ins elterliche Mittelengland zurück, danach in diverse Cottages auf dem Land, dann wohnten wir wieder eine Zeit in London, wo man Susan eine Ausstellung versprochen hatte. So ging es weiter. Bei meinen Lehrern mußten wir, wie in Italien, auf lokale Leuchten zurückgreifen; einige waren gut, andere weniger. Ich lernte selbständig, aber meine Arbeit litt unter der mangelnden Beaufsichtigung. Die Leute, mit denen wir zusammenkamen, waren überwiegend Erwachsene, Zufallsbekanntschaften, Susan und Jack schlossen Freundschaften, und wir waren für kurze Zeit eine größere Gruppe, aber auch diese Leute waren, genau wie wir, heute hier und morgen fort. Wenn wir Geld hatten, gab es Getränke im Haus, Gin, Rotwein: australischen Burgunder, den ich in keiner guten Erinnerung habe, und sogenannten Chianti, ein Essen auswärts, ein Parkettplatz im Theater... gebrauchte Automobile wurden voll Optimismus angeschafft und voll Kummer wieder verkauft. Ich bekam Taschengeld, und wir alle borgten großzügig voneinander. Meine Kleidung war fast so abgetragen wie damals in Feldkirch, mein Alltagsgewand war ein Schulkittel aus blauem Serge, von Marjory oder Joan geerbt. Als der Nachlaß meines Vaters endlich geregelt war, das Testament aufgehoben, Haus und Einrichtung verkauft waren, da tat meine Schwester (hörte ich jemals von ihr? Ein Dutzend Zeilen ab und zu, in großer Schrift auf einen wappenverzierten Bogen Papier gekritzelt; sie hatte ihre eigenen Probleme, große Probleme, doch dieses Gekritzel verriet nichts davon), nun, meine Schwester tat etwas Wunderbares: Sie wollte, daß ich das goldene Zigarettenetui meines Vaters bekam, und entgegen zahlreicher Widerstände wollte sie, daß ich es jetzt bekam. Sie hatte recht damit, es machte mir damals mehr Freude, als es zu irgendeiner späteren Zeit möglich gewesen wäre. Ich nahm das Etui, gefüllt mit Craven-A-Zigaretten, und reichte es großzügig und feierlich herum. Sie hätten mich rauchen lassen, wenn ich gewollt hätte; ich habe es ein-, zweimal probiert, fand keinen Geschmack daran und geriet nie wieder in Versuchung. Wenn uns Ende des Monats das Geld ausging, händigte ich Susan das Etui aus (Jack durfte nichts davon wissen), und sie fuhr mit dem Bus zum nächsten Pfandhaus. Es wurde jedesmal rechtmäßig wieder ausgelöst.

Ja, sie waren nette Leute, liebenswerte Menschen, die den Mut nicht verloren, weil sie über sich und das, was ihnen zustieß, lachen konnten. Trotz all ihrer Schwierigkeiten besaßen sie Kraft, eine sehr englische Kraft, die in ihrer Bescheidenheit, ihrem Schneid und der Fähigkeit, die Dinge zu akzeptieren, lag – tolerante Eigenschaften, Eigenschaften von Überlebenskünstlern, Eigenschaften, die verhindern können, daß der Himmel einstürzt. Humor war Jacks und Susans Waffe gegen ihre Angst vor den unzähligen Katastrophen des Lebens. Eine nützliche Waffe, eine liebenswerte Waffe – keine romantische Waffe und nicht die beste, um zum Wesen der Dinge vorzudringen. Für mich, die bald Dreizehnjährige, mit dem Dünkel intellektueller Bestrebungen, auf einer Suche, die ich nicht hätte benennen können, waren sie damals nicht die Menschen, an die meine Gefühle sich banden oder die meine Phantasie beflügelten.

Mein Leben wurde durch gelegentliche Aufenthalte in Italien weiter zerrissen. Eigentlich sollte ich die Ferien dort verbringen, da diese aber unregelmäßig stattfanden und meine Mutter nicht seßhafter war als Susan und Jack, fuhr ich, wann ich darum gebeten wurde. Ich reiste allein, die Treuhänder schickten das Geld, und wenn ich in der dritten Klasse fuhr, blieb sogar noch etwas übrig. Ich richtete es so ein, daß ich zwischen den Zügen Aufenthalte hatte, speiste fürstlich in der Galleria in Mailand, echtes italienisches Essen und Wein, legte hartnäckig hier und da eine Besichtigung ein in Orten, von denen man mir erzählt hatte, noch ganz unsicher über meinen eigenen Geschmack. Im Sommer konnte mein Ziel eine Villa am Mittelmeer sein (oh, das klare Wasser in den wenig besuchten Buchten), im Winter ein Landhaus in den Dolomiten, das Alessandros Familie gehörte und wo er mir Skilaufen beibrachte. Er und meine Mutter hatten unauffällig geheiratet. *Unauflöslich* trifft es eher, sagte sie, ist dir klar, daß es in Italien keine Scheidung gibt, weder kirchlich noch standesamtlich, ein rückständiges Land (es waren die frühen Jahre von Mussolini). Alessandro sagte nichts dazu. Ich schickte mich in das, was ich vorfand. Die meisten Kinder haben ein Quentchen Fatalismus und Losgelöstsein in ihrer Veranlagung, zudem taumeln sie in einem Dschungel zäher Beobachtung und absurder Fehlurteile. Jeder Italienbesuch war anders; einige langsame, fast unmerkliche Veränderungen waren aufgetreten, als sei aus einer Reihe von Einzelaufnahmen ein bewegtes Bild entstanden. Meine Mutter und Alessandro versuchten, ihrem Leben einen festen Rahmen zu geben, ein gemeinsames Fundament in der Außenwelt, und stets stand die Frage im Raum – und hierüber wurde offen gesprochen –, eine Beschäftigung für ihn zu finden. Das gemietete Haus, die geborgte Sommerhütte oder Wohnung waren stets wohnlich und kultiviert eingerichtet. Das gelang ihnen gemeinsam: Meine Mutter besaß das Talent, jedem Raum ein bezauberndes Aussehen zu geben, Alessandro war ein geschickter Handwerker. Als erstes hängte meine Mutter immer ihren Klee auf. Sie besaß einen echten Paul Klee, ein Geschenk, soviel ich wußte, eines früheren Liebhabers, und sie nahm ihn überallhin mit; als jene Liebe noch taufrisch war, hatte sie den Klee einmal in ihrem Schlafwagenabteil aufgestellt. Danach stellten sie die Möbel um, und wenn diese düster oder häßlich waren, überstrichen sie sie mit einer hübschen Farbe, was ihnen oft Ärger mit den Besitzern einbrachte. Alessandro konnte aus alten Packkisten, Sägemehl und Blech in wenigen Stunden einen funktionierenden Eisschrank zusammenzimmern, dann verzierte er diesen und den Küchenschrank mit Elementen im Stil bekannter Maler – ein paar Braquesche Kuben, eine Spur Marie Laurencin. Er besaß eine schnelle visuelle Auffassungsgabe, was er einmal gesehen hatte, sei es auch nur in einem Buch, prägte sich ihm ein. Meiner Mutter gefielen seine Werke offenbar, und sie zeigte sie auf ihre etwas entschuldigende Art vor, so wie sie auch meine poetischen Ergüsse zum Besten gab, wobei sie durchblicken ließ, daß wir, er und ich, für unser Alter recht tüchtig, wenn auch nicht originell seien in Dingen, die sie mit links hätte erledigen können. Ihr Eheleben wurde bereichert durch eine Vielzahl von Freunden, die im Haus untergebracht wurden und manchmal sogar auf das Hotel oder eine Pension ausweichen mußten. Es waren Freunde meiner Mutter, und in jenen frühen Jahren vorwiegend Frauen. Sie hatte einige Freundinnen, denen sie ebenso liebevoll und treu verbunden war wie diese ihr, angezogen von ihrer Lebhaftigkeit, dem Redefluß, der allem, was sie taten, eine Pointe zu verleihen schien, dem Gelächter – meine Mutter stand stets im Mittelpunkt. In diesen Freundschaftskreis war auch Alessandro aufgenommen. Die Freunde kamen, um zu urteilen – *Zwanzig Jahre jünger*... Sieht *viel* zu gut aus... Und was *TUT* er? –, und blieben, um sich in seiner Gesellschaft zu sonnen. Er liebte Frauen und machte keinen Hehl daraus, so einfach war das; er schäkerte ganz offen und unterschiedslos mit ihnen, jedoch nur oberflächlich. Dies hätte kränkend sein können, war es aber sichtlich nicht, denn es konnte niemand den geringsten Zweifel daran haben, daß seine ganze Liebe meiner Mutter gehörte. Alessandros ernste Neigungen hatten bislang nur Frauen gegolten, die älter waren als er. Seine erste Affäre, als er fast noch ein Knabe war, hatte er mit einer verheirateten Dame über vierzig, der er noch immer zugeneigt war und die er gelegentlich auch besuchte. Andere Freunde schien er abgelegt zu haben – Männer und Männergespräche langweilten ihn, wenngleich er beileibe kein weichlicher Mann war. Seine Angehörigen indessen hatte er nicht abgelegt. Auch sie kamen und blieben und hatten einen mehr oder weniger guten Kontakt zu den Freundinnen meiner Mutter. Sie – seine Mama und eine Horde jüngerer Brüder und Cousins – schienen die Heirat ziemlich bereitwillig akzeptiert zu haben: Sein Vater war tot, und Alessandro, obwohl nicht der Älteste, war sein eigener Herr. Mama war eine energische Person, übertrieben jugendlich, mit offenem Gesicht und einem Verhalten, das es oft an Takt fehlen ließ. Sie und meine Mutter kamen miteinander aus; ihrem Sohn ging sie auf die Nerven, er mußte sich oft beherrschen. Meine Mutter, so vermutete ich, tat in aller Stille etwas für die Brüder, unterstützte einen, der auf die Universität ging, ließ für einen anderen ihre Verbindungen spielen; sie hatte nicht *alle* Brücken hinter sich abgebrochen. Zu jener Zeit war ihre finanzielle Situation einigermaßen ausgeglichen. Auch die Treuhänder hatten die Heirat akzeptiert und bescheinigten meiner Mutter ihre wiedergewonnene Respektabilität. Wir lebten in bescheidenem Komfort. Es war kaum die Rede von Rechnungen, es gab keine aussichtslosen Versuche, unsere Kartoffeln selbst anzubauen, was mir ein Anzeichen für große finanzielle Stabilität zu sein schien. Ich bekam jetzt übrigens einen regelmäßigen Betrag aus dem Nachlaß meines Vaters, der vom Gericht an denjenigen gezahlt wurde, bei dem ich gerade lebte. Wir hatten Personal. Eine Köchin, ein Hausmädchen, eine ältere Frau, die am Waschtag kam, wenn die Wäsche zum Gemeindebach oder -trog gebracht wurde. Ich vergaß rasch die frühen Fertigkeiten, die ich bei der Plackerei in dem deutschen Dorf erworben hatte, und kümmerte mich nicht um die Hausarbeit. Die Zeit, die ich jetzt hatte, verbrachte ich mit Lesen. Es waren nette Dienstboten, italienische Dienstboten, was ein und dasselbe war; sie waren es, die für eine gewisse Beständigkeit sorgten. Nicht daß sie lange dieselben blieben, es gab kein Familienfaktotum, das unsere Umzüge mitmachte – Erminia, Fosca, Renata, Camilla… eure Gesichter und Namen sind heute so verschmolzen wie die Orte. Wart ihr in Positano bei uns? Auf Capri? In Fiesole? Was beständig blieb, war das, was sie uns gaben, dem Haus, einander: eine Mischung, die ihrer Natur und Tradition entsprang, aus harter Arbeit, Würde und viel Gelächter, aus Reinlichkeit bis zu dem Grade, wo sie eine ästhetische Komponente erhält, und Großzügigkeit im Umgang: *gentilezza*. Dies beruhte auf Gegenseitigkeit. Hierin war Alessandro perfekt. Gegenseitige Achtung, Vertrauen, in kritischen Zeiten ausgedrückte Zuneigung ohne Vertraulichkeit. So jung er war, war er doch *il signore*, der Herr. Auch ich hatte es gut. Als ich die *bambina* war, das Kind des Hauses – die Dienstboten behandelten mich als Kind –, ebenso wie später, als sie befanden, ich müsse mich wie eine *signorina* benehmen, waren sie ungezwungen und liebevoll zu mir, obwohl ich niemals wirklich eine *signorina* war, wenn man darunter eine junge Dame versteht.

Es war leider ausgerechnet meine Mutter, die nicht ganz in diesen sanften, ausgewogenen Kreislauf paßte. Vielleicht war es ihre Art, alle Menschen als gleichwertige Gesprächspartner zu behandeln, die bei diesen Italienerinnen bäuerlicher Herkunft – ihr Redefluß gegen deren Bodenständigkeit – nicht ankam. Sie scheute sich nie, mehr zu geben, als sie bekam, und teilte mit scharfer Zunge aus, ungeachtet, wie jung, wie unwissend oder abhängig man war. Hinzu kamen ihre Zornesausbrüche, die leicht entflammt und ebenso schnell wieder verflogen waren, aber erschreckend wirkten im Gegensatz zu der ironischen Kühle, die sie sonst umgab. Die Hausmädchen fürchteten sich vor ihr, wie ich es getan hatte und noch tat. Wenn Porzellan zerbrach oder der Herd nicht funktionierte, gingen sie zu Alessandro, damit er sich als Puffer zwischen sie stellte. Schlimmer jedoch war, daß sie sie nicht wirklich gern hatten. Das ist vielleicht merkwürdig, weil meine Mutter sich als Sozialistin im Sinne der Fabian Society bezeichnete. Dies nahm ich begierig auf; Alessandro, der ihrer Führung in so vieler Hinsicht folgte, tat es geringschätzig ab. Es gab eine peinliche Episode, als wir drei uns mit einer Freundin in einem Hotel in Bologna befanden, während dort die Kellner streikten. Meine Mutter ging auf die Straße und marschierte mit den Arbeitern und Fahnen. Nicht einmal eine halbe Flasche *acqua minerale* war in unserem Hotel zu haben, geschweige denn ein Stück trockenes Brot, und die Restaurants und Lebensmittelgeschäfte waren geschlossen. Wir waren verärgert und sehr hungrig. Meine Mutter kam mit leuchtenden Augen zurück, erfüllt von der Sache und der Kameradschaft. Bist du nicht ausgehungert? fragten wir. Oh, die Kameraden hatten sie mit köstlicher Salami, frischem Brot, *fiaschi* mit Wein versorgt… Hast du uns nichts mitgebracht? Oh, sagte sie – das habe ich vergessen.

Unsere häusliche Kost war gut, einfach und gut. Selbstgemachte Nudeln, klare magere Brühe aus einem Stück Rindfleisch und einem Haushuhn, Gemüse, das morgens frisch vom Markt geholt wurde; Zitronen sowie Olivenöl, in zierlichen grünen Phiolen aus Murano, waren immer auf dem Tisch. Fleisch gab es eher als Garnierung denn in großen Stücken: aromatische Füllungen in *pomodori* und *melanzane*, Kalbfleischscheiben, von leichter Hand zubereitet, zarte Salatblätter. Und stets Obst im Überfluß, sizilianische Apfelsinen, Bratäpfel und -birnen im Winter, Aprikosen, grüne Mandeln und Kirschen im Frühsommer, später Pfirsiche, Feigen, Melonen, zuletzt die reifen Weintrauben… Es war gesunde Kost, natürliche Kost, keine experimentierfreudige, protzige Kost, und ihre Grundvoraussetzungen waren sorgfältig ausgewählte Zutaten, ein Gespür für Konsistenz und das richtige Verhältnis von Fülle und Sparsamkeit: Das Stück Rindfleisch und das Haushuhn wurden stets aufgegessen.

Ich genoß das Essen, wie hätte es anders sein können? Wir alle genossen es, wir hatten einen gesunden Appetit, aber das war für uns so selbstverständlich wie für die Italiener. Heutzutage würde man es als idyllisch, unrealistisch und luxuriös, jenseits der Träume von natürlicher Kost und der Preise in den Bioläden betrachten. Was mich damals erstaunte, war ein gewisses demokratisches Element der italienischen Mahlzeiten: jeder, der überhaupt etwas zu essen hatte, aß, mit geringen regionalen Unterschieden, mehr oder weniger dasselbe. «Mehr oder weniger» natürlich weitgefaßt, und auch darüber meinte ich etwas zu wissen: über arm und reich, Dorfleben und Schloßleben, wie Susan mit Hilfe des Pfandhauses durchkam, und wie Foscas und Camillas Familien ihren Lebensunterhalt zusammenkratzten. Ich grübelte über das, was um mich vorging, und es machte mir Spaß, die Unterschiede herauszufinden. Die geeignete Betrachtung der Menschheit...? Ernährung? Ich hätte eine schlechtere Basis finden können. Die Ernährung offenbart genauso viel wie Geld und Sex, und über sie wird viel häufiger offen gesprochen. Die Leute können es gar nicht erwarten, einem zu erzählen, daß sie keinen Kohl essen dürfen oder gierig auf Pudding sind. Wie oft hört man dagegen, ich habe zehntausend auf meinem Girokonto, oder, ich kann mich nicht vom Kleingeld trennen? Und was die Wahrheit über Sex betrifft... Damals jedenfalls dachte ich kaum darüber nach und ahnte noch weniger. Ich hatte das beruhigende Gefühl, daß es eine – möglicherweise annehmbare – Seite des Erwachsenenlebens gab, die sich mir beizeiten enthüllen würde, eine seltsame Gleichgültigkeit, möglicherweise ausgelöst durch die gelegentlichen Enthüllungen meiner Mutter und meine Lektüre, für die ich eigentlich noch zu jung war. Einmal erzählte mir ein Freund, daß er als Junge – er war der Sohn von Aldous Huxley und somit nicht gerade in einer intellektuell unterentwickelten Umgebung aufgewachsen – eine zweibändige französische Geschichte über Anna von Österreich unter dem unerschütterlichen Eindruck durchgelesen habe, daß der Gegenstand eine Eselin sei: *Âne d'Autriche*. Der Ärmste war eben, genau wie ich, dreisprachig aufgewachsen. Mein Interesse daran, wie die Leute lebten, wurde buchstäblich genährt durch die Kost, die ich mit ihnen teilte. Tischsitten, das hatte ich längst begriffen, waren unterschiedlich. Welch ein Abgrund zwischen den Aspikpasteten der vornehmen jüdischen Schwiegerleute in Berlin und den glitschigen Kartoffelspeisen mit kaltem Speck in dem deutschen Dorf. In England hatte ich die festgefügten Mahlzeiten im elterlichen Heim in Mittelengland erlebt und die lässige Schlampigkeit bei Jack und Susan, wenn sie sich allein durchschlugen: dort versorgten wir uns selbst, was in den zwanziger Jahren für Leute der Mittelschicht selbst dann noch ungewöhnlich war, wenn sie finanzielle Probleme hatten. Susan kochte, wir übrigen wechselten uns darin ab, beim Auftragen und Aufräumen zu helfen oder diesen Tätigkeiten aus dem Weg zu gehen. Niemand konnte behaupten, daß Susan gut oder reichlich kochte – wenngleich wir genug zu essen bekamen –, Würstchen und Reispudding beherrschte sie gerade noch, der Hauptbestandteil unserer täglichen Ernährung war jedoch Fertigkost, ein gräßlicher Ausdruck, die bei weitem nicht so vielfältig oder pseudo-vornehm war wie heutzutage. Keine tiefgefrorenen *coquilles Saint-Jacques.* Wir aßen gekochte Bohnen in Tomatensoße, Heringspaste in kleinen Gläsern vom Regal des Lebensmittelladens an der Ecke, Wackelpudding der Marke Jello, Biskuitrollen mit Marmelade, Brot mit Brühpaste zum Tee, *fish and chips* zum Abendessen, als Beilage Dosenlachs und Ananaswürfel. Ich schlang alles munter in mich hinein, nur den Wein vermißte ich. Ich hatte lange Zeit keine Ahnung, daß der allerbeste Rotwein, und erst recht Portwein, den wenigen Engländern, die ihn tranken, per Schiff zugesandt wurde. Ich wußte nur, was ich sah, nämlich daß Wein zu den Mahlzeiten die Ausnahme und nicht die Regel war, was damals für die meisten Leute zutraf. Wie haben wir das alles geändert, da England nun in das goldene Zeitalter des Weines eingetreten ist! Mit einem größeren Angebot an Qualität und Vielfalt als in irgendeinem anderen Land der Welt. Seien wir dankbar für alles, was uns beschert wurde.

In Italien tranken wir Wein; es war üblich, daß jeden Tag reichlich junger und billiger Wein aus der Gegend getrunken wurde. Unserer wurde von Alessandro oder der Köchin mit ebenso viel Sorgfalt wie das Gemüse und der Fisch ausgewählt, aber darüber wurde bei Tisch nicht gesprochen. Die Rotweinabende mit meinem Vater waren Teil der Welt, die hinter mir lag. Zuweilen bekam jemand ein Glas Wermut angeboten, Cognac wurde bereitgehalten, Alessandro mußte auch gelegentlich einen Handel unter Männern mit Grappa abschließen. Abgesehen von diesen waren jedoch keine Spirituosen im Haus, es wurde auch nicht über Trinken oder Betrunkenwerden geredet, obwohl es ab und zu ein bäuerliches Besäufnis gegeben haben muß. Ausdrücke wie «ein Alkoholproblem haben» hatten den Weg in den allgemeinen Sprachgebrauch noch nicht gefunden. In Amerika war die Prohibition bereits in vollem Gange, in Italien waren alkoholische Exzesse noch kein «gesellschaftlich» anerkanntes Thema.

In jenen Jahren in Italien war unser Leben beständig und häuslich. Auch wenn es in den Augen anderer Leute vielleicht gar nicht so häuslich war. Sagen wir, häuslich eher im Geiste denn als wirkliche Tatsache. Wir hatten nie lange dieselbe Adresse, und wir können nicht annähernd die übliche komplette Haushaltseinrichtung besessen haben. Wir lebten gewiß nicht, wie die Franzosen später über uns sagen sollten, *dans nos meubles*. Warum nicht? Eine instinktive Vorsicht, mobil zu bleiben? Das Zögern, auf eine Zukunft zu setzen, die besser undefiniert blieb? Waren es die Zeiten? Weniger als ein Jahrzehnt von einem Krieg, etwas mehr als ein Jahrzehnt noch vom nächsten entfernt – ich weiß es nicht. Wir hatten durchaus nicht alle dieselbe Einstellung zu Besitztümern. Alessandros Habseligkeiten waren spärlich und reinlich, mit wenigem kleidete er sich mit unverkennbarer, aber unauffälliger Eleganz. Die Garderobe meiner Mutter war üppig, wenig zweckmäßig, selten vererbbar, anfällig für Verschleiß. Während sie nichts dabei fand, jahrein, jahraus in fremder Bettwäsche und fremden Sesseln zu leben, reiste sie selten ohne umfangreiches und bisweilen ungewöhnliches Gepäck. Nie werde ich die unerträgliche Strapaze vergessen, die durch verpaßte Zuganschlüsse noch gesteigert wurde, als sie ein Goldfischglas mit lebendem Inhalt mitnahm. Allerdings war es in jenen Tagen üblich, daß man mit Schrankkoffern auf Bahnreisen ging: Die zahlreichen Gepäckstücke meiner Mutter schrumpfen im Rückblick, wenn ich bedenke, daß fast ihr gesamtes Hab und Gut darin verstaut gewesen sein muß. Ich selbst war schon von Lumpen zu Wohlstand gekommen, oder vielmehr von Wohlstand zu Lumpen: Als ich als kleines Kind im Kinderzimmer des häßlichen Hauses bei den wohlhabenden Berliner Verwandten meines Vaters lebte – mit allem Luxus: ein Kinderzimmer für tags, ein Kinderzimmer für nachts, ein englisches Kindermädchen –, waren die Schränke vollgestopft mit Gegenständen, von denen man sagen konnte, daß sie mir gehörten. Puppenhaus und Stall, Puppenherd, Kaufladen, Spielzeugdorf, Spieluhren, Soldaten, Puzzlespiele, Bilderbücher, Plüschtiere... Die meisten dieser Schätze war geerbt, mit einigen neuen war ich reich beschenkt worden, ich suchte mir mit unendlichem Entzücken die besten aus: das Schaukelpferd, die Eisenbahn, die Bauklötze, den Tomahawk, den Zauberkasten, das Kasperltheater. Was für gemächliche, komplizierte Spiele sie ermöglichten – ich spielte fast immer allein –, was für ein vielfältiges Leben sie mir boten. Zur Schlafenszeit, wenn ich abgeschrubbt oder gebürstet wurde, arbeitete ich ernsthaft an einem detaillierten Plan für die Arbeit des nächsten Tages, in heiterer Versunkenheit, bis der Schlaf mich überkam. Es war himmlisch. Im Alter von dreieinhalb bis sieben Jahren, wie mir heute klar wird, war es mir möglich, mein Leben fast völlig auf Vergnügen auszurichten. Als wir 1918 nach Kriegsende in unser Haus in Baden zurückkehrten, war diese Aladinshöhle verschwunden. Wenige Spielsachen – vorausgesetzt, jemand hatte sie eingepackt – überlebten unsere gefährliche, langwierige Reise durch ein in Zusammenbruch und Revolution befindliches Deutschland, und wenn auch der Schrank bei unserer Ankunft in Feldkirch nicht leer gewesen sein kann, sondern mit Relikten aus unserem Vorkriegsleben im Schloß gefüllt gewesen sein muß, so reichte doch nichts an den glanzvollen Überfluß der Merzschen Freigebigkeit heran, und auf jeden Fall sollte sich das Dasein bald grundlegend ändern. Meine Mutter ging fort, das Kindermädchen folgte bald. Mein ehemaliges Spielzimmer befand sich jetzt in einem unbeheizbaren Teil des Hauses und war selbst im Sommer zu fern und gespenstisch, um je wieder von mir aufgesucht zu werden; meine Interessen kehrten sich dem

Leben im Freien und im Wirtschaftshof zu. Wenn Zeit zum Spielen blieb, spielte ich mit Figuren, die ich aus Pappschachteln ausschnitt, mit Zweigen, Stöcken, Kieselsteinen und abgenutzten Tennisbällen. Derweilen war mein Vater an *seine* Besitztümer gefesselt. Die Sammlung: In meiner jugendlichen Allwissenheit konnte ich ihr nichts Wertvolles oder Schönes abgewinnen. Ein kürzlich aufgetauchter Katalog von der Versteigerung zeigt, daß einige Stücke wirklich schön waren. Wie hatte ich meinen Vater wegen seiner Anhänglichkeit an «Objekte» verachtet, an Objekte, von denen ich dünkelhaft vernünftig wünschte, daß er sie verkaufte, damit wir uns nicht darum sorgen mußten, ob das Geld für andere Sachen reichte. So gefühllos dies auch war, Tatsache bleibt, daß die letzten Lebensjahre meines Vaters fast vollständig um seine Besitztümer kreisten, und das nicht eben glücklich. Bis zum heutigen Tag muß ich mich hüten, nicht auf anderer Leute Eigentum herabzusehen, und ich selbst mag allenfalls ein Minimum – ein relativer Begriff – und ausschließlich nützliche Dinge besitzen. Auf die meisten potentiellen Erwerbungen verzichte ich zugunsten der Freuden und Bequemlichkeiten des Alltagslebens, so flüchtig diese auch sein mögen. In meiner späteren Jugend war der Besitz von persönlichen Dingen, die nicht federleicht und tragbar waren, weder brauchbar noch erwünscht. Ich hatte das Glück, ein eigenes Zimmer zu haben, wo immer ich mich befand. Es war selten dasselbe Zimmer, wenn ich das nächste Mal hinkam. Wenn ich etwa ein Paar Tennisschuhe zurückließ, waren sie verloren. Mit dreizehn Jahren hatte ich einen Status der Besitzlosigkeit erreicht, der dem eines Mönches gleichkam.

Wie hielten wir es damals mit Büchern, meine Mutter und ich? Wir hatten immer welche. Florentiner Buchhandlungen, Päckchen aus England, Funde in den Regalen der Hausbesitzer, die Tauchnitz Edition, diese unschätzbaren broschierten Bände der damaligen Zeit, als sogar Bahnhofskioske ordentlich gedruckte Ausgaben anboten, alles von Dickens und Kipling bis zu Temple Thurston und Conan Doyle. Am Bett meiner Mutter stapelten sich Bücher, Notizhefte, Listen, Briefe: empfangene Briefe, begonnene Briefe, lange Briefe, manchmal auch beendet – Papiersee nannte Alessandro das, und nur sie verstand darin zu fischen. Das *Criterion*? Gibbon Bd. 2? Die Schneiderrechnung deines Bruders –? Hier, unter diesem Tee-tablett, unter der Pfote jenes Kätzchens. (An dem See saßen Katzen und Hunde an Stelle von Enten und Gänsen.) Nein, an Büchern fehlte es uns nie, wenngleich auch die Bücher verlorengingen, zu-rückgelassen, ersetzt wurden.

Die einzigen Exemplare, die gehütet, bewahrt, von Hand zu Hand weitergereicht wurden, waren kompromittierende, um nicht zu sagen gefährliche Besitztümer, die öffentlich nicht zu haben wa-ren; ich spreche von Ausgaben des *New Statesman*, später kamen sogar bestimmte Exemplare der *Times* hinzu. Mit der Überbrin-gung der neuesten Ausgabe zum Lebensmittelgeschäft des Dissi-denten oder in die Villa des vom Dienst suspendierten Professors wurde ich betraut – Kinder galten in den Augen der Carabinieri-Streifen als politisch harmlos.

Wann fing das an? Zu Beginn war es eine eher unterschwellige gemeinsame Sorge von einigen unserer Bekannten, mehr ein Är-gernis als eine Bedrohung, wenn es uns auch stets vor Augen und im Bewußtsein war: selbst in meinen frühesten Erinnerungen an Italien ist das Land mit den allgegenwärtigen Bildern des Faschis-mus verbunden. Jedesmal wenn ich wiederkam, gab es mehr Schwarzhemden auf den Straßen, mehr Marschieren und Groß-spurigkeit, mehr Prahlereien und Lügen in den Zeitungen, mehr Plakate an den Mauern. Ich sah, was unübersehbar war, meine Mutter interpretierte es und informierte mich. Was von Mussolini und Konsorten dargeboten wurde – darüber war sie nie im Zwei-fel –, das basierte auf Betrügereien und falschen Werten, auf für rechtmäßig erklärter Gewalt, und entfachte einen falschen Stolz. Es bewirkte, daß unwissende Jugendliche sich wichtig dünkten, gab törichten Menschen falsche Hoffnungen – es war gefährlicher Zündstoff. Alessandro, von einer alten Tradition weiser Nachsicht geprägt, neigte eher dazu, es mit einem Achselzucken abzutun: Es sei schlimm, es gebe in der Politik wenig, das nicht schlimm sei... Hatte es das nicht alles schon gegeben, Invasion, Abwehr, Besatzung; Attila, Napoleon, die Österreicher... Sie kommen, sie gehen, wir überleben, es wird vorübergehen. Alles geht vorüber, antwortete meine Mutter, aber *wann*? Und *unterdessen*...? Oh, die Italiener haben kein Talent für die Organisation des öffentlichen Lebens, sie mögen zwar dafür sein – Gerechtigkeit, uneigennützige Behörden –, aber sie können es nicht verwirklichen: Sie *akzeptieren* Korruption. (Mach dich ruhig darüber lustig, Alessandro.) Wenn ihre Herrscher zu grausam zu ihnen sind, ducken sie sich, ziehen sich zurück in persönliche Beziehungen, Familienbeziehungen – dort trifft man auf anständiges Benehmen, Treue *und* Ehre ebenso wie Ausdauer und Courage. Draußen in der Politik sind Opportunisten und Angeber, trickreich, wenn sie aufrichtig sein sollten, voll leerer Worte, wenn sie nach Hause gehen und nachdenken sollten, und sie haben nicht gelernt, Kompromisse zu schließen, ohne Verrat zu begehen. (Zu mir sagte sie: Oh, welch ein Glück für dich, in England aufzuwachsen, ich bin so froh, daß du eine gute Allgemeinbildung erhältst.) Das wird nicht lange so bleiben, sagte Alessandro, Mussolinis Traum – den Helden spielen, den Menschen ihre Gewohnheiten nehmen, kleine Jungen mit Dolchen herumlaufen lassen –, es ist zu albern, wir sind für diese Bevormundung nicht zu haben.

Nicht als Individuen. Aber was ist mit dem Geschrei auf der Piazza Venezia? Die Massen sind empfänglich für flammende Reden, für Fackeln und angestrahlte Fassaden und die Aussicht auf Glanz, auch wenn es ein falscher Glanz ist – und nicht nur italienische Massen. Gibt es viele Leute, die gelernt haben, *en masse* standhaft menschlich zu bleiben?

Zufällig hatten sie mich gerade wieder einmal kommen lassen, so daß ich im Sommer 1924 dort war – wir hatten uns auf der Sorrentiner Halbinsel ein Haus genommen –, als Matteotti, der Führer der

Opposition, entführt und ermordet wurde.* Wir waren an jenem Augusttag in einem offenen Fischerboot auf dem Meer, als ein anderes Boot beidrehte und Männer herüberriefen, daß Matteotti tot sei – man hatte seine Leiche in einem Loch gefunden. Wie erschüttert waren wir damals, und wie hoffnungsvoll. In den folgenden Wochen kamen die Leute zu uns; voll neuen Mutes, euphorisch, registrierten sie die geringsten Anzeichen – das Regime werde mit einer solchen Ungeheuerlichkeit nicht durchkommen, Mussolini werde stürzen. Allzubald wurde deutlich, daß tatsächlich eine Wende eingetreten war, daß die Tat, die verbrecherische Tat, die Untat sich auszahlte, so wie sich neun Jahre später der Reichstagsbrand auszahlte: Matteotti war tot, die Opposition unterdrückt, *il Fascismo*, bejubelt, gewann die Oberhand. Und somit neue Berichte – und keine erfundenen – von amtlichen Schikanen, von Nachbarn und Verwandten, die aus Universitätsämtern entfernt wurden oder denen die Erneuerung ihrer jährlichen Bestallung als Ärzte und Rechtsanwälte verweigert wurde, weil sie nicht Parteimitglieder geworden waren oder bei der Volksabstimmung nicht mit *sì* gestimmt hatten. Wir hörten von Hausdurchsuchungen in der Nachbarschaft – immer nach Papieren und Büchern, nicht nach Rauschgift oder Waffen –, Säuberungsaktionen. Das Verschwinden von Menschen, nächtliche Verhaftungen wurden zur alltäglichen Erfahrung. Früh in meinem Leben und am eigenen Leib erfuhr ich, was es heißt, wenn es keine Gedankenfreiheit gibt und wenn die Willkür und nicht das Gesetz regiert.

Ein Bruder von Alessandro zog mit einer Engländerin, die er kennengelernt hatte, nach Irland, ein anderer beschloß, sein Studium in

---

* Giacomo Matteotti, wenn ich die Fakten kurz in Erinnerung rufen darf, Generalsekretär der damals noch legalen Unitarischen Sozialistischen Partei, griff am 30. Mai 1924 im Parlament das faschistische Regime an (die Rede wurde in der britischen Presse abgedruckt); am 10. Juni wurde er von gedungenen Gangstern entführt. Damals schien der Mord das Regime zu erschüttern; wie wir wissen, hat es überlebt.

Wien fortzusetzen. Alessandro selbst gab die Absicht, Architekt zu werden, vorerst auf. Wir lebten in den Tag hinein: Wir schwammen, gingen spazieren, machten Spiele, hörten meiner Mutter zu, oft hatten wir auch anregende Gäste. Auch Cousins trudelten ein und blieben, eine gutaussehende Truppe, ansehnlich jeder einzelne. Und im Mittelpunkt von allem stand die Ehe meiner Mutter. An der Oberfläche gaben sie sich zurückhaltend, seltsam alltäglich, als seien beide entschlossen, den großen Altersunterschied zu ignorieren; an Jahren war Alessandro mir tatsächlich näher als ihr. Seine Gefühle für sie zeigten sich hauptsächlich in einer Art Umsichtigkeit: was sie auch tat, mit wem sie auch sprach, er war wachsam, wußte sie in diesem oder in jenem Zimmer, stets auf dem Sprung, bei ihr zu sein, noch bevor sie nach ihm rief. Äußerlich jedoch war er neckisch, lässig, ein ausgleichender Faktor, wenn sie wie immer zu spät kam oder die lebenswichtigen Dinge, wie Fahrkarte und Schlüssel, im entscheidenden Augenblick verlor. Seine gutgelaunte, beschützende Leichtigkeit paßte nicht zu der düsteren Verzweiflung des sehr jungen Mannes, des melancholischen, distanzierten jungen Mannes unserer ersten Begegnungen. War es die Ehe, die die Menschen so veränderte? Und was war mit ihr? Sie gab mir Rätsel auf. Sie wirkte... ja, zufrieden, selbstzufrieden, könnte man sagen, und nahm seine Zuwendung ebenso gelassen hin wie die meine: Es war gut, es war klar, beständig, *häuslich*. Hatte ich alles geträumt? Den Sturm der Leidenschaft, die herzzerreißende Abgeschiedenheit, die schlimmen Vorahnungen in jenen Tagen, als wir Flüchtige in Agrigento waren?

Und dann war es wieder Zeit für mich abzureisen. Der Sommer oder die kurzen Winterwochen waren vorüber, ich mußte zurück nach England: wieder eine meiner Reisen mit kleinen Umwegen. Machte es mir etwas aus? Ja und nein. Traurig, Italien zu verlassen, eine unbestimmte Vorfreude – eine Ahnung, daß ich vielleicht eines Tages in England etwas Besseres zu tun haben würde? Ich fühlte mich freier in meinem losgelösten Dasein bei Susan und Jack, wenn auch nicht ohne Gewissensbisse wegen der falschen Vorstellungen, die meine Mutter über die Art dieses Daseins zu haben schien und die ich mich hütete zu zerstreuen.

So war ich, als ich älter, als ich erwachsen wurde, in Italien und England zu Hause. Dabei hatte ich genaugenommen gar kein Zuhause: Ich *lebte* in beiden Ländern – wie ich es in meinem späteren Leben mit Unterbrechungen, nicht endgültig, auch tat –, ich lebte dort, fühlte mich heimisch, heimisch auf Besuch. Italien liebte ich. Am Anfang, in der Kindheit, war es eine romantische Liebe: Ich war hingerissen von der Wärme des Lebens und der noch unausgesprochenen Erkenntnis, daß ich zwischen diesen Kunstwerken und Landschaften auf dem Fundament einer starken und bedeutenden europäischen Zivilisation stand. Das bewußte Aufnehmen des visuellen Erlebens kam später. Meine Bindung an England war instinktiv, ein Bemühen um eine Art Selbsterhaltung, wenn nicht sogar Verwurzelung. Von früh auf war ich der festen, wenn auch undeutlichen Überzeugung, daß ich Schriftstellerin werden würde und nichts anderes. Ich klammerte mich an die englische Sprache wie an einen Strohhalm, der mich davor bewahrte, im Strom der verschiedenen Sprachen, die mich umgaben, unterzugehen. Meine Anfänge in Deutschland zählte ich nicht, ich versuchte sie zu tilgen. Eine Reihe von Jahren gelang es mir, dann wurde die Macht der Umstände zu groß.

Teil IV

VERANKERUNG

Frankreich

1. Kapitel

1926 hatte das Hin und Her zwischen England und Italien ein Ende. Knapp zwei Jahre nach Matteottis Ermordung wurden meine Verbindungen zu Italien plötzlich gekappt. Die Aufforderung, zu meiner Mutter zu kommen, kam in einem Umschlag mit einer französischen Briefmarke und dem Stempel *Sanary-sur-mer-ses-sites-son-climat*. Als es mir gelungen war, Ortsnamen und Reklame zu trennen, suchte ich es auf einer Landkarte: Sanary-sur-Mer, kleingedruckt, lag an der Südküste von Frankreich zwischen den großen Häfen Toulon und Marseille.

«In einem Herbst Ende der zwanziger Jahre zogen wir ohne besonderen Grund, wie es schien, nach Frankreich.» Das schrieb ich anderswo. Es ist wahr, außer daß es im Frühling war und Mitte, nicht Ende der zwanziger Jahre und daß der Entschluß meiner Mutter und Alessandros, Italien zu verlassen, wohlüberlegt und möglicherweise sehr klug war. Ohne daß sie tatsächlich aktiv im Widerstand arbeiteten, waren ihre Ansichten für alle, die gerne herumschnüffelten, offensichtlich. Ein *New Statesman* einmal zu oft unter meiner Schürze. Sie waren bloßgestellt. Weder flohen sie, noch wurden sie verbannt; sie reisten unauffällig ab. Sie hatten ihre Pässe behalten können – Europa trat in eine Epoche ein, in der der Besitz von Dokumenten lebenswichtig war – und wurden offiziell als Angehörige der italienischen Kolonie in Frankreich bezeichnet. So weit, so vernünftig. Zufällig war nur die Wahl ihres Zielortes. Sie saßen in einem Zug, es war Abend, sie hatten die Grenze überquert: Italien lag hinter ihnen, sie rollten die französische Küste entlang, beladen mit viel Gepäck und ihren drei japanischen Spaniels, darunter eine Hündin, die bald werfen würde. Es war ein Bummelzug – sie hatten die besseren Verbindungen verpaßt –, und er hielt alle paar Minuten. Ich habe vergessen, wohin sie ursprünglich wollten. Aix-en-Provence? Saint Jean-de-Luz? Sie hatten durchaus Pläne gemacht. Doch nach ein paar Stunden wurde meine Mutter müde und bekam das Zugfahren satt. Sie sagte, man könne es für heute genug sein lassen und an der nächsten Station aussteigen, egal wie der Ort hieß. Gesagt, getan. Es war spät, der Bahnhof war ein Schuppen und spärlich erleuchtet. Draußen stand ein kleiner Omnibus, der sie und ihre Habe zum nächstbesten Hotel irgendwo an der nächtlichen Küste brachte. Das Hôtel de la Tour. Es steht heute noch. Am nächsten Morgen sahen sie sich um – ein strahlender Tag, ein Blick auf einen kleinen Fischerhafen –, und was sie vorfanden, gefiel ihnen. Alessandro wollte noch bis zu ihrem ursprünglichen Ziel weiterfahren, aber meine Mutter wollte sich nicht vom Fleck rühren.

Spielte es eine Rolle, *wann* man ein neues Leben begann? Und inzwischen hatte Chumi Junge geworfen: Ein Wink der Götter, zu bleiben? Armer Alessandro, er müßte sich inzwischen an ihren Aberglauben und ihren Fatalismus gewöhnt haben, die ihrer Neigung (die ich leider geerbt habe), den Weg des geringsten Widerstandes zu gehen, entgegenkamen. Binnen einer Woche hatten sie einen möblierten Bungalow an einem der kleinen Strände von Sanary, Port Issol, bezogen.

Dieses Haus, das erste von vielen, wurde jeweils für einen Monat vermietet, und als auch ich einige Zeit später in das Département du Var kam, wurde mein Sommer dort zu einer weiteren Zeit der Durchgangsstationen. Ich war fünfzehn. Es ergab sich, daß ich den größten Teil der nächsten vierzehn Jahre dort verbrachte. So wurde Frankreich für mich zu dem, was einer Heimat am nächsten kam.

Wie war die französische Mittelmeerküste zwischen Marseille und Toulon, Toulon und Fréjus in den zwanziger Jahren? Wie war Le Petit Littoral, der unmondäne Teil der Côte d'Azur (*nicht* die Riviera) mit seinen aneinandergereihten Fischerhäfen und bescheidenen Badeorten – Cassis, La Ciotat, Saint-Cyr, Bandol, Sanary, Le Lavandou, Cavalaire, Saint-Tropez? Meer und Himmel waren klar, das Leben war billig, es gab wenige Autos, *es gab wenige Leute.* Während der Ferienmonate waren Cafés und Strände voller Besucher, meist Familien aus südfranzösischen Städten, Nîmes, Marseille, Montélimar. Weder Touristen noch Reiche fuhren im Sommer nach Südfrankreich, und kein nördlich von Valence geborener Franzose hätte jemals im Traum daran gedacht, Frau und Kinder der Hitze auszusetzen. Das änderte sich bald. In jenem Jahr, nämlich 1926, entdeckte Colette den sommerlichen Midi, die Klarheit der Morgen, die Stille der sonnendurchfluteten heißen Mittage, den Zauber der duftenden Nächte. Sie kaufte ein Sommerhaus in Saint-Tropez, La Treille Muscate; Künstler und Schriftsteller folgten mit ihrem Anhang. Von nun an wurden die Besucher kosmopolitischer und uneinheitlicher: extravagant oder mönchisch im Auftreten, berühmt oder berüchtigt, je nachdem. Noch hatte sich ihre Zahl nicht merklich verändert.

1926 hatte Sanary, wie Cassis und Bandol, etwa ein halbes Dutzend kleine Hotels, einige Pensionen, zwanzig bis vierzig unbeheizbare Villen, die im Sommer vermietet wurden – waren es hundert Besucher, die zur Feier des 14. Juli und im August kamen? Oder waren es hundertfünfzig? Die einheimische Bevölkerung belief sich laut dem Michelin jener Zeit auf etwa zweitausend. Sie hat seither nicht außergewöhnlich zugenommen, während die Zahl der Sommergäste bis in die achtziger Jahre auf fünfzigtausend angestiegen ist – muß man das noch in Wohnsiedlungen und Parkplätzen ausdrücken? In den Jahrzehnten der Ungestörtheit lebten die Bewohner vorwiegend voneinander und dem Export von Gemüse, Blumen und erstklassigem Fisch. Sie waren Landwirte, Fischer, Krämer, es gab ein, zwei Ärzte, den Notar, den Apotheker, die Postmeisterin, die Lehrerin, den Marineoffizier im Ruhestand, der mit Opium und seinen Büchern lebte, ab und an verirrte sich ein skandinavischer Künstler in das Dorf. Die Fischer fingen Sardinen, Langusten, Seebarben, Klippenbarsche und Loup de mer, ihre Frauen flickten gemeinsam die Netze am Kai, im Winter in der Sonne, im Sommer Schatten suchend, ihre Kinder sammelten Seeigel und Muscheln. Landeinwärts pflegten die Landwirte ihre Gewächshäuser und bauten Oliven und Wein an. Der Wein, mehr oder weniger guter roter Vin du Var, deckte den eigenen Bedarf. Eine Schweizer Weinbauernfamilie namens Röthlisberger produzierte neben ihrem guten roten einen renommierten Weißwein, einen Vorläufer der großen Nachkriegsweine, die die Auszeichnung *Appellation Bandol* erhielten. Mimosen, Nelken, ein Teil des Olivenöls, die besten Fische des ersten Fangs und frisches Gemüse wurden im Morgengrauen nach Paris, London oder Brüssel verschifft, wenn wir früh genug aufstanden, vor unseren Augen. Jeden Morgen außer Montags fand bei Tagesanbruch eine *criée* statt, eine Auktion auf dem Dorfplatz. Das Angebot kam direkt aus Gemüsegärten und steilen Obsthainen: Aprikosen, Narzissen, grüne Mandeln, Artischocken, junge Erbsen, dünne grüne Bohnen in flachen Körben. Es war lange vor dem neuen Franc, auch vor dem neuen Pence: In England wurde ein Dutzend Flaschen Rotwein noch in Schilling verkauft, hier in der Provence wurde nicht direkt in alten Francs geboten, sondern in *sous*, fünf Centimes. Ich habe *quinze sous, quinze sous*, fünfzehn Sous, rief der Versteigerer in diesem nasalen mediterranen Tonfall, jede Silbe betonend, ein knorriger kleiner Mann, bucklig, wie man sie oft sieht, *trente*, ich habe dreißig *sous... quarante – à vous la jolie petite dame... cinquante sous – à toi, Jo-Jo*. Und Jo-Jo in seinem Blaumann, dem ärmellosen Unterhemd und den Espadrilles wuchtete die Kiste Artischocken in seinen Peugeot Lieferwagen...

Dieser Platz, Place de Sanary, war der Treffpunkt, die Bühne des geselligen und geschäftlichen Lebens. Den Hintergrund bildete das Rathaus, das mit seinen seltsam geformten Türmchen aussah wie ein verdicktes Minarett, auf dem die Trikolore flatterte, flankiert von der Kirche, einer Apotheke, einer Bäckerei, dem Café de la Marine, dem Café de Lyon und zwei Bars Tabacs. Die Vorderseite des Platzes blickte auf eine Palmenpromenade, auf den kleinen Hafen, wo Fischer- und Segelboote vor Anker lagen, und auf das Meer dahinter.

Darüber hinaus bestand das eigentliche Sanary, Sanary Ville, aus einem Netz von wenigen engen Straßen, geprägt von den Geschäften der Kaufmannsfamilien: Metzgereien und Bäckereien, Kolonialwarenhandlungen, Molkereigeschäfte, Schuhmachereien, Eisenwarenhandlungen, etliche Kurzwarengeschäfte, wo man Nähgarn, Strandhüte und Leinenschuhe kaufte. Die Häuser waren bescheiden städtisch, spätes achtzehntes bis Mitte neunzehntes Jahrhundert, mit Perlenvorhängen in den Eingängen, hier und da einem Steinbogen, Blendläden an jedem Fenster. Außerhalb von Sanary gen Osten lagen unter Pinienhainen und Palmen kleine Hotels, die meisten neu, und Badehütten, spärlich verstreut zwischen einer ebenen Straße und dem Strand *Six-Fours-les-Plages*; gen Westen schlossen sich Hügel an, die Pinien wurden von Stechpalmen abgelöst, Villen mit Gärten bildeten die Anfänge der Vorstadtbezirke an den Buchten der Felsenküste – Port Issol, La Cride, La Gorguette, das später das Gebiet der Huxleys wurde, Bandol. Landeinwärts verlor sich dies alles.

Landeinwärts war das Hinterland, von der Sonne ausgedörrt, erfüllt von dem Zirpen der Zikaden, das alterslose Land aus Gestrüpp und Terrassenhügeln, wo die Bauern in ihren weit auseinander liegenden, aus Stein gebauten *mas* wohnten, die ursprüngliche mediterrane Landschaft aus Felsen und Olivenbäumen, wildem Thymian, Weinbergen und Licht.

Diese Landschaft kannte ich aus Italien, doch hier war etwas anders: die Zeitlosigkeit von Land und Meer war mit einem unverkennbar französischen Element verbunden. Wenn der Midi Arkadien war, so war er doch auch ein Departement von Frankreich. La République, die dritte, vierte oder fünfte – «*Française et Français!*» – ist so fest verwurzelt, beständig und vielschichtig wie die älteren südländischen Zivilisationen. Die Vereinigung der ewigen rauhen Schönheit von Klima und Natur – der reinigende Mistral, die unerbittlich niederbrennende Sonne – mit der Güte, dem Witz und Esprit, der sprudelnden Intelligenz und entgegenkommenden Toleranz der französischen Lebensart vermittelte ein Gefühl von geistig und sinnlich erfülltem Leben, von Befriedigung auf vielen Ebenen. Wie kein anderes Land in Europa, kein anderes Land in der Welt, schenkte Frankreich in jener Zeit zwischen den Kriegen diese Illusion von Freiheit.

Dies alles erkannte ich erst viel später, ahnte, mutmaßte es – die Franzosen und ihre Art sind unendlich vielfältig – selten deutlich und mit bewußter Freude. Damals noch nicht, nicht in jenem Sommer, meinem ersten Aufenthalt in Frankreich.

Ich war über Paris gekommen, und es reizte mich, dort Station zu machen. Nach einer verschlafenen, flauen Reise mit Schiff und Eisenbahn betrat ich auf der Gare du Nord französischen Boden. Ich habe den Boden nicht geküßt. Ich fand einen Bus, der mich zur Gare de Lyon brachte. Die Schaffnerin war ungehalten wegen meines Koffers, der nicht groß gewesen sein konnte. Nachdem ich ihn schließlich an der Aufbewahrung abgegeben hatte, lag ein ganzer Tag vor mir, von mittags bis zum letzten Nachtzug nach Süden. Ich erinnere mich noch, wie ich ihn verbracht habe, und werde heute noch rot. Was haben Ernest Hemingway, James Joyce und Gertrude Stein an ihrem ersten Tag in Paris empfunden? Ich erschauere, denn ich selbst empfand nicht viel. Aber jene illustren freiwilligen Exilanten waren ja auch nicht mit fünfzehneinhalb an der Place de la Madeleine aus dem grünen Schnellbus gestiegen. Hier war mein Ausgangspunkt. Ich war nicht beeindruckt und fragte mich, ob ich es hätte sein müssen. Ich wußte mit den fremden Fassaden der großen Boulevards nichts anzufangen, ihrer schiefergrauen Geradheit und dem seltsamen Geruch der zahlreichen offenen Pissoirs hinter ihren Blechabschirmungen. Mittags aß ich in einem Schnellimbiß und zog eilig weiter. Meine Mutter hatte mir empfohlen, in die Tuilerien zu gehen, mich auf die Place du Carrousel zu stellen und von dort La Concorde und dahinter den Arc de Triomphe zu betrachten. Das tat ich, und ein Gefühl von *grandeur* erfüllte mich bei diesem ehrfurchtgebietenden Anblick, der bezeugt, daß der Kontrapunkt zur Gelassenheit des französischen Alltags *La Gloire* ist. Ebenso empfand ich vor dem Hôtel des Invalides.

Ich besuchte den Louvre, fühlte mich vor der Mona Lisa dumm und unerfahren und fand erst an den Räumen des Quattrocento wieder vertrauten Gefallen. Spontan besuchte ich das Cluny, getrieben von der plötzlichen Erinnerung, daß dies das Lieblingsmuseum meines Vaters gewesen war – er hatte für Paris geschwärmt –, und fühlte mich gespenstisch zurückversetzt zwischen Exponaten, in denen ich die Quelle der Inspiration für seine eigene Sammlung erkennen konnte... Oh, mein Tag war ausgefüllt. Ich spazierte auf dem Boulevard Saint-Michel, versäumte den Luxembourg, versäumte es, die Brücke über die Seine zu Fuß zu überqueren, versäumte Nôtre Dame. Statt dessen nahm ich einen Bus zurück zum rechten Seineufer, um mir Sacré Cœur anzusehen, es war noch heller Tag, Stunden, bevor das Nachtleben begann, aber der still im Sonnenlicht liegende Montmartre hatte etwas Bedrohliches. Ich wanderte umher, unbemerkt, unbelästigt. Schließlich aß ich in einem kleinen Restaurant zu Abend. Das Essen war seltsamerweise nicht erinnernswert. Dennoch muß ich lange dort verweilt haben, denn ich erreichte meinen Zug nur mit knapper Not, gescheucht von einem wütenden Bahnwärter und dem Schimpfen der Leute auf dem überfüllten Bahnhof.

Am nächsten Morgen holten Alessandro und meine Mutter mich an der unscheinbaren Bahnstation von Sanary-cum-Ollioules ab, einem unbedeutenden Flecken in Frankreich, der ebensogut im ländlichen Mexiko hätte liegen können. Ein klappriger alter Bahnhofsbus – er versah seinen nicht nutzlosen Dienst noch viele Jahre danach – brachte mich in ein weiteres Sommerhaus, das zweifellos nur vorübergehend mein Zuhause war. Das vibrierende Innere eines Busses wird mich stets an einen äußerst peinlichen Moment erinnern. Während wir in Hitze, Staub und Lärm dahinholperten, stellte mir meine Mutter auf dem Holzsitz gegenüber eine völlig uncharakteristische Frage: *Habe ich mich verändert?* Es ging mir durch und durch, in ihrem Ton war keine Leichtigkeit, nichts von der Selbstverspottung, die uns über so viele schwierige Situationen hinweggeholfen hatte; *sie* verlangte etwas von *mir*. Ihre Schönheit gehörte zu ihr, sie kam von innen heraus und bedurfte keines Nachhelfens, sie trug sie ohne Eitelkeit, gelassen, zwanglos, wie es einem gut erzogenen Herrn ansteht, seine Kleider zu tragen. Jetzt schien es anders. Ich tat, was ihre Frage von mir forderte, und tat es ein kleines bißchen zu spät: Ich sah sie an. Ich sah, was ich ungefragt vielleicht nicht gesehen hätte, Anzeichen von Verschleiß. Oh, sie war noch immer schön – mancher würde gesagt haben, jetzt um so schöner –, was fehlte? Ein Leuchten? Sie war älter geworden.

Ich höre die Antwort noch heute, die ich ihr gab, wieder nicht schnell genug, die gekünstelte Stimme (und *was* zeigte sich in meinem Gesicht?), die ihr versicherte, daß sie für mich immer dieselbe sei und bleibe. Ich weiß noch den genauen Wortlaut, kann es aber nicht ertragen, ihm in seiner beschämenden Unzulänglichkeit niederzuschreiben. Meine Mutter, sonst so unbarmherzig gegenüber verbalem Schwulst, ließ es sich gefallen.

Das Haus war klein und unsolide gebaut, ein Flachbau ohne jedes Bemühen um Annehmlichkeiten oder Charme. Es lag weniger als zwei Gehminuten von Strand und Meer entfernt, das war sein einziger Vorteil. Über eine Veranda gelangte man in die Küche, es gab ein Eßzimmer und zwei geräumige Schlafzimmer mit je einem großen Bett und einem Kleiderschrank: die Wände waren dünn, die Tapete geblümt und schauderhaft. Alles war sehr sauber. Abgesehen von einem Sammelsurium von Büchern und Hundekörben, erinnerte hier nichts an Mama und Alessandro; ein schlechtes Zeichen, sagte ich mir. Rückblickend sind jene Wochen, die ich bei ihnen verbrachte, von dem Eindruck großer Befangenheit geprägt.

Ich weiß nicht, was, wenn überhaupt, geschehen war; wir sprachen weniger miteinander. Offensichtlich litten sie an Geldmangel – eine Folge ihres Fortzugs von Italien? –, peinliche kleine Sparmaßnahmen von der Art, wie sie die Jugend befremden. *Ich* war durch die Robbins' daran gewöhnt, doch Susan und Jack machten sich darüber lustig; meine Mutter aber hatte fast aufgehört, Witze zu machen, ein weiteres schlechtes Zeichen. Sie hatte mich gefragt, wieviel Geld ich mitgebracht hätte, und es mir ohne Kommentar weggenommen. Es verstand sich, daß Alessandro nichts davon wußte, es war wie die Verpfändung meines Zigarettenetuis – Susan führte die Tat aus, Jack durfte nichts davon wissen. Denken sich die Frauen den Schwindel aus, während die Männer in Unwissenheit gehalten werden sollen? Vielleicht hatte Alessandro – der, trotzdem er in den Tag hineinlebte, ein ordentlicher Mensch und im Herzen Realist war – doch einiges über die unberechenbare finanzielle Situation seiner Frau erkannt. Jedenfalls wirkten beide besorgt. Die Hausarbeit wurde von einer *femme de ménage* erledigt, die vormittags kam, eine untersetzte Frau, die uns nicht sehr gesonnen war, wir fanden sie schlampig. Das Abendessen wurde entweder von Alessandro oder von meiner Mutter zubereitet, beide waren schnelle und gute Köche, er überdies auch sehr ordentlich. Gäste hatten wir nicht. In jenem Sommer waren keine Freunde zu uns eingeladen worden. In Sanary kannten wir niemanden, wir hatten uns nicht unter die Sommergäste gemischt, und die Einheimischen kümmerten sich nicht um uns.

Im Haus gab es weder Moskitonetze noch Fliegenfenster, was abends einige Unannehmlichkeiten verursachte. Es heißt, die Mücken seien früher, bevor die Alliierten rigoros mit DDT durchgegriffen haben, eine viel größere Plage gewesen als heutzutage. Man mußte sich im Dunkeln ausziehen, wenn man das Fenster offen lassen wollte, und zuvor mußte man das Zimmer entweder ausräuchern oder ein Mittel namens Flytox versprühen, das für Menschen so schädlich war wie für die kleinen surrenden Plagegeister. Wir benutzten kleine braune Räucherkerzen, Zampironi, die wir auf

Unterteller stellten und anzündeten, worauf sie zu Staub verglühten und das Zimmer mit beißendem Rauch erfüllten. Meine Mutter, die unter Schlaflosigkeit litt, nahm immer mehr und immer stärkere Schlaftabletten. Veronal gehörte zu den wirksamsten Mitteln, die damals auf dem Markt waren, und man konnte es ohne Rezept bekommen, zwei Briefchen auf einmal. Der Apotheker überließ meiner Mutter vier. Aus Gutmütigkeit? Oder aus Sorglosigkeit? *Nicht* aus Profitgier, sie kosteten nur ein paar Centimes das Stück. Ich sollte es nie erfahren. (Dieser Apotheker sollte später eine peinliche Rolle in unserem Leben spielen.) Es war meine Aufgabe, das Veronal zu holen; ich erledigte die meisten Besorgungen. Veronal erzeugte einen tiefen, zuweilen beängstigend tiefen Schlaf. Ein paarmal kam ich um zwei Uhr nachmittags vom Strand nach Hause, und Alessandro sagte, ich kann sie nicht wachbekommen. Dies geschah, wenn am Abend vorher davon gesprochen worden war, daß er fort müsse, nach Paris, in eine Stadt, um einen Mann oder eine Frau zu treffen, die vielleicht ein Bild kaufen oder ihr Haus renovieren wollten.

Ich war häufig am Meer, und ich liebte es. Sommer ohne Wasser – Salzwasser, Felsentümpel, offene Buchten, stille, klare Tiefen, Brecher und Gischt – waren für mich wie ein Gefängnis. Ich schwamm, wie andere dahinschlendern, ein langes, stilles Treiben auf den Horizont zu, ohne die Entfernung oder die Stunden zu zählen. Damals träumte ich, formte, was ich gesehen und gedacht hatte, zu Sätzen, Rhythmen und Inhalten (so hoffte ich) – *Worte* purzelten... Ich schrieb im Kopf. Es war berauschend und vergänglich. Wenn ich mich vor ein Blatt Papier setzte, war es wie ausgelöscht. Ich habe in meiner Jugend nie geschrieben. Ich gehörte nicht zu den Schriftstellern, die schon als Knirpse auf dem Kaminteppich liegend Notizbücher vollschrieben. Für mich kam dieser Kampf – und es ist ein Kampf – erst viel später.

An unserem kleinen Strand, Port Issol, konnte man ein Kanu mieten, ungelenk und plump, aber ein vergnügliches Beförderungsmittel, um weit und schnell hinauszufahren. Als ich dieses Gefährt eines Nachmittags gerade zu Wasser ließ, stieß ich auf ein Kind, das im seichten Wasser planschte, ein blondes, schlaksiges Mädchen mit glatten kurzen Haaren, von vielleicht zwölf Jahren oder älter, in ihrer knabenhaften Art sehr nett aussehend. Ich war nicht sonderlich geschickt im Umgang mit etwa Gleichaltrigen, aber wir hatten uns nun einmal getroffen. Ich bot ihr an mitzufahren. Sie stieg ohne weiteres ein, und ich paddelte los. Das Meer war spiegelglatt, das Mädchen sehr leicht, das Vorwärtskommen nicht allzu schwierig, das Ufer blieb bald zurück. Annette – auch Namen kommen in der Freiheit der See leicht über die Lippen – schien es zu gefallen; oder wirkte ihr Lächeln etwas gezwungen? Der Art, wie sie sich zusammenkauerte und festhielt, hätte man entnehmen können, daß sie sich einer Mutprobe unterzog. Na und? Sicher, das Kanu war schlecht ausbalanciert und nicht besonders seetüchtig, es kenterte ziemlich oft, was machte das schon? Man richtete es wieder auf und kletterte nach einem erfrischenden Bad wieder an Bord. Ich war gerade dabei, diese lustigen Umstände zum Besten zu geben, als Annette einen leisen Laut von sich gab, *Maman*. Ich sah mich um und erblickte am Ufer eine Gestalt, noch als weiblich auszumachen, die aufgeregt hin und her hopste und wild gestikulierte. Annette, noch gefaßt, ließ den hübschen Kopf hängen, «*Je ne sais pas nager* – ich kann nicht schwimmen.» Ach du lieber Himmel… Schwungvoll, dennoch vorsichtig, wendete ich mit dem Paddel und brachte sie sicher dahin zurück, wo sie stehen konnte, und schließlich an Land, wo ein menschliches Unwetter über mich hereinbrach. Die erste Begegnung mit *la bourgeoisie française à sa proie attachée*! Madame Panigon – *Maman* –, das Strickzeug beiseite geworfen, die Arme zum Himmel erhoben, gewaltig in ihrer tristen Kleidung, war außer sich und fiel über mich her. Auch meine Mutter war erschienen – wir wohnten nur einen Steinwurf von diesem Strand, der zu einer Bühne geworden war, auf der ein Drache in voller Aktion wütete. Ihre Stimme überschlug sich: *MADAME! VOTRE FILLE EST DANGEREUSE…* *Cette gamine*, nannte sie mich, ich hätte versucht, ihr Kind zu ertränken… ich hätte es absichtlich getan. Noch eine Gestalt stand herum, eine weitere Tochter, etwa in meinem Alter, *nicht* in Badekleidung, die gluckste und stöhnte und sich vergebens um Frieden bemühte; dies tat auch meine Mutter unter Aufbietung ihres ganzen Charmes, aber es war so leicht nichts zu machen. (Meine Mutter sagte später, Madame Panigons Tirade habe nicht einer gewissen sprachlichen Eleganz entbehrt... man stelle sich die Wortwahl einer englischen oder italienischen Mutter in einer ähnlichen Situation vor.) Ich entschuldigte mich für die Ängste, die ich *nicht* absichtlich verursacht hatte, ich konnte ja nicht wissen... und dabei schoß es mir durch den Kopf: Jetzt weiß ich Bescheid – Franzosen können nicht schwimmen. (Woher hatte ich das? Oh, diese Wichtigtuerei!) Zu guter Letzt wurden wir doch noch recht gute Freunde.

Ein weiteres Mal wurde unsere gesellschaftliche Isolation in jenem Sommer unterbrochen, als wir hörten, daß ein Freund meiner Mutter aus früheren Zeiten mit einer jungen, schönen Geliebten (ich hatte sie gesehen) im Hôtel des Bains in Bandol abgestiegen war. Es war Ernst Toller, der Dramatiker und Dichter. Als Kommunist befand er sich damals im Exil in Paris – noch nicht in Hollywood und New York, wo er sich schließlich das Leben nahm. Er hatte in Deutschland eine fünfjährige Gefängnisstrafe wegen Hochverrats abgesessen und Gedichte veröffentlicht, die er in seiner Zelle geschrieben hatte. Wie Oscar Wilde, dachte ich. Ich war tief beeindruckt – es muß unerträglich gewesen sein. Würde man es ihm anmerken? Ich war neugierig, einen Schriftsteller kennenzulernen. Er kam zu einem Abendessen in unser Haus, ohne die Geliebte, und es ergab sich, daß auch Alessandro fehlte, der sich für ein paar Tage in Marseille aufhielt, um jemanden wegen eines Auftrags zu treffen. Ich kam vor Einbruch der Dunkelheit nach Hause, noch in feuchten Espadrilles und Badeanzug, und traf einen recht jungen Mann an – war er schon dreißig? –, sonnengebräunt, von gesundem Aussehen, hübsch, der mit meiner Mutter auf der Veranda saß. Ich hatte mich erboten zu kochen, und bald leisteten sie mir in der Küche Gesellschaft. Ich erinnere mich, daß er sympathisch war, ein anregender

Gesprächspartner, sogar auf sanfte Art lustig, und es wurde wider Erwarten ein schöner Abend. Es ist mir entfallen, worüber wir, worüber *sie* sprachen; was ist das Gedächtnis doch für ein armes, mangelhaftes Ding: Toller, dieser dem Untergang geweihte, talentierte Mann, von seinen Freunden geliebt – und alles, was ich von ihm zu berichten weiß, ist seine Freundlichkeit, als mir ein dummes Mißgeschick passierte. Wir bekamen nämlich nichts zu essen, oder vielmehr: wenig, sehr spät. Ich wollte uns ein Gratin dauphinois machen, ein Gericht, das mir mein Vater einst beigebracht hatte: in dünne Scheiben geschnittene Kartoffeln, in Sahne gegart, mit einem Hauch Knoblauch und schwarzem Pfeffer. Die Kartoffeln müssen gut gewaschen und getrocknet und säuberlich in die Form geschichtet werden, und es sah durchaus vielversprechend aus, als es in den Ofen kam. Unser Küchenherd wurde mit Holz geschürt; in Südfrankreich ist das Feuerholz entweder Pinienholz, das rasch auflodert und herunterbrennt, oder Olivenholz, oft noch grün, das sich langsam entzündet, dann herunterbrennt und qualmt. Muß ich noch mehr sagen? Ich habe noch die Karikatur, die Toller anschließend für meine Mutter gezeichnet hat. Sie zeigt eine ängstliche Gestalt – mich –, die sich in einer Rauchwolke über einen Ofen beugt, darüber eine Uhr, nicht ganz rund gezeichnet, die die fortschreitenden Stunden anzeigt. «Nicht *ganz* gar ...» heißt es in den Sprechblasen, die aus meinem Mund kommen. Unter das letzte Bild, es zeigt Mitternacht, schrieb er: «Aber es schmeckte sehr schön.» Das ist nicht wahr: Es war zusammengeschrumpft und noch immer nicht *ganz* gar.

An einige Worte von Toller kann ich mich erinnern, vermutlich, weil meine Mutter sie häufig wiederholte – bedauerlicherweise ist es eine Bemerkung über mich. Er hatte gefragt, ist das dein Buch? Es war *Die Falschmünzer*. Dann zu meiner Mutter: Sie haben ein komisches Kind, kommt vom Sandburgen bauen herein und liest dann André Gide.

Zu meiner Verwunderung, wenn auch eigentlich gegen meinen Willen, begann Madame Panigon mich als unzertrennliche Gefährtin ihrer Bande zu betrachten. Das erlebte ich oft bei Franzosen: anfangs eine heftige verbale Auseinandersetzung, gefolgt von überschwenglicher Freundlichkeit und Wohlwollen. Man wurde beinahe hinausgeworfen, wenn man ihre Schwelle betrat, und dann endete das Essen mit Cognac auf Kosten des Hauses. Ich wurde in die Familie aufgenommen. Wir trafen uns meistens auf dem Markt oder in einem Café – o nein, nicht am Strand –, und oft gesellte sich meine Mutter zu uns. Madame Panigon sprühte von bourgeoisen Weisheiten und gesundem Menschenverstand, sie kannte jeden Klatsch und war keineswegs verschwiegen; meine Mutter fand sie überaus nützlich. Im Café de la Marine sitzend, die Hände stets geschäftig, teilte sie uns mit, daß sie die Gattin eines Notars in Montélimar sei, der noch von *les affaires* aufgehalten werde – sie habe die Köchin bei ihm zurückgelassen, *naturellement*, man wisse ja: die *Männer* –, er werde aber bald zu seiner Familie nach Sanary kommen, wo sie alljährlich die Sommerferien verbrachten. Wie Mrs. Bennet war sie sich bewußt, daß sie zu gegebener Zeit ihre Töchter würde verheiraten müssen, war sie eifrig bestrebt, der *jeunesse* eine strikte und zynische Lebensweisheit einzuimpfen. Was sie über *l'amour* zum Besten gab, erschütterte meine Mutter, die zu meiner Verwunderung selbst eine stürmische Romantikerin war, die jedesmal von neuem innig, unvernünftig und auf ewig liebte. Madame Panigon behandelte sie zunehmend wie eine alte Freundin. Ich hatte nichts gegen den Umgang mit ihren Sprößlingen einzuwenden. Annette, die einen gewissen Schneid besaß, mochte ich gern. Cécile, ihre füllige Schwester, die wie das zukünftige Ebenbild ihrer Mama aussah, fand ich ziemlich lahm und blöd (ein großer Irrtum). Wenn Annette wie ein Fohlen war, dann war Cécile wie eine hübsche junge Kuh. Sie hatten noch einen hochnäsigen Bruder, Frédéric, ein schlauer Fuchs, der seine eigenen Wege ging. Den größten Teil des Jahres mußten die drei in ihren höheren Schulen Racine, Corneille und Molière pauken, in den Ferien war ihnen etwas Zerstreuung gegönnt. An vielen Abenden tanzte ich unter Aufsicht von Madame Tricoteuse mit Cécile und Annette Java,

Foxtrott und Walzer zu den Klängen einer Konzertina. Wir galten als Kinder und wurden selten von einem Jüngling oder Herrn aufgefordert. Auch Frédéric war ganz offensichtlich nicht im geringsten interessiert. Wir tranken Kräutertee, Limonade oder ein Viertel leichtes Bier. Ich liebte das Tanzen, egal mit wem.

So war der erste Sommer denn gar nicht übel, und er verging schnell. Kaum war es jedoch September geworden, begannen meine Mutter und Alessandro über ihre nächsten Schritte nachzudenken, deren erster die Trennung von mir war. Eines Tages wurde ich nach Toulon gebracht, nicht nach Sanary-cum-Ollioules, nach Toulon, wo die Schnellzüge abfuhren, nicht mit dem Bus, sondern in Monsieur Panigons Renault. Meine Mutter brachte mich zur Bahn. Grüße Jack und Susan von mir, sagte sie, kurz bevor der Zug anfuhr, und was sagtest du, was sie jetzt machen? Begeistert fragte ich: «Mami, hast du Susan und Jack wirklich am Strand kennengelernt?» Sie besaß nicht den Anstand zu erröten, sie besaß den Anstand zu kichern. «Nun ja – mehr oder weniger...»

2. Kapitel

Ich kam bald zurück. Wir feierten ein unvergeßliches Weihnachten in einer Villa mit wunderschönem Blick aufs Meer, in unbeschwerter Stimmung: eine Rarität. Um die Mittagszeit wurde es so warm, daß wir in Hemdsärmeln auf der Terrasse sitzen konnten. Ich hatte meiner Mutter ein Buch von einem neuen englischen Schriftsteller mitgebracht, das sie noch nicht kannte und von dem ich hoffte, daß es sie überraschen und freuen würde – sie verschlang es mit Begeisterung.

Ich hatte viel erlebt in den letzten drei Monaten. Es gab neue Freundschaften, neue Literatur und Gerichtsverhandlungen. Die Freunde lernte ich durch Zufall kennen, meine ersten eigenen Freunde. Sie waren älter als ich, mußten es sein, es war zu spät, Anschluß an Gleichaltrige zu suchen. Eines Nachmittags ging ich in einer Nebenstraße der Bond Street in ein Buchantiquariat, und als ich das Gewünschte nicht fand, hinterließ ich bei einer Verkäuferin meinen Namen. Es war der Name meines Vaters, und sie sagte, sie habe früher jemanden gekannt, der in diese Familie eingeheiratet hatte – sie erwähnte das Haus in Berlin –, ob ich die Enkelin sei? Ich verneinte, das seien Verwandte aus erster Ehe, die Person, von der sie spreche, kenne ich nur vom Hörensagen. Sie blieb interessiert – so so, und was ich denn hier so ganz allein machen würde. Ich erzählte ihr, daß ich bei Freunden in Hampstead wohnte und mich selber fortbildete. Sie lud mich für die nächste Woche zum Tee ein.

Zunächst schien es ein Fehler von mir gewesen zu sein, in diese Buchhandlung zu gehen, da sie nur Erstausgaben und seltene Werke führte, dann aber hätte ich der unscheinbaren Frau mittleren Alters meinen Namen nicht hinterlassen, wenn der schöne, große junge Mann, der einem griechischen Gedicht hätte entstiegen sein können, nicht mit einem Kunden beschäftigt gewesen wäre. Das war mehr oder weniger zufällig, wenn man bedenkt, wie der Zufall so spielt. Schließlich wäre ich beinahe nicht zu Rosie Falkenheim zum Tee gekommen: Die Adresse war irgendwo in der Nähe der Baker Street, es war nebelig, ich stieg zu früh aus dem Bus, ihre Hausnummer schien nicht zu existieren, ich bog wieder um eine Ecke, versuchte es in Souterrains, die Passanten waren selbst fremd hier und eilten weiter... ich war der Panik nahe. Noch heute bin ich solchen Situationen nicht gewachsen. Taub gegen die Vernunft, verliere ich die Nerven mit dem Gefühl, mein Ziel nie zu erreichen, sondern mich auf einer fremden Straße oder einem Bahnsteig zu verlieren, ohne jemals wieder ein bekanntes Gesicht zu sehen. Ich warf mich nicht in Miss Falkenheims Arme, aber ich muß doch den Eindruck eines heimkehrenden Wanderers aus sturmgepeitschter Nacht gemacht haben, als ich endlich ihre gutbeleuchtete Einzimmerwohnung betrat. Ein bereitstehendes Teetablett kündete von sorgfältigen Vorbereitungen, zwanglos ergab sich eine Unterhaltung. Es hätte ein steifer Pflichtbesuch werden können, wäre ich in meiner Erlösung nach der Panik nicht entspannt und offen gewesen. Meine Gastgeberin behandelte mich zuvorkommend und wie ihresgleichen, es war berauschend. Ich hatte das Gefühl, daß ich viel zu sagen hätte. Rosie Falkenheim hatte ein längliches, blasses Gesicht, das entfernt an ein kleines Äffchen erinnerte, festes, krauses Haar, kleine braune Augen, die eher lustig als traurig blickten, und keine sehr gute Figur. Ihre Kleider saßen schlecht. Man hätte sie, wenn man den Begriff weit faßte, schlicht eine *jolie laide* nennen können, von aparter Häßlichkeit. Nicht von vornherein offensichtlich war, daß sie Männer liebte und zu nehmen wußte. Sie muß damals Ende Dreißig gewesen sein, ich sollte zu den ganz wenigen gehören, die ihre ungewöhnliche Geschichte erfuhren. Zunächst konnte ich lediglich mutmaßen, daß ihr Leben nicht in einer Einzimmerwohnung in Marleybone begonnen hatte.

Zum Tee gab es Obst, Appetithappen und auch Kuchen. Bevor ich ging, machte Miss Falkenheim den Vorschlag, mich demnächst mit zu ihrer Schwester zu nehmen; sie sei mit dem Buchhändler verheiratet, der vor kurzem das Geschäft eröffnet habe, in das ich mich verirrt hatte. Wenn Mrs. Robbins es dir erlaubt…? Ich unterließ es zu sagen, daß Mrs. Robbins nicht erwartete, gefragt zu werden. Mit einem Buch unter dem Arm, das sie mir geliehen hatte, ging ich nach Hause. Ein seltenes Buch? Ein neues Buch – von der Art, die sie selber las. Es war *Antic Hay*.

Mrs. Nairn – Toni – und ihr Mann lebten in einer kleinen Wohnung über einer Garage in einem Wohnviertel am Regent's Park. Ihr Gönner, ein amerikanischer Büchersammler, der das Vorderhaus gemietet hatte, aber sich nur selten hier aufhielt, hatte sie ihnen auf unbegrenzte Zeit überlassen. Toni war sehr hübsch und zierlich – ein feiner schmaler Kopf und ein edles Profil wie das der Königin Nofretete – man hatte es ihr tatsächlich so gesagt. Dennoch war eine gewisse Ähnlichkeit mit ihrer älteren Schwester, die mit den Jahren noch zunahm, unverkennbar. Auch Tonis Figur war unvorteilhaft. Sie redeten offen, weihten mich in ihre internen Scherze ein; Rosies waren eher trocken, Tonis von unvermuteter Derbheit. Sie kamen auf Musik zu sprechen, die Oper: Toni hatte «eine Stimme», doch leider eine Lehrerin, deren Methoden sie nicht für gut befand, aber dennoch einige Hoffnungen – vergebliche, wenn ich die Kommentarlosigkeit ihrer Schwester richtig interpretierte. Ich wurde ein wenig ausgefragt – äußerst taktvoll, doch ich erkannte die Tendenz: Und *wo* paßt deine Mutter da hinein? Das Thema aber, das an diesem Nachmittag am meisten die Gemüter bewegte, war Gift. Verabreicht von Mördern, vorzugsweise von Mörderinnen. Zeitgenössische Fälle, Fälle aus dem neunzehnten Jahrhundert, Toni hatte sie alle parat. Toni, nicht Rosie; Rosie wirkte etwas zurückhaltend, aber amüsiert. Ob Toni sich auch für andere Formen von Mord interessiere? (Es klang wie auswendig gelernt.) Ja. Zwar weniger, aber sie war interessiert. Dann mußte *ich* fragen. Hatte sie von dem Mord in unserer Familie gehört – der Bruder meines Vaters, von seiner Frau betrogen –, nur eine Schießerei? Ja, wahrhaftig. Mehr noch, sie und die Verurteilte trugen denselben Vornamen, Antonia. Deine Tante Toni, sagte sie. Dies alles in den leisesten Tönen zwischen Teetassen – ziemlich kostspieligen Teetassen, wie ich irgendwann entdeckte.

Plötzlich waren schwere Schritte auf der wackeligen Treppe zu hören. Mr. Nairn kam von der Arbeit nach Hause: ein großer, bedächtiger, gut aussehender Mann, der das kleine Zimmer ausfüllte. Er gab seiner Frau einen liebevollen Klaps, nickte seiner Schwägerin zu, gab mir die Hand. Ein gütiges Gesicht – braune Haare, graue Augen, gesunde Zähne – mit einem ruhigen, humorvollen Ausdruck. Mr. Nairn gefiel mir auf Anhieb.

Am Tisch wurde Platz für ihn gemacht, die Windbeutel wurden weggeräumt, Toni setzte ihrem Mann ein bescheidenes Mahl vor. Nicht gerade *fish and chips*, aber etwas in der Richtung. Sie tat es, wie mir schien, mit leichtem Widerwillen. Die Schwestern zündeten sich Zigaretten an. Jamie Nairn sprach wenig, nur hin und wieder ließ er in seinem besonnenen, gemächlichen Bariton – er sang in einem Chor – einige einprägsame, prägnante Sätze fallen. «Dieser Mann ist wiedergekommen und hat für den Meredith vier Guineen bezahlt.» – «Bob meint, der Browning ist eine Fälschung.» Die Schwestern, die manchmal im Geschäft aushalfen, wußten, wie sie das zu verstehen hatten; ich hörte zu. Im Verlauf dieses Gesprächs und zahlreicher weiterer bei meinen bald häufiger werdenden Besuchen erfuhr ich eine Vielzahl von Einzelheiten über die Nairns, ohne daß daraus ein zusammenhängendes Bild entstanden wäre.

Eines war offensichtlich, nämlich daß Rosie und Toni in einem anderen Land aufgewachsen waren: in einer deutschen Stadt, und unverkennbar in Berlin. Sie besaßen noch einen Hauch des intellektuell wachen, in materiellen Genüssen schwelgenden jüdischen Großbürgertums jener Stadt, wenn sie hinter einem Bus herrannten

– sie gingen nicht zu Fuß –, um zweihundert Meter weit auf der Baker Street zu fahren. Während Tonis Umsiedlung in ein Londoner Wohnviertel sich durch ihre Heirat mit einem schweigsamen Schotten zur Buße für ihre Sünden – ihre Worte – erklärte, mußte Rosies Umsiedlung wohl aus eigenem Antrieb geschehen sein. Sie war kein vorzeitiger Flüchtling, wir schrieben das Jahr 1926. Hitler rumorte schon in den Kulissen, aber von den wenigen, die von ihm gehört hatten, wurde er lächerlich gemacht und wenig beachtet, nicht gefürchtet. War Rosie nach England gekommen, um an der Seite ihrer Schwester bleiben zu können? Für immer? Sie hatte sogar einen Antrag auf britische Staatsangehörigkeit gestellt. Die Schwestern waren unzertrennlich, gegenseitig besorgt um Schlaf, Schönheit und Wohlergehen – hast du heute dein Schläfchen gemacht, meine Liebe? –, hatten aber auch oft Auseinandersetzungen. Rosie schien in England aufzublühen, sie liebte es, liebte London, sie liebte alles Englische, während Toni eher ins Gegenteil tendierte. Beide verband das Interesse für Jamies Buchhandlung, die mit etwas Kapital, das ihm Freunde geliehen hatten, gegründet worden war. Jamie Nairn, so erfuhr ich – allerdings nicht von ihm, er war ein ebenso bescheidener wie schweigsamer Mann –, galt als Kapazität für Manuskripte aus dem neunzehnten Jahrhundert und für moderne Erstausgaben. Er war ein noch junger Mann und sah auch so aus, Anfang Dreißig, würde ich sagen, während seine Frau ein paar Jahre älter gewesen sein dürfte. Auch er lieh mir so manches Buch.

Inzwischen wurde ich etwa zweimal wöchentlich bei den Nairns eingeladen, und unsere Teestunden dehnten sich bis zum Abendessen aus. Samstag nachmittags pflegte ich Jamie in seiner Garage Gesellschaft zu leisten, wenn er an seinem Morris-Cowley herumbastelte, wobei ich ihm nur zu gerne half. Toni meinte, ich sei verrückt, mir die Hände unnötig mit Öl schmutzig zu machen, und bestand darauf, daß wir uns ausgiebig in der Küche wuschen. Rosie traf ich nur zum Tee, oder wir besuchten eine Matinee im Old-Vic-Theater, abends stand sie nicht zur Verfügung. Ob ich schon mal bei einer Gerichtsverhandlung gewesen sei? fragte sie mich eines Tages, es könnte interessant für mich sein. So ging ich zum *Strand* – sie schien über das Wie und Wann gut informiert –, setzte mich auf die Zuschauergalerie und war vom ersten «Euer Ehren» an fasziniert. Es ging um einen Fall von Verleumdung, der Leiter eines berühmten Orchesters war beteiligt. Ich kann mich an keine Namen erinnern, weiß auch nicht mehr, wer den Fall verhandelte, ich weiß nur noch, daß die Verteidigung brillant gewesen sein muß. Ich ging immer wieder zu den Verhandlungen – anhand der von Rosie besorgten Liste anstehender Fälle –, lieber als ins Theater oder Kino. Alles fesselte mich: die Stimmen, die haarspalterischen Argumente, die Lächerlichkeit und Theatralik dieser festgefügten Männerwelt. Es war faszinierend, die Suche nach der flüchtigen Wahrheit, das Bemühen um Gerechtigkeit mitzuerleben. Zu beobachten, wie die Räder dieses Uhrwerks angetrieben wurden, bot sowohl Stoff zum Nachdenken als auch hervorragende Unterhaltung.

Ich ging nur zu Zivilstrafsachen, die vor dem Obersten Zivilgericht verhandelt wurden – üble Nachrede, strittige Testamente. Meine Zeit beim Magistratsgericht, dem Old Bailey, an europäischen und amerikanischen Gerichtshöfen, kam erst viel später. Mit sechzehn hätte ich mich nicht in meinen kühnsten Träumen – und Träume hatte ich – über einen Mord oder einen großen politischen Prozeß berichten sehen. Nun, da ich es getan habe, bedaure ich, diese – oh, höchst seriösen – Elaborate nicht mit «Billie die Eidechse» unterzeichnet zu haben.

Ich verdanke Rosie Nairn vieles (sie hatte am Ende den Namen ihres Schwagers annehmen müssen). Nachdem ich *Antic Hay* gelesen hatte, stürzte ich mich auf die anderen Werke von Aldous Huxley: *Crome Yellow*, *Limbo* und die frühen Essays. Sie schienen mir alles zu geben, was ich damals wissen und denken wollte. Auch das verdanke ich den Nairns. Ich habe nie genau erfahren, warum sie sich meiner angenommen haben, einer Fremden, eines Mädchens, das zwanzig Jahre jünger war als sie. Als ich sie – gegen Ende ihres Lebens – lange genug kannte, um danach zu fragen, konnten sie sich nicht mehr erinnern. Es mag etwas mit der seltsamen Isolation zu tun gehabt haben, in der die beiden Frauen – nicht Jamie – damals zu leben schienen. Rosies Freunde bekam ich nie zu Gesicht, und auch Jamie brachte seine Freunde nie mit nach Hause. Wie dem auch sei, sie nahmen sich meiner an, und damit begann etwas, das sich durch mein ganzes Leben zog: Freundschaften, Bindungen an eine Gruppe, ein Ehepaar, eine Familie, die nicht die meine war, Freundschaften, die die wechselnden Stadien überdauerten. Jener Herbst in London war in gewisser Weise ein Wendepunkt. Zuvor war ich nicht unglücklich gewesen; jetzt aber konnte ich bewußt und überschwenglich glücklich sein, ich freute mich jeden Tag auf etwas Neues, etwas Gutes.

Weihnachten verbrachte ich wie üblich mit meiner Mutter und meinem Stiefvater in Sanary. Ich hatte nichts dagegen, genoß es sogar. Es ist schön fortzugehen, wenn man etwas hat, zu dem man zurückkehren kann. Nach Neujahr kam Bewegung in die sporadisch verfolgten Pläne meiner Mutter, eine Beschäftigung für Alessandro als Zwischenhändler eines Zwischenhändlers im Kunstmarkt zu finden. Sie hatte noch Verbindungen zu den Kreisen von O., jenem Maler, dem sie den Laufpaß gegeben hatte. Endlich hatte sich jemand bereitgefunden, Alessandro einzuarbeiten. Das bedeutete Paris, Amsterdam, Wochen, womöglich Monate... Sollte sie mit ihm gehen? Die Kosten waren zu bedenken, ein Mann allein schlägt sich leichter durch. Taktische Überlegungen waren auch im Spiel – vielleicht war es besser, wenn Alessandro als sein eigener Herr auftrat? Und dann waren da die Hunde, zwar hatten sie keine Welpen mehr, aber es waren immer noch drei japanische Spaniels. Alles in allem wäre es wohl besser, sie bliebe... Hier in Sanary, in der Sonne. Mir gefällt es hier. Es gibt so viel zu entdecken. – Sie wandte sich an mich, magst du mit mir die Gegend erkunden? Magst du hierbleiben? Mir Gesellschaft leisten? Sie sagte es äußerst charmant, und ich sagte ja.

3. Kapitel

Obwohl eine Verbesserung, ließ auch die nächste Villa noch so manchen Wunsch offen. Sie war neu, sauber, geräumig – ein Salon, vier Schlafzimmer –, und das ganze Drum und Dran war abscheulich. Zum Glück war sie spärlich möbliert. Bettgestelle aus Messing, Spiegelschränke, harte Stühle, ein großes Buffet, bestückt mit gemustertem Tafelgeschirr, das wir nicht benutzten, wir aßen vom Küchengeschirr. Gegen die Bodenfliesen konnten wir nichts machen, sie waren senfgelb und violett gemustert und sehr kalt an den Füßen. Die Villa stand am Ende der Straße, die sich oberhalb der Bucht durch die Hügel wand, das letzte in einer Reihe von Häusern, die den Winter über leerstanden mit heruntergelassenen Jalousien. Durch die klappernden Türen und zahlreichen schlecht eingepaßten Fenstertüren zog es. Wir waren Kälte und Wind ausgesetzt, wenn der Mistral blies, was er oft tat. Danach aber war der Himmel wieder herrlich klar und blau, und Heiterkeit lag in der Luft. Allerdings nur im Freien: Das Haus war unbeheizbar; aber wir waren ja daran gewöhnt, in südlichen Wintern drinnen zu frieren. Man mußte dicke Pullover tragen, meine Mutter zog sich in den kühleren Stunden ins Bett zurück. Den Salon benutzten wir nie, das Eßzimmer selten, wir hielten uns bevorzugt in unseren Schlafzimmern auf, wo wir robuste kleine Öfen sowie einen kleinen Elektroofen in Gang hielten. Eine *femme de ménage* – eine nettere – kam früh am Morgen, brachte Vorräte mit, zündete den Küchenherd an und rief mich mit einem Klopfen an meine Tür in das Zimmer meiner Mutter, in das sie ein Tablett mit *café au lait* und zwei Schüsseln brachte.

Unser Tag begann. An den langen Vormittagen vertieften wir uns in unsere Bücher. In Sanary gab es zwar keine richtig große Buchhandlung, aber immerhin einige wohl bestückte Regale in einem Geschäft für Künstlerbedarf, das sich *Au Grand Tube* nannte und von einem reizenden, zugereisten Ehepaar betrieben wurde. Hier fanden wir das allerletzte an Taschenbüchern, französische Romanklassiker für einen Franc fünfundzwanzig. Neue französische Bücher kamen, damals wie heute, nicht gebunden heraus. Wie liebte ich die leichten, weißen, schön gestalteten Bände der NRF oder von Bernard Grasset, mit den hübschen Einbänden, elegant beschriftet wie die Etiketten eines ersten *grand cru*. Diese Billigbuchreihe war etwas ganz anderes. Jahrzehnte bevor es die Penguin-Taschenbücher gab, und auch anders als die heutigen französischen *livres de poche*, sahen jene Bücher nicht einmal wie Bücher aus: Sie waren flach, im Format von großen Notizbüchern, das Papier war billig und der Druck verschmiert – egal, es waren Schätze. Wenn ich einen Stapel davon unseren Hügel hinaufschleppte, fühlte ich mich reich. Den halben Balzac, das meiste von Maupassant, einiges von Zola, Alfred de Vigny, Chateaubriand, George Sand, den Brüdern Goncourt habe ich ernsthaft gelesen und mit Randbemerkungen versehen, und auch meine Mutter las vieles ein zweites Mal… Alle, so erklärte sie mir, seien auf ihre Weise wichtig, wenn ich etwas von dem Land, in dem ich lebte, begreifen wolle. Zweifellos zu jung hatte ich Flaubert und Constants *Adolphe* verschlungen, auf dem Schoß meiner Mutter sozusagen, und wie wenig ich auch von ihrem Inhalt verstanden hatte, es war eine Grundlage. Stendhal war in unsere Entdeckungen nicht aufgenommen, für ihn entwickelte ich zwar früh eine große Begeisterung, aber ich empfand ihn, den großen Schriftsteller *hors nation*, dem Italienischen näher. Um die Mittagsstunde klappten wir unsere Bücher zu und schlenderten mit unseren Körben, und von unserer Hündin Chumi begleitet, nach Sanary. Waren die wenigen Besorgungen erledigt, suchten wir uns einen geschützten Tisch auf der Terrasse von Chez Schwob, einer Bar Tabac. Schwob war ein großer, belesener Elsässer, verheiratet mit einer ebenso großen, heiter geschäftigen Schwarzen, die ein übergroßes Baby stillte, während er hinter der Theke Heine und Descartes deklamierte, wenn er nicht gerade Zigaretten und Briefmarken verkaufte oder Getränke ausschenkte. Ihre Stammkundschaft waren Fischer, Maurer, Matrosen, vormittags auch Künstler, Ausländer, Franzosen aus anderen Landesteilen und einige aufgeschlossenere Honoratioren. Letztere pflegten abends in das teurere Café de la Marine nebenan zu gehen, der Tageszuflucht ansässiger Akademiker und Pensionäre. Das Café de Lyon und die andere Bar Tabac müssen von völlig anderen Gesellschaftsschichten frequentiert worden sein, in all den Jahren sahen wir niemanden, den wir kannten, dort einen Fuß hineinsetzen.

So saßen wir im Chez Schwob, meine Mutter und ich, von der Sonne gewärmt, betrachteten die schaukelnden Boote auf dem Meer und tranken einen bescheidenen Aperitif. Man grüßte uns, sprach uns an, setzte sich zu uns, Stühle wurden herangezogen, Einkaufsnetz oder Zeitung abgelegt. Meine Mutter hatte in den Herbstmonaten einige Bekanntschaften gemacht – durch Madame Panigon, wen sonst?

Zum Mittagessen wanderten wir den Hügel hinauf wieder nach Hause, nachdem uns Mère Dédée vorausgegangen war, die inzwischen gekocht hatte. Wir hatten den Schlüssel für sie nach Landessitte unter den Geranientopf gelegt. Sie betrieb einen Fischstand, nicht im Marktgetümmel, sondern direkt vor dem La Marine. Um zwölf hörte sie dort auf, denn meine Mutter hatte sie überredet, die Mittagsstunde uns zu widmen. Ich hatte bemerkt, daß meine Mutter von den Franzosen geschätzt wurde, sie konnten mit ihren davoneilenden Gedanken, die die Engländer oder Italiener eher verwirrten oder gegen sie aufbrachten, etwas anfangen. La Mère Dédée (für Desirée) war damals Dédée *tout court*. Den Zusatz bekam sie nicht aufgrund von Reife oder Nachwuchs, sondern weil der Fischstand gedieh und expandierte, bis sie *patronne* eines Restaurants geworden war, das alsbald, wenn auch ohne Stern, in den *Guide Michelin* aufgenommen wurde. Sie war eine echte Provenzalin und verstand sich auf den Umgang mit Auberginen, Tomaten, Krustentieren, Olivenöl und Knoblauch. Was wir aßen – würzige Fischeintöpfe, Gemüsegerichte –, waren originale Spezialitäten der Gegend und schmeckten köstlich. Meine Mutter machte Kaffee für uns drei, ein tiefschwarzes Gebräu aus einer der ersten Espressomaschinen. Alessandro hatte sie von einem Mailänder Freund geschenkt bekommen. Anschließend gaben wir uns nicht dem Schlaf der Gerechten hin, sondern kehrten zu unseren Büchern zurück, ich in mein Schlafzimmer, das mit einem kleinen Tisch vor dem Fenster als Studierzimmer dienen mußte; meine Mutter las und schrieb in ihrem Bett, gewärmt von einem der Hunde, der es gerade vorzog, im Haus zu bleiben.

Unsere Tiere führten ein recht unabhängiges und freies Leben, wenngleich die selbständige und gelassene Chumi ihre Anhänglichkeit an Alessandro nicht immer verbarg. Ihre Jungen, Rüden, waren eine zähe Bande, ihrer überzüchteten Mama ganz unähnlich. Sie waren, wie alle ihre Würfe – *ihre* Wahl, *unsere* Nachlässigkeit –, zu einem großen Teil Promenadenmischungen. Sie durchstreiften das Hügelland, wie es ihnen gefiel, Autos gab es kaum. Vielleicht wuchsen und gediehen Hunde damals einfacher, ich kann mich nicht erinnern, daß wir jemals mit ihnen beim Tierarzt waren, um sie gegen dies oder jenes impfen zu lassen; Flöhe und Zecken waren alles, worum wir uns zu kümmern hatten.

Es wurde früh Abend, es wurde früh dunkel. Ich machte mich mit einer Serviette, einer Schüssel und der Taschenlampe auf den Weg, um unser Abendessen zu holen. In demselben Gasthaus hat ein paar Jahre später Cyril Connolly das Essen für sich und seine Frau geholt. Immer noch gerührt von seiner Passage über diese simple Tätigkeit in *The Unquiet Grave* (Das Grab ohne Frieden), bin ich versucht, wieder einmal daraus zu zitieren.

...Ich pflegte durch den dunklen Abend zu radeln, um unser Abendessen zu holen, vorbei an dem Hafen mit seinen schaukelnden Barkassen und an den Kaffeehäusern mit ihren klappernden Schildern. Aus dem Gasthaus des Ortes holte ich dann ein oder zwei «Gerichte zum Mitnehmen» ab, dann noch etwas Wurst und Gruyèrekäse... dann rollte ich schwer beladen zurück, den Mistral im Rücken, einen Lemuren, dessen Kopf herausschaute, in die Jacke geknöpft... Wir aßen am Feuer mit den Fingern...

Ich hatte keinen zierlichen Lemuren bei mir, ich zog allenfalls eins von Chumis Hündchen an einer Leine hinter mir her. Auch fuhr ich nicht mit dem Fahrrad, da unser Hügel zu steil war. (Die Connollys, Cyril und Jean, wohnten auf der flachen Seite von Sanary.) Der Wind jedoch, die Gerüche, das Bewußtsein, sich allein durch die winterliche mediterrane Nacht nach Hause zu bewegen, in den Kreis der Familie um das Feuer, waren dieselben.

Auch wir verzehrten das Essen, das ich mitbrachte, in häuslicher Gemütlichkeit. Trotz ihrer offensichtlichen Unbeständigkeit besaß meine Mutter ein Talent zur Zufriedenheit. Ich bin wenigen Frauen begegnet, die so geringe Ansprüche an Zerstreuung oder Unterhaltung stellten, sie begnügte sich mit dem, was gerade zur Hand war. Die häufigen Wechsel in ihrem Leben wurden ihr von den Umständen und allzuoft von dem Sturm der Gefühle aufgezwungen und waren nie von dem Wunsch nach Veränderung beseelt. Ich glaube, daß sie gerne ihrem Leben Beständigkeit gegeben hätte. Immer wenn es schön war, wünschte sie zu verweilen (dann beachten dich die Götter nicht). Sie liebte es *nicht*, noch verstand sie es, in die Zukunft zu sehen oder sie zu gestalten. War eine Bedrohung nicht unmittelbar, ignorierte sie sie. Carpe diem.

Wir aßen unser Abendessen nicht mit den Fingern, ich jedenfalls nicht. Meine Mutter bestand darauf, in der Nähe des Elektroofens von einem Tablett zu essen, *ich* bestand auf einem anständig gedeckten Tisch, wie es sich gehörte – ein Stück Brot, eine Flasche Wein. Sie hatte versucht, mir meine Marotte, wie ein «Klubmensch» zu essen, auszutreiben, indem sie sich darüber lustig machte, aber ich erwiderte, es sei eine abstoßende weibliche Angewohnheit, sich zum Essen nicht hinzusetzen. Wir einigten uns darauf, daß wir uns nicht einig waren. Um uns zu unterhalten – und das taten wir –, mußten wir die Stimme heben wie Leute, die sich quer durch ein Restaurant etwas zurufen. Vor Ende der Mahlzeit gaben wir unmerklich nach: meine Mutter kam an den Tisch, um eine Apfelsine besser schälen zu können, ich ging mit einem Apfel in der Hand auf und ab.

Dieser vertraute Ablauf änderte sich, als wir in das Nachtleben des winterlichen Sanary hineingezogen wurden. Einige der neuen Bekannten meiner Mutter trafen sich dienstags und donnerstags im Café de la Marine zum Kartenspiel, und sie luden uns ein, ihnen Gesellschaft zu leisten. Hierzu mußte das Abendessen vorverlegt werden, da diese Treffen auf Viertel vor neun angesetzt waren. So ein Aufwand, sagte meine Mutter, als ginge es darum, vor einem Ball auswärts zu dinieren. Um mir einen nochmaligen Weg den Hügel hinab und wieder hinauf zu sparen, kochten wir selbst. Sie machte die Suppe aus Kartoffeln und Lauch oder Kartoffeln und Kresse, die unentbehrliche gute Suppe zum Abendessen der Stadt- und Vorstadtfranzosen. (Die der Bauern war eine andere.) Ich bereitete die Setzeier in kleinen runden, gebutterten Förmchen, vorsichtig, bis das Eiweiß gestockt war, rein und cremig, das Eigelb noch intakt, so wie es mir mein Vater gezeigt hatte, als ich noch nicht groß genug war, um an den Spirituskocher heranzureichen. Jetzt, auf dem Holzkohleherd, war es *noch* komplizierter, doch mit Vorsicht – auch die hatte er mich gelehrt – war es zu schaffen. Dies waren nicht die Spiegeleier eines englischen Hotelfrühstücks, die hart sind, an den Rändern verkohlt und in schmierigem Fett schwimmen. Unsere Speisenfolge war immer dieselbe: abends kleine Gänge, wie man sie in französischen Familien hatte, die allerdings mittags viel üppiger speisten als wir. Nach den Eiern gab es geschnittenen Schinken mit einem leicht angemachten grünen Salat, und zum Dessert Sahnequark mit Aprikosenmarmelade.

Der Schinken war rosig-weiß, nicht geräuchert: *jambon de Paris*. Wir kauften ihn in einem erstklassigen kleinen Lebensmittelgeschäft, das sich durch nichts anderes als die Qualität seiner Ware auszeichnete und von einer Familie aus dem Baskenland betrieben wurde, deren Kaufmannsleben mit dem Verkauf von Käse auf einem Straßenkarren begonnen hatte. Monsieur Benech, ein kleiner dürrer Mann, streichelte unweigerlich die Arme seiner Kundinnen, wenn er sich an ihnen vorbeizwängte, um ein Hektogramm bester Butter abzuwiegen. Man war bestrebt, sich von seiner Frau, die die Vorgänge ignorierte, oder von der stattlichen Tante bedienen zu lassen, sein Sohn, damals noch ein kleiner Junge, stellte die Waren zu. Heute führt der Sohn, ein äußerst korrekter Mann in den mittleren Jahren, das Geschäft nach dem Tod seines Vaters weiter, jetzt helfen seine Frau und andere tatkräftige Tanten im Geschäft, das weiterhin blüht und etwas – nicht viel – vergrößert wurde. In den Regalen findet man einige große Champagnermarken, englischen Tee und sogar etwas Kaviar: Beluga Malossol. Die Butter wird heute in Paketen verkauft, aber der Schinken ist nach wie vor ausgezeichnet, und das, was jeder kannte, der einmal bei Benech eingekauft hatte, ist auch noch da: das Prunkstück, das riesige Rad Gruyèrekäse – so köstlich, daß man den Laden unmöglich ohne ein frisch abgeschnittenes Stück verlassen konnte –, man konnte förmlich zusehen, wie es abnahm. Ich bin überzeugt, es war die Erinnerung an Benechs Rad, die Cyril – er kommt mir in diesem Zusammenhang in den Sinn – dazu bewog, seinen amerikanischen Schwiegereltern, Annie und Bill Davis, gleich nach dem Krieg aufzutragen, ihm in der Schweiz ein ganzes Rad Gruyèrekäse zu kaufen und es auf dem Rücksitz ihres Autos quer durch Europa zu transportieren.

Was wir an jenen Winterabenden spielten, war Belote, das Nationalspiel, eine unbedeutende, jedoch ernsthaft gespielte Variante von Bridge. Es gab so manche Schlagzeile über Schießereien, wenn einer einen Fehler gemacht hatte.

SANGLANTE ÉPISODE DANS UN
CAFÉ DE BANLIEU:
OUVRIER MENUISIER TIRE
DEUX BALLES SUR SON COPAIN

Wir spielten Belote nicht ernst. Meine Mutter hatte das unmöglich gemacht. Seltsam, daß jemand, der so großen Wert auf logisches Denken legte, Zahlen so leicht nehmen konnte, ob sie nun auf Uhren, Kalendern oder von der Bank präsentiert wurden. Sie rechnete ihr Blatt nicht zusammen, und man verzieh ihr das. Überdies wurde Belote damals vorwiegend von Männern gespielt. Wenn «die Damen» sich beteiligten, wurden die Herren onkelhaft-ritterlich, woran auch niemand Anstoß nahm. Die Einsätze im La Marine waren niedrig, und das Ganze war eher ein geselliges Ereignis denn ein Spiel um Sieg oder Verlieren. Es war eine gemischte Gesellschaft, wenngleich mir nur ein Gesamteindruck in Erinnerung geblieben ist, man war in seinem Dasein gefestigt, formvollendet im Umgang, eloquent und schlagfertig in der Unterhaltung – man war entschlossen, zu erfreuen und sich erfreuen zu lassen. Für mich war ihre Gemeinsamkeit, daß sie Franzosen waren. Es muß viele gesellschaftliche und erst recht politische Schattierungen gegeben haben, und es gab sie, mehr oder weniger verschleierte Unterschiede, um nicht zu sagen Gegensätze. In Frankreich spricht man nicht von Klassen, man spricht einfach von Milieu. *«Cela ne se fait pas,* das tut man nicht, in unserem Milieu.» So eindeutig war das. Aufschlußreich war, wer wen zu sich nach Hause einlud und wer sich mit wem nur im Café traf. Das sagte jedoch noch nicht alles, da zur damaligen Zeit eine Bewirtung zu Hause in der Regel Verwandten und guten Bekannten vorbehalten war, und das nicht nur in den strengeren Kreisen. Wer sie auch im einzelnen waren, die zu jener Zeit in Frankreich meine Welt ausmachten, sie waren nicht die Herzöge und Madame de Sévignés aus Nancy Mitfords goldenen Visionen – es gibt fast so viele Arten, sich in Frankreich zu verlieben, wie es Arten gibt, sich in einen Menschen zu verlieben. Zu meinem

Leben gehörten damals ein Anwalt aus Lyon, der am Gericht in Toulon praktizierte, und seine lebhafte Gattin, Freunde der Panigons und vom gleichen Schlag wie sie, eine Cousine von ihnen, eine Witwe (vorübergehend, wurde prophezeit) auf Dauerbesuch, der Mann, dem das zweitbeste kleine Hotel gehörte, und seine Frau sowie das Ehepaar, sie ehemalige Lehrerin, er ein Sonntagsfotograf, das außerordentlich großzügig (die meisten Kunden hatten Schulden bei ihnen) das Geschäft für Künstlerbedarf betrieb: Monsieur und Madame Grand Tube, wie sie von allen genannt wurden; er war in der Tat ein Riese. Ferner waren da der örtliche Hausmakler und noch ein sehr großer Mann, der in einem sarazenischen Wachturm wohnte, den er mit sehr viel Geschmack umgebaut hatte, ein eigenes Segelboot besaß, ein Freund des Malers Derain war und angeblich Opium rauchte. Die beiden letzteren waren Junggesellen, *des garçons*, was zu den üblichen Neckereien Anlaß gab, die versteckt andeuteten, daß sie frei seien und das Glück hätten, ohne Probleme mit Frauen anzubändeln und sie wieder zu verlassen. Die Gespräche waren heiter und direkt, ein rasches Hin und Her, und drehten sich darum, was in ihrem und im Leben *anderer* Leute geschah: wer eine Affäre hatte oder gehabt hatte oder bald haben würde, wer ganz bestimmt und wer höchstwahrscheinlich nicht der Sohn seines Vaters war und ob er es wußte oder nicht; um ein Stück Land, das angeblich zu verkaufen war, um Ladenpreise, Testamente, Eheschließungen auf dem Sterbebett und den Pfarrer, der stets eine Zielscheibe des Spottes war. Wir sahen den Ärmsten selten, wenn er über den Dorfplatz huschte. Die einheimischen Bewohner des Midi und die Zugereisten waren, obwohl durch die Bank katholisch, nicht sehr gläubig. Manche mögen Gott vertraut haben, nicht aber der Geistlichkeit. Und damit gab es eine weitere Quelle skurriler Anekdoten.

Alle glaubten an den *Guide Michelin*. Hier schwoll die Unterhaltung an: wo man aß und was man aß, und wie es zubereitet wurde, und wo man nächsten Sonntag essen könnte, der Gedanke daran ließ alle Herzen höher schlagen – *Vaut le détour... Vaut le voyage*…, verdient einen Umweg, ist eine Reise wert. Eine Stunde und fünfundzwanzig Minuten von Tür zu Tür, ich schwöre es, und keine Minute länger.

Und damit ging man zu Autos über. Alle Welt schwärmte in jenem Jahrzehnt für Automobile, die, die eins hatten ebenso wie die, die keins hatten, sogar meine Mutter, die zum Glück nie fahren lernte. *Ich* zählte die Jahre, bis ich es lernen durfte. Es war die goldene, die romantische Zeit des Autofahrens. Automobile waren keine reparaturanfälligen Einzelexemplare mehr, denen nicht zu trauen war und die einen Mechaniker oder zumindest einen Chauffeur erforderten und lange Stunden des Wartens am staubigen Straßenrand mit sich brachten. Sie wurden jetzt so preiswert, daß sie auch für Leute mit bescheidenen Mitteln erschwinglich waren, während die Straßen noch so leer waren, daß man schnell fahren konnte. Man hielt nach Belieben vor einem Geschäft oder einem Haus an. Man konnte fahren, wohin man wollte, wie es einem die Zeit gerade gestattete, und ungeahnte Stätten sehen, die zuvor nur zu Fuß oder auf Maultieren erreichbar waren. Man lebte im Bewußtsein einer schönen, neuen, persönlichen Freiheit.

Wir teilten nicht nur die Begeisterung unserer Freunde an ihren Citroëns und Renaults, wir wurden sogar von einigen zu sich nach Hause eingeladen, nachmittags zu einer Partie Boule in ihrem Garten, jenem anderen langweiligen Unterhaltungsspiel, oder sonntags zu einem köstlichen Mittagessen. Meine Mutter erklärte mir, dies sei nur aufgrund unserer ambivalenten Position gebührlich: Sie war eine verheiratete Frau, auf sich allein gestellt – bislang hatte man nur hier und da einen Blick auf Alessandro erhascht, und vermutlich erklärte man ihn für *viel* zu jung, war aber zu höflich, uns auszufragen. Ich wurde mit Mademoiselle, was mir zuwider war, und Alessandros Nachnamen angeredet, galt als Kind und zählte also nicht. Zudem waren wir Ausländer, Zugvögel, geheimnisvoll – möglicherweise Spione –, und also Außenseiter genug, um als *ex gratia* zu gelten. Wie außerordentlich liebenswürdig man zu uns war. Man empfahl uns den besten Klempner, die zuverlässigste

Schneiderin – die guten Adressen in Toulon. Die Frauen brachten uns ohne jede Aufdringlichkeit kleine Geschenke vorbei: die ersten Mimosen, ein Glas Konfitüre, Zitronen in einem kleinen Nest aus ihren eigenen Blättern, das Rezept für das *poulet à la crème*, das uns so gut geschmeckt hatte.

Das waren die Eindrücke, die mein Leben in jener mediterranen Provinz Frankreichs bestimmten. Die Freude am guten Leben lag in der Natur der Menschen und wirkte selten derb, niemals snobistisch. Wenn sie sagten, daß ihnen etwas gefiel, meinten sie es auch.

Das Café ließ gegen halb elf die Läden herunter, und man bestellte nicht hastig noch eine letzte Runde. Wir mögen uns wie Genußmenschen angehört haben, wenn wir uns über Gastronomie unterhielten, doch was wir an diesen Beloteabenden tatsächlich konsumierten, war bescheiden bis enthaltsam. Zitronen- oder Kräutertee, vielleicht einen Grog oder einen Kaffee mit einem Teelöffel Cognac gespritzt, ein paar kleine Gläser leichtes Bier. Wer gewann, mußte bezahlen, aber das war nach einem Scheingefecht immer ein Mann. Wir zogen unsere Mäntel und Schals an, gaben allen die Hand – es wurde viel weniger geküßt als heutzutage –, sagten *au revoir* und *à demain* und begaben uns jeder auf seinen Weg durch die Nacht. Man ging zu Fuß; die Leute holten ihre Automobile nicht leichtfertig hervor, der Selbstanlasser war erst kürzlich aufgekommen, und man zögerte, ihn zu benutzen.

Niemand sonst wohnte auf unserem Hügel, aber man brauchte sich um die eigene Sicherheit keine Sorgen zu machen. Meine Mutter und ich brachen alleine auf, nahmen den weiteren Serpentinenweg, nicht die steile Abkürzung vom Hafen herauf. Die Luft war kalt und klar, der Himmel so hell, daß wir unsere Taschenlampen nicht brauchten. Wenn wir unter einem spärlichen Piniendach hervortauchten, blieben wir entzückt stehen, um die Sterne zu betrachten, obwohl wir nur wenig von den Sternbildern verstanden; Alessandro würde uns aufgeklärt haben. Die Kälte war angenehm, hier draußen auf freiem Feld. In unserer gräßlichen Villa war es dann einfach nur sehr, sehr eisig. Meine Mutter ging sogleich ins Bett, ich setzte mich in eine Decke gehüllt an ihr Fußende. Es gab viel zu erzählen, bevor es Mitternacht oder noch später wurde... Es war die Zeit für Erhellungen, für Klarstellungen.

Zuerst machte sie – machten wir – ein paar Witze, erinnerten uns gegenseitig an dies und das, dann kamen wir zu Fragen, auf die ich mir Antworten erhoffte, und sie bat um mehr Fragen. Wie die überlieferte Geschichte mit den Bruchstücken unserer Gegenwart zu *verbinden* sei (nicht im strengen Sinne E. M. Forsters), wie das, was wir morgens gelesen hatten, mit den Erlebnissen und Erfahrungen des wirklichen Lebens in Einklang zu bringen sei?

Der Hauptgedanke ihrer Betrachtungen, wie ich sie zu verstehen glaubte, war der, daß die Welt, die Menschheit, in die wir unentrinnbar, unausweichlich gesetzt waren – abgesehen von überwiegend feindseligen Naturkräften –, von Männern und Frauen gestaltet worden war, die ihrerseits von dem bestimmt waren, was andere vor ihnen gedacht und getan hatten. Daher mußte man versuchen, das Wesen und die Beweggründe der Menschen als Einzelne und in der Gesellschaft zu verstehen, um herauszufinden, was sie in der Zukunft tun würden und warum.

«Die Franzosen heute...» Sie hatte schon früher unter ihnen gelebt, in den verschiedensten Kreisen in Paris, heimisch auf Besuch. «Es ist beeindruckend, wie sie diese Lebensglut wiedererlangt haben, obwohl ihnen der Krieg, die beiden letzten Kriege, noch in den Knochen sitzen. Sie haben immer noch das Gefühl eines nationalen Verlustes. Sie sind Stoiker, sanft und zäh zugleich. Wenn man bedenkt, daß das Töten und das Sterben, die Verwüstung des Landes zum größten Teil auf ihrem Heimatboden geschah... Sie haben ihre jetzige Lebenslust wohlverdient!»

Wie sollten wir unsere Freunde im La Marine verstehen? Wie Mauriac und Julien Green sie sahen *und* als mögliche Nachkommen Balzacscher Urgroßeltern? *Und* als Erben des *Grand Siècle*? Wo liegt ihr Ursprung? Wo liegt überhaupt der Ursprung? Bei den Galliern? Karl dem Großen? Johanna von Orleans?

«*Sie* drückte diesem durch und durch skeptischen Volk, das allerdings immer noch halbwegs offen für eine zweite Ankunft Christi war, ihren Stempel auf.» Hatte ich die schlanke Reiterstatue auf der Place des Pyramides gesehen? Gewiß war sie ein anmutigerer Kriegermythos als die Walhallavision vom Heldentod. Die Franzosen mußten sich nie solche germanischen Stützen zu ihrer Überlegenheit hinzudenken: Jeder kleine Postbotensohn auf der höheren Schule wußte, daß Frankreich mit seiner Zivilisation überragend war.

Ja, diese übersteigerte Zivilisation, der Ruhm der Kunst und Literatur, Versailles... Zur selben Zeit ein Krieg nach dem anderen – vorsätzliche Kriege –, Brutalität, Unterdrückung, Ungerechtigkeit, Elend, und dann der große Umsturz, erschütternde Turbulenzen: die Schreckensherrschaft, Napoleon, das Auf und Ab im neunzehnten Jahrhundert, als alles zurückging und dann wieder ausbrach oder seitwärts verlief – Restaurationen, Empire, die Kommune – 1870, 1914, Daten, die jedem Europäer ins Bewußtsein gebrannt sind, ob er oder sie zur damaligen Zeit schon geboren war oder nicht... «Und zwischen dem gegenseitigen Morden hörten sie Lully und Rameau und malten Brot und Früchte wie Chardin und die *Grande Jatte* und das «Frühstück im Freien», sie schufen zierliche Objekte und kultivierten dieses Element des Verstandes und der Balance im Alltagsleben... Fähig zu verwunden, fähig zu heilen.»

Wie waren sie miteinander zu vereinen, diese plötzlichen Anstrengungen von Heroismus, Ausdauer, der Taumel zwischen den Exzessen der Revolution und der Bürokratie, intellektuelle Strenge und rhetorische Plattheiten, die Eleganz, die Arroganz, der außergewöhnliche Sinn für Häuslichkeit, das alltägliche Einerlei mit seinen kleinen Nettigkeiten und Bosheiten? Nicht zu vergessen die Schrecken des französischen bourgeoisen Lebens – «Es *sind* Schrecken, und ich bin überzeugt, daß sie noch anhalten... Sie sind ein erstaunliches Volk!»

Aber die Zivilisation war immer eine bunte Mischung. Nationalcharakter? Wie weit existierte er? Sobald man genauer hinsah, entdeckte man die Widersprüche. «Überleg mal, wie man die Engländer definieren könnte... Denke, ohne all deine Vorurteile, an die Deutschen… Und was die Chinesen betrifft, brauchen du und ich gar nicht erst anzufangen, darüber nachzudenken, wie sie sind.»

Und doch, fuhr sie fort, sei es nötig zu interpretieren, zu extrapolieren. Zu welchem Zweck? Vielleicht war es unsere Pflicht, daß jeder von uns sich – natürlich indirekt – daran beteiligte, die Welt etwas erträglicher zu machen. «Überdies sehnt sich der Verstand des Menschen nach Zusammenhalt, Gesetzmäßigkeiten… Ordnung. Er sehnt sich danach, daß alles zusammenhängt.»

«Ich glaube, das tue ich auch», sagte ich. «Ist das falsch?»

Sie meinte, es habe nie eine Zivilisation gegeben, die nicht auf einer willkürlich geschaffenen Ordnung basierte; auf das Wesen der Ordnung komme es an und darauf, wie weit sie für Zweifel, Überdenken und schließlich Veränderung offen sei… «Alles gut und schön, solange niemand glaubt, allein die Ordnung bestimmen zu können und daß seine, und seine allein, die richtige ist. Keine großen endgültigen Antworten! Die Probleme fangen erst richtig an, wenn der Prophet daherkommt, der revolutionäre, überkluge Mann, der blendende General…»

«Wäre es uns ohne große Männer besser ergangen?»

«Das ist gut möglich. Wenn wir glücklich leben wollten. Aber das, darf ich wohl sagen, ist ein relativ neues Bestreben. Auch muß es nicht immer ein *großer* Mann sein, sieh dir doch unser plumpes Großmaul jenseits der Grenze an. Wenn die Zustände für zu viele zu schlimm sind – und wie selten waren sie es nicht –, dann ist das fruchtbarer Boden für solche wie Mussolini. Für einen Herdenglauben, für den Glauben an einen grausamen Idioten. Und wenn die Herde aufwacht und die Orgie vorbei ist, ist der Schaden angerichtet. Die Menschen sind tot, oder ihr Leben ist verpfuscht.»

«Die Griechen…» sagte ich. «Haben sie… haben sie nicht eine gute Ordnung gefunden?»

«Auf ihr bauen wir noch heute auf. Ja. Man blickt gerne zurück auf die klassische Welt… den großen Zauber des mediterranen Lichtes… Aber bedenke, *sie* haben nicht an das größtmögliche Glück für die größtmögliche Anzahl von Menschen geglaubt –

denke an das Leben eines Sklaven und bis zu einem gewissen Grade an das einer Frau –: das Los eines Menschen hing davon ab, am richtigen Ort mit dem richtigen Geschlecht geboren zu sein.»

Ob Pessimismus denn die einzige realistische Haltung sei? fragte ich und erinnerte mich, daß ich *Candide* gelesen hatte.

Es habe einige sonderbare Gesetzmäßigkeiten gegeben, sagte sie, und einige schlichtweg teuflische. Blutopfer, gerichtlich angeordnete Folter, Stellungskriege, unendlich vielfältige Arten, wie Menschen einander Schaden zufügten. Quetzalcoatl, freigeborene Athener, römischer Chauvinismus, *jeder* Chauvinismus, der heilige Islam, die heilige Inquisition, Cromwells Heere, Napoleons Heere, Nationalismus, Imperialismus – Gesetzmäßigkeiten prallen auf andere Gesetzmäßigkeiten. «Eine jede lieferte vernunftmäßige Erklärungen für dein Recht und deine angenehme Pflicht, die Angehörigen eines anderen Stammes zu unterwerfen.»

«Mami», sagte ich, «sprechen wir über Geschichte oder über die Natur des Menschen?»

«Beides. Sie hängen untrennbar zusammen.»

«Wie wäre es zugegangen… wie wäre es, wenn es einige der großen Auseinandersetzungen nicht gegeben hätte? Die Französische Revolution? Rußland? Wenn die Veränderungen sich ergeben hätten wie in England…?»

«Auch nicht ganz unblutig, wenn man den ganzen Vorgang betrachtet. Aber, o ja, besser, zweifelsohne besser: es hätte weniger individuelle Verluste gegeben. Ich werde immer an diese Sichtweise der Dinge glauben. Und ob irgendwas, das geschah, nicht geschehen wäre? Mit ein bißchen Nachgiebigkeit hier oder da, mit ein bißchen Glück? Wer kann das sagen? Was war unvermeidlich? Was stand auf Messers Schneide? Man verbringt viel Zeit mit Mutmaßungen über genau dies im eigenen Leben. Wenn es um Gemeinschaften geht, ganz gleich, ob wir sie Nationen oder Massen oder Bewegungen nennen, sind in jedem Stadium so viele Faktoren im Spiel – zu viele, als daß sie von einem einzigen Menschen reguliert oder manipuliert werden könnten – und auch so viele Zufälle.»

«Wenn Lenin nicht in diesen versiegelten Zug gesetzt worden wäre?»

«Genau. Aber dann gibt es auch noch die Bürde von dem, was vorher war, nicht vergeben, nicht vergessen, die Kette von Reaktion auf Reaktion, Rache auf Rache auf Rache, wie eine Lawine: Man kann fast alles auslösen, und nichts kann je rückgängig gemacht werden.»

Dann kam der Punkt in unserem Abendgespräch, in all unseren Abendgesprächen, wenn sie mit einem theatralischen Heben der Hände das Thema beendete. Eines *hatte* sich geändert, würde geändert bleiben: Krieg. Die allgemeine Einstellung zum Krieg. Es konnte, es *durfte* in Europa keinen Krieg mehr geben.

Etwas *läßt* sich lernen, wenn die Lektion hart genug war. Bis zum heutigen Tag hat jeder Krieg zum nächsten geführt, zu einem größeren, katastrophaleren Krieg. Der Schrecken von 1914–18 war von solchem Ausmaß, daß die westliche Welt endlich zu Mitleid und Verstand kommt.

Eines Tages, wenn die Geschichte geschrieben und umgeschrieben ist, wird es immer noch den Kaiser gegeben haben und die Habsburger, den deutschen Militarismus und die französische Kriegslust, Flottenrivalität und die zufällige Folge der Ereignisse in Sarajewo, aber man wird vielleicht auch sehen, daß es ein anderes, vielleicht letztlich entscheidendes Element gab: das Volk. Daß Kriege ausbrechen konnten, weil Männer und Frauen leichtfertig – oft selbstlos, versichere ich dir, aufopferungsvoll – glaubten, daß Krieg statthaft, kontrollierbar, zuweilen *rechtmäßig* war. Somit wurde der Krieg, als ein weiterer Versuch, Konflikte durch Töten und Zerstörung zu lösen, nur deshalb möglich, weil fast alle glaubten, daß er möglich *war*.

Sie setzte sich aufrecht hin. «Sie glauben es nicht mehr. Die Menschen sind zu Bewußtsein gekommen. *Du und ich werden Zeit unseres Lebens keinen Krieg zwischen Frankreich und Deutschland mehr erleben.* Das bedeutet Frieden für England und alle anderen.» In einem anderen Ton fügte sie hinzu: «Ein Wunsch, es ist natürlich ein Wunsch.» Dann: «Es ist mehr als das – ich glaube, ich glaube beinahe, es ist wahr.»

Ich nahm es ihr ab.

Und was war mit Alessandro? Er war kein Briefeschreiber, das heißt, er schrieb regelmäßig, aber kurz. Er teilte seine Neuigkeiten, die ziemlich gut waren, mit, ohne sie zu beschreiben oder auf die Briefe meiner Mutter einzugehen. Sie schrieb ihm sehr oft, doch diese losen Blätter wurden selten beendet und wahllos abgeschickt. Der Ball muß zurückgeworfen werden, sagte sie bestimmt. «Es sei denn, man gehört zu diesen unglücklichen Frauen, etwa Mademoiselle de Lespinasse...» Sie wünschte sich Handfestes, Männliches von ihrem Briefpartner, Lebendigkeit, Witz, Erquickung – sie nahm oft einen Band mit Byrons Briefen zur Hand –, keine Gefühlsduseleien. «Nun ja, ein Quentchen Gefühl. Jedenfalls, reden ist einfacher, leider, und man braucht ein Publikum. Du machst dich da ganz gut.»

Ich grinste.

Was von ihm kam, war zuversichtlich. Kontakte hatten sich als hoffnungsträchtig erwiesen, Schritte waren unternommen worden. Es gab Aussichten, sogar Resultate. Das geringe Anfangskapital war gut angelegt. Er besitzt jetzt ein Sechzehntel von einem Vlaminck, erzählte mir meine Mutter, und er glaubt, er kann einen Anteil an einem Juan Gris erwerben. «Der Kunst*markt*! Gute Bezeichnung. Und er ist so ein Laie.»

«Ich denke», sagte ich langsam – ich stotterte leicht und wußte selbst nicht recht, ob es unfreiwillig oder vorgetäuscht war –, «er ist... sehr tüchtig... einfallsreich.»

«Er improvisiert. Er ist flexibel. Er wird weder in diesem Beruf Karriere machen – noch in irgendeinem anderen. Wir *sind* Laien. Ich denke nicht, daß sich das ändern wird. Es hat sich nun mal so ergeben.»

Es freute mich, daß sie die Sache mit dem Vlaminck so leicht nahm. In all diesen Wochen hatte ich nichts von der Befangenheit des letzten Sommers gespürt, von der Furcht vor einer drohenden drastischen Veränderung. Ich wollte ihr die Stimmung nicht verderben. Vielleicht waren Untertöne und Situationen selten so, wie man meinte?

Schließlich legte sie die Aufgabe der gegenseitigen Aufmunterungen in meine Hände. Ich brachte regelmäßig kurze Briefe zustande – sachlich, hoffte ich, wenn schon sonst nichts –, die ausdrückten, wie gut es ihr ging. Von ihm kamen sorgfältig ausgewählte Postkarten mit holländischen Landschaften, auf die er Dinge schrieb wie: Ich weiß, daß Du Dich um sie kümmerst, der riesige Hummer auf gewürztem Reis, den ich heute gegessen habe, hätte Dir bestimmt geschmeckt, alles Liebe, A.

Hat sie ihn vermißt? (*Ich* hatte Sorrent nicht vergessen.) Ich glaube ja, auf ihre etwas selbstzufriedene Art. Abwesenheit, wenn sie von vernünftiger Kürze ist, kann etwas ganz Bezauberndes sein, sagte sie einmal zu mir. Eines Nachmittags standen wir bei Benech in der Schlange und warteten, bis wir an die Reihe kamen. Das Geschäft war immer voll. Sie schickte mich fort – ich weiß, du kannst Warten nicht ausstehen –, und ich sauste in die Buchhandlung. Als ich zurückkam, stand sie immer noch da, den Korb in der Hand. «Ich habe mir gerade gesagt, daß ich eine glücklich verheiratete Frau bin. Es ist eigenartig.» Sie meinte, was zwischen uns längst klar war, daß sie mit meinem Vater nicht *glücklich* und mit den anderen nicht *verheiratet* war. «Ich habe einen Mann... und eine Tochter.» Ihr Tonfall drückte Verwunderung aus. «Es ist ein schönes Gefühl, Schlange zu stehen, um das Essen für die Familie einzukaufen... na ja, in diesem Moment nicht für meinen Mann – aber das kommt noch. Ein *sehr* schönes Gefühl.»

In Sanary gab es ein Lichtspieltheater, falls man es so nennen kann, eine umgebaute Autowerkstatt, und es zeigte sonntags abends Filme. Die Sitzordnung war hierarchisch. Unten drängten sich die Jugendlichen, sie stampften, pfiffen, knackten Erdnüsse, hielten ihre Mädchen im Arm, verpesteten die Luft mit dem beißenden

Qualm von *caporal bleu*. Der wackelige Balkon, die unsichere Treppe hinauf, war spärlich besetzt mit den Familien der Kaufleute und den Honoratioren, von denen wir niemanden kannten und die wohl auch keinen Wert darauf legten, mit uns Bekanntschaft zu machen. Unsere Caféfreunde sahen hochmütig auf dieses Etablissement herab; sie zogen es vor, nach Toulon zu fahren, wo neuere Filme geboten wurden. Meine Mutter und ich aber gingen hin. Wir genossen diesen zusätzlichen wöchentlichen Ausgang. Die Leinwand war schlecht, das Klavier laut, die Filme können nicht sehr neu gewesen sein, aber sie waren gut. Stummfilme, schwarzweiß. Die meisten amerikanisch, soweit ich mich erinnere, Charlie Chaplin, Douglas Fairbanks, Buster Keaton, Harold Lloyd.

Eines Abends betrat ein fremdes Paar diesen Kinosaal. Sie waren beide schlank, gleich groß und bewegten sich ruhig und anmutig Seite an Seite. Sie hielten sich gut, wir konnten ihre Profile sehen, scharf geschnitten, edel, streng, wie Profile in den Porträts eines Piero della Francesca oder Pisano. Sie trugen Baskenmützen, und ihre außerordentlich elegante Kleidung war französischen Arbeiteranzügen nachempfunden. Schick und distanziert, erschienen sie wie die Vorhut einer kommenden Welt.

Können das die hochnäsigen Snobs aus Paris sein? flüsterte meine Mutter mir zu. Die hochnäsigen Snobs aus Paris: Niemand kannte sie, wenige hatten sie je zu Gesicht bekommen, wenn sie in einem hohen, langen alten Automobil, so ganz anders als die beliebten neuen Kisten, vorüberglitten. Sie waren Gegenstand vieler feindseliger Gerüchte im Café de la Marine. Wenig, eigentlich nichts, wußten unsere Freunde über sie – und das war es eigentlich, was man gegen sie vorbrachte –, außer dem, daß sie an der westlichen Bucht eine Villa, allerdings keineswegs eine größere oder bessere als üblich, gemietet hatten. Sie waren ein inzestuöses Paar, Zwillinge, vielleicht Bruder und Schwester, und wenn nicht, so konnte man gewiß sein, daß sie nicht verheiratet waren, zumindest nicht miteinander: Ehebruch war bestimmt im Spiel. Deswegen hatten sie Paris – wo sie zweifellos herkamen – verlassen und nach

Süden ziehen müssen, ihrer Gesundheit zuliebe: Schwindsüchtige sehr wahrscheinlich. Es fiel auf, daß sie nicht den leisesten Versuch unternahmen, irgend jemanden kennenzulernen. Hatte man sie jemals ein Café betreten sehen? Sie hatten die Existenz anderer nicht einmal wahrgenommen.

Sie müssen es sein, sagte meine Mutter. Für mich waren sie das schönste Menschenpaar, das ich je gesehen hatte.

Von da an kamen sie, wie wir, jeden Sonntagabend.

Irgendwann im Frühjahr kehrte Alessandro zurück. Er hatte sich mit einem Telegramm angekündigt und trug eine Aktentasche; er wirkte zufrieden mit sich und der Welt. Wir umarmten uns, er faßte mich an der Schulter. Du *hast* auf sie aufgepaßt. Es war wie eine Wachablösung.

Wir drei verbrachten ein paar schöne Tage zusammen, dann wurde meine Fahrkarte bestellt, ich freute mich... auf was? Ich hatte keine Worte dafür, ich fühlte mich nur bereit für das Leben, das vor mir lag.

Mein vorletzter Abend war Sonntag, Filmabend. Alessandro wollte nicht mitgehen, er war im Winter in einer ganzen Reihe Lichtspieltheater gewesen. Er wollte versuchen, sich mit einer *Wirtschafts*zeitung zu befassen, er hatte auch eine Schreibmaschine mitgebracht, eine hübsche, leichte, tragbare, auf der er und ich um die Wette übten. Meine Mutter und ich gingen noch einmal, um Charlie Chaplin zu sehen, oder war es Harold Lloyd? Gerade als wir gehen wollten, kam das fremde Paar im Gang an uns vorbei. Er verbeugte sich leicht vor meiner Mutter, sie deutete ein Lächeln an.

4. Kapitel

Victoria Station am frühen Nachmittag. Grau, nicht sehr belebt, etwas schmuddelig, aber nichts gegen heute. Heiß. Sehr heiß. Es war an einem Tag im April, und eine vorzeitige Hitzewelle hatte London heimgesucht. Hatten die Leute ihre Hemden auch nicht tatsächlich ausgezogen, so sahen sie doch aus, als ob sie es gerne tun würden. Nicht zur Erleichterung, sondern um zu feiern.

Großstadtbahnhöfe sind für jemanden, der sie nicht durch tägliche Benutzung gewöhnt ist, Stätten von Angstzuständen und Traumata. Für mich waren sie das schon früh: der Anblick der verwundeten deutschen Soldaten, 1915, die in Züge verfrachtet wurden, meine Mutter, die mich auf Bahnsteigen zurückließ. An diesem Tag war ich aus Frankreich gekommen, so gespannt und abenteuerlustig, daß ich das alles von mir fernhalten konnte. Ich trat hinaus auf den glühendheißen Bürgersteig und fuhr mit dem Omnibus, oben in einem zweistöckigen Bus, nicht mit der Untergrundbahn, nach Belsize Park.

Susan und Jack waren freundlich und unbesorgt wie immer. Es gab Brühpaste auf Brot, reichlich. Besser noch: Etwas Besonderes zu essen wurde geholt, auch zu trinken.

Die Ernüchterung kam am Tag danach. Was nun? Ein Plan mußte gemacht werden. Ich war wieder auf mich allein gestellt, mit einem Stapel Bücher in meinem Schlafzimmer, die es durchzuackern galt – meine Mutter hatte mir empfohlen, mir die Victorianer vorzunehmen –, um sie vielleicht abends mit belesenen Freunden zu besprechen? Jetzt war ich in Verlegenheit: Würde ich sie jemals wiedersehen, Rosie, Toni und Jamie? Ich hatte in den Monaten in Frankreich viel an die Nairns gedacht, täglich geschah so vieles, was ich ihnen berichten wollte, ich erzählte ihnen Geschichten, schon während sie geschahen, wiederholte die Ideen meiner Mutter. Ich hatte im Geiste eine Menge Briefe an die Nairns verfaßt. Tatsächlich aber hatte ich ihnen nicht eine einzige Postkarte geschickt. Wieder und wieder hatte ich die kurze Nachricht aufgeschoben, um des langen Briefes willen, der Brief wurde länger und länger, indes die Zeit mit Ausflüchten verging. Vier Monate! Rosie, erinnerte ich mich, hatte mich zum Zug gebracht. *Wie konnte ich?* Jetzt schien es so einfach, anders gehandelt zu haben. Ein furchtbares Schuldbewußtsein lastete auf mir.

Weder die Nairns noch Rosie gingen ans Telefon. Sollte ich das Geschäft aufsuchen? Mich durch's Hintertürchen nähern: Jamie hatte sehr wahrscheinlich von meinem Versäumnis kaum Notiz genommen. Schließlich schrieb ich Rosie. Eine Postkarte. Ich bin zurück – darf ich Sie besuchen?

Heute wird uns oft – und zutreffend – gesagt, daß zur damaligen Zeit alle Post binnen Stunden ihren Empfänger erreichte. Ich erhielt Rosies Antwort noch am selben Tag: Komm morgen zum Tee.

Es war zugleich besser und schlimmer, als ich erwartet hatte. Sie war freundlich, schien erfreut, mich zu sehen, ließ mich die im Geiste verfaßten Briefe erklären. Dann wurde sie ernst – wir haben nicht einmal gewußt, daß du wieder da bist –, und brachte mir die Ungeheuerlichkeit meines Benehmens zu Bewußtsein. Ihr selbst mache es nichts aus, sagte sie. Aber du hast meine Schwester gekränkt. Toni ist leicht beleidigt. Ich nahm es mir zu Herzen, sehr beschämt.

Du bist kein herzloses Mädchen, sagte Rosie.

Nein, sagte ich.

Tu's nicht wieder. Tu ihr das nie wieder an. Und ich tat es doch. Ihr und anderen. Ist es ein Schwachpunkt des Schriftstellers, so viele

Dinge erledigen zu wollen und so schmerzlich vor deren Ausführung zurückzuschrecken?

Hürde Nummer zwei, die Begegnung mit Toni, überraschte mich. Toni war lebhaft - sie machte mir keine Vorwürfe, erwähnte es nicht einmal –, der Tisch war gedeckt. Dann, irgendwann, sah sie ungerührt geradeaus und sagte ruhig: Ich habe dir verziehen. Das tue ich sonst nie.

Ich starrte sie an. So beschämt ich war, dies verlieh der Sache zu viel Gewicht. Da saß sie mit dem makellosen Nofretetegesicht. «Ich verzeihe nie.» Und als ich den Mut aufbrachte zu fragen warum?: «Ich verzeihe nie Leuten, die mir Unrecht tun.»

Ein kalter Schauer lief mir über den Rücken. Aber ich war auch ein wenig geschmeichelt – hatte sie mich denn so gern? Oder vielmehr, war *ich* so liebenswert, daß ich die Ausnahme bildete?

Binnen kurzem hatten sich die Wogen geglättet. Ich fand mich schnell wieder zurecht und nahm meine Gewohnheiten vom vergangenen Herbst wieder auf. Ich schlief in Belsize Park, frühstückte mit Susan und Jack und widmete mich dann meinen Büchern. Später verließ ich das Haus, ging ein Stück zu Fuß, nahm einen Bus, verzehrte mein Mittagessen vielleicht auf der Treppe der National Gallery, nachdem ich mir einen meines Erachtens ausgezeichneten Vortrag über das Quattrocento oder die Flamen angehört hatte. Um die Ecke waren die Attraktionen der Charing Cross Road, Soho bot eine andere Form des Schmökerns: in französischen und italienischen Speisekarten, die Menüs zu £ 3,6, 2,6 und sogar 1,6 anboten, im *Strand* sah man Rechtsanwälte mit ihren Perücken – die Straßen von London während der geschäftigen Mittagszeit waren angenehme Aufenthaltsorte für die Jungen und Neugierigen. Dann war es Zeit, zu Rosie zu gehen, zum Tee in ihrem Zimmer in Marleybone: Zeit zum Reden. Auf ihrem Tisch lagen Bücher, soeben erschienen, anspruchsvolle Bücher, wie man damals ohne Dünkel sagte. Sie las die *Times* wegen der Besprechungen, der Theaterkritiken, der Gerichtsreporte. Über Politik wurde selten gesprochen, es sei denn ganz allgemein, wenngleich sie, wie meine Mutter, oft von der Grausamkeit des Krieges sprach. Toni kam hinzu, nach lustlosen Einkäufen für den Haushalt oder nach ihrer Gesangstunde. Rosie stand abends nach wie vor selten zur Verfügung, außer am Wochenende, deshalb ging ich oft durch den Regent's Park zum Abendessen zu den Nairns.

Ihr Wohnzimmer war, wie ich schon sagte, klein. Es enthielt das Nötigste, ein Klavier, einen Bücherschrank, den Klapptisch, an dem wir aßen, ein paar Sessel – es war *sehr* klein: nicht unpassend für Toni, aber Jamie füllte es aus wie Alice den Bau des weißen Kaninchens. Diese unterschiedlichen Größenordnungen fanden ihre Parallele, wenn er die wenigen Brocken Deutsch übte, die Toni ihm beigebracht hatte, damit er auf seinen Reisen zu Versteigerungen in Deutschland einen Grundwortschatz zur Verfügung hatte. Was sie ihn tatsächlich hatte lernen lassen, waren die Verkleinerungsformen von Substantiven, *das Büchlein, das Tischlein* anstelle von *das Buch, der Tisch* und so weiter. Wenn dieser große, offensichtlich nicht sehr redselige Mann den Gasbrenner in gutem Glauben *das Öfchen* – was viel schwerer auszusprechen war als *der Ofen* – nannte, klang es grotesk. Es muß manch einen ernsthaften deutschen Büchersammler verwundert haben. Rosie überhörte es zu meinem Erstaunen völlig und antwortete ihm stets in gutem Englisch.

Meistens jedoch sprach Jamie – nicht in Babydeutsch – ruhig, mit knappen Worten, vom Geschäft. Seltene Ausgaben, wie entdeckt, wem anzubieten… Preise… Toni schenkte ihm ihre ganze Aufmerksamkeit. Er konnte Anekdoten zum Besten geben, über etwas, das Shelley getan oder de Quincey gesagt hatte, und er erzählte es, als sei es erst gestern geschehen und als habe er es heute morgen gehört. Toni sprach über Musik, und das hieß Oper. Sie besaß eine Sammlung der ersten Schallplatten berühmter Soprane und Tenöre, spielte sie uns jedoch ungern vor. Wenn Jamie das Grammophon holte, natürlich von Hand zu kurbeln, das sie in ihrem Schlafzimmer unter einem der Einzelbetten verwahrten, legte er eine Symphonie oder ein Oratorium auf. Ich saß auf dem Fußboden, versuchte zuzuhören und ließ meine Gedanken schweifen.

Wenn es Zeit wurde, sich zu verabschieden, sagten sie: «Dann bis morgen, morgen ist Samstag, wenn das Wetter sich hält (hatten wir damals Juni?), fahren wir nachmittags vielleicht in den Botanischen Garten.» Ich ging zu Fuß nach Hause. Es war ein gutes Stück Weg, aber nicht allzu weit. Albany Street, Regent's Park Road, Primrose Hill, Belsize Park – die Sträucher am Wegrand dufteten, die Straßen waren gut beleuchtet, man begegnete Polizisten auf ihrer Runde, vereinzelt auch einem Betrunkenen. Hat nie jemand versucht, mich zu belästigen? In London, eine Stunde oder weniger vor Mitternacht? Wenn, dann muß er leicht abzuschütteln gewesen sein – ich erinnere mich nicht. Die Nairns nahmen an, daß ich mit der Untergrundbahn oder mit dem Omnibus nach Hause fuhr.

Ich hoffte, daß ich das alles *verdiente*. Vormittags schrieb ich Aufsätze: über Macaulay, der mich faszinierte, über Thackeray, der mich gründlich langweilte; erste Versuche, voller Zitate, in schwerfälligem Stil, die ich mir im Schweiße meines Angesichtes abquälte. Dann: ein Donnerschlag. Die Robbins. Sie sagten, sie hätten mir etwas zu sagen, oder vielmehr etwas mit mir zu besprechen. Susan, Jack und ich setzten uns in dem hohen Eßzimmer, das als Atelier diente, zusammen. Ich mußte an das letzte Mal denken, unsere «Konferenz» im Hause ihrer Eltern, als ich ein Kind war – wie viele Jahre war das her? – und beschlossen hatte, mein Schicksal lieber mit ihrem zu verbinden, statt auf eine Schule geschickt zu werden... Heute waren sie es, von denen eine Entscheidung verlangt wurde.

Das waren die Fakten: Nun ja, Jack kam mühsam voran... die Malerei... die Galerien... vielleicht hatte man ihn in dieser Gegend schon etwas zu lange gesehen... Es wurde nicht leichter, von der Hand in den Mund zu leben, sich an Versprechen zu klammern... O doch, es war eine schöne Zeit gewesen. Belsize Park: Eine ganze Weile schon gelang es ihnen, länger hier zu bleiben, als sie sich leisten konnten... Etwas Billigeres auf dem Land? Kontakte aus den

Augen verlieren ... es schien auch nicht mehr viele Cottages zu mieten zu geben ... Und jetzt dieses Angebot. Eine STELLUNG.

Kunsterzieher an einer Schule. In Neuseeland. Oder war es Australien? Beides war mir fern. Ein anständiges Gehalt. Sehr anständig, sagte Jack. Ein Dreijahresvertrag, verlängerbar. Die Überfahrt wurde bezahlt. Ein eigenes Haus auf dem Schulgelände.

Kannst du dir vorstellen, daß wir in einer Schule leben? Zum Lachen. Kannst du dir Susan vorstellen? Ich dachte, sie konnten sich selbst bereits dort sehen – an einem gewissen Punkt kann es abenteuerlich scheinen, als Respektsperson aufzutreten.

Ihre Angehörigen waren erfreut, auch wenn es auf der anderen Seite der Welt war. Und Jack müßte die Malerei nicht aufgeben – die Ferien waren lang. Es würde *warm* sein, sagte Susan, Sonne das ganze Jahr, als würde sie wieder im Süden leben, und ich nahm an, sie dachte dabei an einen Mittelmeerstrand in einem längst vergangenen Sommer, vielleicht denselben Strand, an dem sie meiner Mutter begegnet war. «Und was wirst *du* tun?» fragten sie, als läsen sie meine Gedanken.

Ich dachte an Italien, an den Augenblick in Cortina, als das Telegramm kam, in dem Doris Probeaufnahmen für den Film angeboten wurden, und ich gesagt hatte, du mußt gehen, und allein im Hotel geblieben war. Das war gar nicht so schlimm gewesen. Oder doch? Jetzt reagierte ich mit Angst – was wird aus *mir*? Ich besaß zumindest den Anstand, mir nichts anmerken zu lassen, und stürzte mich in die Diskussion über ihre Entscheidung. Sie mußte positiv ausfallen. Ihre Familien sahen sie bereits mit neuen Augen – das ging so weit, daß sie sich erboten, für die Schulden aufzukommen. Mein Zigarettenetui mußte also nicht mehr verpfändet werden. Welchen Steifheiten und Spießigkeiten sie in dem Schulleben auf der anderen Seite der Erde auch begegnen würden, sie würden gewiß ihren Spaß dabei haben; man würde über vieles hinwegsehen und sie mögen. So kam es denn auch: ich hörte, daß Susan, mochte sie zuweilen auch Anstoß erregt haben, die Leute bezaubert hatte. Schlimmstenfalls, so rechneten wir uns aus, würden sie in drei Jahren zurück sein – sollte Jack nicht gut vorankommen –, mit etwas Geld und, wer weiß, mit ausstellungswürdigen Leinwänden, auf denen eine exotische Vegetation blühte.

Sie sollten sich erst im Herbst einschiffen, und ich wollte den größten Teil der Sommermonate in Sanary verbringen, so kam es, daß ich nicht beim Ausräumen in Belsize Park half und die Frage meiner Zukunft von allen Beteiligten ohne jede Dringlichkeit erörtert werden konnte. Am Ende fügte sich alles ohne große Probleme zu einem neuen, oder nicht gar so neuen, Arrangement.

Wenn ich sage, alle Beteiligten, meine ich nicht nur die Robbins, Alessandro – ein wohlwollendes Wort von ihm am Rande – und meine Mutter, bei der man beileibe nicht immer darauf vertrauen konnte, daß sie nicht die Initiative ergriff. Ich muß die Mächte dazuzählen, die dunkel und *im* dunkeln walteten und formal mein Leben kontrollierten, bis ich volljährig wurde. Ich war ja noch Mündel des Gerichts in Deutschland. Es war wie mit den Köpfen der Hydra, weil die so langsam hergestellten und erwiderten Kontakte von verschiedenen Oberlandesgerichtsräten und Amtsreferendaren mit geschwungenen Unterschriften in Sütterlinschrift ausgingen. Wir unterließen es, uns zu fragen, wie weit sie in Unwissenheit oder zumindest Zweifel über Fakten waren, die diesen guten Männern verworren und unstet erschienen sein müssen – damals habe ich nicht mit solchem Gleichmut von ihnen gesprochen –, so unstet, daß, wann immer ihr Blick auf etwas in einem weit entfernten Schrank fiel, das meine Akte gewesen sein muß, sie es wohl besser fanden, sie ruhen zu lassen. Schlafende Hunde in einem anderen Land… Vielleicht haben sie so innig gebetet wie ich, daß sie mit mir fertig sein mögen. Leider waren es noch einige Jahre hin.

Ich kann mich nicht erinnern oder habe nie recht gewußt, wie das neue Arrangement zustande kam oder wer es initiierte und warum. Noch merkwürdiger erscheint mir, daß es überhaupt getroffen wurde. Der Weg des geringsten Widerstandes… Es sagte mir zu. Was sich Ende September herausstellte – gegen Ende eines erfreulichen Aufenthaltes *en famille* in Frankreich –, war dies: Ich sollte die ungefähr dem Schuljahr entsprechende Zeit in England verbringen, um… was zu tun? Nun, um meinen Beschäftigungen nachzugehen, und ich sollte unter der Protektion, wie es in viktorianischen Romanen hieß, von Mr. und Mrs. Nairn leben – die meine Mutter, anders als Jack und Susan, nicht kennengelernt hatte –, was praktisch ein möbliertes Zimmer am Upper Gloucester Place bedeutete, das Rosie Falkenheim zehn Schritte von ihrer eigenen Tür entfernt für mich ausfindig machte.

Meine Unabhängigkeit sollte so weit gehen, daß ich mein monatliches Geld selbst verwaltete. Was ich bisher zur Verfügung gehabt hatte, war ein gutes Taschengeld, aber reichte nicht einmal für meine Kleidung – es war mir von den Robbins ausgehändigt worden, an die das Geld für meinen Unterhalt geschickt wurde. Gleich zu Beginn der neuen Regelung kam ich in eine peinliche Situation. Das Zimmer, das Rosie ausgesucht hatte, lag im ersten Stock nach vorne heraus und kostete mit Frühstück um die £ 25,6 oder 27,6 pro Woche. Mir war eben erst klargeworden, wie gering mein monatlicher Wechsel insgesamt war und wie wenig die Robbins für meinen Unterhalt einbehalten hatten! Es sei noch ein kleineres Zimmer frei, erklärte die Hauswirtin, im obersten Stockwerk, nach hinten gelegen, zu £ 21,6. Als ich sagte, dieses wolle ich, verstand Rosie meine Wahl nicht. Ich hätte ihr reinen Wein einschenken sollen, aber dazu fehlte es mir an Gewandtheit. Sie und Toni fanden es nicht schicklich, über Geld zu sprechen, und waren zudem irgendwie überzeugt, daß ich einer wohlhabenden Familie angehörte. Ich sagte, ich wohne lieber hoch oben, sie erwiderte, schließlich sei ich es, die darin leben müsse, und ich wußte, sie hielt mich für knauserig. Ich sollte noch häufiger in diese Situation kommen. Wenn man sechzehn ist, sind Unabhängigkeit und Freundschaft mit Älteren nun mal mit Einschränkungen verbunden.

So wohnte ich denn einen großen Teil der nächsten drei Jahre in meinem Zimmer in Upper Gloucester Place, schlenderte durch London, mit eigenem Hausschlüssel, mein eigener Herr. Es war eine nicht unbedeutende Zeit in meinem Leben. Man sagt, wenn man dreißig Jahre an einem Ort verbringt, vergehen sie im Nu. Wenn das so ist, muß das Tempo beängstigend sein. In meinem eigenen Leben stellte ich fest, daß die Bruchstücke, in die es zerschnitten wurde, schnell, viel zu schnell vergingen – das Jahr in Portugal, das Jahr in Mexiko, fünf Jahre in New York, sieben in Rom, drei Jahre in Essex, die Jahrzehnte, mehr als eins, im mediterranen Frankreich... Zeit, unterteilt durch Orte, durch Ereignisse – das Hineinschlittern in den Krieg, die schnell vorübergehenden Nachkriegsjahre: Alles, was geschah, war, kaum hatte man es erfaßt, vorbei.

Gibt es in der Kindheit ein Verweilen? Die Zeit kann als lang empfunden werden oder als langsam vergehend, das ist nicht dasselbe. Ich erinnere mich an solche Zeitspannen, doch im großen und ganzen schienen auch dann die Dinge zu vergehen, sich zu verändern, und sie taten es wirklich, sobald man sich daran gewöhnt hatte. So wartete ich in der Zeit des Erwachsenwerdens nicht ungeduldig darauf, daß etwas mit mir geschah. Die Neugierde auf Menschen und die Welt, die Bereitschaft zu Abenteuer und kleineren Eskapaden waren angenehme Nebensächlichkeiten, nicht Selbstzweck. Ich hatte das Gefühl, daß die Dinge für mich schon zu weit gediehen waren, ich hätte mich gerne zurück gewandt, wenn es möglich gewesen wäre. Zurück wohin? Eine nicht zu beantwortende Frage. Vielleicht zog ich es wie meine Mutter einfach vor, den Tag zu genießen.

Ihre Neigung, sich nicht allzu viele Gedanken um die Zukunft zu machen, mag aus dem Gefühl erwachsen sein, daß die Zukunft schon verloren war: Sie hatte als Erwachsene einen Krieg erlebt, der der Zivilisation einen unersetzlichen Schaden zugefügt hatte, und auf privater Ebene war sie eine Ehe eingegangen, von der sie sich nicht lossagen konnte, und eine andere, die zwangsläufig Gefahren ausgesetzt war. Mein Fall lag anders. Wenn ich glaubte, die Zukunft läge offen vor mir, so sah ich sie auch – soweit Welt und Friede es zuließen – rosig. Man würde glücklich sein. Ich würde vielleicht das Eine erreichen: Schriftstellerin zu werden. Dies schien man unterdessen zu akzeptieren, meine Mutter sogar ausdrücklich: «*Wenn* du das Talent hast.» Die Schreckgespenster am Oberlandesgericht hatten nichts davon gehört. Ein hehres Ziel: *Schriftstellerin*. Ich nannte mich im Geiste nie Autorin, tue es heute noch nicht. Ich wußte, daß ich niemals Musikerin oder Malerin sein würde. Sollte ich es je zu etwas bringen, dann nur mit Worten.

In leichtsinnigeren Momenten dachte ich, Rechtsanwalt müßte ein ungeheuer interessanter und aufregender Beruf sein – und vielleicht eine gute Vorübung für meine eigentliche Berufung –, doch damals stand mir mein Geschlecht im Weg, von meiner unzulänglichen Schulbildung ganz zu schweigen, obwohl ich überzeugt war, daß es nichts gäbe, nicht einmal eine Fremdsprache, was ich nicht innerhalb von sechs Monaten lernen könnte. Unterdessen beschäftigte mich die Frage: Wie wird man Schriftstellerin? Durch Schreiben. Aber das Schreiben – das wenige, zu dem ich kam – gedieh nicht gut: nicht der Stoff, aus dem ein Buch wird. So gab ich mir die einzige Ausbildung, die ich mir vorstellen konnte (hätte ich heute vielleicht an Journalismus gedacht?): Ich las. Bitte, lieber Gott, laß mich Schriftstellerin werden, aber noch nicht jetzt.

Wenn ich an jene Jahre in London NW I zurückdenke – was ich sehr lange nicht getan habe –, erscheinen sie mir als eine gleichförmige Zeit, ein geschlossenes Ganzes. So kann es nicht gewesen sein. Es muß einen Prozeß des Erwachsenwerdens gegeben haben: Das bewußte Leben erweitert sich, und das nicht nur durch Besuche im Britischen Museum, der Tate Gallery und der Winchester Cathedral. Doch was in der Erinnerung lebendig bleibt, ist das Lebensgefühl in London, jung und mit sehr wenig Geld, aber man kam zurecht. Die Omnibusse – man rannte ständig hinter dem letzten Bus her, das Schlangestehen vor einem Theater in der Shaftesbury Avenue, danach das Lyon's Corner Haus: pochierte Eier auf Toast, spätabends eine heiße Brühe an einer Imbißbude, die eleganten Straßen von Mayfair zur Mittagszeit – wie vornehm die Herren waren, wie hübsch die Mädchen, wie gut alle gekleidet waren, geradezu festlich –, der Geruch der billigeren Restaurants von Soho, nach Polstern, Fett, Gewürzen, abgestandener Luft, und nicht zuletzt: meine Bude.

Ein schmaler Raum, kein besonders geschmackvoller Teppich, ein Schiebefenster, ziemlich scheußliche Gardinen, das Ganze einigermaßen sauber, ein anständiges Zimmer mit Frühstück. Ich hatte einen Gasbrenner, der mir zusammen mit einem Kochtopf und einer Bratpfanne, die ich bei Woolworth erstanden hatte, gute Dienste leistete, ein Waschbecken mit heißem und kaltem Wasser. Frühstück gab es im Bett, es wurde mir auf einem Tablett heraufgebracht, ein englisches Frühstück, nicht eben gut zubereitet, aber reichlich; ich freute mich jeden Morgen darauf. Es war ein himmelweiter Unterschied zu den weißgetünchten Räumen, die ich mit dem Leben in Italien und in der Provence verband, aber es mußte genügen, und das tat es. Ein großer Segen war das Bad, eine halbe Treppe tiefer: Es war meistens frei, und es gab reichlich heißes Wasser, unsere Wohnsitze im Süden waren auf Regen und Zisternen angewiesen, die selten ausreichend gefüllt waren, und auf launenhafte, mit Holz befeuerte Apparaturen, um die wenigen Tropfen zu erwärmen.

Einen Teil des Tages und die Spaziergänge spätabends hatte ich für mich, und ich brauchte und genoß das Alleinsein. Die übrige Zeit spielte ich das Anhängsel der Nairns. Sie sind es, die mein Leben in jener Zeit veränderten und die heute noch meine Erinnerung an jene Jahre bestimmen, ihr Alltag, ihr Leben, ihre Geschichte – sie erschloß sich mir erst nach und nach. Ich erfuhr nie alles, aber doch eine ganze Menge. *Die zwei Schwestern.* So hätte der Titel gelautet, wenn es ein Theaterstück gewesen wäre. Jamie spielte, obwohl mir das eine ganze Weile nicht klar war, keine Hauptrolle. Einiges daran ist mir immer noch ein Rätsel: ich habe Toni nie ganz verstanden, obwohl sie mir eine gute Freundin war. Sie starb in den siebziger Jahren infolge eines Unfalls, den sie durch ihren Eigensinn selbst verschuldet hatte.

Ende der zwanziger Jahre, als ich so großen Anteil an ihrem Londoner Leben hatte, müssen Toni und Jamie schon einige Jahre verheiratet gewesen sein. Sie hatten sich in Berlin kennengelernt, wo die Falkenheims zu Hause waren. Der Vater der Schwestern war Arzt gewesen. Er verstarb früh und hinterließ seine Witwe, eine sehr verwöhnte Frau, wohlversorgt. Sie lebten mit dem entsprechenden Personal in einer großen Mietwohnung in der Gegend des Kurfürstendamms. Brüder hatten sie keine. Der einzige Mann in ihrer Familie war ein Onkel, ein gutsituierter Junggeselle, der Toni vergötterte, die als Kind zierlich und bezaubernd gewesen sein muß. Er förderte ihren Gesang, nahm sie mit in die Oper zu den großen Vorstellungen jener Zeit und zum Essen in Restaurants wie Horcher und Kempinsky, wo er sie mit Kaviar, köstlichen Happen Ragout und kleinen Schlucken Château Yquem verwöhnte. Dieser Onkel widmete Rosie weniger Zeit, die älter, unabhängiger war und, wie ich bereits sagte, sich als *jolie laide* im Haus nützlich machte.

Die Mädchen wuchsen in jener kultivierten und weltoffenen Gesellschaft auf, die in Berlin im Jahrzehnt vor dem großen Krieg florierte: Akademiker, Künstler, Schauspieler, Journalisten und Musiker, Bankiers und Aristokraten – zu einem großen Anteil, aber keineswegs ausschließlich Juden. Während der Weimarer Republik wurde diese Gesellschaft, wie wir wissen, noch weltoffener, talentierter, gemischter. Aber die Weimarer Republik – und eine unglückliche Verkettung der ökonomischen Verwüstungen des letzten Krieges, des Versailler Vertrages und der von den Alliierten gestellten Forderung von Reparationszahlungen – brachte auch eine Inflation von verheerender Geschwindigkeit und Höhe mit sich. Die Mark in den Taschen wurde um hundert Prozent entwertet, um tausend, eine Million, tausend Millionen. Papiergeld – die Löhne wurden mehrmals täglich ausgezahlt – wurde in Wäschekörben getragen. Wofür man vorige Woche ein Klavier und am Morgen noch ein Brot kaufen konnte, reichte kaum noch für die Abendzeitung. Wer Arbeit hatte oder wer Grundbesitz besaß und ihn halten konnte, vermochte sich durchzuschlagen, den Rentnern erging es schlecht, ihr erkleckliches Einkommen schmolz dahin. Den Falkenheims blieb wenig außer dem Familiensilber. Der Onkel war verstorben, sein Vermögen dahin. Frau Falkenheim wurde immer träger und schwieriger, sie suchte Zuflucht in Schlaftabletten, Beschwerden und Nervenschwäche, die Mädchen, inzwischen junge Damen, gingen arbeiten. Sie waren nicht zur Arbeit erzogen worden, sie waren es gewohnt, wie es damals bei Frauen ihres Milieus üblich war, die Hände in den Schoß zu legen. Sie waren jedoch gut erzogen und hatten gute Beziehungen. Sie bekamen *gute* Stellungen: Rosie in einer Kunstgalerie, Toni in einem bekannten Auktionshaus, einem Berliner Äquivalent von Sotheby's. Beide Frauen erwiesen sich überraschenderweise als tüchtig. Tonis Los wurde erschwert durch ihre krankhafte Gewissenhaftigkeit und ihre unüberwindliche Schüchternheit, die eine Arroganz kaschierte, die sie nicht unbedingt zu verbergen wünschte. Rosie hatte ihre männlichen Kollegen gern und kam gut mit ihnen aus.

Es gelang ihnen, die Wohnung zu halten, indem sie das Personal entließen und ein, zwei Untermieter aufnahmen und sich außerdem um ihre Mutter und deren wachsende Ansprüche zu kümmern. In jenem Auktionshaus war es, wo Jamie, der anläßlich einer Versteigerung angereist war, Toni begegnete und sie bezaubernd fand.

So weit war alles klar. Es kam, wie es kommen mußte: Heiratsantrag, Verlobung. Eines Tages heiratet Toni und zieht nach England. Eines Tages stirbt die Mutter, Rosie kündigt ihre Stellung, packt ihre Sachen und zieht zu Schwester und Schwager. Und so waren sie nun alle drei in London. Rosie übrigens ohne Beschäftigung – sie half dann und wann einen Nachmittag in Jamies Geschäft aus.

Hin und wieder aber fielen Bemerkungen, die mit dieser Reihenfolge unvereinbar waren: Daten oder Begebenheiten, die da nicht hineinpaßten, etwa wenn Rosie von einem Theaterstück im West End erzählte, an das sie sich erinnerte. Ich hatte es auch gesehen, mit den Robbins, das war doch viele Jahre her? Nach und nach kam zum Vorschein, daß es Toni allein gewesen sein mußte, die in Berlin die Stellung hielt und sich um die immer unumgänglicher werdende Mutter kümmerte, bis diese – an einer Überdosis? – starb. Als Jamie Toni begegnete und Toni seinen Antrag annahm, war Rosie schon längst – ein Jahr zuvor, mehrere Jahre zuvor? – nach England gezogen.

Ich sollte jetzt ein wenig ihren Alltag schildern. Daß Toni unzufrieden war, war offensichtlich. Sie vermißte Berlin, sehnte sich zurück, verherrlichte es – das Theater, ihre Freundinnen, das Leben... Sie hatte Jamie gern, sehr gern, auch das war offensichtlich. (Bei ihren Wortgefechten – großer Mann gegen kleine Frau – machte Rosie immer ein sehr abweisendes Gesicht.) Sie nahm seine Arbeit ernst, gab fundierte Ratschläge, erledigte die Buchhaltung, eine weitere unerwartete Fertigkeit, das Geschäft ging gut. Dennoch waren sie knapp bei Kasse, obwohl sie mietfrei wohnten. Jamie, der darauf bedacht war, das geliehene Kapital zurückzuzahlen, bestand auf einem schmalen Budget. Tonis Gesangstunden, beileibe nicht bei einer Spitzenlehrerin, waren ihr einziger Luxus.

Das Kapital kam übrigens von Tonis ehemaligem Arbeitgeber, P. G., dem Begründer des Berliner Auktionshauses. Er hatte eine hohe Meinung von Jamies Fähigkeiten und seiner Integrität. Das Geld, so erfuhr ich, hatte er ihnen zinsfrei geliehen, als Hochzeitsgeschenk für Toni. Daher Jamies Entschlossenheit, es so schnell oder gar schneller als sie konnten zurückzuzahlen.

P. G. war ein anspruchsvoller und komplizierter Mann, der es aus eigener Kraft zu etwas gebracht hatte, beherzt – er hatte mit einer Knochenkrankheit zu kämpfen –, geistreich, großzügig, ein strenger Vorgesetzter und gelegentlich auch ein Charmeur. Er hatte das Pech – eines seiner kleineren Mißgeschicke –, mein Schüler zu werden. Das war in den dreißiger Jahren, als er und seine Familie als Flüchtlinge nach England kamen. Ich annoncierte Sprachunterricht in der Seufzerspalte der *Times*, besagten Schüler vermittelten mir jedoch die Nairns. Ich sage Pech, weil meine Rechtschreibung nicht gut genug war, um zu unterrichten. Er vertraute mir. Jahre später hätte der Ärmste seine amerikanische Sekretärin beinahe an die

Luft gesetzt, weil sie «harassment» nicht so schrieb wie ich. Er glaubte, es enthalte nicht genug r's. Ich gab auch seinem Sohn, einem ausnehmend hübschen Jungen, Nachhilfestunden – unter Gott weiß welchen Vorwänden! – und half ihm tatsächlich, ausgerechnet mit Hilfe von Brian Howard, in ein College in Oxford zu kommen. Ich wünsche oft, ich hätte für mich selbst so viel erreicht.

Zurück zu Toni. Sie nahm es nicht so schwer, knapp bei Kasse zu sein, obwohl Jamies spärlich erteiltem Haushaltsgeld der Glanz des deutschen Zusammenbruchs fehlte. Was sie gräßlich fand, war die Hausarbeit – in Berlin hatten sie selbst in den schlimmsten Zeiten eine Putzfrau gehabt, die täglich kam. Die Hausarbeit langweilte sie und war ihr zuwider. Die Wohnung wurde bis hin zu der verhaßten Küche anständig in Schuß gehalten, aber ach, sie benötigte Handschuhe zum Scheuern und Handschuhe zum Staubwischen und hatte ihre Mühe mit der Ernährung ihres Gatten – Männernahrung, englisches Essen, für das sie nicht allzu viel Interesse aufbrachte. Schön, sie machte ihm Frühstück und Abendessen. Mittags aß er in der Nähe des Geschäftes, irgendwo hinter der Bond Street oder Oxford Street – wie schön für ihn, dachte ich, mit einem Kollegen oder Kunden, den Herren, von denen er seine Anekdoten hatte. Die Schwestern nahmen ihre Hauptmahlzeit bei Schmidts ein, dem deutschen Restaurant in der Charlotte Street, wo sie sich täglich um ein Uhr trafen. Ich sollte mich ihnen anschließen, aber ich drückte mich davor, ich konnte es mir nicht leisten, obwohl es damals ziemlich preiswert und zudem ein gutes Restaurant war. Ein Sandwich, ein Apfel oder, nachdem ich achtzehn geworden war, ein Paar Würstchen in einem Pub lagen im Bereich meiner Möglichkeiten, nicht aber Kalbfleisch und Schokoladenkuchen.

Die Abendmahlzeiten zu Hause waren nach Geschlechtern getrennt: eine gekaufte Pastete, aufgewärmte Bohnen in Tomatensoße für Jamie, etwas Kaltes für die Frauen: Graubrot und Butter, eines der feineren Metzgereierzeugnisse wie Teewurst oder Leberpastete, eine Auswahl an Sahnetorten – alles von Schmidts –, gefolgt von Schokolade und Zigaretten. Frisches Gemüse kochten sie nie und aßen es selten, möchte ich behaupten. Zum Schluß tranken wir alle Tee, und Jamie rauchte eine Pfeife.

Meine Güte, wie trist das klingt. Aber das war es nicht, es gab so vieles, um dieses Gefühl gar nicht erst aufkommen zu lassen: Jamies Freundlichkeit, unsere Gespräche über Bücher und Autoren, Musik und Musiker, Kunst und Kunstsammler, in gelöster Stimmung, kunterbunt durcheinander, ohne Meinungsverschiedenheiten, obwohl jeder seine Vorlieben hatte. Jamie zitierte vielleicht Tennyson, Toni empfahl mir die *Buddenbrooks* und – eine seltsame Wahl für sie – *Tess von D'Urbervilles*, Rosie las *Auf der schiefen Ebene*, noch in derselben Woche, in der es erschien. Auch diese Neuentdeckung verdanke ich ihr: Evelyn Waugh. Ich schickte meiner Mutter am nächsten Tag ein Exemplar.

Dann das Grammophon. Allerdings nur, wenn Rosie nicht da war, sie fand Musik schrecklich. Jamie spielte seinen Elgar, Bach und Händel, Toni den *Rosenkavalier*. Was sie wirklich umwarf, wie wir heute, nicht unpassend, sagen würden, waren die Stimmen großer Sängerinnen und Sänger. Einmal ließ sie sich dazu überreden, Caruso oder eine seltene Aufnahme von Emma Destin, einer Sopranistin, die sie verehrte, aufzulegen. Es hörte sich gespenstisch an, wie aus weiter Ferne, und es knackte, dennoch hörte man die Schönheit heraus. Toni erfüllte es mit Begeisterung, man durfte sie in diesem Genuß nicht stören.

Sie waren schön, die Abende in jener Wohnung am Regent's Park. Nicht nur für mich. Trotz der schwelenden Unzufriedenheit war Toni beschwingt, bei Rosie hatte man, egal was sie tat, den Eindruck, als schnurre sie leise vor sich hin, und Jamie war einfach still. Nicht nur äußerlich, ich bin sicher, er genoß das häusliche Leben.

Rosie und ich unternahmen viel zusammen: Wir verbrachten Nachmittage in der National Portrait Gallery, der Wallace Collection, in Dulwich. (Außerdem gab es Zeiten, in denen ich fast täglich eine Stunde allein in der National Gallery war.) Die Theaterstücke, die Rosie für uns aussuchte, waren alles, was von Shakespeare bis

Coward sehenswert war – den Schauspieler Gerald du Maurier bewunderte sie sehr. Mit der Eisenbahn machten wir Tagesausflüge nach Canterbury, nach Ely...

Sonntags, wenn das Wetter nicht zu scheußlich war, fuhren wir aufs Land, zu viert in Jamies Morris-Cowley, Rosie und ich zwängten uns hinten auf die herausklappbaren Notsitze, ein Stück Wachstuch behelfsmäßig auf dem Kopf, falls es regnete. Jamie liebte Spaziergänge auf dem Land, genau wie ich. Die Schwestern blieben lieber im Auto, rauchten, knabberten Schokolade. Diese Ausflüge, inklusive Picknick, gehörten zu Tonis Bemühungen, eine gute Ehefrau zu sein. Wie wenig sie diese Sonntage mochte, erzählte sie mir erst viel später. Auf dem Rückweg hielt Jamie dann zur Belohnung bei einer Teestube an.

Ungefähr einmal im Monat besuchten Toni und Jamie seine Mutter am Sonntag zum Mittagessen. Ich glaube, sie wohnte in Surbiton. (Jamie kam mit seinen zu flickenden Sachen zu ihr.) Über diese Besuche wurde kaum ein Wort verloren – Tonie *war* loyal –, doch man konnte unschwer folgern, daß zwischen Mutter und Schwiegertochter in jeder Hinsicht Welten lagen. Ich habe nie viel über Jamies Herkunft oder seine Kindheit erfahren, obwohl er und ich gut fünfzig Jahre lang eine herzliche und zwanglose Beziehung pflegten. Wie Toni so oft sagte: ein wortkarger Schotte. Ich meinte zu wissen, daß er so etwas wie ein Wanderer war, daß sein Vater eine Zeitlang Laienprediger gewesen, daß Jamie nicht auf die Universität gegangen und daß in der Familie kein Geld vorhanden war. Irgendwo gab es wohl einen Bruder, aber keine Schwestern. Mrs. Nairns Heim, das auch Tonis war, als sie nach England kam – nach der Heirat hatten sie und Jamie ungefähr ein Jahr bei seiner Mutter gewohnt –, war der Inbegriff englischer Lebensart, vor der ihr schauderte und bangte: das gemütlich-spartanische England der Salons, mit Schmierseife im Bad und ohne jede Wärme in den Schlafzimmern, wo Papa zuerst bedient wurde und seinen Sessel am Kamin hatte. (Meine ersten Erfahrungen in England mit den Robbins unterschieden sich kaum davon.) Das Jahr in Surbiton, falls es

Surbiton war, muß eine schwere Prüfung gewesen sein, um so mehr, als es für Toni völlig unerwartet kam: In Berlin hatte Jamie, der glückliche Freier, ihr keinerlei Andeutungen gemacht. Wenn jemand es nicht verwinden konnte, die Ausländerin zu sein, die mit dem Sohn verheiratet war, dann war es Toni.

Die fehlende Eingliederung in die Familie ihres Mannes erklärt zum Teil die gesellschaftliche Isolation, in der Toni in diesen Jahren lebte. Warum hatte sie keine eigenen Freunde? Wollte sie nicht? Konnte sie nicht? Es war der Mangel an Gelegenheit, vermute ich, verbunden mit Schüchternheit, ihren Ansprüchen und ihrem Stolz. In ihrer Enttäuschung über die Engländer rümpfte sie wohl zu oft ihre kleine Nase. Hinzu kam, daß Jamie seine Geschäftsfreunde nicht mit nach Hause brachte (sie waren ziemlich geistreich, womit ich meine, daß sie sich intelligent und gewählt ausdrücken konnten, wie ich bei meinen Besuchen im Geschäft mitbekam). Tat er es aus einem instinktiven Bedürfnis, seine Männerwelt für sich zu behalten? Kleine Ausnahmen wurden ein-, zweimal versucht, aber ihnen war kein Erfolg beschieden – Tonis fehlende Anpassungsbereitschaft, ihre Haushaltsführung, die bescheidenen Mittel – außerdem hatte man zu jener Zeit keine alkoholischen Getränke im Haus.

Ganz anders dagegen Rosie. *Sie* war nicht schüchtern, sie liebte die Engländer, ihre Gefühle für London glichen denen von Dr. Johnson, doch auch Rosie schien außer mir niemanden zu kennen, außer einer Lehrerin aus Watford, die getreu alle vierzehn Tage an ihrem halben freien Tag zum Tee kam. Sie waren sich auf einer Reise begegnet. Eine nette Frau, jedoch, wie ich fand, kaum eine geeignete Freundin für Rosie.

5. Kapitel

An einem Morgen Mitte März – es war das Ende meines ersten Winters in Upper Gloucester Place –, einem stürmisch-kalten Morgen, ging ich aus irgendeinem Grund früh aus dem Haus, was ich selten tat, denn die Vormittage waren «zum Studieren». Auf der Straße sah ich, zehn Meter vor mir, Rosie Falkenheim nach Hause gehen. Sie trug, was ich nur als wallendes Abendkleid beschreiben kann, nicht einfach einen langen Rock, unverkennbar Chiffonwolken unter einem kurzen Mantel. Sie ging ins Haus. Es muß etwa halb zehn Uhr morgens gewesen sein. Sie sah mich nicht.

Kaum eine Woche später ging ich abermals früh aus. (Es war einer dieser Zufälle, wie sie jeder schon erlebt hat: Jahrelang war man nicht an einem bestimmten Ort, dann kommt man dreimal hintereinander dort hin.) An der U-Bahn-Haltestelle Baker Street kam mir Rosie entgegen, wallendes Kleid, kurzer Mantel, Abendtäschchen. Es war gegen zehn Uhr am hellichten Tag. Diesmal sah sie mich. Und sie sah, daß ich sie gesehen hatte.

Guten Morgen, sagte sie.

Guten Morgen, erwiderte ich in weit weniger sicherem Ton.

Ich bin auf dem Nachhauseweg, sagte sie, und wohin willst *du*? War da ein Zwinkern in ihren klugen runden Äffchenaugen?

Ich sagte es ihr so gefaßt ich konnte und floh.

Noch am gleichen Tag fand ich ein Briefchen im Flur, in dem sie vorschlug, zusammen in Soho einen Happen zu Abend zu essen – es war ein Samstag –, wir hatten es früher schon ein-, zweimal getan, und sie wußte, daß es mir ungeheuren Spaß machte. Wir gingen. Ins kleine Escargot. Es gab zwei Restaurants namens Escargot in der Greek Street, sie lagen einander gegenüber, beide französisch im Soho-Stil. Das größere Escargot war sehr elegant und teuer, es floriert heute noch und hat die augenblicklich wohl beste amerikanische Weinkarte in London, der kleine Bruder existiert nicht mehr.

Wie gewöhnlich überließ sie mir die Führung. Wir besprachen, was wir essen wollten. Ich suchte den Wein aus.

Ich hatte mit den Schnecken begonnen, die ich mir bestellt hatte – man hat in seiner kulinarischen Entwicklung eine Phase, wo man sich einbildet, Schnecken sehr zu mögen –, als Rosie in entschlossenem Ton sagte: «Das war alles sehr dämlich.»

Meine Gabel verharrte in der Luft.

«Verstehst du, es ist alles wegen Toni.»

«Ja», sagte ich. «Nein.»

«Toni will nicht, daß du es weißt. Sie will nicht, daß irgend jemand es weiß, sie will nicht, daß Jamie zeigt, daß er es weiß.»

Ich nahm ein Stück Brot und tunkte den kleinen Knoblauchbuttersee auf, in dem meine Schnecken gelegen hatten.

«Weißt du», sagte Rosie, «ich habe einen Freund.»

«Nein», sagte ich. «Ja?»

«Er wohnt auf der anderen Seite vom St. James's Park. In einer Etagenwohnung mit Bedienung. Er hat es gern, wenn ich mich abends umziehe.»

An diesem Abend, und an weiteren Abenden, erfuhr ich einiges über ihre Geschichte. Von den Anfängen bis zur Gegenwart, einiges von der Zukunft erlebte ich am Rande selbst mit. Ich werde nur das viele erzählen, was ich gehört, und das wenige, was ich gesehen habe. Ich könnte mein Wissen erweitern, indem ich Nachrufe und alte Zeitungsausschnitte lese. Sie würden weitere Fakten liefern, aber die ganze Wahrheit würden auch sie nicht enthüllen. Ich ziehe vor, es zu belassen, wie es ist, ein Bruchstück eines geheimen menschlichen Verhaltens. Ich werde keine Namen nennen. Die

Nairns hießen nicht Nairn, die Falkenheims nicht Falkenheim, so wenig wie die Robbins Robbins hießen. Warum, könnte man fragen, nach all den Jahren in unserer alles enthüllenden Zeit? Hauptsächlich, weil diese Menschen nur mit meinen Augen gesehen werden; es wäre anmaßend und in einigen Fällen verletzend, meine notwendigerweise einseitige Sicht von Menschen zu veröffentlichen, die, obwohl sie selbst tot sein mögen, so doch von ihren Nachkommen, Freunden und Kollegen noch geliebt und geachtet und natürlich in einem ganz anderen Lichte gesehen werden.

Im Hinblick auf Rosie Falkenheims Geschichte besteht ein noch stärkerer Grund zur «Kaschierung»: Ich habe nur zwei Seiten gehört. Von den Beweggründen, Bindungen, Gefühlen des dritten und wichtigsten Protagonisten weiß ich nichts, oder so gut wie nichts, aus erster Hand.

In den Sommern, das heißt, den Sommern vor dem ersten Weltkrieg, fuhr die verwitwete Frau Falkenheim mit ihren Töchtern in einen vornehmen Kurort in der Schweiz. Dort verbrachten sie zwischen See und Bergen sechs Wochen oder mehr in einem guten Hotel. Zimmer mit Aussicht, Zimmer mit Balkon... Musik im Palmenhof, Ausflüge, ein angeregtes gesellschaftliches Treiben inmitten eines internationalen Gästekreises. In einem Jahr lernten sie einen gut aussehenden jungen Rechtsanwalt aus England kennen. Nicht zu jung – Toni war achtzehn, Rosie um die zwanzig, er, fast eine Generation älter, in den Dreißigern – alt genug, um ein blendender Unterhalter und routinierter Charmeur zu sein. Er war, wie man erfuhr, schon sehr erfolgreich bei Gericht. Er war unenglisch genug – ein Hauch? mehr als ein Hauch irisch? –, um zu zeigen, daß er die Gesellschaft schöner Frauen genoß, und hängte sich an Toni, die, wenn die Atmosphäre stimmte, gerne flirtete. Sie spielten Tennis, sie tanzten am Abend... ein Sommerflirt, und von ihren Hotelbekannten als ein solcher gesehen: Der gut aussehende Rechtsanwalt aus England war Toni Falkenheims Kavalier.

Der nächste Sommer kam, und wer war zufällig in Vevey, Pontresina oder Gstaad (falls man mir gesagt hat, wo es war, habe ich es vergessen)? Der Rechtsanwalt aus England. Wieder übernahm er die Rolle als Tonis Kavalier. Nahm sie es ernst? Sie wußten, daß er nicht verheiratet war. Rosie, die nie imstande war zu fragen, meinte, Toni hätte es nicht ernst nehmen können. Er hatte ihr vielleicht ein wenig den Kopf verdreht, aber es war allzu deutlich ein angenehmer Zeitvertreib ohne Heimlichkeiten mit einem recht weltgewandten Herrn außerhalb ihres Milieus, kein Umwerben. Sie *konnte* es nicht ernst genommen haben, ihr eigentliches Leben war von Berlin geprägt, ihrer Musik, dem sie verwöhnenden Onkel, ihre Schwärme waren bislang Opernsänger. Dennoch war sie geschmeichelt, er war so intelligent, so unterhaltsam, er stand so hoch über den anderen alleinstehenden Herren im Hotel. Außerdem gefiel er ihr, er gefiel ihr sehr. Er war, sagte Rosie, ein Charmeur, der weit mehr zu bieten hatte als seinen Charme. So machte Toni das Beste aus den Tagen und Abenden in den Bergen...

Im nächsten Sommer verließen die Falkenheims Vevey oder Gstaad früher als sonst, und der gut aussehende Rechtsanwalt aus England ließ sich, da die Gerichtsferien erst im August begannen, überhaupt nicht blicken. Es war der Sommer 1914.

Eine Sache ist in diesem Bericht über die vorausgegangenen Jahre noch unerwähnt geblieben. Sobald das Orchester die Geigen eingepackt hatte, die Lichter in den Kronleuchtern gelöscht waren und Toni oben ihre Tanzschuhe ausgezogen hatte, schlich der Rechtsanwalt aus England in Rosies Zimmer und verbrachte die Nacht bei ihr. Ihre Zimmer lagen auf derselben Etage, sie ließ ihr Fenster offen, er hatte großes Geschick darin erlangt, sich wie ein Schatten an einer Reihe Balkone entlang zu bewegen.

Sie schrieben sich den ganzen Krieg hindurch über die neutrale Schweiz. Briefe an einen Feind, was jetzt jeder für jeden war, zu schreiben oder von ihm zu empfangen war ein schweres Vergehen. Sie müssen ein sicheres Postfach oder einen zuverlässigen Mittelsmann gehabt haben, denn sie kamen ungestraft davon. Der Nachruf, den ich nicht gelesen habe, hätte mich vielleicht darüber aufgeklärt, ob der Rechtsanwalt im Krieg gedient oder ein wichtiges juristisches Werk verfaßt hat, und hätte auch Auskunft darüber gegeben, wann er Kronanwalt wurde. Ich weiß nur, daß er Anfang der zwanziger Jahre zum Richter ernannt wurde. Richter in der Ersten Kammer des Obersten Gerichts für Strafsachen. Als Reisen für Deutsche wieder einigermaßen möglich war, ließ er sie nach England kommen. Rosie ließ Berlin, Familie und Stellung zurück und richtete sich – mit ihren eigenen Möbeln – in dem Zimmer in Upper Gloucester Place ein.

Ihre Affäre mußte verschwiegen, das hieß in seiner Position, vollkommen geheimgehalten werden. Es mag erstaunen, aber dabei blieb es.

Es dauerte seine Zeit, Antwort auf einige Fragen zu bekommen, nicht zuletzt, weil die meisten unmöglich gestellt werden konnten. Doch nachdem Rosie einmal zu reden begonnen hatte, tat sie es wieder.

Bald schon nannte sie mir seinen Namen. Er war keiner der Richter, auf deren Fälle sie mich hinwies. Ich hatte ihn nie bei Gericht gesehen. Doch was er am Morgen sagte, stand oft in der Mittagsausgabe der Abendzeitungen. Er war ein zitierfähiger Richter, ein witziger, ein eloquenter Richter – manche meinten, zu eloquent –, der keine Auseinandersetzungen scheute. Er setzte sich für gewisse Reformen ein – auf liberal-sozialer Ebene –, worin Rosie ihm beipflichtete.

Wie stand Toni dazu? Auch das fragte ich sie: Als Toni davon erfuhr – als Sie es ihr erzählten – Sie mußten es ihr doch erzählen, als Sie Berlin verließen? Oder hat sie es schon vorher gewußt?

«Sie hat es nicht vorher gewußt», sagte Rosie.

«In all den Jahren, als Sie ihn nie sahen?» (Was hatte meine Mutter in Sorrent durchgemacht – wie lange? eine Woche, zwei Wochen?) «Und als Sie sich nur schreiben konnten?»

Rosie sagte, sie sei sich nicht sicher, ob sie mit irgend jemandem habe reden wollen. «Und Toni konnte ich es nicht sagen.»

«Es hätte sie», sagte ich, «nun ... vorbereiten können.»

«Das hätte nichts geändert. Toni hat ihren Stolz. Du kennst sie gut genug, du mußt es gemerkt haben. Ein schrecklicher Stolz.»

«Sie wurde aber auch wirklich ein wenig zum Narren gehalten.»

«Nun ja, irgendwie, aber nicht richtig. Jack sagt, sie war damals sehr hübsch.» Rosie nannte ihren Richter Jack, obwohl das nicht sein Vorname war. «Es hat ihm Spaß gemacht, mit ihr zu flirten.» Sie sagte das mit äußerster Gelassenheit. «Wir hätten es mit einem Lachen abtun können.»

«Aber Toni hat es nicht getan.»

«Toni hat es nicht getan. Sie wurde blaß. Zuerst dachte ich: Wut. Heute bin ich nicht sicher. Sie verließ den Raum. Ich werde den Ausdruck auf ihrem Gesicht niemals vergessen. Wir haben nie wieder darüber gesprochen.»

«*Nie?*» Ich mußte an die Mitteilsamkeit denken, in der meine Mutter mich geschult hatte.

«Nicht direkt. Sie weiß, daß wir uns sehen. Das ist unvermeidlich. Aber sie will nicht von ihm sprechen, sie will ihn nie wiedersehen. Sie kann es nicht ertragen, seinen Namen zu hören.»

Ich dachte an das, was Toni anläßlich der ungeschriebenen Postkarten zu mir gesagt hatte.

«Ich denke oft, es war ein Schock», sagte Rosie, «diese furchtbare erste Reaktion. Der reinste Schock. Daß ich sie verließ, daß ich Berlin verließ, war schrecklich für sie.»

Ich sagte nicht: Aber Sie sind trotzdem gegangen. Wir saßen nur da und überließen uns unseren Gedanken.

«Toni und ich, wir ...» Sie zögerte.

«Hängen aneinander ...?» warf ich ein.

Sie zögerte wieder. «Man könnte sagen, wir sind aneinander gefesselt ... es fing an, als wir Kinder waren, wir mußten uns gegen unsere Mutter verbünden. Toni war die hübsche, aber an sie wurden die meisten Anforderungen gestellt – Toni ist verwöhnt *und* verletzlich. Was *ich* für sie empfinde, ist Besorgnis ... ich habe immer Angst um sie.»

«Und sie? Toni hat Sie doch sehr gern?»

«Ich weiß es nicht. Wie gesagt, wir sind aneinander gefesselt. Sie kann es nicht ertragen, wenn ich nicht da bin. Als ich damals nach London zog, hat sie mir jeden Tag geschrieben.»

«Meine Güte», sagte ich. «Richtige Briefe?»

«Keine *richtigen* Briefe», sagte Rosie. Sie fügte hinzu: «Ich bin nicht sicher, daß sie mich gern hat. Sie mißbilligt mich.»

«Ist es... ist es wegen dem Richter?»

«Das kommt hinzu. Das Schlimmste ist, daß sie hier nicht glücklich ist. Es ist nicht das Richtige für sie.»

«England?»

«Alles.»

«Aber Jamie –?»

«Oh, Jamie», sagte sie.

«Sie meinen, sie hätte es nicht tun sollen?»

«Ich meine, sie hätte es nicht getan.»

Ihn geheiratet, wenn sie, Rosie, nicht fortgegangen wäre? War es das, was sie sagen wollte?

«Als sie Jamie kennenlernte, war Toni noch in diesen Tenor vernarrt.» Sie nannte einen international bekannten Sänger, der schon lange über seine zweite Jugend hinaus war.

«Hat sie ihn gekannt?»

«Vor Jahren, als unser Onkel noch lebte, hat sie sich ihm vorstellen lassen, und die drei tranken zusammen Tee oder dergleichen. Ein einziges Mal, so viel ich weiß. Er war außerdem ungeheuer fett. Und verheiratet. Es war schlicht Unsinn. Alles, was Toni von einem Mann will, ist ihn von weitem anbeten oder mit ihm flirten.»

«Aber sie hat *geheiratet*.»

«Oh, Toni hat durchaus mit Jamie geflirtet. Das Dumme ist, das ist nicht genug.»

Ich nickte.

«Es gibt Dinge, über die du noch nicht viel weißt, meine Liebe», sagte sie mit nicht unfreundlicher Miene.

Ich fragte mich, ob das, was Toni sich am meisten gewünscht hatte, ein gut aussehender Mann für sie allein war, der sie nach England entführte.

Nachdem ich nun eingeweiht war, wurde ich auch über Rosies Tagesablauf aufgeklärt. Mit wenigen Ausnahmen – etwa wenn der Richter auf einer Rundreise war – ging sie von Montag bis Donnerstag oder Freitag jeden Abend in seine Wohnung. Sie fuhr mit der Untergrundbahn von der Baker Street zum St. James's Park und kehrte, wie ich gesehen hatte, morgens auf demselben Weg zurück. Sie hatte seinen Schlüssel, kam und ging leise, vergewisserte sich, daß der Fahrstuhl leer war, vermied es, dem Pförtner zu oft zu begegnen. An manchen Abenden, beileibe nicht allen, dinierten sie abends zu zweit in seiner Wohnung, meistens jedoch kam sie später und wartete, bis er von einem Abendessen mit Freunden oder von einer Veranstaltung zurückkam. Er hatte zahlreiche gesellschaftliche Verpflichtungen. Er trug Frack oder Smoking, letzteren stets, wenn sie alleine speisten. Daher – auf seine Bitte? weil er es voraussetzte? – ihre morgendlichen Abendkleider. Als Pseudoabendkleider könnte man sie bezeichnen: Sie kleidete sich gemäß der Konvention, aber nicht gut. Man darf nicht vergessen, daß sie eine schlechte Figur hatte, und sie kaufte ihre Kleider von der Stange. (Einmal bat sie mich, sie zu Swan and Edgar's zu begleiten.)

Die Wochenenden verbrachte der Richter außerhalb von London. Er hatte Bekannte in der Nähe von Bath, einen Neffen in Gloucestershire, er wurde auf Landhausfeste eingeladen, war ein guter Schütze. Sie ging selten zu seinen Gerichtsverhandlungen, aber wenn er einen interessanten oder sensationellen Fall hatte, besorgte sein Sekretär ihr einen Platz. Ansonsten sah sie ihn nie außerhalb seiner Wohnung. Sie gingen nirgends zusammen hin, nicht einmal ins Kino. Er hatte sie keinem seiner Freunde vorgestellt, niemand wußte von ihrer Existenz. Mit Ausnahme seines Sekretärs, des Mannes, der ihnen in der Wohnung das Essen servierte, und gelegentlich eines Pförtners (sie ging, bevor morgens die Haushälterin kam), war sie nicht einem einzigen Menschen begegnet, den er kannte.

Über ihre finanzielle Situation verlor sie kein Wort. Sie arbeitete nicht, und von Jamie erfuhr ich, daß das gesamte Vermögen der Falkenheims von der Inflation in Deutschland aufgezehrt worden war. Trotzdem schien sie keine Geldsorgen zu haben – sie schien sich überhaupt nicht viele Sorgen zu machen, ausgenommen um ihre Schwester. Obwohl sie bescheiden lebte, lebte sie nicht schlecht, mit weit weniger Einschränkungen als Toni und Jamie, denen *sie* hin und wieder etwas Besonderes bot. Sie zögerte nie, in ein Theater zu gehen oder einen Ausflug zu architektonischen Sehenswürdigkeiten zu machen. In der Saison hatte sie Erdbeeren für mich, hielt sich selbst allerdings an Eclairs. Man mußte eine regelmäßige Einkommensquelle vermuten.

Eine Zuwendung? Almosen? Eine Schenkung? von dem Richter? Ich habe es nie erfahren.

Das Gehalt eines Richters beim Obersten Gericht erschien mir enorm, und es war im Verhältnis bestimmt erheblich höher als heute, ebenso wie ein Richter selbst damals für ein erhabenes, ja sakrosanktes Wesen gehalten wurde. Von Rosies Richter war bekannt, daß er zudem über ein nicht unbeträchtliches privates Einkommen verfügte.

Die Frage, warum sie zur Untermiete wohnte, konnte man nicht stellen. Das Zimmer war übrigens ganz bezaubernd. Ein großer, beinahe quadratischer Raum, mit angenehmer Deckenhöhe und zwei hohen Fenstern. Das Bett war ein Diwan, die Möbel, nicht zu viele, waren hell und bemalt – bayerischer Bauernbarock? –, helle Gardinen, helle Tapete, bequeme Sessel, alles in allem wirkte es sehr freundlich. Waschbecken und Gaskocher waren – anders als bei mir – in einer Nische hinter einem Vorhang versteckt. Ich hätte ihr einen eigenen Hauseingang gewünscht, ganz zu schweigen von Küche und Bad. Die Miete für eine kleine unmöblierte Wohnung hätte damals auch nicht mehr betragen. Vielleicht wohnte sie aus Sicherheitsgründen dort, vielleicht war es ein besseres Versteck als eine

Wohnung in, sagen wir, St. John's Wood, vielleicht war es nur, weil die Falkenheims nicht zur Häuslichkeit neigten.

Die neuesten Romane lagen immer auf ihrem Tisch: Huxley, Waugh, alsbald I. Compton-Burnett. Der Richter ließ sie ihr stets durch einen Buchhändler schicken. Und die, die ihr gefielen, brachte sie ihm dann zum Lesen mit.

Im Mai erhielt ich einen Brief – vielmehr ein kurzes Schreiben – von Alessandro. Die Badesaison im Meer hatte begonnen, nicht nur für die Abgehärteten, sondern für richtige, ausgiebige Schwimmer. Deine Mutter meint, es würde Dir Spaß machen, sie bat mich Dir zu schreiben, ob Du nicht bald kommen und Dir einen langen, schönen Sommer machen möchtest…

Zuvor hatte er geschrieben, daß sie umzögen. Nicht in eine andere Villa, nein, in ein provenzalisches Bauernhaus aus dem achtzehnten Jahrhundert – sehr hübsch und ohne Komfort.

Baden im Meer… ich hatte es nicht vergessen. Einen langen, schönen Sommer… Ich sprach mit meiner Wirtin ein paar Wochen vorher: mein Zimmer oder ein ähnliches in derselben Straße sei im Herbst zu haben. Von Alessandro kam wieder ein kurzes Schreiben, sie würden mich am Bahnhof von *Toulon* abholen: Sie möchte Dich wissen lassen, daß eine Überraschung auf Dich wartet, aber ich verrate noch nichts.

Seit Rosie gehört hatte, daß ich nach Frankreich fahren würde, war sie nachdenklich geworden – ich hatte ihr viel von Sanary erzählt –, und eines Abends sagte sie, sie hecke einen Plan aus, einen kühnen Plan, aber vielleicht ganz einfach zu verwirklichen, ob ich ihr helfen würde? Ob ich etwas für sie tun würde?

Natürlich.

Sie und Jack waren noch nie zusammen irgendwo gewesen, seit damals in der Schweiz, wie lange war das her? Fünfzehn Jahre? Er verbrachte seinen Urlaub gewöhnlich in Somerset, in Schottland oder in Irland. Früher sei er auch oft nach Monte Carlo gefahren, «aber jetzt nicht mehr», sagte sie, und ich glaubte einen Ausdruck in ihrem Gesicht wahrzunehmen, den ich noch nie an ihr gesehen hatte, ganz flüchtig, ein Aufflackern panischer Angst. Sie faßte sich sofort wieder: «Was ich sagen will», fuhr sie fort, in ihrer normalen, ziemlich tiefen Stimme, «wir können nicht im Traum daran denken, in England irgendwohin zu fahren, auch nicht in die Orte und Hotels im Ausland, die Jack gewöhnt ist und wo er bekannt ist.»

«Sanary?»

«Es *wäre* möglich.»

«Dort wären Sie sicher, in einem kleinen Hotel – niemand würde Sie kennen, ich meine, ihn.»

Der Plan war gut. Jack sei sehr dafür, wurde mir gesagt.

«Er liebt es, Risiken einzugehen», sagte Rosie. Er überließ ihr die Vorbereitungen, sie überließ sie mir.

Vierzehn Tage im Sommer, wenn die Gerichtsferien begonnen hatten – sie wollten getrennt fahren, sie ein, zwei Tage vor ihm eintreffen, natürlich getrennte Zimmer, mit Verbindungstür, falls es sich machen ließe.

Ich sagte, ich werde mich darum kümmern.

In Bandol gebe es ein gutes Hotel, erläuterte ich, aber dort würden ein paar Engländer sein – ich hatte die *Continental Daily Mail* herumliegen sehen... Die Hotels in Sanary waren weniger bekannt. Das La Tour, sehr hübsche Aussicht, aber laut und voll von schmuddeligen Künstlern. «Ich glaube nicht, daß es dem Herrn Richter behagen würde.»

Sie lachte und sagte, der Herr Richter sei bereit, anspruchslos zu wohnen.

Ich erwiderte, er habe das La Tour nicht gesehen. Es gebe aber noch das Dol, ein sehr gemütliches, sehr französisches Hotel, mit Geschäftsreisenden das ganze Jahr über und Urlaubern im Sommer. Ich kenne den Besitzer, sagte ich, und erinnerte mich mit Vergnügen an unsere Beloteabende mit ihm im La Marine. Aber dort würden Sie fremd wirken, Sie würden zu sehr auffallen. Dann ist da noch das eine mit dem Tennisplatz, das etwas größer ist, aber einen schrecklich düsteren Garten mit Oleander und Pinien hat. Ah, das Hotel de la Plage, das dürfte das Beste sein, auf der flachen Seite von Sanary, direkt am Meer gelegen, gute Küche, dort werden Sie kaum auf Ausländer treffen, es sei denn eine alte Jungfer aus England, die Aquarelle malt. «Da wären Sie ganz anonym.»

Anonym?

Rosie bemerkte den Haken an der Sache. Ich auch.

«Ich nehme an, er kann nicht unter falschem Namen reisen? Natürlich nicht. Also, wenn Sie ankommen», konnte ich sie beruhigen, «müssen Sie sich nicht in ein Fremdenbuch eintragen, Sie füllen ein Kärtchen aus, man wirft kaum einen Blick darauf – nicht wie in Italien, wo man sich in Ihre Ausweise vertiefen und sie stundenlang behalten würde –, Sie tragen Ihre Paßnummer ein und das Ankunftsdatum. Und ja, den Beruf... was steht in seinem Paß?»

«Ich habe seinen Paß nie gesehen», sagte Rosie.

«Dort braucht man ihn auch nicht zu sehen. Könnte er nicht so etwas sein wie *Docteur en Droit*, Doktor der Rechte – wenn ich Schriftstellerin bin, werde ich immer *Femme de Lettres* schreiben –, *Magistrat* kann auch für vieles herhalten... Vielleicht muß er *juge* schreiben, Richter, das ist in Frankreich nichts Großartiges, er könnte ein einfacher *juge d'instruction* sein, ein Verfahrensrichter. Solange sie ihn nur *Monsieuer* nennen und nicht mit *Milord Anglais* daherkommen.»

Hier fragte ich mich, nicht zu erstenmal, wie er wohl aussah. Rosie hatte keine – oder zeigte mir keine – Fotografie von ihm.

Es wurde beschlossen, daß ich mich über alles noch einmal vergewissern sollte, sobald ich nach Frankreich kam.

Während ich mich auf diese Weise mit Rosie verschwor, sah ich Toni sehr oft, und ich sah noch viel mehr. Trotz Babydeutsch-Unterricht und ihrer loyalen Unterstützung seiner Arbeit fiel auf, daß Toni Jamie mit Herablassung behandelte und, wenngleich indirekt, auch so von ihm sprach und daß sie meinte, ihm überlegen zu sein, das heißt zivilisierter und vornehmer. *Sie* war kein Mann, Männer waren von Natur aus minderwertig wegen ihres unmäßigen Appetits. *Er* war kein Künstler oder Musiker, kein Berliner Jude, sondern ein angelsächsischer Goi. Sie fühlte sich nur zu Juden hingezogen, italienische und lateinamerikanische Opernsänger waren Ehrenjuden. Sie hatte hierüber geschwiegen, bis ich zufällig eines Tages – ich erinnere mich nicht, in welchem Zusammenhang – eine Bemerkung über meine jüdische Herkunft fallen ließ. Der Abstammung nach, nicht durch Religion oder Tradition. Meine Mutter hatte mir die Gleichgültigkeit gegenüber Rasse und Nationalität vorgelebt, und ihr Beispiel bewirkte, daß ich selbst kaum einen Gedanken darauf verwendete. In einigen Enklaven war dies in den zwanziger Jahren noch möglich. Tonis Reaktion auf meine beiläufige Bemerkung hatte mich verwundert. «Also bist du keine Goi, Gott sei Dank!» Dann wurde sie mißtrauisch und fragte mich aus. Ich hatte weder die richtigen Haare noch den Teint noch sonst etwas. Ich versicherte ihr, daß ich mütterlicherseits garantiert Vierteljüdin sei und noch ein paar Prozent von einer unehelichen Linie mitbekommen habe. Toni sagte, sie habe einen guten Instinkt bewiesen, mich von Anfang an zu mögen, und daß zumindest meine Denkweise nicht durch und durch nichtjüdisch sei. Ich faßte es als das Kompliment auf, das es war. Von da an war unser Verhältnis noch mehr von Herzlichkeit und noch weniger von Förmlichkeit geprägt.

Zu den Dingen, über die sie gern mit mir sprach, gehörte das Theater der Weimarer Republik – der frühe Reinhardt, die frühe Elisabeth Bergner –, sie veranlaßte mich, Alfred Kerr zu lesen, den brillanten, originellen Berliner Kritiker, der zu seiner Zeit so einfallsreich war wie George Bernard Shaw. Kerr, berüchtigt für seine Vorliebe für sehr junge Mädchen – er heiratete einige –, hatte Toni einst den Hof gemacht. Nachmittags, wenn wir allein in der Wohnung waren, spielte Toni für mich Klavier, oft Mozart. Musik hatte weder im Leben meines Vaters noch in dem meiner Mutter eine große Rolle gespielt, jetzt brauchte ich sie. Toni bot mir damals und auch in späteren Jahren wiederholt an, mir Klavierstunden zu geben – leider blieb es hoffnungslos: Ich hatte kein Talent, ich hatte kein Gehör. Doch ich hörte gern zu. Als sie einmal die Arie der Contessa für ihre Gesangstunde übte und sich selbst dabei begleitete, durfte ich im Zimmer bleiben. Ich war nicht fähig, ihre Stimme zu beurteilen, aber sie klang wundervoll, und ihr Gesang bewegte mich sehr.

Ein paar Tage vor meiner Abreise saßen Toni und ich im Regent's Park auf Stühlen auf dem Rasen; ein Mann kam von Zeit zu Zeit vorbei, um zwei Pence für die Benutzung der Stühle zu kassieren. Es war ein schöner Spätnachmittag im Mai. Ich hatte ihr gerade erzählt, daß ich mich auf Südfrankreich freue.

«Wie Rosie», sagte sie.

Es traf mich wie ein Peitschenhieb. Ich schwieg. Wie hatte sie davon erfahren?

«Rosie will also nach Frankreich!»

«Noch nicht... Nur vielleicht...» erwiderte ich matt.

«Und du ermutigst sie. Tu das nicht.»

«Wie haben Sie...?»

«Stell dich nicht so dumm», sagte sie, «Rosie ist so leicht zu durchschauen.»

Ich wurde nachdenklich.

«Es ist Wahnsinn. Die Presse mag ihn nicht, er kann es sich nicht leisten, daß sie noch mehr herausfinden.»

«Noch *mehr*?»

«Die Geschichte vor zwei Jahren. Wenn er nicht so gute Beziehungen gehabt hätte... er ließ die richtigen Verbindungen spielen.»

«Doch nicht...» stammelte ich, «nicht...?»

«Nein. Kein Beweis für einen neuen Sexskandal», sagte sie mit ihrer forschen Stimme.

Ich war erschüttert. Solche Ausdrücke paßten nicht zu ihr.

«Wenn du es nicht weißt, wenn sie es dir nicht erzählt hat», sagte sie, «*ich* sage nichts.»

«Natürlich», sagte ich, nun auch ganz kühl, ich kam mir großzügig vor, aber vielleicht war ich auch nur selbstgefällig.

«Ich will es nicht wissen.»

Sie überhörte das. «Es ist eine Schande! Henry benimmt sich abscheulich. Sie hat für ihn ihr Leben ruiniert.»

Henry war also der wirkliche Vorname des Richters. Also redet sie doch von ihm, dachte ich, sie erwähnt ihn.

«Wie er sie leben läßt...»

Ich hegte ab und zu ähnliche Gedanken.

«Eine Schande», wiederholte sie.

Ich sagte verständig: «Es ist einzusehen, warum sie so... streng getrennte Leben führen müssen... Wenn es niemand wissen darf...»

Sie unterbrach mich. «Das kennen wir doch alles: ‹Ein Mann in seiner Position...› – ‹nicht die Spur von einem Skandal...› Und so weiter. Natürlich könnte er nicht Richter bleiben, wenn herauskäme, daß er sich eine Geliebte hält. Geschieht ihnen recht!»

Ich war abermals erschüttert. «Aber es ist ungeheuerlich, daß die Leute so empfinden oder daß die Presse es so darstellt. Es ist seine... es ist ihre Sache – es hat nichts damit zu tun, ob er ein guter Richter ist.» Auch ich wurde heftig.

«Ich kann nichts für die englische Sensationspresse. Oder die englische Scheinheiligkeit.»

«Aber es *ist* ungeheuerlich – man sollte versuchen, *das* zu ändern.»

Sie hörte nicht zu. «...diese armselige Heimlichtuerei, sie hätte sich gar nicht darauf einlassen dürfen.»

«Was könnte sie tun?»

«Sie könnte ihn verlassen. Er könnte sie heiraten. Es gibt Männer, die das tun.»

«Vielleicht», sagte ich, «wollen sie nicht heiraten.»

«Du kannst darauf wetten, daß *er* nicht will. Henry ist der egoistischste Mensch auf Erden.»

Ich versuchte, mir Rosie als Gattin eines englischen Richters vorzustellen. Alessandro kam mir in den Sinn – erstaunt dachte ich, daß er sicher ganz reizend zu ihr wäre, aber daß es auch ihm weniger gefallen würde, mit ihr in der Öffentlichkeit gesehen zu werden. Damals war Alessandro sehr jung und hübsch, doch auch der Richter war der gut aussehende junge Rechtsanwalt aus England gewesen.

«Sehen wir den Tatsachen ins Gesicht.» Es war, als lese Toni meine Gedanken. «Rosie ist kein bezaubernd schönes Bildnis.» Sie benutzte den Ausdruck mit einem Kichern, und wieder beschlich mich Unbehagen. Die ganze Grausamkeit aber ging mir erst später auf. Dann fuhr sie fort: «Man ist ganz schön übel dran in diesem Land, wenn man eine Ausländerin heiratet! – dazu noch eine ohne Geld. In Berlin stellt unsere Familie etwas dar, aber *hier* kennen sie keinen Unterschied. Und Henry würde niemals eine Jüdin heiraten.»

«Er *kann* kein Antisemit sein!» Wenn, dann wäre er ein Scheusal, und er kann nicht gegen Juden sein, wenn er ... wenn er eine Jüdin liebt.

«Du weißt nichts von dem gesellschaftlichen Antisemitismus der Engländer», sagte Toni verächtlich, «in Deutschland ist es der *Pöbel*» – ein scheußlich klingendes Wort, sie benutzte den deutschen Ausdruck –, «hier dagegen ist der Adel antisemitisch. Das ist hier die natürliche Ordnung der Dinge, ‹Oh, er ist aus dem Stamme Moses›. Jamie ist nicht so, vermutlich, weil er keine Privatschule besucht hat. Henry würde sich immer anpassen. Außer», fügte sie hinzu, «im geheimen.»

Ich sagte ruhig: «Ist es nicht möglich, daß sie beide einfach nicht heiraten wollen? Vielleicht ist er ein eingefleischter Junggeselle – und Rosie will auch ledig bleiben.»

Jetzt fuhr sie mich an: «So jung und keine Moral.» Und nach einer Pause: «Ich nehme an, es ist nicht deine Schuld.»

Ich verstand die Anspielung – ich war daran gewöhnt. Meine Mutter war nicht sehr beliebt bei denen, die sie nicht kannten.

Ich sagte: «Ich dachte, *Sie* hätten Verständnis.» Es war schwierig, die vergangene halbe Stunde war meine erste Auseinandersetzung als Erwachsene gewesen.

«Ich?» fragte sie.

Ich wagte es: «Wie Sie ‹Porgi Amor› gesungen haben…» Auf ihr Schweigen hin versuchte ich auszudrücken, was ich fühlte. «Ich bin überzeugt, daß Rosie sich nicht mehr wünscht als das, was sie hat. Selbst wenn es nicht perfekt ist. Ich weiß, sie ist zufrieden.»

«Das», sagte Toni, «ist erst recht eine Schande.»

6. Kapitel

Die von Alessandro angekündigte Überraschung stand braun und groß vor dem Bahnhof von Toulon. Unbändiger Jubel kämpfte mit Enttäuschung. Mein Denken und Fühlen konzentrierte sich durchaus nicht nur auf Huxley, den Völkerbund, Essen und die Liebesaffären anderer Leute: ich schwärmte sehr für Automobile. Und nun war eins da, nicht mein eigenes, aber doch nahe daran – ein *Auto*. Nur – die Autos, von denen ich träumte, hatten lange Kühlerhauben, niedrige Sitze, vor allem waren es *offene* Wagen. Sogar Jamies langweiliger Morris-Cowley hatte offene Klappsitze, auf denen man den Rausch der Geschwindigkeit erleben konnte. Was da zwischen Straßenpflaster und den staubigen städtischen Palmen parkte, war eine geschlossene Limousine ohne abnehmbares Verdeck, Gott behüte, ein Familienwagen mit vier Türen und einem sperrigen Gepäckträger auf dem Dach, was ihn erst recht unsportlich aussehen ließ. Es war ein gebrauchter Peugeot aus einem Baujahr, das ein ungewöhnlich plumpes Design hervorgebracht hatte.

Meine Mutter nahm mit sagenhafter Verzichtbereitschaft auf dem Rücksitz Platz. Und als ich vorne saß, neben Alessandro am Steuer, gewann der Jubel die Oberhand. Alessandro nahm die starke Steigung, die westwärts aus Toulon herausführte, mit höchster Geschwindigkeit. Er hatte erst vor wenigen Wochen die Fahrprüfung abgelegt, aber er fuhr mit angeborener Begabung, wie ich fand, und gut. Er verstand sogar etwas von Autos.

Aus dem Fond erzählte mir meine Mutter die Neuigkeiten und erläuterte die Gründe für den Erwerb des Autos. Es schien ihnen gutzugehen. (Jedesmal wenn ich ankam, suchte ich die Omen zu deuten.) Sie und Alessandro versuchten sich als Dekorateure und Antiquitätenhändler, ein Nebenprodukt seines recht erfolgreichen Einstiegs in die Domäne der Kunsthändler. In ihrem Bekanntenkreis spiele so mancher mit dem Gedanken, sich ein Haus in Südfrankreich einzurichten, und solche Leute begeisterten sich auch für provenzalische Möbel, Bauernmöbel zumeist, einige sehr edle Stücke darunter, sofern sie sich nicht durch die Imitationen in Gasthausspeisesälen von diesem Stil abschrecken ließen. Noch seien die echten Stücke zu finden, wenn man wisse, wo man suchen müsse, und meine Mutter und Alessandro unternähmen Ausflüge in die Berge der Haute-Provence – eine herrliche Landschaft – und fragten bei den Einheimischen nach. Sie bezahlten auch anständige Preise – diese Bauern seien nicht von gestern –, man lerne manchen komischen Kauz kennen, aber Alessandro wisse sie zu nehmen.

Deine Mutter auch, warf Alessandro ein.

Wir wechseln uns ab, sagte sie. Siehst du, wir brauchen ein Auto. Um in diese Wildnis zu gelangen und die Beute zu transportieren. Der Peugeot hatte einen stabilen Rahmen, Truhen und Kommoden konnten, mit einer Matratze gepolstert, auf dem Dach über die holprigen Straßen transportiert werden. (Ich war froh, daß sie keinen Lastwagen gekauft hatten; Kombiwagen gab es damals in Frankreich noch nicht.) Monsieur Panigon hatte sich als unschätzbarer, gewiefter Kenner erwiesen und Alessandro durch den Dschungel der Marseiller Gebrauchtwagenhändler geführt.

Dann kamen wir zum Haus, und alles war eitel Sonnenschein. Es lag oberhalb von Sanary, knapp anderthalb Kilometer landeinwärts, von der Route de Bandol abzweigend. Wir fuhren durch ein Tor, ließen den Wagen auf einem kleinen Platz stehen – tauchten sogleich ein in den würzigen Geruch des Midi: Harz, Thymian, heiße Steine –, gingen zum Vordereingang, und da stand es: Das neue Haus war ein altes Haus. Ockergelb gestrichen, einstöckig, eine schlichte Fassade aus hohen Fenstern mit den verblichenblauen Blendläden der Region, stand es auf der höchsten von drei Terrassen eines Hanges, auf beiden Seiten von einer Reihe Zypressen flankiert. Zur Haustür gelangte man über eine kleine Treppe, die auf ein Podest mit einer kurzen Balustrade führte. Drinnen war es kühl, die Fußböden waren blank gebohnerte, dunkelrote Dielen, die Wände weißgetüncht, das Balkenwerk aus hellem Holz – ich konnte mit einem Blick die Handschrift von Alessandro erkennen –, die Türen und gardinenlosen Fenster wohl proportioniert, die Zimmer von angenehmer Größe. Wer waren die ursprünglichen Besitzer? Reiche Bauern oder Bürger? War es vor einem Jahrhundert oder vor anderthalb Jahrhunderten erbaut? Man konnte es nur vermuten.

Die Möbel waren nichts Besonderes, nicht allzu schwer und massiv, bunt durcheinandergewürfelt, nichts Neues oder neu Erworbenes oder richtig Häßliches, weit entfernt von den Eßzimmereinrichtungen der Galeries Lafayette. Auch hier konnte ich sehen, daß Alessandro und meine Mutter alles ein wenig umgestellt und aufpoliert hatten: Es sah leger und zugleich wohnlich aus. (Ein weiteres gutes Omen.) Die Küche war schön groß, mit einem Kohlenherd, mehreren Holzkohleöfen und einem marmornen Spülstein mit Kaltwasserhahn. Die Toilette war modern und sauber und hatte ein eigenes Fenster, das Bad, vermutlich erst jüngst aus einer Abstellkammer entstanden, war ein enges, feuchtes, schwarzes Loch.

Die Terrasse vor dem Haus war mit groben Steinen gepflastert, die von Disteln und dornigem Unkraut zusammengehalten wurden, gerade eben genug, um Boules zu spielen und Tisch und Stühlen zum Essen im Freien Halt zu geben. Die zwei tiefer liegenden Terrassen waren mit Gestrüpp bedeckt. Es gab nichts, was einem Garten nach nördlichen Vorstellungen entsprochen hätte, das verfügbare Wasser ließ den Gedanken an Gras gar nicht erst aufkommen. Was man aus den nach vorne gelegenen Fenstern sah, war die strenge Perspektive einer Zypressenallee, an deren fernstem Punkt man die Ziegeldächer von Sanary ausmachen konnte.

Ich war glücklich. Zum ersten Mal, seit wir Italien verlassen hatten, würde ich in einem Haus leben, das ich lieben konnte. Ich äußerte etwas in diesem Sinne.

Es sei tatsächlich gut, bestätigte meine Mutter, und für ein gemietetes Haus ein Wunder. «Die Makler sagten uns, es sei schwer zu vermieten. Die Sommergäste mochten es nicht. Eine Zeitlang haben sie es gar nicht mehr angeboten. Die Miete ist niedriger, als wir für die dämliche Villa bezahlt haben.»

Ich machte ein fragendes Gesicht.

«Die Jahresmiete», sagte meine Mutter. Alessandro fügte bestimmt hinzu: «Wir haben es für ein Jahr gemietet.»

«Verlängerbar?» fragte ich.

«Verlängerbar.»

«Vielleicht interessiert es dich, wer unsere Vorgänger waren», sagte meine Mutter. «Rate mal, wer das Haus im letzten Winter hatte?, es heißt übrigens *Les Cyprès*, wie denn sonst. Die ‹Snobs› aus Paris! Erinnerst du dich an das mysteriöse Paar, das wir vor zwei Jahren immer im Kino gesehen haben?»

Ich erinnerte mich.

«Die zwei, über die unsere Freunde im La Marine so garstig hergezogen sind.»

«Sie sind wiedergekommen?» fragte ich. Letzten Sommer hatte man sie nicht gesehen.

«Und wieder verschwunden. Dem Vernehmen nach soll sie eine Trainingspartnerin von Suzanne Lenglen sein, und er soll mit Lacoste und Borotra aufgewachsen sein, und man erzählt sich, daß sie in Biarritz sind und den ganzen Tag nur Tennis spielen. Andere Gerüchte meinen, sie sind in Paris, um ihre Angelegenheiten zu regeln und sich dann für immer hier niederzulassen. Jemand will tatsächlich ihren Bauplatz gesehen haben.»

«Wo?» fragte ich.

«Ich habe nicht die geringste Ahnung.»

Ich hatte die Omen richtig gedeutet. Es wurde ein schöner Sommer, mein dritter in Südfrankreich. Es sollten noch viele folgen, und keiner war wie der andere, jeder brachte eine neue und eigene Atmosphäre, neue Interessen und Ereignisse mit sich; dabei standen immer bestimmte Menschen im Vordergrund. Was stets gleich blieb, war nur das Klima, das unveränderliche Sommerklima der Mittelmeerküste. Es erfüllte und bestimmte unser Dasein. Sonne und Meer allgegenwärtig, die würzige Luft, die durchdringenden Laute der Laubfrösche und Zikaden – das war die Umgebung, in der wir uns wohlfühlten. Von Mai bis Oktober gab es keinen Regen, nur den morgendlichen Tau, und so veränderte sich nichts: Die Erde war farblos, im Meer spiegelte sich der Himmel. Jeden Morgen erwachten wir im klaren Licht der Kühle, die im Laufe der Stunden in die stille, regungslose Mittagshitze überging, die von den leichten Abendbrisen vertrieben wurde, auf die eine warme Nacht folgte, vom klaren Himmel und dem phosphoreszierenden Meer erfüllt. Diese Sommer vermittelten ein Gefühl der Beständigkeit, der Zuversicht – so wird es weitergehen, mit uns wird es weitergehen.

Oh, man mußte dem Zauber des Mittelmeeres erliegen!

Die Einheimischen am allermeisten. Nördlich von Avignon oder von Pisa, je nachdem, verzehren sie sich nach dem, was sie entbehren müssen, während wir übrigen nach unseren ersten Wochen an der ligurischen oder ägäischen Küste uns kaum wieder vom Ruf des Südens lossagen können. So erging es mir, nachdem ich als Kind bei der Überquerung der Alpen aus einem Zugfenster gesehen hatte, und später, als die Sorrentiner Halbinsel meinem instinktiven Sehnen ein Ziel gegeben hatte. Von da an hieß der Süden für mich Italien, und mein erster Sommer in Sanary hatte mich verwirrt und enttäuscht. Der *Mezzogiorno*, der *Midi*, welchen Namen man ihm auch immer gab, das war der wahre Süden, ohne jeden Zweifel, nur war es eben ganz sicher nicht Italien. Ich vermißte, was ich gewöhnt war, ich vermißte, was ich liebte, und obwohl unbesonnen und unwissend, berührte mich das Fehlen jener Architektur, die ich noch im entlegensten und unbedeutendsten Dorf zu entdecken gewohnt war. Das armselige Sanary hatte zwei Brunnen am Ende des Hafens zu bieten, jeweils von einer Statue um 1900 gekrönt, die eine stellte *L'Agriculture* dar, die andere *Le Commerce*. Es war ein Abstieg.

Kurz und gut, ich fühlte mich zunächst nicht wohl in Sanary, was aus heutiger Sicht schwer zu verstehen ist. Der beunruhigende, plötzliche Umzug meiner Mutter und Alessandros nach Frankreich und das leichte Unbehagen, das Gefühl, daß mit ihnen – zwischen ihnen? – nicht alles gut war in jenem Jahr, mögen dazu beigetragen haben.

Wie gänzlich anders waren die Monate, die sich bald darauf anschlossen. Wintermonate, sonnig in jedem Sinne, aber dennoch Winter. Und obgleich wir uns alle Mühe gaben, französisch zu werden – bei Tag uns in die Bücher vertieften und abends ausgingen –, so hätten wir doch überall auf uns allein gestellt leben können, als eine Mutter und ihre Tochter, oder zwei Schwestern, oder einfach eine Frau und ein Mädchen, glücklich, sehr glücklich in unsere windige Villa gekuschelt wie zwei Forscher in ihrem Basislager. Eine solche Zeit kam nie wieder.

Den folgenden Sommer, meinen zweiten in Frankreich, von dem ich einen guten Teil in London verbrachte – meine letzte Etappe mit den Robbins –, sehe ich als Vorläufer des dritten, des gegenwärtigen, mit dem sommerlichen Tagesablauf in Südfrankreich: Vormittage voller Aktivität, auf dem Markt und im Meer, Siestastunden im Haus bei geschlossenen Jalousien, abends Essen und Tanz im Freien. Zu Hause mehrten sich Anzeichen von Beständigkeit, die Warnungen der Treuhänder verstummten, Alessandro war bei einer kleinen Clique aus Künstlern und ihren Mäzenen als Zwischenhändler anerkannt. Im Dorf wurden neue Bekanntschaften geknüpft, frühere abgelegt. Die Zeiten, da man meiner Mutter als alleinstehender Frau – einer schönen Frau, vielleicht etwas rätselhaft? – mit höflicher, beschützender Ritterlichkeit begegnete, waren vorbei. Sie und Alessandro lebten in Sanary nun als Ehepaar. Wir – ich eingeschlossen – galten als Familie, als Haushalt.

Dies alles fand ich nun im Jahre 1928 gefestigt, im übertragenen wie wörtlichen Sinne. Wir bewohnten ein hübsches Haus, wenn auch ohne viel modernen Komfort, wir hatten ein Auto, meine Eltern gingen einer einträglichen Beschäftigung nach, sie hatten Freude an ihrer Zusammenarbeit, die uns offenbar wahrhaftig einen bescheidenen Wohlstand bescherte. Wir waren rechtschaffen bürgerlich geworden. Ich ging nicht mehr mit einer Schüssel los, um beim *traiteur* unser Abendessen zu holen, wir hatten jetzt ein italienisches Dienstmädchen, das im Haus wohnte, für uns kochte und auch alles andere besorgte. Sie würde unser Brot gebacken haben, hätten wir sie nicht davon überzeugt, daß französisches Brot genießbar war – was es in jenen Tagen, bevor mit Dampf gebacken wurde, tatsächlich war. Emilia kam durch die Vermittlung von Alessandros Mutter zu uns, sie stammte aus einem toskanischen Dorf. Sie war schlank, schmächtig, unverheiratet, sehr tüchtig und ernst trotz des Lächelns auf ihrem Gesicht. Als Hausmädchen, fand sie, habe sie ein ruhigeres Leben als bei der Landarbeit. Wie Flauberts Felicitée sparte sie einen Teil ihres Lohns für einen Neffen, an dem ihr, wie wir glaubten, persönlich nicht besonders gelegen war. Es war wohl mehr eine Frage von Familiensinn und -ehre. Sie erinnerte mich an unsere Lina aus dem deutschen Dorf, die so selbstlos so viel für meinen Vater und mich getan hatte. Emilia war jünger als Lina, weniger pessimistisch eingestellt, nicht so hutzelig und lange nicht so fromm, in manchen Wochen ging sie überhaupt nicht zur Messe. Vielleicht glaubte sie sich von dieser Pflicht befreit, während sie sich im Ausland plagte, vielleicht war die Kirche in Sanary auch nicht ganz ernst zu nehmen – sie war sehr spärlich besucht, hörten wir, ich selbst habe nie einen Fuß hineingesetzt –, vielleicht betete sie zu Hause in der dunklen, stillen Küche von *Les Cyprès*, während sie von Hand Nudeln für uns machte. Sie verachtete die Einheimischen – von gemischtem, überwiegend italienischem Ursprung –, die sich als Franzosen betrachteten und deren Mundart Emilia verstand, aber nicht billigte. Wie Lina hielt sie halsstarrig an etlichen steifen Prinzipien fest, deren Natur uns oft schleierhaft war. Wie Lina, wie

Felicitée – jedoch nicht so herzzerreißend – besaß sie viel Güte. Wir gewannen sie lieb, und sie uns, aber sie zeigte ihre Gefühle nicht.

Sie bescherte uns den Segen, fast vollständig von der Hausarbeit befreit zu sein. Wie es in den Kreisen, in denen wir jetzt verkehrten, üblich war, konnten wir wen wir wollten, wann wir wollten, spontan zu uns zum Essen einladen, ohne unter den Folgen der Gastlichkeit zu leiden. Wenn man lange genug am Tisch gesessen hatte, stand man einfach auf, begab sich in eine andere Ecke der Terrasse und plauderte weiter.

Bei diesen neuen Gefährten – sie Freunde zu nennen, war es zu früh, sie Bekannte zu nennen zu distanziert – war man nicht «zu Gast», man aß zufällig zusammen, in Gruppen von sechs oder vielleicht zehn Personen, in jemandes Garten, oder in den Bistros von Toulon und Bandol, angelockt von einer Spezialität oder einer schönen Aussicht.

Ich höre noch, wie jemand an unserem Haus hält und aus dem Autofenster ruft: «*On va faire une bouillabaisse ce soir chez Justin... Vous venez...?* Bei Justin gibt es heute abend Bouillabaisse... kommt ihr?» Und weg war er.

Und höchstwahrscheinlich waren wir mit von der Partie, trafen die anderen bei Sonnenuntergang vor Chez Schwob oder La Marine, machten aus, wer bei wem im Auto mitfuhr, und weiter ging's zu Justins Restaurant am Hafen von Toulon, um Bouillabaisse zu essen oder Loup, den delikaten großen Fisch, den sie am Morgen gefangen hatten. Und dort, oder wo immer wir den Abend verbrachten, erfüllte uns ein Hochgefühl, eine Festtagsstimmung, die Freude darüber, diesen Augenblick gemeinsam zu genießen. Gespräche plätscherten angeregt. Unsere Gefährten waren weder Einheimische noch Touristen, es waren Angehörige der neuen Welle aus Künstlern und Schriftstellern, die für Südfrankreich schwärmten und es zu ihrem Sommerdomizil machten. Es waren etwa ein Dutzend, die sich für Sanary entschieden hatten: Maler und ihre Frauen, von denen die eine oder andere selbst Malerin war, ein Kunstkritiker, etliche literarisch ambitionierte Journalisten. Sie waren in den Dreißigern, jung genug, um bei guter Gesundheit zu sein, alt genug, um schon einiges erreicht zu haben. Manche hatten eine schwere Zeit hinter sich, die meisten Männer hatten in dem Krieg gekämpft, der jetzt zehn Jahre zurück lag. Sie hatten eine angenehme Phase ihres Lebens erreicht, genossen eine gewisse Reputation, waren frei von materieller Not. Sie hatten sich ihre Diners im Chez Justin und unter den nach Jasmin duftenden Lauben ihrer Häuser verdient – ihrer gemieteten Häuser, niemand hatte bereits gekauft oder gebaut, aber viele sollten es später noch tun. Sie glaubten, daß die guten Zeiten, nachdem sie nun angebrochen waren, dauern würden. Mittlerweile war Paris das Zentrum ihres Lebens und ihrer Arbeit, obwohl die wenigsten geborene Pariser waren.

Den Mittelpunkt ihres Zirkels bildete ein Ehepaar, er ein polnischer Jude, ein Schneiderssohn, der als Junge nach Paris gekommen war, sie, wie Colette, mit der sie viele Eigenschaften und Neigungen gemein hatte, in einem ländlichen Winkel von Burgund geboren (was ich jedenfalls gerne glaubte). Sie waren die Kislings, der Maler und seine Frau Renée. Kisling, Kiki, stand damals an der Schwelle zu internationalem Ruf. Später wurde er ein Mode-Künstler, manche meinten, zu sehr nach der Mode – zu viele Portraits von reichen Frauen –, und sein Glanz erlosch recht schnell. Während ich dies schreibe, 1988, bereitet Frankreich die Feier von Kislings hundertstem Geburtstag im Jahre 1991 vor. Kiki war ein reizend aussehender Mensch, der etwas von einem schlanken Bären hatte, gedrungen, mit rundem Kopf, einem runden, liebenswerten, offenen Gesicht und slawisch-schrägen Augen, sehr sauber und adrett in seinen blauen Baumwollhosen und karierten Hemden mit kurzen Ärmeln. Aber ich sollte eigentlich nicht versuchen, ihn zu beschreiben, es gibt mindestens ein lebensgroßes Selbstbildnis des Künstlers als junger Mann. Da steht er, den Pinsel in der Hand, in seiner verwaschenen blauen Hose und dem rot-weißen Hemd, vor seiner Staffelei. Ich habe ihn nie etwas anderes tragen sehen, weder im Winter in seinem Pariser Atelier noch in

New York, wohin er ins Exil floh vor dem Vichy-Frankreich während des Krieges, an den wir damals noch nicht dachten.

Renée, seine Frau, war ein Phänomen, ein Naturereignis, sie konnte zugleich unbarmherzig, zärtlich und sehr kultiviert sein. Sie sah aufsehenerregend aus, sprühte von Vitalität und Farbenvielfalt, die mit den üblichen femininen Attributen nicht zu beschreiben ist – *belle laide* umfaßt das Markante, Bildhauerische nicht, *beau monstre* trifft es eher. Ein Kopf mit wie aus Stein gehauenen Zügen, auf einem kräftigen Hals und starken, braungebrannten Schultern, große vorstehende blaue Augen mit schweren Lidern, dick mit schwarzem und blauem Kajal umrandet, honigblonde Haare, gerade geschnitten, von Meerwasser und Sonne stark gebleicht und gesträhnt, ein Pony, der eine Seite der breiten Stirn bedeckte, eine Nase wie ein Papageienschnabel. Ihre Kleider sahen blendend aus mit kräftigen Farben in uni. Sie kleidete sich schlicht, Matrosenhosen, rückenfreie, ärmellose Trikots, türkis oder scharlachrot, Muscheln um den Hals, Muschel- und Elfenbeinbänder an den Armen. Es war umwerfend. Und wenn das *monstre* lächelte – vielleicht beim Anbieten einer Scheibe Melone –, dann war es ein heiteres Lächeln voll Liebreiz und Sinnlichkeit.

So sehe ich sie vor mir, und einige Fotografien, die ich besitze, geben mir recht. Kisling hat sie oft gemalt, vor allem, als sie sehr jung und ihre Persönlichkeit noch nicht ausgereift war und sie ihm mehr als Modell denn als Portraitobjekt saß. Die Bilder, gute Kislings, sind, wenngleich unverkennbar, Renée nicht sehr ähnlich, vielleicht zu stilisiert, zu glatt, zu schön. Ihr Lachen war gewaltig, ihre Sprechstimme sanft, tief, melodisch, ihre Sprache abwechselnd feurig oder lyrisch. Wenn sie von einem Vogel sprach, einer Pflanze, einem Gericht, *dem Meer*, konnte sie Wendungen gebrauchen, die an Colette erinnerten und tatsächlich denselben Ursprung gehabt haben könnten, eine Kindheit auf einem Bauernhof, in einer gebildeten, liebevollen Familie, für die die Liebe zur Natur, zum Kochen und zur französischen Literatur gleichermaßen eine alltägliche Rolle spielte.

Ihre Eltern dürfte man bourgeois mit einem leichten militärischen Einschlag nennen, so widersprüchlich sich das in bezug auf Renée auch anhört. Ihr Vater, verstorben, war Kommandant der Garde Republicaine gewesen. Auch für sie hatte es den ersten Schritt zur Befreiung bedeutet, sich am Montparnasse niederzulassen, allein und sehr jung. Dort hatte sie, wie andere, denen sie sich anschloß, gemalt, hier und da ein wenig als Modell verdient, die inspirierende Existenz, von der Hand in den Mund zu leben, und die Kameradschaft von Künstlern und solchen, die es werden wollten, erfahren. So stelle ich sie mir zu jener Zeit vor: leidenschaftlich, unbestechlich, frei von Hemmungen jeder Art, Freude schenkend und gierig empfangend.

In der ersten Zeit ihres Zusammenlebens und während ihrer ersten Ehejahre waren Kiki und Renée oft kläglich arm, verheerend arm – man braucht nur an Modigliani zu denken, den Kisling in seinem Atelier, 3 Rue Joseph-Bara, 5ᵉ gauche, aufnahm, als er krank war, ohne Geld, ja im Sterben lag. Sie waren so arm, daß es, wenn der Kredit erschöpft war, oft wochenlang nichts zu essen gab. Kisling überlebte, und es war hauptsächlich Renées Kraft, die sie durchbrachte. Sie besaß Loyalität, Courage, Temperament und Gewitztheit, und sie packte alles an. Einmal soll sie sogar in einem Zirkus ausgeholfen haben.

Renée – wiederum wie Colette – betete ihre Mutter an, *Maman*. Nichts, nicht ihr Fortgehen nach Paris, ihr wechselvolles, wildes Leben, später dann ihre berüchtigten sexuellen Ausschweifungen, scheint diese intensive Beziehung jemals getrübt zu haben. Renée war und blieb eine zärtliche Tochter, die es in den Jahren, als es ihr gut ging, ihrer Mutter an nichts fehlen ließ. Als *Maman* ziemlich betagt starb, warf sich die verzweifelte Renée auf die Erde und heulte laut vor Kummer.

Umgekehrt war sie eine gute Mutter, die ihre zwei kleinen Buben mit der beschützenden und zärtlichen Fürsorge eines wilden Tieres – auch mit ein wenig Strenge – aufzog. Als wir die Kislings kennenlernten, dürften die Buben, Jean und Guy, nußbraun, affenflink, schlau, frech, zäh und nicht ohne Charme, ungefähr drei und fünf Jahre alt gewesen sein. Im Sommer sah man sie bevorzugt im Meer und im Winter im Schnee – natürlich *nicht* in Sanary, sie wurden zum Skilaufen geschickt. Die beiden hatten keine Ähnlichkeit mit den fleißigen, bleichgesichtigen französischen Kindern, die im Haus büffeln mußten, für die höhere Schule, fürs Abitur, für die Universität. *Sie* verbrachten ihre Kindheit in einzigartiger natürlicher Freiheit.

War Renée auch eine gute Ehefrau? Das kommt auf die Betrachtungsweise an. Aus dem, was zweifellos als stürmische Liebesaffäre begonnen hatte, formte sich allmählich ein Ehepaar, das der Welt gemeinsam getrotzt hatte und sie nun auf leicht unterschiedliche Weise genoß. Wenn Renée auch nicht im üblichen Sinne als häuslich bezeichnet werden konnte, so verstand sie es doch, ein Heim zu gestalten, großzügig und schlicht: kein Chichi, sondern Stil. Anders als bei Colette äußerten sich ihre Talente nur in ihrem Lebensstil – ihre Phase als Malerin hielt nicht an –, in der Kunst und den Geschicklichkeiten des Lebens. Die Gastlichkeit der Kislings ist Legende geworden, wegen ihrer Großzügigkeit, der üppigen und natürlichen Mahlzeiten und einem Ambiente, das die Sinne erfreute. Renée war nicht nur eine sehr gute Köchin, die allem ihre besondere Note verlieh, die wie bei guten Komponisten von der Tradition geprägt war; sie war eine der besten aus der Handvoll der allerbesten, die ich kannte – und ich habe sie alle aufgesucht. Gleichaltrige und Jüngere waren ihre Schüler, und auch in meinen Koch- und Eßgepflogenheiten zeigt sich ihr Einfluß bis auf den heutigen Tag. Der bekannteste und professionellste unter ihren Erben muß Richard Olney sein, der als junger Mann in Frankreich zu ihren Füßen aß.

Renée in der Küche, Renée *à table*... Es gab auch eine Renée im Meer – das war vielleicht ihre größte Leidenschaft. Sie war eine grandiose Schwimmerin, Taucherin, Seglerin, sie hatte ihr eigenes Fischerboot... Das Meer – *la mer*: Salzwasser, Wellen – hier war sie in ihrem Element; vielleicht war sie, wonach sie zuweilen aussah: ein Seeungeheuer.

Kisling badete wenig, er planschte mit den Buben herum, die wie die Fische schwammen. Ich bin nicht einmal sicher, daß er schwimmen konnte. Er arbeitete sehr hart, in den glücklichen Tagen in Sanary wie auch in seinem großen Pariser Atelier, das an ihre kleine Wohnung im vierten Stock angrenzte. Er schien unaufhörlich unter dem Druck zu stehen, genug zu schaffen, um seine Verträge mit den Kunsthändlern zu erfüllen. Man hatte das Gefühl, er könne es sich nicht leisten, weniger zu arbeiten. Sobald ein Bild fertig war, verschwand es. Wochenlang hing nicht eine einzige Leinwand von ihm an ihren eigenen Wänden. Gleichzeitig amüsierte er sich nicht wenig – die Nächte, die langen Nächte unterwegs, mit den Kumpanen, mit schönen Mädchen, mit lasterhaften Mädchen, in den Cafés und Kneipen des Montparnasse, den *bals musettes, faire la bombe*, wie man die Prasserei damals nannte (heute nicht mehr). Schwelgen, Lebensfreude: Saufen bis zum Morgengrauen, dann gleich an die Arbeit, das war Kiki – außerdem war er den Frauen sehr zugetan. Die freudige Begrüßung – *Voilà les Belles Filles* –, die Komplimente, die ungestümen Umarmungen – dies alles zeigte, wie sehr er sie liebte, wie begehrenswert sie für ihn waren. Das erhöhte die gegenseitige Anziehung, es schmeichelte (so wie Alessandros ruhigere, ebenso selbstverständliche, aber gemäßigtere Sympathiebeweise schmeichelten). So wurde Kiki von seinen Freunden gesehen, so sah er sich selbst, es war Teil seines Charmes – er war wirklich liebenswert –, seines Charismas. Wenn Renée zugegen war, und sie war es oft, lächelte sie dazu ihr heiteres, großherziges Lächeln. Es war alles ein bißchen zu routiniert, zu laut, zu öffentlich. Renée hingegen… Da sind wir wieder bei der Frage nach der guten Ehefrau.

Sie war ihm ein Fels in der Brandung, konnte es sein, denn es bestand ein festes Band zwischen ihnen. Dabei war sie ihm oft untreu, ohne es zu verbergen, nichts Ernstes, oft zur gleichen Zeit wie er. Zwar protzten sie nicht damit, das war nicht ihre Art, aber diskret waren sie gewiß nicht. Renée flirtete nicht, Renée schmeichelte nicht, wenn sie mit jemandem ins Bett wollte, Mann oder Frau –

weit häufiger mit Männern als Frauen, dem Ehemann einer Freundin, einem Studenten, oder Matrosen –, sagte sie es deutlich. Und tat es dann. Das wurde akzeptiert. In ihrem Milieu, wo man es genauso hielt, und von Kiki (wie jedenfalls vermutet wurde). Wenn Renée sich von den anderen abhob, dann deswegen, weil ihr Verhalten hierin wie in allem übrigen so instinktiv, ihr Appetit so viel größer war.

Diese sexuelle Freizügigkeit, die zum Teil auf der Lebenslust im Hier und Jetzt und zum Teil auf dem vollständigen Fehlen religiöser Skrupel beruhte, war, ganz bewußt, glaube ich, eine moralische. Ein Hieb gegen Besitzansprüche (bourgeois) und Eifersucht (kleinlich). Man besitzt niemanden, man mißgönnt niemandem sein Vergnügen, und wenn es deine eigene Liebe betrifft, mach dir nichts draus. Wir sind Freunde. *Les Amis*, das war das Zauberwort, *les Camerades, les Copains*. Es hatte sich im Krieg bewährt, jetzt galt es auch für Geld wie für Sex. Nicht viel anders war es, mutatis mutandis, in Bloomsbury zugegangen. Wovon *ich* noch nichts wußte. Die zwanziger Jahre waren in Montparnasse und in Südfrankreich von einer Menschenliebe geprägt, die im krassen Gegensatz stand zu der abschreckenden, grausamen und ausgesprochen unmenschlichen Freizügigkeit der französischen Aristokratie des 18. Jahrhunderts, wie sie in *Gefährliche Liebschaften* dargestellt ist. Deren Vergnügen diente als Mittel zu Unterwerfung und Demütigung, der Zweck der Eroberung war Prahlerei, Macht, Rache. Man sollte sich vielleicht einmal durch den Kopf gehen lassen, daß Choderlos de Laclos' Wüstlinge der Französischen Revolution vorausgingen, während die, von denen ich spreche, dem Ersten Weltkrieg folgten.

Vieles von dem, was ich von den Kislings und ihrer Lebensart zusammenzufügen versuche, war mir in jenem Sommer, als ich ihnen zum erstenmal begegnete, nicht bewußt; einiges wurde mir nach und nach klar, einiges erst im Rückblick, dennoch bekam ich eine Menge mit.

Die Feste am Abend, die Gebote des guten Benehmens. Ein Prinzip dieses Lebensstils wurde für mich in einem einzigen, nicht besonders eleganten Satz zusammengefaßt, den ich eines Abends bei Tisch hörte, als ich tatsächlich am unteren Ende der Tafel saß, wie es sich für Kinder und junge Leute in Frankreich gehört. (Sie werden nicht in Kinderzimmern oder besonderen Räumen für die Jugend isoliert, sondern man erwartet von ihnen, daß sie zuhören und sich bei passender Gelegenheit klug zu Wort melden. Sie werden nicht zu kleinen Erwachsenen hochstilisiert, sie werden als verständige Kinder und junge Menschen behandelt.) Ich kann mich nicht erinnern, wer es gesagt hat, es könnte durchaus Renée selbst gewesen sein, aber ich kann den Satz Wort für Wort hören: *«Si on est ami, il n'y a aucune différence si on fait l'amour avec.»* Was mir in nicht wörtlicher Übersetzung sagte: «Wenn man befreundet ist, kann man ohne weiteres miteinander schlafen.» Ich war sehr beeindruckt und bewahrte es für einen zukünftigen Gebrauch. Mir gefiel der leichte Klang, der freundliche Ton, und ich merkte den Gegensatz zu dem, was in Toni Nairns Ausbruch über das Leben ihrer Schwester zum Ausdruck gekommen war. Es entging mir jedoch, daß das Prinzip der Kislings Liebeskummer und die Qualen eines drohenden Verlustes, ja die meisten Belange der menschlichen Natur außer acht ließ. Ich wußte ja auch nicht viel darüber, es sei denn aus Büchern.

Oder doch? Was war mit meiner Mutter? Wie merkwürdig, daß ich damit keinen Zusammenhang sah. Ich war nicht gerade mit einer strengen bürgerlichen Moral aufgewachsen, bedurfte es da wirklich noch der unbeschwerten Freimütigkeit der Kislings? Genügte nicht die – ziemlich ferne – Erinnerung an einen Nachmittag, den ich in meinem Kinderwagen im Flur der Junggesellenwohnung des dänischen Romanschriftstellers verbracht hatte? Und vorher, lange vorher, der «Verzicht», ein entscheidender Punkt in ihrem Leben, als sie einen Mann aufgab, der ihrem Gefühl nach genau der richtige für sie war, weil es ungehörig gewesen wäre, wenn dieser seine kranke, ältere Ehefrau verlassen hätte, woraufhin sie ihr Leben in andere Bahnen lenkte, indem sie den Antrag meines Vaters annahm. Jetzt war das alles Geschichte, die Geschichte meiner Mutter; so sehr sie mich daran teilhaben ließ, sie gehörte zu ihr und einer anderen Zeit. Ein Tabu bleibt bestehen. Man hört zu, man glaubt, daß es geschehen ist; man glaubt nicht, daß es eine Realität hat, die für einen selbst zutreffen könnte. Die Vergangenheit meiner Mutter, das waren die Gutenachtgeschichten meiner Kindheit.

Und wie steht es mit Liebeskummer und Besessenheit, die ich mit eigenen Augen gesehen hatte? O., ernst, ritterlich, der sich würdevoll zurückzog. Der junge Alessandro, ein Freier mit melancholischem Feuer, zuweilen verzweifelt. Ihre Spritztour nach Venedig, von der nichts, keine sechs Kinder ohne Dach über dem Kopf, geschweige denn ein Kind in einem komfortablen Hotel, sie hätte abhalten können. Ihre Verzweiflung an jenem winterlichen Strand. Diese Eindrücke waren Teil meiner Realität, jedoch von einer Art, die mir in der Normalität und Gelassenheit meines Lebens in Sanary schwer vorstellbar waren, sie entsprachen dem Wesen meiner Mutter, und auch sie gehörten der Vergangenheit an. Jetzt war Gegenwart. Ich hätte mir gewünscht, daß sie uns erhalten bleiben würde und könnte wie der Frieden.

7. Kapitel

In diesem Jahr schrieb ich wirklich an Rosie Falkenheim, das heißt, sie schrieb mir, und ich antwortete prompt. Natürlich konnte ich nicht widerstehen, meiner Mutter von ihr zu erzählen, und sie bekundete das erwartete Interesse an der Geschichte. Ich beging keinen Verrat, Rosie muß damit gerechnet haben, und meine Mutter gelobte Geheimhaltung.

Das falle ihr nicht schwer, sagte sie, hier sei niemand, dem sie es erzählen könne.

«Madame Panigon würde die Ohren spitzen bei *un scandale*, wie sie es nennen würde, aber da sie nicht die geringste Ahnung von Engländern hat…»

Gott behüte, sagte ich.

Von all den alten Freunden aus dem Café de la Marine waren uns die Panigons am engsten verbunden geblieben. Monsieur Panigon hatte seine Praxis von Montélimar nach Toulon verlegt, die Familie wohnte jetzt in einem Haus in Sanary, das sie gekauft hatten. *Sie* hatten die Freundschaft zu uns aufrechterhalten. Nachdem sie Alessandro einmal von Angesicht zu Angesicht begegnet waren, faszinierte sie die Ehe meiner Mutter – der Altersunterschied war offensichtlich, war es immer gewesen, und daß ich nun anscheinend erwachsen wurde, tat ein übriges. Sie schienen diese Umstände geflissentlich zu übersehen beim sonntäglichen Mittagessen und Boule- spielen – von uns mit weniger regelmäßigen Einladungen zum

Abendessen erwidert –, die zu einer festen Einrichtung geworden waren. Was sie hinter unserem Rücken sagten, war etwas ganz anderes und leicht vorstellbar, selbst vor mir verbarg Monsieur Panigon nicht seine Ironie, wenn er von Alessandro als *votre cher papa* sprach.

Gott behüte, sagte ich wieder. Sie dürfen nicht mal davon hören, daß eine Freundin aus England kommt. Wenn Elsies – das war Madame Panigon, wir verkehrten jetzt auf dieser Ebene – Neugierde erst geweckt ist...

«Keine Sorge, mein kleiner Hèrmes», sagte meine Mutter, «deine Schützlinge werden bei mir sicher sein. Und ich werde es nicht einmal Alessandro sagen, obwohl er ja nicht gerade geschwätzig ist, kann man nie wissen, was jemandem entschlüpft, für den es keine Bedeutung hat. Man braucht eine sehr starke Motivation, um ein Geheimnis für sich zu behalten.»

«Du kennst Rosie doch gar nicht.»

«Meine Motivation ist sehr stark: das Fehlen eines würdigen Publikums.» Sie fügte hinzu: «Und ich möchte dir eine Freude machen – dir und deiner Freundin. Sie steckt in einer vertrackten Situation. Du mußt alles tun, was in deiner Macht steht.»

Und so wurde beschlossen, daß ich die Reservierung vornehmen sollte. Es ist ganz einfach, erklärte sie mir, benimm dich ganz natürlich: Geh hin und sage, Freunde von dir kommen aus England, dies sind die Daten, dies sind die Namen, nicht zu weit auseinander liegende Zimmer wären recht – der Rest geht sie nichts an. Französische Hotels sind sehr zuvorkommend in solchen Dingen. «Und was immer du tust, vergiß nicht, dich nach den Preisen zu erkundigen, *das* würde Verdacht erregen.»

Ich tat, wie sie mir geraten hatte. Bald darauf kam Rosie an, der Richter sollte wie verabredet am nächsten Tag folgen, das Hotel würde ihn mit einem Taxi vom Schnellzug in Toulon abholen lassen. Ich empfing Rosie am Bahnhof und brachte sie ins La Plage. Sie wirkte zuversichtlich und ruhig. Wir kamen überein, daß es am besten sei, jeden Kontakt mit den Bewohnern zu vermeiden. Nein, sie wollte nicht zu uns ins Haus kommen, so würde sie meiner Mutter nicht begegnen; ob ich sie sehen würde, kam nicht zur Sprache, unser Umgang war förmlicher als in London. Ich erkundigte mich nach Toni (der ich wirklich Postkarten geschickt hatte). Rosie lächelte. «Toni hat für sich beschlossen, daß ich alleine Urlaub in Südfrankreich mache.» Ich lächelte auch. Worauf sie mich einlud, zu bleiben und etwas zu trinken.

Ein paar Tage später erhielt ich eine Nachricht von ihr: Jack würde mich gerne kennenlernen und lade mich für den nächsten Tag zum Mittagessen mit ihnen in ihrem Hotel ein.

Ich habe mich riesig gefreut, ich war geschmeichelt von dem Vertrauen, das dies offenbar bewies, sehr neugierig – wie denn auch nicht! – und entzückt, einen echten Richter kennenzulernen.

In den sechziger Jahren erhielt ich von *The Observer* den Auftrag zu einem vergleichenden Portrait über Richter und ihr Verhalten auf dem Richterstuhl. Einen interessanten Monat lang pendelte ich zwischen den Gerichtshöfen Old Bailey und Assizes hin und her, eine anonyme, stille Beobachterin auf der Pressetribüne. Ich machte mir Notizen, ich hatte Zugang zum Archiv der *Times*. Ein paar Wochen später schrieb ich den Artikel in der Stille eines abgelegenen Seitenflügels in dem großen Landhaus von Freunden in der Toskana. Es waren acht Richter, oder zehn? Eine harte Arbeit – der Abgabetermin war knapp –, und ich war ganz in sie vertieft. Meine Mahlzeiten und Erfrischungen wurden auf Tabletts leise vor meine Tür gestellt. Hin und wieder wanderte ich durch den Landschaftsgarten und die Olivenhaine, mal euphorisch, mal verzweifelt. Ich war eine Gefangene, die sich nur aus eigener Kraft befreien konnte. Immerhin erschien ich zum Abendessen. Ich könnte viel mehr über jeden Moment dieser Tage erzählen, über das Haus, die Atmosphäre, die Badetücher, unsere abendlichen Gespräche und den Aperitif: Bloody Marys und am letzten Abend Veuve Clicquot – das übrige, die Richter, die meine Arbeitsstunden und meine Träume füllten, habe ich fast ganz vergessen.

Nun ja, einige waren sehr gut, einige nicht. Einer, ganz jung, war außerordentlich und atemberaubend brillant, und er ist es noch heute. Einer war ein guter Mensch und liebenswürdig, ein anderer war es deutlich weniger. Das bleibt, und einige geschraubte Wendungen; ihre Gesichter, ihre Stimmen, die meisten Namen sind in einem Nebel verschwunden.

Ich könnte meine Erinnerung auffrischen – ich habe den Artikel aufgehoben. Als ich Rosies Richter kennenlernte, konnte ich nicht als stumme namenlose Reporterin dabeisitzen – *ohne* Notizbuch –, tatsächlich sollte ich überhaupt nicht beobachten: Ich war Gast des Freundes einer Freundin, und es wurde von mir erwartet, natürlich zu sprechen, mich natürlich zu benehmen, natürlich zu *sein*, das heißt, mir nicht anmerken zu lassen, daß mir die Umstände der Situation bewußt waren. Ich sah der Begegnung mit einer Ehrfurcht entgegen, die einem so viel jüngeren und unerfahrenen Menschen wohl anstand. Am Ende stellte es sich heraus, daß ich gekommen war, um mich zu vergnügen.

Vergnügen erhöht den Augenblick, muß aber die Erinnerung daran abschwächen, zumal wenn einem zum Mittagessen reichlich Burgunder eingeschenkt wird.

Der Richter, Jack – sie nannte ihn so, ich redete ihn nicht mit Namen an –, war in der Tat ein gut aussehender Mann, kräftig, aber nicht schwerfällig, mit dem Kopf eines Senators und ergrauendem Haar. Er trug einen eleganten, wenngleich nicht modischen hellen Sommeranzug mit cremefarbenem Seidenhemd und einem Seidentuch als Krawatte – wenn meine Erinnerung zutrifft, aber tut sie das? Wie dem auch sei, so sehe ich ihn. Er begann das Gespräch damit, mir dafür zu danken, daß ich ein so angenehmes Hotel ausgesucht hatte – «für uns ausgesucht», sagte er. Ob ich die englischen Seebäder kenne? Das sei ein Unterschied. Er war ganz ungezwungen, und doch war er unverkennbar unser Gastgeber, ein guter Gastgeber, der mich ein wenig an meinen Vater erinnerte, wenn er Lina und mir bei Tisch aufwartete: Wir waren seine Damen, er war unser Beschützer, der dafür sorgte, daß es uns an nichts fehlte. Der Richter war sehr nett zu mir, mit einer Spur von Belustigung und ohne Herablassung, allerdings auch ohne vorzugeben, er sei nicht der Mann, der er war, und ich nicht nur ein junges Mädchen. Mir gefiel das, er gefiel mir, aber ich war ja auch mit dem Wunsch gekommen, er möge mir gefallen. Er sagte, er wisse eine Menge über mich, daß ich mich für das Rechtswesen begeistere und gerne Wein trinke. Rosie wirkte erfreut über sein Interesse. Er fragte, ob ich Burgunder möge. Ich hatte den Anstand, die Wahrheit zu sagen, daß ich bislang sehr wenig Gelegenheit dazu hatte. Ich war in meinen jungen Jahren in dieser Hinsicht tief gesunken: kaum mal ein Tropfen *cru classé* – und das war stets Bordeaux gewesen – nach meines Vaters Tod, und seither hatte ich gute regionale Weine getrunken, einige Male hatte ich bei den Panigons einen Côte de Beaune gekostet, doch meistens tranken sie einen Châteauneuf-du-Pape zu ihrer Lammkeule… Ich glaube, dies alles habe ich tatsächlich vor dem Richter ausgeplaudert. Er hatte mir meine Befangenheit genommen. Er tat das Naheliegende und sagte, dem müßten wir abhelfen, die Weinkarte hier sei gar nicht schlecht. Er erwog zwei, drei erlesene Namen und wählte dann einen Volnay, Jahrgang und Lage habe ich vergessen. Können wir uns eine Flasche zutrauen, Sie und ich? Auf Rosie können wir kaum zählen. Ich sagte, er könne auf mich zählen.

Worüber haben wir gesprochen? Keine juristischen Anekdoten, und ich stellte ihm auch keine Fragen. Er wollte von Sanary hören, er sprach über die Franzosen, über andere Hotelgäste, versuchte zu erraten, woher sie kamen, was sie machten. Obwohl er Rosies Begeisterung für den modernen englischen Roman nicht teilte, war er sehr belesen in der französischen Literatur des 19. Jahrhunderts. Er erzählte von ihrem Plan, für ein paar Tage in die Provence zu fahren, er wollte Rosie Aix zeigen und den Pont du Gard, die Amphitheater in Nîmes und Arles…

Wieviel Zeit sollten sie sich nehmen, ob sie ein Auto mieten könnten? Ich war erst kürzlich mit Alessandro in Aix-en-Provence gewesen und war begeistert. Es spielte kaum eine Rolle, worüber wir sprachen, es war eine lebhafte und – zumindest auf seiner Seite –

gute Konversation. Ein kultivierter Mann, kein Intellektueller, und wie immer er auf dem Richterstuhl sein mochte, hier war er privat, charmant, witzig. Ein Tonband wäre nützlicher gewesen als ein Notizbuch: Seine ihm eigene Redeweise kann ich natürlich nicht wiedergeben. So bleibt nur wenig zu berichten.

Das Wichtige, das ich zu gerne ergründen wollte, war, was zwischen diesem Mann und dieser Frau vorging – das immerwährende Geheimnis, das sich zwischen zwei Menschen abspielt – und was mir entging. Wie oft fragt man sich nicht, welche Gedanken das Gespräch begleiten, was – dreimal schneller als das Ausgesprochene – im Kopf gesagt wird und was unterhalb dieser Gedanken vor sich geht, im Hinterkopf. Wer hat nicht versucht, auf die Komposition von Gesagtem, Gedachtem, Gefühltem zu hören, die im Innern eines anderen Menschen gespielt wird? Alles, was *ich* tun konnte, war die Oberfläche beobachten, während ich meinen eigenen Gefühlen auf den Grund ging.

Hier waren zwei Menschen, die im Aussehen überhaupt nicht zusammenpaßten – in den Lebensumständen auch nicht, aber das war nicht so offensichtlich –, die sich anscheinend außerordentlich gut verstanden, die aufmerksam zueinander waren, einen Urlaub, ein gutes Mittagessen genossen, als ginge sie die Welt nichts an. Ein Paar, verheiratet? Liebende? Neu oder schon lange? Ich gelangte über die Oberfläche nicht hinaus. Ich wußte, was ich wußte, und sie wußten, daß ich es wußte, aber sie ließen sich nichts anmerken.

O ja, wir haben den Burgunder weggesüffelt, der Richter und ich, zu gleichen Teilen, Ehrensache. Es schmeckte großartig, ich gab ein paar Geschichten aus Sanary zum Besten und vertrug den Wein sehr gut. Das amüsierte den Richter, der bemerkte, ich sei sehr trinkfest.

Nach dem Kaffee verließ er uns, um einen Mittagsschlaf zu halten, er wollte Rosie und mir ein paar Minuten allein lassen. Sie begleitete mich die Zufahrt hinaus. Ich wollte ihr sagen, wie sehr er mir gefallen hatte, und hoffte es zu tun, ohne aufdringlich zu sein.

Ich hätte mir keine Gedanken zu machen brauchen. Sie strahlte. Es gefällt ihm hier, sagte sie, er ist glücklich. Er wundert sich über sich selbst, weil er Gefallen am einfachen Leben findet. Und weißt du, sagte sie, sie hätten Zimmer *nebeneinander* bekommen, ohne Verbindungstür. «Aber wir haben unsere Balkone – er zieht sie dem Flur vor; es erinnert ihn an die Schweiz und an Liebesromane. Er sagt, er fühle sich wieder jung.»

Ob das nicht recht unklug sei? meinte ich, bei Mondschein müßten sich doch zu jeder Zeit Leute draußen aufhalten. «Das ist ziemlich riskant.»

«Das liebt er», sagte sie. «Er ist ein Spieler.» Sie strahlte nicht mehr. «Bei einem Spieler ist es klug, mit einem geringfügigeren Risiko aufzuwarten.»

Ich kam noch einmal zum Mittagessen zu ihnen, am Ende der zwei Wochen, nachdem sie von ihrer Reise durch die Provence zurückgekehrt waren. Sie waren erfüllt von dem, was sie gesehen hatten. Die Stimmung war dieselbe geblieben, nur daß der Richter und ich inzwischen alte Freunde geworden zu sein schienen. Sie kehrten gerade von einem morgendlichen Bad an dem schmalen Sandstrand vor dem Hotel zurück. Der Richter hatte sich vorher über den Mangel an hübschen Mädchen beklagt, doch heute seien zwei ganz entzückende dagewesen. Er und Rosie beschrieben sie. Ich vermutete, daß es sich um die Panigon-Mädchen handeln mußte, und mir ging auf, daß sie sich tatsächlich zu ganz entzückenden Mädchen entwickelten – Annette war kein jungenhaftes Kind mehr, Cécile verlor ihren Babyspeck, und ihr Gesicht wurde ausdrucksvoll und schön. Ob sie morgen wohl wiederkommen würden? wollte Rosie wissen, das sei es, was Jack am Strand erwartete, nicht bloß Sonne und aufs Meer hinaus starren. Ich sagte, ich könne sie ihnen vorstellen. Nein, nein, sagte Rosie, das würde zu weit gehen. Und der Richter lachte und stimmte zu.

Ich wiederholte das Wagnis mit dem Burgunder. Diesmal war es ein Nuits-St.-Georges, und wieder fand ich ihn einfach wunderbar. Wahrscheinlich ist er das gar nicht gewesen, und er wurde mit Si-

cherheit zu warm serviert. Das ist kein Wein, den ich heute im mediterranen August zum Mittagessen wählen würde. Ob der Richter
für Burgunder schwärmte, ob die Weinkarte arm an Rotweinen
war oder ob ich mit dem schwereren Wein – *diese* Burgunder waren
schwer – eher auf die Probe gestellt werden sollte, habe ich nie erfahren.

Sie reisten am selben Tag mit verschiedenen Zügen ab, er auf dem
direkten Weg nach Schottland. Meiner Mutter war plötzlich eingefallen, daß sie Rosie vielleicht um meinetwillen kennenlernen sollte
– vertrat sie nicht Elternstelle oder dergleichen? Rosie erwog, noch
zwei Tage zu bleiben, dann schreckte sie vor der Leere zurück. Ich
sah den Richter nicht noch einmal, konnte sie aber zum Bahnhof
bringen. Im Taxi dankte sie mir: Es war fabelhaft. Er sagt, wir müssen es wiederholen. Wir kommen wieder.

«Ich muß dir etwas sagen.» Sie wurde feierlich, was nicht ihre Art
war. «Dies ist das erste Mal – seit damals, vor vielen Jahren, in der
Schweiz, als er ein junger Mann war –, daß wir einmal *nicht* nur
miteinander allein waren. Ich sehe ihn nie mit jemandem zusammen, ich höre ihn nie mit jemandem sprechen, außer mit einem
Kellner oder zu den Geschworenen, ich habe nicht gewußt, wie er in
Gesellschaft ist. «Weißt du», sie nannte mich beim Namen, «du
bist der einzige Mensch, mit dem ich ihn je am Tisch sitzen sah, dies
ist das erste Mal, daß ich ihn mit jemandem sprechen hörte, den *ich*
kenne. Du kannst dir nicht vorstellen, was das für mich bedeutet.»

Doch, ich konnte es mir vorstellen. Es traf mich wie ein Schock.
In diesem Licht hatte ich ihre Situation bis dahin nicht gesehen. Ich
habe es nie vergessen.

Mein Sommer in Sanary währte noch zwei Monate. Einen großen
Teil davon verbrachte ich im Meer. Meine Mutter und Alessandro
arbeiteten an der Gestaltung eines Hauses für eine Holländerin,
die einen ständigen Wohnsitz auf unserer Seite der Küste wollte.
Was sie gekauft hatte, erwies sich als die vom Mistral gepeitschte

Villa, die wir im Vorjahr bewohnt hatten, und *die* mußte von Grund auf renoviert werden. Alessandro war damit beauftragt worden, und es war faszinierend, die Veränderung des Hauses zu beobachten, die zunächst in ihrem Kopf stattfand: Meine Mutter hatte die Ideen, und Alessandro dachte sich Möglichkeiten aus, um sie auszuführen. Darin war er außerordentlich geschickt: Vorschläge wurden zu Skizzen und Skizzen wie von Zauberhand zu exakten Entwürfen. Er engagierte einen Bauunternehmer und handelte günstige Konditionen aus. Das Ergebnis war zunächst nichts als Zerstörung: abgerissene Innenmauern, herausgebrochene Türen und Fenster, flatternde Teerleinwand. Sie waren oft auf der Baustelle, meine Mutter stieß am späten Vormittag zu ihm, oder sie klapperten in dem Peugeot den Haut-Var nach Möbeln ab. Arbeitende Eltern zu haben war ein angenehmes Gefühl. Wenn sie zu Hause waren, spielten wir abends zusammen. Meine Mutter und ich waren mit Hingabe dabei, sie ärgerte sich, wenn ich gewann, was selten der Fall war. Alessandro machte es nichts aus zu verlieren. Sein Spiel war Patience, die er zu jeder Stunde legte. Ich sehe ihn noch, den schlanken jungen Mann mit den langen, schönen Händen, wie er die beiden Päckchen mit den hübschen kleinen Spielkarten hervorholte und sie auf dem abgeräumten Eßtisch auslegte oder auf einem Tischchen am Bett meiner Mutter, während sie redete. Er verfügte über ein reiches Repertoire und brachte mir einiges davon bei, die Variante «Miss Milligan» oder «Nine-Up» war für mich oft eine Quelle der Beruhigung.

Alessandro war ein junger Mensch mit schwachen Nerven, der sich unter Kontrolle hatte. Er verabscheute Heftigkeit, Lärm und Streit. Er war gutmütig, fing niemals von sich aus Streit an und verstand es, die Ausbrüche meiner Mutter zu beschwichtigen. Er tat es liebevoll mit einer Mischung aus Vernunft, Lachen und Neckerei. *Ihre* Art war es, einen Ausbruch zu beenden, indem sie über sich selbst lachte. Daß ihm sein Gleichmut nicht immer leichtfiel, merkte ich, als ich eines Tages mit Halsweh zu ihm kam – das ich mir vermutlich zugezogen hatte, weil ich in den abendlichen Septembernebeln zu lange draußen am Strand geblieben war – und, nicht gewöhnt, mich unwohl zu fühlen, Trost und Zuwendung erwartete. Alessandro überraschte mich durch seine große Bestürzung. Nicht *du*, sagte er zu mir, du *mußt* gesund sein – sich um *eine* Frau zu kümmern ist genug. Er sagte es nicht unfreundlich, aber aus ganzem Herzen.

Ist es so anstrengend, sich um meine Mutter zu kümmern? fragte ich mich. Ihre Unpünktlichkeit, ihre Weigerung, sich Entscheidungen oder Schwierigkeiten zu stellen, konnte einen zur Verzweiflung bringen. Aber es muß noch mehr gewesen sein: Hatte Alessandro das Gefühl, in eine Art Sklaverei geraten zu sein? Denn meine Mutter verhielt sich, ohne wirklich egoistisch oder egozentrisch zu sein – sie glaubte, daß Ideen und Ideale vorgingen –, als besitze sie ein Gefolge, und vor Freunden und Kindern besaß man natürlich einen Ehemann. Nachdem ich einiges von Toni Nairns Ehe gesehen hatte, kam mir dies in den Sinn: wie meine Mutter zu Alessandro, war Toni zu Jamie besitzerisch und gönnerhaft zugleich. Ist denn niemals etwas, wie es sein sollte? dachte ich. Und wie sollte oder vielmehr könnte es sein?

Eine andere Bemerkung von Alessandro verwirrte mich noch mehr. Wir waren allein, er sah mich an, er sagte nachdenklich: «Ist dir schon mal in den Sinn gekommen, daß ein Mann es schwierig finden könnte, eine Stieftochter zu haben?» Er sagte *eine* Stieftochter, nicht *dich* als Stieftochter, und es war mir nicht in den Sinn gekommen.

War es, weil ich neulich krank war? Er zuckte unwillig die Achseln, dann schenkte er mir ein beruhigendes Lächeln.

Wenn ich in jenen Tagen unsere Beziehung zueinander hätte beschreiben sollen, dann etwa so: zwei Brüder, die sich ähnlich sind und – in verschiedenen Dienstgraden – im selben Regiment dienen.

Ich berichte so viel über unser Familienleben, weil man nicht annehmen darf, daß wir, so sehr es die Kislings und ihr Kreis *mir* angetan hatten, wirklich intim mit ihnen waren oder sehr viel Zeit mit ihnen verbrachten. Wir sahen sie vielleicht zweimal die Woche, wenn es in unseren normalen Tagesablauf im Sommer paßte. Wir – meine Mutter kannte Kiki aus Paris – wurden als Freunde betrachtet, entferntere Freunde: unsere Anschauungen und Gewohnheiten waren sehr verschieden. Meiner Mutter wäre nicht im Traum eingefallen, sich ihnen anzuschließen, wenn sie spät abends vorschlugen, in einem Tanzlokal weiterzufeiern, sie war nie betrunken oder ausschweifend, und sie lehnte für uns drei ab. Renée und meine Mutter waren beide unkonventionelle Frauen, aber sie waren nicht auf ganz dieselbe Weise unkonventionell. Mehr noch, ich glaube, daß sie sich nicht wirklich mochten. Meine Mutter amüsierte sich über Renée und liebte es, Geschichten von ihren Eskapaden zu hören und zu erzählen. Sie liebte Renée nicht, ich liebte sie von Anfang an. Renée ihrerseits wußte nicht viel mit meiner Mutter anzufangen, sie war ihr zu «intellektuell», ein großer Fehler in den Augen einer Person, die instinktiv wußte, was sie wissen wollte. Später erzählte sie Maria Huxley – was sie mir aus Rücksicht auf meine Beziehung zu meiner Mutter verschwieg –, daß sie meine Mutter immer zu kühl, zu durchgeistigt, zu belesen gefunden habe. Meine Mutter sprach lieber über eine Pflanze, statt sie zu säen. Übrigens war Renée in wesentlich stärkerem Maße über Aldous derselben Ansicht, und sie bemitleidete Maria, die ihr beipflichtete. Diese beiden Frauen waren Pflanzensäerinnen.

Meine Mutter besaß tatsächlich eine intellektuelle Anziehungskraft, sie nahm nicht nur Bücher ernst, sondern die ganze Welt und die Menschen, die sie ertragen mußten. Und bei all ihren Nachlässigkeiten und Versäumnissen brachte dies eine gewisse geistige Disziplin – die in Renées Leben vollkommen fehlte – in unser Dasein, so entwurzelt es auch war. Und daran hing ich sehr.

Unterdessen fand ich, daß Sanary der wahre Süden war und daß Sanary und Frankreich wie für mich geschaffen seien. Ich hatte eine Schwäche dafür und für alles, was es mir schon geboten hatte. Hier war ich zu Hause, hier wollte ich leben – notgedrungen mit einem Fuß in London, wo es das Undefinierbare zu erwerben galt, das nötig war, um das zu werden, was ich werden sollte –, und hier würde ich, so die Götter wollten, meine Bücher schreiben. Es gab etwas, das diesen Sommer von den folgenden unterschied: es war mein letzter Sommer als junger Mensch am unteren Ende des Tisches. Ich wurde älter, ich wurde eine Teilnehmende.

8. Kapitel

Zurück in England, erweiterte sich mein gesellschaftlicher Kreis, und das kam so: Fast parallel mit meiner Mutter und Alessandro gelangten die Nairns zu einigem Wohlstand. Man hatte Jamie eine Partnerschaft und einen Direktorenposten in einer angesehenen Buchhandlung angeboten, in die er den Kundenkreis und den Warenbestand seines eigenen Geschäftes einbrachte. Nachdem die Schulden bezahlt waren und sie über ein festes Einkommen verfügten, sahen sich Jamie und Toni nach einigen Wochen in gesicherten und auskömmlichen Verhältnissen. Als erstes erfüllte sich Jamie einen langgehegten Wunsch und erwarb ein Cottage auf dem Land, damit sie dort ihren Urlaub und die Wochenenden verbringen konnten. Bei meiner Rückkehr aus Frankreich durchstöberten Toni und Rosie schon Gebrauchtwarenhandlungen, Kaufhäuser und Geschäfte auf der Suche nach preiswerten Möbeln, Vorhängen, Fußbodenbelägen und allem, was sonst noch gebraucht wurde. Sie wollten sich auf das Notwendigste beschränken, aber das Notwendigste, so beschränkt es auch sei, beläuft sich auf zahllose verschiedene Dinge, daher hatten die Schwestern allerhand zu tun. Jamie fuhr an den Sonntagen hinaus, um Stuck- und Malerarbeiten zu erledigen, und ich begleitete ihn, um ihm zu helfen. Unsere Arbeit gelang leidlich, mehr nicht – verglichen mit Alessandros Fähigkeiten. Das Cottage lag in einem Dorf in Essex, war in gutem Zustand, geräumig, trocken und recht hübsch. Es hatte einen Garten, mit

Himbeer- und Stachelbeersträuchern, einen Rasen, den zu mähen Jamie sich schon freute, und eine kleine Obstwiese. Es gab eine Spülküche, wo er ein kleines Faß Apfelmost und ein kleines Faß Bier vorrätig zu halten gedachte. Ich warf einen langen Blick auf den Küchenherd. Toni? fragte ich. Jamie blickte verwundert auf und meinte dann, sie werde schon zurechtkommen, schließlich würde *er* die Kohlen hereintragen.

Kurz nach Weihnachten war das Cottage mehr oder weniger bewohnbar, und wir konnten ein erstes Wochenende dort verbringen. Es war mitten im Winter, daran war nichts zu ändern. Unsere Tage und Nächte waren nicht extrem unbehaglich – es gab gute Kamine im Erdgeschoß und kleinere mit hübschen Gittern in den Schlafzimmern. Jamie versorgte uns mit reichlich Holz und Kohlen. Die Toilette war im Haus, es gab einen Boiler und eine Trockenkammer, eine Kaltwasserleitung und einen Vorrat an Paraffinlampen, mit einem Wort, allen Komfort des englischen Landlebens. Es erforderte *einige* Arbeit, jedoch nicht *harte* Arbeit, und beanspruchte viel Zeit. Jamie war sichtlich glücklich, wenngleich in seiner stillen Art. Für die Falkenheims, die bereits anstelle der Dampfheizung Elektroöfen hatten, war es etwas anderes. Wenn sie darunter litten, dann sprachen sie nicht davon – aber man merkte es dennoch: Rosie behielt während der Mahlzeiten ihren Pelzmantel, ein Relikt aus Berlin, an und nötigte auch Toni dazu. Toni machte eine Miene wie die Prinzessin auf der Erbse. Die Mahlzeiten: Ich fand, daß wir an einem Punkt angelangt waren, an dem ich Toni veranlassen mußte, sich mit den Grundelementen des Kochens vertraut zu machen. Dies war weder die Zeit noch der Ort für Delikatessen, die ohnehin zur Neige gingen. Der Herd wurde angezündet – von mir – und funktionierte, wobei er gleichzeitig als guter Heizofen diente. Ich konnte auf die Einfachheit und Köstlichkeit einer gebackenen Kartoffel hinweisen. Von dort führte ich sie weiter zu gebratenen Koteletts, Gemüse – Sehen Sie, nur ein bißchen kochendes Wasser. Toni beugte sich steif dem Schicksal und der Pflicht. Weiter ließ sie sich nicht bewegen,

Suppe kochte sie nicht. Es gab Dosensuppen. Jetzt war es an mir, mich zu fügen. Jamie, der, wie gesagt, glücklich war, bemerkte es nicht oder zog es vor, nichts zu bemerken: er war daran gewöhnt, daß seine Mutter alles und seine Frau wenig machte.

Die Rettung nahte. Ein Schriftsteller, ein Freund von Jamie, hatte ein Haus in Finchingfield, dem Dorf neben unserem. Es war A. J. A. Symons, der Biograph von Yeats, der zukünftige Autor von *The Quest for Corvo*, Mitbegründer der Wine and Food Society, und verheiratet. Er lud Jamie am Sonntagvormittag zum Frühschoppen ein, er sollte Frau und Freundinnen mitbringen und zum Mittagessen bleiben, um den Schrecken der ersten Tage im neuen Heim zu vergessen.

Wir gingen hin, wir blieben, wir bekamen ein sehr gutes Mittagessen, tranken Rotwein, spielten bis zum Nachmittag. Das Haus war im Stil der Zeit Jakobs I. erbaut, schwelgerisch ausgestattet mit Kunstgegenständen. Es waren zahlreiche Gäste anwesend, sehr belesene und amüsante, aber nicht besonders zuvorkommende Männer, zwei oder drei draufgängerische Frauen, so jedenfalls wirkten sie auf mich. Unser Gastgeber war hochgelehrt und unverhohlen exzentrisch, seine Frau schick, schlank und auffällig geschminkt. Dies war wieder ein neues Milieu, eines, das ich mir gewünscht und oft vorgestellt hatte: *Engländer*, die gebildeten, belesenen Engländer, deren Horizont bis Frankreich, Italien, Griechenland und darüber hinaus reichte. Nach einer kurzen Radfahrt in Essex war ich an einem Seitenarm der englischen literarischen Welt angelangt. Ich hatte mein erstes Garsington gefunden.

Ich sollte mit der Analogie nicht zu weit gehen. In Finchingfield lagen die Akzente, neben Büchern und Gesprächen, auf sehr gutem Wein und Spielen. Einige Frauen beschäftigten sich eingehend mit Bridge (und mit den Affären der Hausgäste), die übrigen spielten ihre Version des Planspiels – eine Kombination aus strategischer Planung und mühevollem Versteckspiel, wozu sich die verwinkelte Anordnung des Hauses mit unvermuteten Treppen vorzüglich eignete. Gespielt wurde mit Bravour, äußerster Hingabe und meistens im Dunkeln. Es machte ungeheuren Spaß. Es geschah leicht, daß man aus Besenschränken heraus- oder eine Hintertreppe hinunterfiel und das plötzliche Poltern auf der Gewinnerseite ein Freudengeheul auslöste.

Toni mißfiel die bloße Vorstellung dieser rauhen, albernen Spiele und sie mochte sich nicht beteiligen. In diesem gesellschaftlichen Kreis war das ein Fehler. Rosie muß es gemerkt haben – sie wußte, was sich anzupassen bedeutete –, aber sie war zu loyal zu ihrer Schwester, um nicht zu ihr zu halten. So mußte, wenn das Licht ausging, eine sichere Zuflucht für die beiden schüchternen Frauen gefunden werden, ein kleiner Salon, wo sie vermutlich Schokoladenplätzchen knabberten, vor dem Zeitvertreib der englischen Gojim erschauderten und lasen. Toni war mit Thomas Mann bewaffnet gekommen, auf Deutsch, versteht sich, Rosie nahm sich einen Siegfried Sassoon aus der Bibliothek von A. J., vielleicht als Zeichen für ihre nicht ungeteilte Loyalität.

A. J. mochte Jamie, und Jamie mochte A. J. Finchingfield wurde zu einer festen Einrichtung. Mindestens einmal am Wochenende waren wir zum Mittag- oder Abendessen oder zu beidem eingeladen, und in den Oster- und Pfingstferien waren Jamie und ich fast täglich dort, Jamie zu Fuß, ich mit dem Fahrrad. A. J., der tatsächlich stets so genannt wurde, pflegte eine ungezwungene Gastlichkeit, man beteiligte sich an dem, was gerade im Gange war, Essen wurde aufgetragen. Man bemerkte keine Dienstboten, noch fiel auf, daß es keine gab; es muß Leute aus dem Dorf gegeben haben, die unbemerkt kamen und gingen.

Ich wurde vermutlich aufgrund meiner Begeisterungsfähigkeit toleriert, obwohl ich immer noch die junge Person am unteren Ende des Tisches war. Toni wurde als Jamies Frau akzeptiert, und Rosie, wenn sie mitkam, als Tonis Gefolge. Toni machte keine gute Figur in Finchingfield. Sie verweigerte, was angeboten wurde, und verbarg ihr Widerstreben mit harscher Zurückhaltung: Man hörte nur höfliche Ablehnung von ihr, nein danke ertönte sofort, wenn der Château Palmer herumging. Es erstaunte und ärgerte mich, weil ihr

Verhalten sie selbst herabwürdigte – *und* Jamie. In Finchingfield kam nicht zum Ausdruck, was *sie* zu bieten hatte, sondern sie war eine gezierte Außenseiterin, die sich keine Mühe gab. In dieser Situation war Ahnungslosigkeit Jamies Waffe oder einfach seine Natur.

Jamie blühte auf. Keine Geldnot, Erfolg in der Arbeit, zweieinhalb Tage in der Woche auf dem Land, im Garten werkeln, lange Spaziergänge machen, Anteil – einen nicht unwesentlichen Anteil – an der vergnüglichen Runde in Finchingfield nehmen. Was Toni sich gewünscht, aber nicht gesagt hatte, war, einen Monat allein bei Freunden in Berlin zu verbringen, statt dessen war das Geld in das Cottage und einen etwas neueren Morris-Cowley gesteckt worden. Was *sie* hatte, waren zweieinhalb Tage in der Woche auf dem Land – den Kochherd, die Kamine, den Abwasch und die gesellige Runde in Finchingfield. Fürs erste verhielt sie sich still.

Rosie ihrerseits beklagte sich über Jamie, er lasse Toni viel zu viel tun, Toni solle mit ihm darüber sprechen – Jamie sei der egoistischste Mann auf Erden. (Hatte Toni nicht dasselbe von dem Richter gesagt?)

Sonst schien bei ihr alles in bester Ordnung zu sein. Frankreich habe Jack sehr gut getan, erklärte Rosie mir, er habe die letzten Gerichtssitzungen überstanden, ohne unruhig oder gelangweilt zu sein.

Gelangweilt?

«Es war die letzten Jahre schrecklich deprimierend für ihn, aber ich glaube, jetzt geht es ihm viel besser.»

Ich mußte fragen, wovon sie sprach.

«Ich dachte, Toni hätte es dir erzählt. Sie hat es gewußt.» Und dann kam es heraus. Es war an einem Winternachmittag, und wir tranken in ihrem Zimmer Tee, sie ging an diesem Abend nicht zu ihm, daher wollten wir später zusammen in einem ABC einen Happen essen gehen. Sie rauchte – türkische –, ich nicht.

«Es war furchtbar», sagte sie. «Das Schlimmste, was je passiert ist. Ich bekam einen Brief, er hatte ihn mir mit der Post geschickt. Drei Tage lang wußte ich nicht, ob er am Leben war. Es stand nichts in der Zeitung – ich konnte nichts machen –, ich wagte nicht, jemanden zu fragen.» Sie sprach trocken und leise, ich saß still. Dann begann sie von Anfang an.

«Er *ist* ein Spieler – ein richtiger. In jenem Winter», sie nannte das Jahr, «wurde er immer deprimierter und nervöser. Ich wußte, er hatte Sorgen, aber er wollte mir nicht sagen, worum es ging. Dann, eines Tages, erzählte er es mir: Er hatte Schulden, eine große Summe, mehr, viel mehr, als er bezahlen konnte.»

Die uralte Geschichte – konnte es auch einem Richter passieren? Er hatte mehrere Monate hintereinander verloren und wieder verloren, mit Pferden und Karten. Er spielte in Privathäusern, niemals in einem Club, im Ausland spielte er jedoch in Casinos, alles, was geboten wurde, chemin de fer, Roulette. Er hatte Schulden bei seinem Buchmacher, bei Freunden, Leuten, die ihm vertrauten. Doch nun glaubte er einen Ausweg zu sehen, ein Rennen stand bevor, man hatte ihm von einem Pferd erzählt... Er wollte alles zusammenkratzen, was er von den Krediten übrig hatte. Rosie drängte ihm ihre Ersparnisse auf, er nahm sie – es war nicht viel, aber jeder Hunderter zählte, sagte er ihr, bei *diesem* Pferd: Wenn es gewänne, wäre er saniert.

Es gewann nicht. In der Woche darauf erklärte er Rosie, er gehe für ein paar Tage fort, um alles zu überdenken. Er ließ sie in dem Glauben, er begebe sich zu Freunden in Gloucestershire. Er aber ging in ein Landhotel und nahm eine Überdosis. Durch ein Wunder wurde er rechtzeitig entdeckt, eiligst in eine Privatklinik gebracht und schließlich wiederbelebt. Ein weiteres Wunder: Die ganze Geschichte, der Selbstmordversuch und die Spielschulden, wurde vor der Presse geheimgehalten, mit Hilfe von Kollegen und Freunden vertuscht. Andere Freunde trieben das Geld für ihn auf. Den gesamten Betrag. Er war am Leben, er war frei, zwar hatte es Gerüchte gegeben, doch seine Karriere blieb unbeschadet.

Sie nahmen ihm das Wort ab, nie wieder auf ein Pferd zu wetten, nie wieder eine Karte anzufassen.

«Er hat es natürlich nicht getan. Er *kann* es nicht. Anfangs war er so erleichtert... Die furchtbare Bedrohung war vorüber. Alles lag wieder vor ihm... Es hat nicht lang gedauert. Jetzt vermißt er es die meiste Zeit. Es ist sehr schwer.»

Ich dachte an das Scheinroulette meines Vaters, das wir in Feldkirch gespielt hatten – *war* es für ihn Schein gewesen? Ich dachte an seine Anekdoten von Männern, die sich im Morgengrauen in Monte Carlo erschossen hatten. Solche Dinge geschehen also wirklich, dachte ich.

«Armer Jack, armer, armer Jack», sagte sie, «und ich... ich dachte, ich hätte ihn verloren.»

«Jetzt zieh deinen Mantel an, ich glaube, es ist ziemlich kalt.» Ich tat, wie mir geheißen, und wir gingen zum ABC in der Baker Street.

Jamie kaufte einen Hund, um ihn auf seine Spaziergänge mitzunehmen. Es war ein kräftiger junger Rauhhaarterrier namens Tommy, ein strammer, ausgeglichener Bursche. Nicht lange. Die Falkenheims, die nie ein lebendiges Tier im Haus gehalten hatten, schlossen ihn sofort in ihr Herz. Ich hatte sie nie so gefühlvoll erlebt, so bereitwillig Handlangerdienste verrichten sehen. Kein Hund wurde je so verhätschelt, zu jeder Stunde Gassi geführt, gebürstet und gekämmt und getrocknet, in Windeseile zum Tierarzt gebracht. Das hübscheste Körbchen, die weichsten Kissen, das feinste Hackfleisch, Schüsseln mit rahmiger Milch, Happen von ihren eigenen Plätzchen. Sie zitterten um ihn, wenn er die Straße überqueren mußte, einem fremden Hund begegnete oder, Gott behüte, eine Katze zu jagen versuchte. Notfalls würden sie ihn – in *ihrem* Fall eine Heldentat – vor einer Maus beschützt haben. Jamie teilte ihre Anhänglichkeit an Tommy, bemühte sich jedoch, sie zur Zurückhaltung anzuhalten. Binnen weniger Wochen war aus dem Hund ein furchtsames, nervöses Wesen geworden.

Jedoch nicht so furchtsam und zimperlich, daß er sich nicht freudig in das Planspiel gestürzt haben würde, wenn der Spaß losging. Die Hunde von Finchingfield wurden aus dem Weg befördert, nur der Pekinese behauptete seinen Sofaplatz. Toni verbot strikt, daß Tommy an dem Spiel teilnahm, der Lärm sei schädlich für ihn. So hockten sie und Rosie mit dem armen Hund im Hinterzimmer und versuchten, ihm die Ohren zuzuhalten.

Dadurch machten sie sich lächerlich. Ich war verärgert und so unklug zu versuchen, Toni dieses klarzumachen. Ich stand damals nicht auf gutem Fuß mit ihr. Es mißfiel ihr, daß ich bei jeder Gelegenheit nach Finchingfield enteilte, und sie deutete sogar an, daß es bald an der Zeit für mich sei, nach Frankreich zurückzukehren, was mich daran gemahnte, daß ich in Essex ihr Gast war und daß dies ein Ende haben könnte. Nach Rosies Urlaub in Sanary hatte Toni versucht, mich zuerst und zuvörderst zu *ihrer* Freundin zu machen, ein Umstand, dem ich mit Takt begegnen mußte, zumal Rosie, die sich in den Hauptaspekten ihres Lebens für die vom Glück Begünstigte hielt, geneigt war, ihrer Schwester in allem anderen nachzugeben. Dann nahm Toni ergrimmt meine Schwärmerei für Finchingfield zur Kenntnis, der ich mich ohne jedes Taktgefühl hingab. Als ich nun ihr Verhalten dort kritisierte, sagte sie mir, diese Leute seien oberflächlich gebildet, keine Künstler und obendrein verwöhnt, die Männer klatschten wie die Waschweiber – was tatsächlich zutraf –, und überhaupt sei das Haus in keinster Weise für mich geeignet, am liebsten würde sie meiner Mutter schreiben.

Weswegen?

Erstens, sie trinken zuviel.

Stimmt, sagte ich, und es gefällt mir. Was noch?

Unmoral, sagte sie in scharfem Ton, und mehr wollte sie nicht sagen.

Vielleicht ist es wahr, daß sie Affären haben? dachte ich. Eine Aura von Erotik war in Finchingfield, nicht die ganze Zeit, nicht wenn die ernsteren Herren das Wort hatten, doch wenn die Lichter aus waren und das Spiel im Gange war, war ein Hauch davon zu spüren.

Ungeeignet, sagte sie noch einmal.

Nächstes Jahr werde ich achtzehn, dachte ich, aber ich sagte es nicht.

9. Kapitel

Ich habe sie wiedergesehen! In strahlendem Sonnenschein, kaum zehn Meter von mir entfernt am Hafen, im Frühsommer, während meiner ersten Tage wieder in Sanary. Es war nicht das lange, hohe Auto, das bei unseren Caféfreunden so viel Mißbilligung hervorgerufen hatte, es war ein zwergengroßer, unwahrscheinlich antiquierter Dreisitzer, man hätte sagen können ein Dreirad, und sah aus wie eine Kreuzung zwischen einer sonnendösigen Küchenschabe und einer Sitzbadewanne. Sie entstiegen ihm mit äußerster Anmut.

Ich stand vor dem Chez Schwob, wo ich einen Korb Gemüse abgestellt hatte, versteckt, um zu sehen, ohne gesehen zu werden. Sie hatte am Steuer gesessen, jetzt stand sie auf. Sie trug einen kurzen blauen Leinenrock und ein etwas verblichenes baumwollenes Oberteil. Eine Baskenmütze klebte auf der einen Seite ihres schmalen, wohlgeformten Kopfes. Auch am hellen Tag erinnerte die Form des Gesichts, das ganze Profil an die Gemälde der Florentiner Renaissance, der Teint war matt und seidig, unterstrichen durch einen grell leuchtenden Lippenstift, das sehr kurz geschnittene Haar geglättet und nachgedunkelt durch ein transparentes Mittel, damals der letzte Schrei, das als (Josephine) Baker-Fix verkauft wurde. Er war barhäuptig, hatte braune, glatte Haare und trug eine Leinenhose und ein offenes kurzärmeliges Hemd. Sie bewegten sich in ihrer überaus einfachen Kleidung mit unvergleichlicher Eleganz und

Akkuratesse. Aus der Nähe betrachtet, hätte man vermuten können, daß sie nicht nur einander ähnlich sahen, sondern sogar untereinander verwandt waren: Sein Profil war ebenso scharf geschnitten mit klaren Konturen, jedoch, obwohl noch jugendlich – sie gingen beide auf die Dreißig zu – strenger (was mit den Jahren noch deutlicher zutage trat). Ein französischer Einschlag hatte das Piero-della-Francesca-Aussehen abgeschwächt, er besaß viel von einem Clouet und eine große Vornehmheit. Anders als Clouets Modelle war er extrem schlank, und er bewegte sich mit federnder Leichtigkeit. Zusammen vermittelten sie eine Mischung aus historischer Antiquiertheit und extremer Nachkriegsmodernität.

Und mittlerweile waren sie zu dritt: Aus dem Fond der Sitzbadewanne kletterte ein junger Mann wie eine mächtige griechische Skulptur, die dem Meer entstieg. Er war von anderer Statur: gedrungen, sonnengebräunt, muskulös, ein eindeutig mediterraner Typus, und schön nach Art der sehr jungen Menschen. Er war in Badehose und einem knappen ärmellosen Trikot, das seinen Oberkörper fast nackt ließ. Alle drei trugen echte baskische Espadrilles, engsitzend wie Ballettschuhe, steif und blendend weiß.

Ich muß fast den ganzen Heimweg nach Les Cyprès gerannt sein. Mami, sie sind wieder da. Wer? begann sie und hielt inne.

«Ich habe sie auch gesehen ... die geheimnisvollen Fremden aus dem Kino, deine Himmlischen Zwillinge.»

Wer sind sie? fragte ich.

Wir fanden es nicht in einem Tag heraus. Wir fanden es nicht in einem Jahr heraus, nicht in Jahren, manches braucht ein Leben lang. Zunächst aber lernten wir sie kennen. Und das ziemlich bald.

Beim ersten Eindruck vermitteln Menschen nicht mehr als ihr gegenwärtiges Äußeres. Mehr offenbart sich, wenn man beginnt, die Einzelteile zusammenzufügen: ihre Vergangenheit – was sie geformt haben könnte, was sie erlebt haben – enthüllt sich nach und nach, eine Bemerkung hier, eine Feststellung dort, von ihnen selbst beigesteuert, von Dritten, durch Klatsch, Phantasie, Schlußfolgerungen. Von dem, was kommen wird, der Zukunft – was aus ihnen wird, was *sie werden* –, ahnen neue Freunde nichts.

Eines war gewiß, so viel konnte meine Mutter mir sagen, sie wollten sich wahrhaftig hier niederlassen, sie hatten mit dem Bau eines Hauses in einem Olivenhain begonnen, wenige hundert Meter die Straße hinauf von uns entfernt. Hinter den Bäumen waren schon Mauern auszumachen. Es sehe aus, sagte sie, als würde es von Le Corbusier gebaut, Gott behüte.

Eines Nachmittags, wenige Tage später, blieb unser Peugeot auf halbem Wege zwischen Sanary und unserem Haus stehen. Es war kein guter Wagen. Alessandro und ich kamen von der Villa seiner Kundin oben auf dem Hügel zurück, wo wir den Umbau besichtigt hatten, der nunmehr in den zehnten Monat ging. Wir stiegen aus, Alessandro öffnete die Motorhaube, fummelte am Vergaser und an den Zündkerzen herum. Vergebens. Ein Auto hielt hinter uns. Es war nicht die Küchenschabensitzbadewanne, es war der wohlproportionierte Uraltwagen, und der Mann, der ihm entstieg, war einer der Himmlischen Zwillinge, wie meine Mutter sie zu meinem Verdruß beharrlich zu nennen pflegte. Er näherte sich uns, machte eine leichte Verbeugung und stellte sich vor. Der Name entging uns natürlich. «*Je crois*», sagte er in leicht nachdenklichem Tonfall, «*que nous soyons un peu voisin.*» Was ich als charmante Kurzfassung verstand für: Wir werden praktisch Nachbarn sein, wenn unser Haus erst fertig ist und wir eingezogen sind. Er hatte zudem den Konjunktiv benutzt. «*Vous permettez?* Sie gestatten?» fragte er Alessandro und senkte die langen, sauberen Hände in den Bauch des Peugeot.

Eh bien non, es war weder die Benzinleitung noch die Zündung, es war, fürchtete er, etwas – er erläuterte es Alessandro –, womit man sich länger würde befassen müssen. Für den Augenblick jedoch, *je peux vous dépanner*, könne er uns aus der Verlegenheit helfen. Alessandro kramte Werkzeug hervor, doch er winkte ab, ging zu seinem Wagen und holte eine imponierende Werkzeugtasche. Ist er etwa ein Mechaniker? dachte ich. Bald darauf gab der Peugeot stotternde Lebenszeichen von sich. Der Mann übernahm das Kommando: Wenn Sie sich beeilen, kommen Sie bis zur nächsten Werkstatt – es sind Halsabschneider, aber nicht schlimmer als alle anderen, und sie arbeiten nicht schlecht. Er wolle sicherheitshalber folgen, sollte der Peugeot wieder stehenbleiben, was gut möglich wäre. Danach wolle er uns nach Hause fahren. Vielleicht möchte *la petite* – das war ich … gleich zu ihm in den Wagen steigen.

In der Werkstatt verhandelte er mit dem Meister, den er mit *tu* anredete, nicht mit *vous*. Wir erfuhren, daß es womöglich Schwierigkeiten mit den Ersatzteilen gäbe. Unser immer noch namenloser Retter schlug vor, jemandem in Paris zu telegrafieren, der das Teil mit dem nächsten Zug schicken würde. Er ging all dies mit Ruhe und Sachverstand an, als sei seine eigene Zeit nicht von Belang und als sei es die natürlichste Sache der Welt, Fremden zu helfen.

Auf der Heimfahrt, wir fuhren recht schnell, machte die anfängliche Erleichterung einem neuen Schrecken Platz. Der Peugeot, was immer ihm fehlte, würde für länger als nur ein paar Stunden außer Betrieb sein. *Heute abend?* riefen Alessandro und ich wie aus einem Munde und sahen uns an.

Ah, sagte unser Freund, Sie wollen sich auch *Topaze* ansehen.

So war es. Toulon hat ein Stadttheater von beachtlicher Größe und Qualität. An jenem Abend spielte ein Gastensemble eine Komödie, heute ein Klassiker, über administrative Machenschaften in Marseilles, von Marcel Pagnol (dem Verfasser von *Marius, Fanny et César, Jean de Florette*…). Wie sollten wir zu *Topaze* kommen? Toulon war abends mit öffentlichen Verkehrsmitteln unerreichbar, von der Rückkehr ganz zu schweigen.

Er würde uns ja anbieten, uns mitzunehmen, sagte er, da er und seine Frau – *das* machte den Himmlischen Zwillingen und den Inzestgerüchten mit einem Schlag ein Ende – auch hingingen, hätte er nicht (noch mehr Konjunktive) seinem Steinmetz und dessen Familie versprochen, sie mitzunehmen. Marcel Pagnol war sehr beliebt, halb Sanary wollte hin. Wir würden uns etwas überlegen müssen. Er setzte uns am Tor von Les Cyprès ab und stieg aus, um uns die Hand zu geben. Es muß etwas arrangiert werden, ich werde Sie verständigen. Es bleibt nicht viel Zeit.

Eilig oder nicht, ich konnte mich nicht enthalten zu fragen: «Wie heißt Ihr Automobil?» «Es wurde 1911 von De Dion-Bouton entworfen», sagte er. «Die Karosserie ist von Gallet.» Ich hätte mich fast verbeugt.

Eine Stunde später war er wieder da. Meine Frau meint, es wäre «amüsant» – er sprach das Wort aus, als ob er sich leicht davon distanzierte –, wenn wir alle in einem Privatbus nach Toulon fahren würden. Zufällig habe er einen Bus. Sie sei gerade dabei, die Geschäftsfreunde und alle anderen, die *Topaze* sehen wollten, zur Fahrt mit dem Bus einzuladen. Er wolle jetzt nicht hereinkommen, es sei noch einiges zu organisieren, aber wir könnten uns darauf verlassen, daß der Bus heute abend um Viertel vor acht bei Les Cyprès sei, und er hoffe, daß *Madame votre mère*, die er noch nicht kenne, aber bereits zu sehen das Vergnügen gehabt habe, ihnen die Ehre erweisen werde... weg war er.

Und so geschah es. Der Bus erschien, ein langes, schmales Gefährt mit offenem Verdeck, mattgrün lackiert, ein Krokodil von einem Bus, alles andere als neu – ihre Fahrzeuge, sollte ich erfahren, waren alle eigentümlich. Es war noch taghell. Er – im Monteuranzug – saß am Steuer, sie, auf dem Sitz neben ihm, in einem weißen, schulterfreien Kleid, begrüßte die Gäste. Der Bus war bereits halbvoll mit den unterschiedlichsten Gestalten aus Sanary. Wir erkannten Monsieur und Madame Schwob mit einer strahlenden Tochter im heiratsfähigen Alter, die Benechs von dem Gruyère-Laden mit Sohn und Tante, und, welche Überraschung – wie war sie dazu gekommen, mit diesen Snobs aus Paris zu verkehren? –, Madame Panigon mit ihren beiden Mädchen und deren Bruder Frédéric, der in seinem dunklen Anzug erwachsen und nicht unmodern aussah. Von der Kisling-Clique erschien niemand. Der dritte im Bunde, der junge Gott, den ich am Hafen gesehen hatte, war ebenfalls anwesend und machte sich nützlich, indem er den älteren Leuten aus Sanary, die nach und nach zustiegen, Plätze besorgte.

Eine angeregt heitere Stimmung verbreitete sich. Wir saßen in der Reihe neben dem Fahrer, und hinter uns ertönten kreuz und quer lebhafte französische Gespräche. Das Krokodil war unterwegs. Die jungen männlichen Ausflugsteilnehmer riefen gönnerhafte Anfeuerungen, die sich in anerkennende Seufzer verwandelten, als unser Tempo zunahm. Nie wieder habe ich in einem Bus gesessen, der so zügig und gewandt chauffiert wurde, und so schnell.

Wir stiegen an der Place du Théâtre aus, unser Gastgeber fuhr zum Parken und erschien nach zehn Minuten im Zuschauerraum, den Monteuranzug hatte er abgelegt.

Das Stück, *Topaze*, war ein überwältigender Erfolg, wir lachten, bis uns die Tränen kamen, am meisten meine Mutter. Weit nach ein Uhr nachts – selbst in der Provinz begannen und endeten französische Theater nicht früh – begaben wir uns grüppchenweise zu Fuß zum Boulevard. Es hatte sich herumgesprochen: *Rendez-vous à la Brasserie de Strasbourg*. Es war *das* Touloner Speiserestaurant, das man nach dem Theater aufsuchte und das berühmt war für sein garniertes Sauerkraut. Dort versammelten wir uns, ausgelassen und hungrig, an einer langen Tafel, die für unsere Gesellschaft zusammengerückt worden war und die ganze Länge einer Wand einnahm. Es gab keine Sitzordnung. Ich sah, daß unser Gastgeber, der spät hereinkam, sich neben meine Mutter setzte. Ich kam ausgerechnet neben Frédéric Panigon zu sitzen, dem älteren Bruder von Cécile und Annette, der im Café de la Marine nicht mit uns getanzt hatte und der meistens fort war, um in seinem Gymnasium zu büffeln. Letzteres war offenbar nicht mehr der Fall. Er sei auf die Universität gegangen und studiere auf Wunsch seines Vaters Jura, versuchte er mir zu erklären. *Er* wolle Maler werden, ob ich nicht meine...? Aber ich war nicht bei der Sache. *Peintre-artiste*, sagte er. Ich beobachtete unsere maîtres-de-plaisir, auch wenn ich nicht mitbekommen konnte, was sie sprachen. Er unterhielt sich leise mit meiner Mutter. Sie, obwohl sie neben dem jungen Gott saß, der sie mit kleinen Aufmerksamkeiten verwöhnte, wie etwa ihr Glas zu füllen, allerdings nur mit Evian-Wasser, wie mir auffiel, sprach recht eindringlich quer über den Tisch mit anderen Leuten und spielte – eine Spur zu dick aufgetragen – die Animateurin der Veranstaltung. Ich hätte sie lieber gelassener gesehen, was ihrem Gesicht nach meinem Dafürhalten am besten stand. Sie war exaltiert, wenn sie hätte ruhig sein sollen. Dann schalt ich mich für diese Krittelei. Wie dem auch sei, wir haben uns alle gut amüsiert.

Die Heimfahrt mit offenem Verdeck durch die kühle Luft und den anbrechenden Morgen war zauberhaft.

So, sagte meine Mutter am nächsten Morgen, so…! Es war herrlich, sagte ich. *Topaze* ja, und hervorragend gespielt, sagte sie, aber das ganze Drum und Dran… Doch, das war auch herrlich… Eine Spur zu sehr.

«Es hat dir gefallen?»

«O ja. Es hat allen gefallen. Madame Panigon schien sehr angetan.»

«So?»

«Das Ganze hatte etwas Gestelltes, Gekünsteltes – der Bus, der aus dem Nichts auftauchte und der alle Bewohner von Sanary verführte… Zu hochgestochen, um wahr zu sein, wie eine Scharade aus *Le Bal du Comte d'Orgel* – Leute von Welt steigen vom Himmel herab.»

«Ich habe es gelesen.»

«Das sieht dir ähnlich», sagte meine Mutter. «Aber hast du es *verstanden*?»

«Er war kaum älter als ich, als er *Le Bal* schrieb.»

«Und ist fast gleich danach gestorben. Er war ein Genie, meine Liebe.»

«Ich habe noch nie…» begann Alessandro.

«Von Raymond Radiguet gehört», unterbrach ihn meine Mutter, um die Schmach zu mildern. Dann sagte sie sehr sanft: «Glaubt mir, ihr zwei, der gestrige Abend hatte einen Geschmack von

Comte d'Orgel… Es muß alles *ihr* Werk gewesen sein. Ich bin überzeugt, sie hat sich das Ganze ausgedacht. Er ist ein stiller Mensch,
vermutlich sehr geduldig.»

«Dieser *cavaliere servente*», sagte Alessandro.

«Meinst du den jungen Mann?»

«Er meint den jungen Mann», sagte meine Mutter.

Alessandro sprach als Mann und sagte: «Aber sie hat keinen Sex-
Appeal.»

Meine Mutter sprach als Frau und sagte: «Bei ihm ist da auch
nicht viel vorhanden, ich meine ihren Mann. Aber ich würde das
einschränken: noch nicht. Er hat etwas… Gespanntes. Es läßt sich
nicht sagen warum. Als ob sie momentan beide eine Rolle spielen.
Sie *sind* ungeheuer attraktiv. Er dürfte ein schwieriger Mensch sein.
Ich glaube, er hat Prinzipien, die gefestigter sind, als man es bei
seinem Alter und Auftreten erwarten würde. Ich würde sagen, es
steht eine außerordentliche Disziplin hinter seiner Umgänglichkeit
und…»

«Seinem Charme?» sagte ich.

«Nein», sagte sie, «*seiner Anmut.*»

«Worüber habt ihr euch unterhalten?»

«Über *Topaze* natürlich. Wir waren uns einig, daß es nicht nur
ein lustiges, sondern auch ein gutes Stück ist. Ich habe ihn gefragt,
ob es im Stadtrat von Marseilles wirklich so haarsträubend zugeht.
Pire, Madame, sagte er, schlimmer. In Frankreich würden Ratsver-
sammlungen von Gaunern geleitet, *des escrocs* war sein Wort. Er
war schrecklich aufgebracht gegen Politik, Politiker, *die Schmutz-
finken*, den ganzen Klüngel, hierin glich er den Kislings, obwohl ich
sehr bezweifle, daß er etwas für die Linken übrig hatte. Mir schien,
er trat für reine Westen, Illusionslosigkeit und Zurückhaltung ein.
Der Krieg hat uns alle bankrott gemacht, sagte er, und meinte es
nicht im finanziellen Sinne. Man könnte ihn als Monarchisten bezeichnen, wenn die Restauration in Frankreich nicht so eine *cause
perdue* wäre – für diesen Glauben ist er viel zu intelligent.»

«Er *ist* intelligent?» fragte ich.

«Sehr», sagte meine Mutter. «Man fragt sich nur, was er damit anfangen wird.»

Ihr Name war Desmirail. Philippe und Oriane Desmirail. Trotz ihres verwandten Aussehens, das damals noch durch ihr Verhalten betont wurde, waren sie keine Blutsverwandten. Auch stammten sie nicht ursprünglich aus Paris. Sie waren in Paris erzogen worden und hatten dort noch als Erwachsene eine Zeitlang gelebt. Sie hatte die höhere Schule absolviert, er die höhere Schule und eine Hochschule: Condorcet und Polytechnikum. (Letzteres, die Hochburg unter anderen Ausbildungsstätten für Naturwissenschaften, Mathematik und hohen IQ, ist nicht mit einem beliebigen heutigen englischen Polytechnikum zu verwechseln.) Philippe war der Sprößling einer Familie von *grands magistrats*, die der Administration ihres Landes seit Ludwig XIV. gedient hatten. Das Heim ihrer Vorfahren war ein festungsartiges romanisches Château im Département Ardéche, das zu der Zeit, von der ich schreibe, noch von seinen Eltern bewohnt wurde. Sein Vater war Vorsitzender des Obersten Verfassungsgerichts von Frankreich gewesen. Er war ein erklärter Agnostiker und zu der Zeit, als es am schwersten war, seine Ansichten publik zu machen, Anhänger von Dreyfus. Seine Mutter war eine fromme Katholikin und unerbittlich gegen Dreyfus. Einige Jahre lang stand also ihr häusliches Leben, an dem sie pflichtschuldig festhielten, unter Spannung. Das war jedoch geraume Zeit vor Philippes Geburt.

Oriane war die Tochter eines Großindustriellen aus dem Norden. Die Familie war nebenbei im Zweiten Kaiserreich geadelt worden, ein Umstand, der je nach Gesellschaft verschwiegen werden mußte oder ins Gespräch einfließen konnte. Ihre Mutter war eine liebenswerte Plaudertasche, ihr Vater Mitglied des Gipfels intellektueller Vornehmheit, des Institut de France. Er besaß eine große und anspruchsvolle Sammlung von Impressionisten, Post-Impressionisten und zeitgenössischer Malerei, eine Sammlung, die ungefähr zur selben Zeit begonnen wurde, als Philippes Mutter zu jener

Bewegung gehörte, die davon abgehalten werden mußte, die Spitzen ihrer Regenschirme gegen impressionistische Leinwände zu richten. Beide Eltern vergötterten Oriane, die ein Einzelkind war und neben ihrem Aussehen durch Intelligenz bestach.

Philippe Desmirail hatte drei ältere Brüder, dem Vernehmen nach alle hochintelligent, tugendhaft und sich gegenseitig sehr zugetan. Die langen Ferien ihrer Kindheit verbrachten sie in dem Château an der Ardèche und auf dem Besitz einer geliebten Großmutter nahe Biarritz. Die Brüder waren alle drei im Krieg gefallen. Als der dritte 1917 starb, war Philippe noch ein Jahr zu jung, um einberufen zu werden. Er war ein zarter Jüngling, erschüttert über den Tod seiner Brüder. Aber er rückte trotzdem ein. Seine Mutter, die nie aufhörte, um ihre Söhne zu trauern, soll zu Philippe gesagt haben, es zieme sich für ihn, sich seinem Land zur Verfügung zu stellen, er sei nun an der Reihe. Er wurde nicht getötet, er wurde nicht einmal verwundet, er zog sich nach einigen Monaten in den Schützengräben eine Lungenentzündung zu, war lange Zeit schwer krank und wurde erst Jahre später wieder ganz gesund. Schließlich nahm er sein Studium auf, lehnte es jedoch anschließend ab, eine Beamtenlaufbahn oder einen konventionellen Beruf anzustreben. Statt dessen trat er in das fortschrittliche Maison d'Editions von Bernard Grasset ein, ein Verlagshaus, von dem man sagen kann, daß sich dort interessante Dinge ereigneten. Es war der junge Bernard Grasset, der 1913 den großen Coup landete, der die Welt der französischen Verleger und Kritiker so erzürnte, nämlich das abgelehnte Werk *Du Côté de chez Swann* (In Swanns Welt) herauszubringen. Abgelehnt worden war es auf Anraten André Gides von der NRF, die später die Rechte von *A La Recherche du Temps Perdu* (Auf der Suche nach der verlorenen Zeit) für den Preis eines großen Gesichtsverlustes und viel Geld zurückkaufen mußten. Zu der Zeit, als Philippe bei Grasset eintrat, machten sich einige seiner Freunde, etwa Jacques de Lacretelle, einen Namen als Schriftsteller. Er, obwohl kein seßhafter Mensch und ohne eigene literarische Ambitionen, genoß seine kurze Verlagskarriere sehr und hat seine Verbindung zu Bernard nie ganz abgebrochen. Kurz war sie deshalb, weil sich bald herausstellte, daß die Beengtheit der Großstadt seiner Gesundheit nicht zuträglich war. Er kehrte Paris den Rücken und folgte der Empfehlung, auf dem Land zu leben, am besten in der Seeluft. Eine Verordnung, an die er sich bis heute gehalten hat. Das kann nicht auf den Willen seiner Eltern hin geschehen sein. Dieser Mann mit dem überaus sanften Auftreten hatte den eisernen Willen seiner Mutter geerbt, den er jedoch selten zeigte.

Anfangs wohnten sie abwechselnd und vorübergehend an der Mittelmeer- und Atlantikküste. *Sie*, weil Philippe und Oriane zu dem Zeitpunkt, als er Grasset verließ, bereits verheiratet waren.

Sie kannten sich seit ein paar Jahren. Sie verkehrten im Milieu der hochgebildeten, vornehmen Nachkriegsjugend, die ihre Ideale und Ziele verloren, ihre Manieren jedoch behalten hatte. (Und die Zweifel, die daraus erwuchsen.) Sie hatten sich gegen Patriotismus, Militarismus (den vor allem) und bürgerliche Wertvorstellungen gewandt, ganz privat, denn sie waren keine Sozialisten oder Reformer, aber sie glaubten nach wie vor an individuelles gutes Benehmen. Sie wollten Spaß – was war ihnen sonst geblieben? – und suchten ihn in Amüsements, die sie selbst ersannen: Kostümfeste, Autorennen, Landausflüge in der Dämmerung, um eine Kathedrale in einem bestimmten Licht zu sehen, klug ausgedachte Narreteien. Jedoch anders als die Klugen und Jungen bei Evelyn Waugh wäre es ihnen nicht im Traum eingefallen, unbezahlte Rechnungen oder brennende Zigaretten auf den Teppichen anderer Leute zu hinterlassen. Sie tranken wenig. Alkohol – Apéritifs, Pastis, sogar Wein – galt ihnen als Teil eines anstößigen Nationalerbes. Enthaltsamkeit war eleganter. Ich schreibe hier über eine kleine, kurzlebige Clique der Desmirails, von der sie sich bereits abgewandt hatten, als sie aus Paris wegzogen. Aber etwas von ihrem Geist hatten sie mitgenommen.

Neben einer solchen Weltanschauung war Philippe und Oriane auf vielen Gebieten auch der gleiche Geschmack zu eigen. Ihre drei Hauptinteressen waren zur damaligen Zeit neue französische Literatur, Tennis und Automobile. Letzteres ging bei Philippe so weit, daß er sie auseinandernahm und nach seinen Vorstellungen wieder zusammenbaute. Seine Freunde ulkten, ob man ihm einen Kinderwagen, einen Teekessel oder eine Uhr gäbe, er könne alles zum Laufen bringen. Philippes Verstand war geschult, präzise, Orianes war lebhaft. Zu ihres Vaters und ihrer Lehrer Enttäuschung hatte sie nicht die Universität besuchen wollen, keinen Beruf, keine Beschäftigung ins Auge gefaßt. So blieb ein scharfer, fähiger und alsbald rastloser Verstand für viele Jahre, ja Jahrzehnte, ungebunden an ein festgelegtes oder sinnvolles Ziel. Philippe hatte kein großes Verlangen gezeigt, irgendwen zu heiraten, Oriane hatte das große Verlangen gezeigt, ihn zu heiraten. Irgendwie kam ihre Verlobung zustande. Sie fand den ausdrücklichen Beifall ihrer Freunde und Familien. Philippe bestand auf einem Bedenkjahr, Oriane war einverstanden. Die Gewährung gegenseitiger Freiheit war Teil ihrer modernen Wertvorstellungen. So gingen sie weiter ihren Interessen nach, er im Verlag, beide als Rädelsführer ihrer *petite bande*. Als das Jahr um war, sagte er zu ihr – ganz lässig und kühl, so glaubte man –, sie könnten es dabei bewenden lassen. Vielleicht sei er nicht für die Ehe geschaffen, vielleicht sei er nicht reif für die Ehe, und sie auch nicht, nehme er an – die Ehe als Institution habe nicht viel Sinn, wenn man keine Kinder zeugen wolle, wenn man denke, keine Kinder zeugen zu sollen: Kinder in der heutigen Welt seien Kanonenfutter. Er war nicht wenig überrascht, als Oriane ihre modernen Wertvorstellungen vergaß, sie war unglücklich und bestürzt und bediente sich der Waffen, die einer Frau in einer solchen Lage zur Verfügung stehen. Philippe war ein Mensch, der niemandem willentlich ein Leid zufügte, zu seinen vielen Prinzipien gehörte auch, zu seinem Wort zu stehen, unter welchen Vorbehalten er es auch gegeben haben mochte. Also gab er bereitwillig nach. Er hatte sie sehr, sehr gern, und sie verstanden sich ausnehmend gut. Ihre Freunde, die von dem optischen Trugbild ihrer Ähnlichkeit fasziniert waren, behaupteten, sie seien füreinander geschaffen.

Im Frühstadium ihrer Ehe kamen sie in eine bedeutende Tennisclique in Biarritz, die im wesentlichen aus dreien seiner Freunde aus der Kinderzeit bestand. Bedeutend ist noch untertrieben. Philippes Freunde, damals noch junge Spieler, waren Borotra, Brugnon und Lacoste. Als Buben hatten sie zusammen Tennis spielen gelernt, und Philippe, der ein paar Monate älter war und sich einen guten Schachspieler nannte, hatte sie zu Beginn der Ferien mühelos geschlagen. Nach ein paar Wochen hatten sie ihn eingeholt, und am Ende des Sommers wollte kaum noch jemand mit ihm spielen, er war ihnen unterlegen. Für immer. Was nicht hieß, daß Philippe, als sie in Biarritz wieder zusammenfanden, keinen akzeptablen Partner abgab, auch er hätte ein erstklassiger Tennisspieler werden können, wenn es ihm nicht an physischer Ausdauer gefehlt hätte. Einmal war er sogar in die untere Hälfte der *Seconde Série de France* aufgestiegen, Borotra und Co. standen natürlich an der Spitze der *Première Série*.

Die eigentliche Entdeckung aber war Oriane Desmerail. Man machte viel Aufhebens um sie in Biarritz. Die große Suzanne persönlich, Suzanne Lenglen, spielte Einzel mit ihr. Sie sei sehr vielversprechend, meinten alle, und begannen sie für die Weltklasse aufzubauen. Für ein paar anstrengende Monate waren Orianes Fähigkeiten an ein Ziel gebunden. Viel zu sehr. Zwei Dinge kamen ihr zugute, ihr durch Schachspielen trainierter Verstand und der Wille zu siegen; ihre körperliche Verfassung war es, die dem nicht gewachsen war. Ihre Trainer ließen sie wochenlang hintereinander acht Stunden täglich trainieren. Eines Tages brach sie auf dem Platz zusammen. Ein Herzanfall wurde diagnostiziert. Sie war vierundzwanzig. Sie genas rasch, und es war für sie nicht das Ende des Tennisspielens, sie stand schließlich fast an der Spitze der *Seconde Série*. Aber es war entschieden das Ende des Profi-Tennis und das Ende der festgesetzten Ziele.

Der Reiz des Biarritzer Tennisclubs war der Hauptgrund für ihren Aufenthalt an der Atlantikküste gewesen, Philippe, der von Geburt an leicht fröstelte, brauchte ein wärmeres Winterklima, und ihre jeweiligen Eltern bedrängten sie, sich irgendwo niederzulassen.

Beide liebten sie die strenge Schönheit der provenzalischen Landschaft, und Sanary gefiel ihnen von früheren Aufenthalten. Und nun waren sie hier, hatten ein Stück Land erworben und sahen zu, wie ihr Haus langsam wuchs.

Das Haus, das zwar nicht von Le Corbusier, wie meine Mutter vermutet hatte, aber immerhin von einem seiner französischen Schüler gebaut wurde, war ein Geschenk an Oriane von ihrem Vater.

Hinter den jungen Desmirails stand ein großes Vermögen. Solides altes Geld auf Philippes Seite; Land, städtischer Grundbesitz, Staatsanleihen und Aktien (nicht so solide), und weniger, auch weniger altes Geld, aber dafür beträchtliche laufende Kapitaleinkünfte auf Orianes Seite. Was das junge Paar selbst und seine Zukunft betraf, gab es Probleme. Als der Krieg zu Ende war, hatten Philippes Eltern entschieden, daß ihr überlebender Sohn in keiner Weise durch den Tod seiner Brüder begünstigt werden dürfe. Es wurde festgelegt, daß nur ein Viertel des Vermögens an Philippe fallen sollte, die anderen drei Viertel sollten wohltätigen Einrichtungen zugute kommen. Mit Philippes vollem Einverständnis, wie es hieß. Sein Vater fand überdies, daß es Philippe, nachdem sein Gesundheitszustand sich nun gebessert hatte, obliege, sich seinen Lebensunterhalt nach besten Kräften selbst zu verdienen. Da er nicht zum Landarzt oder etwas ähnlichem ausgebildet war und der Versuch, Landwirtschaft im großen Stil zu betreiben, in Südfrankreich, wo winzige Landparzellen von alteingesessenen und zähen Bauern bestellt wurden, der reine Wahnsinn gewesen wäre, erschien die Gründung eines Geschäftes – irgend etwas mit Heimarbeit? – die einzige Lösung. Für die Desmirails war es eine Frage der Moral, nicht des kommerziellen Erfolges oder Gewinns. Sobald Philippe einen Plan entwickelt hätte, wollte sein Vater ihn mit dem nötigen Kapital ausstatten. Bis dahin lebten sie von der reichlich bemessenen Zuwendung, die Oriane seit ihrer Heirat von ihrem Vater erhielt und die auch Konten bei ein, zwei Häusern der Haute Couture einschloß, wo die meisten ihrer schlicht aussehenden Kleider geschneidert wurden.

Und jetzt war da das zukünftige Haus, Orianes gegenwärtiges Ziel.

Ich hatte mich nach dem Theaterabend gefragt, ob wir, ob ich die Desmirails wiedersehen und was, eingedenk der Besonderheit des ersten Anlasses, wohl den Anstoß dazu geben würde. Manche Leute werden durch ihre Hunde zusammengeführt, bei uns spielten Autos Schicksal. Alessandro und ich wurden an einem heißen, schwülen frühen Nachmittag am Kai in Bandol – unsere Freunde, mit denen wir Boule gespielt hatten, schliefen jetzt – von Oriane Desmirail überrascht, die auch keine Siesta hielt. Sie fuhr in einem Citroën vorbei. Alessandro versuchte – *versuchte* –, mir beizubringen, unseren Peugeot zu wenden. Da ich nun achtzehn war, lehrte er mich Autofahren. Oriane hielt an und sah meinen Anstrengungen zu, die durch ihre Anwesenheit nicht besser wurden.

Liebe Kinder, sprach sie uns an, und ihr Lächeln muß ich wohl als spöttisch bezeichnen – darin war sie eine Meisterin, wie ich herausfinden sollte –, «meine lieben Kinder, kennt ihr nicht die erste Regel, wie man lernt, ein Auto zu fahren»?

«Dieses hier hat eine vertrackte Schaltung…»

Sie überhörte mich. «Die erste Regel lautet, es nie bei jemandem aus der Familie zu lernen. Die zweite, nicht im Auto der Familie.» Pause. «Wir müssen das ändern.» Sie sah Alessandro an. Dann, fröhlich, entschlossen: «Wir haben bestimmt ein Auto, in dem sie lernen kann – nicht dieses große Dingsda. Jetzt hören Sie zu: Die Fahrprüfung ist im Département du Var eine sehr ernste Angelegenheit.»

Wir hörten zu.

«Kommen Sie doch einfach morgen ungefähr um diese Zeit zu uns, sagen wir, drei Uhr.» Sie gab mir den Namen der möblierten Villa, wo sie vorübergehend wohnten, und beschrieb den Weg. «Wir sehen zu, daß Sie es anständig lernen, und Sie können im Nu den Führerschein machen.»

Und wer wird es mir beibringen, dachte ich bestürzt.

«Auch keiner von unserer Familie», sagte sie, als hätte sie mich verstanden. «Wir haben genau den richtigen Mann für Sie, er ist Mechaniker und Fahrer, er erledigt Hilfsarbeiten für uns. Er wird Sie auch anschreien, aber auf die richtige Art... Dann also, *à demain*», und weg war sie.

Damals erkannte ich es nicht als das, was es war, eine freundschaftliche Geste par excellence einer Desmirail. Auf freundschaftliche Gesten der Desmirails konnte man sich immer verlassen.

Der erste Tag war ein Desaster. Ich kam hin. Ich trug einen weißen Leinenrock, den Emilia eigens gewaschen und gebügelt hatte. Die Desmirails standen oben an ihrer steilen Zufahrt und debattierten mit dem Mann, der die Hilfsarbeiten verrichtete, in welchem Wagen ich am besten lernen würde. Philippe meinte, in la Sarah, sie sei klein und leicht und einfach zu wenden. La Sarah entpuppte sich als die Küchenschabe: Philippe hatte sie nicht selbst gebaut, zumindest nicht ursprünglich, auch war Sarah kein Spitzname, sondern ein echtes Autofabrikat, das längst nicht mehr existierte und nach Philippes Meinung in den 1890er Jahren unterschätzt – und, so vermutete ich, eingestellt – worden war. Sarah hatte keinen Selbstanlasser, die Kurbel war ein bißchen widerspenstig, daher sollte ich sie auf die übliche Weise starten. Sie sagten mir, was ich zu tun habe: Handbremse lösen, kräftig anstoßen und sofort hineinspringen, wenn sie anfing, den Hügel hinunterzurollen, zweiten Gang einlegen, Zündung an...

Der Hilfsarbeiter machte es vor. Es funktionierte.

La Sarah wurde wieder an Ort und Stelle gebracht, der Motor abgeschaltet. Ich war dran.

Was ich in meinem Übereifer nicht bedacht hatte, war, daß das Auto Öl verlor. Eine große, schwarze Lache war in der Zufahrt. Ich gab dem Wagen einen Stoß, bereitete mich für den Sprung hinein, geriet mit einem Fuß in das Öl, rutschte aus, fiel hin und lag strampelnd auf dem Rücken in einer öligen Pfütze, während la Sarah den Hügel hinabrollte. Philippe holte sie mit einem Satz ein. *Mich* hochzubekommen dauerte länger. Erst einmal standen die drei da und schüttelten sich vor Lachen. «Sie ist ein Clown», riefen sie, «*un cluun*!» So sprechen die Franzosen es aus. Schließlich zogen sie mich hoch. Ich will mich nicht darüber auslassen, wie ich gesäubert und frisch eingekleidet wurde – man hat in einer gemieteten Villa im Sommer in Südfrankreich kein heißes Wasser bereit, und obwohl ich jung und schlank war, war ich doch nicht schlank genug, um in irgendeines von Orianes Kleidern zu passen.

Danach beschlossen sie, daß ich besser in dem Citroën lernte, nicht in dem großen von Oriane, dem neuesten im Stall, sondern im 4-Chevaux. Der 4-PS war ein kleiner Dreisitzer mit einem Heck wie ein Kanu. Er war kleiner als der heutige 2-Chevaux. Er war einmal grau lackiert gewesen, hatte ein schmales Trittbrett und ebenfalls keinen Selbstanlasser. Das war ganz gut so, denn damals mußte man bei der Fahrprüfung in der Lage sein, sein Auto von Hand zu starten.

Schön, ich lernte in dem Citroën 4-Chevaux fahren und liebe ihn noch heute. Der Hilfsarbeiter war ein guter Lehrer – ein zäher kleiner Bursche namens Baluzet, mit südländischer Sprechweise und Gestik, er hätte direkt einem Stück von Marcel Pagnol entsprungen sein können. Ich bestand die Prüfung, die praktische und die mündliche, die ziemlich schwer war, und bekam meine Fahrerlaubnis, dank Oriane, in wenigen Wochen. Ich habe sie noch heute und benutze sie noch – französische Führerscheine sind unbegrenzt gültig, ein rechteckiges Stück Karton, stark abgegriffen. Die Fotografie wurde 1949 zum letztenmal ausgewechselt, in der Préfecture du Var.

Meine Mutter schrieb Madame Desmirail einen Dankesbrief.

Dennoch war es nicht ganz die Art, bei Philippe und Oriane eingeführt zu werden, die ich mir gewünscht hätte. *Cluun* ist, wer als *cluun* gesehen wird. Die Desmirails hatten eine Vorliebe für komische Pannen, ihre Liebe zu Charlie Chaplin und Buster Keaton war es gewesen, die sie in jenem Lichtspielhaus hatte auftauchen lassen. Bis zum heutigen Tag lassen sie wieder und wieder das Bild lebendig werden, wie ich, in weißes Leinen gekleidet, in einer Öllache strample, was meine Beziehung zu ihnen noch lange später geprägt hat. Ich bin kein Hanswurst. Ich halte mich für ziemlich geschickt in vielen praktischen Lebensbereichen, was bei anderen Freunden und Orten auch zutrifft, aber bei den Desmirails passieren mir wie erwartet die unmöglichsten Mißgeschicke. Einmal bin ich von dem ruhigsten Pferd gestürzt, als ich an einem Sonntagmorgen mit Philippe einen ruhigen Ausritt im Herzen der Touraine machte, auf einer Portugalreise mit ihnen lief der Stromzähler rückwärts, und erst kürzlich bin ich mitsamt einem Frühstückstablett ihre Treppe hinuntergestolpert und habe das ganze Geschirr zerbrochen.

10. Kapitel

In unserem abgeschiedenen Winkel, in Sanary, war der Sommer 1929, der Sommer vor dem Börsenkrach an der Wallstreet, eine Zeit der unspektakulären Ereignisse, man ging geruhsam seinen Beschäftigungen nach. Die Desmirails widmeten sich dem Bau ihres Hauses, wir, in bescheidenerem Maße, befaßten uns mit dem Umbau der Villa, wobei uns Philippe mit manchem ausgezeichneten Ratschlag zur Seite stand; er hatte gegen den Widerstand seines Architekten, des Corbusierschülers, seine sanitäre Installation eigenhändig entworfen. Die Kislings legten das Fundament für ein schönes großes Haus, das nach einem Plan von Renée an einem Hang oberhalb der Bucht von Bandol gebaut wurde. Philippe gab den Plan für seine zukünftige Beschäftigung bekannt, die sehr einträglich zu werden versprach: Er gründete zwischen Sanary und Toulon eine sehr benötigte Omnibuslinie. Der herrliche Panhard mit dem offenen Dach, im Dorf bekannt als *le car du théâtre*, war der erste einer Reihe von gebrauchten Bussen, die er zu erwerben gedachte. Das erklärte auch die Beschäftigung von Baluzet, dem Hilfsarbeiter. Philippe war auf der Suche nach einem Grundstück, um Unterstand und Werkstatt für die kommende Flotte zu errichten, während er sich gelassen durch die bürokratischen Wege schlängelte – nicht kämpfte –, die der Erwerb der erforderlichen Lizenzen mit sich brachte. Oriane fand das Projekt amüsant und stürzte sich mit Elan darauf.

Ebenso eifrig widmete sie sich ihrem anderen neuen Unternehmen, dem Tennisclub. Zum erstenmal, so weit ich zurückdenken konnte, sollte in Sanary Tennis gespielt werden. Es gab einen ziemlich heruntergekommenen Tennisplatz, den Philippe und Oriane übernahmen und wieder herrichteten. Sie wollten Tennis spielen, was sie ebenso gut auf den gepflegten Plätzen des Grand Hotel in Bandol hätten tun können, aber es ging ihnen darum, die Begeisterung für den Sport, woran es den Franzosen so sehr mangelte, ein wenig anzuspornen. Der Tennisplatz gehörte zu einem armseligen Hotel in einem Pinienwäldchen am Strand von Six-Fours, und seine Eigentümer waren begeistert von dem Leben, das der Club mit sich bringen würde. Die Desmirails leiteten ihn formlos – er hatte nicht einmal einen Namen, es gab keine Umkleidekabinen, keine Aufnahmegebühr, keine Satzung, keine Bar. Tee, Limonade oder einen Apéritif konnte man an den Gartentischen des Hotels bestellen. Mitglied wurde, wer von den Desmirails eingeladen wurde. Hier lag ein Problem, denn es war offensichtlich, daß keiner der Spieler sich mit ihnen messen konnte – mit Ausnahme der strahlenden Berühmtheiten, die sich auf der Durchreise von einem Turnier in Monte Carlo oder La Ciotat befanden. Dennoch hofften sie, einige der einheimischen Jugendlichen zu trainieren. Wer tagsüber arbeiten mußte, war schwer zu gewinnen: zu viel zu tun, zu scheu. Wenn sie sich sportlich betätigen wollten, dann nicht mit diesem kleinen weißen Ball, Tennis war in Frankreich noch ein bourgeoises Spiel. So mußte der Club mit uns vorlieb nehmen: Alessandro, der gut war und ständig besser wurde – es ist immer ein Ansporn, wenn man gegen überlegene Spieler antritt –, meiner Mutter, die ziemlich gut war, wenn sie wollte, einem pensionierten Oberst der britischen Armee, der einst um den Davis Cup gespielt hatte, mit seiner Frau und mir, die ich überhaupt nicht gut war. Die einzigen Franzosen, die sich trainieren lassen wollten, waren die jungen Panigons. Frédéric kam, weil er gerne Neues ausprobieren wollte, denn die Familie von Papa Panigon hatte nie etwas anderes als Boule gespielt. Annette, die lebhafte, bewies einiges Talent, während Cécile, die der Richter ein entzückendes Mädchen genannt hatte, sich, auf träge Weise feminin, stets an der Grundlinie aufhielt und aufschrie, wenn sie wieder einen Ball verfehlte. Sie spielte noch schlechter als ich.

Die Desmirails waren unermüdlich, Philippe mit ausgesuchter Höflichkeit, Oriane mit oft scharfem Witz, und sie trainierten uns, so gut sie konnten. Doppel zu spielen war hilfreich. Wenn Philippe mit dem Oberst gegen Oriane und Alessandro antrat, wurde es durchaus ein spannendes Spiel. Was mich fesselte und sogar meine Mutter bewog, häufiger in den Club zu kommen, war die Art, wie sich die beiden Desmirails auf dem Platz bewegten.

Ich habe den dritten Mann in ihrem Bunde nicht erwähnt, den jungen Gott, ihren Schatten. Und zwar deswegen nicht, weil er ihnen nicht zu den Tennisnachmittagen folgte. Oriane hatte verfügt, daß er zu bestimmten Stunden zu arbeiten habe. Er verachte Spiele, erklärte er (er würde neben Philippe wenig göttlich ausgesehen haben). Er war Maler oder versuchte einer zu werden, der Sohn einer Pariser Familie, die den Künsten sehr verbunden, aber, dem Klatsch in Sanary zufolge, im Moment nicht gut auf ihn zu sprechen war. Sein Name war Louis. Oriane hatte im Hinterland eine verlassene Hütte der Ziegenhirten für ihn ausfindig gemacht und notdürftig als Atelier und Behausung hergerichtet. Jeden Tag wurde er eine Zeitlang dorthin und aus ihrer Gegenwart verbannt. Die übrige Zeit sah man ihn den Desmirails folgen, wohin sie auch gingen, im Fond ihrer Autos oder wenige Schritte hinter ihnen, wenn man zu Fuß unterwegs war. Sanary war entzückt von ihm und der Situation. Sie nannten ihn den *cavalier servant*, den *Cicisbeo, amant en titre*. Einige sagten, es sei eine *ménage à trois*, andere meinten, Oriane sei eine *allumeuse*, die den armen Jungen zappeln lasse. Diese Gerüchte wurden uns von Madame Panigon zugetragen, die sich nicht entscheiden konnte, welche Version ihr am besten gefiel. Offensichtlich war jedenfalls, daß Louis, entgegen Alessandros Feststellung, Oriane habe keinen Sex-Appeal, von ihr betört war und seine Augen nur von ihr wandte, um jeden finster anzublicken, der es wagte, sie ebenfalls bewundernd zu betrachten. Er war ein finster dreinblickender junger Gott, der nicht nur bellte, sondern auch beißen konnte, doch Oriane hatte die Leine fest in der Hand. Was sie für ihn empfand, wußte man nicht, aber sie machte deutlich, daß er ihr Eigentum war, ihr *öffentliches* Eigentum gewissermaßen. Die Leute blieben stehen und sahen ihnen nach, wenn diese drei wundersam-schönen Menschen vorübergingen. Was hinter verschlossenen Türen vor sich ging – Louis, zwanzig? einundzwanzig? war ein mündiger Erwachsener –, konnte man nur vermuten. Philippe Desmirails Würde, Höflichkeit und Ruhe blieben undurchdringlich. Über diese Dinge konnte man unmöglich mit ihm sprechen.

Philippe behandelte Louis, der auch regelmäßig bei ihnen im Hause aß, mit liebenswürdiger Kameradschaftlichkeit, wie sie ein Mann einem jüngeren entgegenbringt, den er gerne mag. Oberflächlich waren sie damals drei enge Freunde, denen es Spaß machte – Louis sah nicht immer unglücklich drein –, zusammen herumzuziehen und der Kern einer kleinen Clique zu sein.

Die Kislings beteiligten sich nie am Dorfklatsch, für sie gab es nichts zu klatschen. Wenn Oriane Desmirail einen Liebhaber hatte, nun ja, wer hatte keinen? Auch dachte Renée nicht daran, in den Tennisclub einzutreten. Zu meiner Freude nahm sie mich manchmal frühmorgens mit zum Fischen. Wenn ich am Abend vorher von ihr die Nachricht erhielt, daß die Strömung günstig sei, war ich vor Tagesanbruch am Hafen, und wir, manchmal von dem Matrosen Léon begleitet, der sich um das Boot kümmerte, manchmal auch allein, fuhren im Morgengrauen weit aufs Meer hinaus, das still war, glatt und grau, bis kein Land mehr zu sehen war. Wir fischten und schwammen wieder und wieder vom Boot aus, bis wir vor zwölf Uhr Mittags zurückkehren mußten. Es war herrlich.

Die Kislings und die Desmirails hatten – in unterschiedlichem Maße und auf verschiedene Weise – die Wertvorstellungen der Vorkriegszeit abgelegt, sie führten ein selbständiges und unabhängiges

Leben. Sie kamen gut miteinander aus, setzten sich gemeinsam an einen Tisch im Café oder zum Essen im Restaurant, aber dennoch fehlte die Wärme zwischen ihnen, und auch die Anerkennung. Für die Kislings blieben die Desmirails ungeachtet ihres Auftretens *gens du monde*; auf der Seite der Desmirails waren die Vorbehalte weniger deutlich und ausgesprochen, da sie Künstler offenkundig liebten und achteten. Kisling hatte vor einigen Jahren ein Portrait von Oriane gemalt, das ihr Vater in Auftrag gegeben hatte. Auf der zwischenmenschlichen Ebene war die Situation noch unerquicklicher: Renée mißtraute Oriane (sie hat es mir einmal erzählt), und Philippe war für sie nur ein weiterer von diesen armen Intellektuellen, die bei Schiffbruch oder im Bett nicht zu gebrauchen waren. Philippe seinerseits mißbilligte nicht nur Renées allgemeines Verhalten – ihr lautes Lachen, die aufwendigen, pikanten Festessen mit Knoblauch und Bouillabaisse, ihr Sympathisieren mit den Linken, ihre unverhüllten Bettgeschichten, die auch Léon, den Matrosen, einschlossen –, er verachtete sie rundheraus, eine seltene Empfindung bei ihm. Noch heute, da sie längst tot ist, läßt er kein gutes Haar an ihr. Sie war ein durch und durch sinnlicher Mensch. Er kam, so weit es das französische Ambiente erlaubte, einem Puritaner näher. Es erstaunte und entsetzte mich, daß zwei Menschen mit überragenden, wenngleich grundverschiedenen Eigenschaften einander so wenig achteten.

Ähnlich negativ begegneten sich auch Philippe und meine Mutter. Während sie oberflächlich den Schein der guten Freundschaft aufrechthielten, waren sie sich nicht sonderlich gewogen. Jedoch blieb es bei ihnen unausgesprochen, es fehlte nur auf beiden Seiten jede Spur von Bewunderung. Meine Mutter hatte einmal zu mir gesagt, ein Mann dürfe nicht zu viele Tugenden haben. Auch dieser Mißstand betrübte mich. Es hatte eine Weile gedauert, bis ich es bemerkte. Ich werde nie aufhören, mich über das Rätsel menschlicher Sympathien, Anziehungskraft, mangelnder Anziehungskraft und Abneigung zu wundern. Als Romanschriftstellerin sollte ich es zumindest manchmal ergründen.

Mir kommt – etwas spät – in den Sinn, daß ich nicht gesagt habe, wie meine Mutter aussah. Daß sie schön war, eine schöne Frau, das habe ich gesagt, mehr als einmal, die Vorstellung im Kopf des Lesers vage gelassen. Vielleicht habe ich keine Beschreibung versucht, weil ihr Bild für mich unbeständig und flüchtig ist. Das über meinen Kinderwagen gebeugte Gesicht unter dem voluminösen Hut ist nicht das Gesicht der ausgelassenen Mutter, bei der ich Jahre später in Cortina d'Ampezzo landete, oder das von bösen Vorahnungen gezeichnete Gesicht am Sorrentiner Strand, das Gesicht, das unmerklich im Bahnhofsbus seinen Ausdruck veränderte. Die beiden vor meinem geistigen Auge gegenwärtigsten und doch so verschiedenen Versionen sind ihr Aussehen in jenem behaglichen Winter, den sie und ich gemeinsam in Frankreich verbrachten, und eine Atelieraufnahme von Man Ray von Anfang der zwanziger Jahre, auf der sie eine dunkle Schönheit ist, dunkles Haar, dunkle Augen, mit einer Miene heiterer innerer Ausgeglichenheit. Auch dieser Eindruck entsprach ihrem Aussehen zeitweise, wenngleich die Fotografie ihre Energie, ihre Lebhaftigkeit nicht eingefangen hat. Was sie wiedergab, war ein Leuchten, das Leuchten im Gesicht einer von Giorgione gemalten Frau.

Später zeichnete ihr Gesicht eine tragische Vornehmheit aus, wie man sie in bestimmten Portraits von Rembrandt entdecken kann, faltig und mit nun eher jüdischen als romanischen Zügen.

Ich neige dazu, Männer und Frauen mit Gemälden zu vergleichen. Die Ähnlichkeit liegt hier eher im Allgemeinen denn im Detail. Um mit einer genaueren Beschreibung des Aussehens meiner Mutter zu schließen: Sie war durchaus nicht klein, aber auch nicht auffallend groß, sie hatte eine sehr feminine Figur von gewisser Fülligkeit und mit einer wunderbaren Haltung, ihre Arme und Schultern waren rundlich, ihre Haare kastanienbraun, ihr Teint eher dunkel – weshalb es überraschend für sie war, ein blauäugiges, sehr blondes Kind zu haben, zumal mein Vater ebenfalls dunkel gewesen war –, ihre Hände waren wohlgeformt, wenn auch ein wenig zu klein. Es kümmerte sie nicht allzu sehr, was sie anzog, sie konnte sogar ziemlich schlecht gekleidet sein, denn sie neigte dazu, etwas überzuwerfen und falsch zu knöpfen oder etwas zu kaufen, weil sie fand, daß es jemand anderem gut stand. Doch das spielte keine Rolle. Sie besaß Ausstrahlung, sie hatte Persönlichkeit.

Ende Juni wurden wir von einer Erscheinung aus einer für mich schon längst vergangenen Zeit heimgesucht. Ein Auto fuhr vor in Les Cyprès, ein schicker Chrysler-Zweisitzer. Eine junge Frau stieg aus, sehr mager, aber ebenfalls sehr schick, und fragte, ob meine Mutter hier wohne. Ich erkannte sie. Sie hatte wie ein vernachlässigtes Kind ausgesehen und sah immer noch ein wenig vernachlässigt aus, trotz des Chryslers – bläßlich und knabenhaft, mit großen Augen. Es war Doris von R., das Mädchen aus Berlin, das meine Mutter Gott weiß wo kennengelernt hatte, das sich in Cortina d'Ampezzo bei meinem ersten Italienaufenthalt um mich hätte kümmern sollen und statt dessen den Verlockungen des Films gefolgt war. Das war erst ungefähr sieben Jahre her. Sie brauchte etwas länger, bis sie mich wiedererkannte.

Sie habe immer gewünscht, meine Mutter wiederzusehen, sagte sie, und nun sei sie hier und verbringe mit ihrer lieben Großmutter einen Urlaub in Südfrankreich. Die Großmutter, erinnerte ich mich, hatte die heimatlose Waise aufgezogen und sich über Wasser zu halten versucht, indem sie in Berlin eine Pension betrieb, wo alle Gäste Freunde und ohne Beschäftigung waren, selten bezahlten und trotzdem zu essen bekamen. Doris sagte, sie habe Mammerl im Hotel gelassen, damit sie sich nach der Fahrt ausruhe, im Hôtel de la Plage am Meer. (Ich sagte mir: das Hotel des Richters, das beste, ein gutes Zeichen.) In diesem Moment erschien Alessandro. Diesmal schaltete Doris schneller, wenngleich sie überrascht zusammenzuckte. «Dr. Caligari, nehme ich an?»

«Psst», sagte ich. «Nicht mehr. Sie sind verheiratet.»

«Deine Mutter hat ihn geheiratet?»

«O ja.»

«Oh.» Pause. «Wie nett.» Pause. «Er hat sich nicht so verändert wie du.»

Meine Mutter kam hinzu, Emilia wurde gebeten, Tee zu machen, und Doris begann, ihre Geschichte zu erzählen, bis Alessandro den Chrysler für sie gewendet hatte und die beiden losfuhren, um die alte Dame zu holen. Als sie zurückkamen, saß er am Steuer – «sie fährt grauenhaft», sagte er beiseite zu mir. Die Großmutter, so mager wie Doris und noch zierlicher, entpuppte sich nicht nur als lieb, sondern als witzig und klug. Sie blieben zum Abendessen, am nächsten Tag aßen wir mit ihnen in ihrem Hotel, wir begleiteten sie an den Strand und nach Toulon, zeigten ihnen die Sehenswürdigkeiten, und so ging es weiter bis zum Ende ihres knapp einwöchigen Aufenthaltes. Währenddessen erfuhren wir eine Menge über Doris' Vergangenheit, ihre Pläne und ihre gegenwärtige Situation.

Sie war tapfer gewesen, als sie in Norditalien strandete, von dem amerikanischen Drehbuchschreiber im Stich gelassen, bei dem sie als Sekretärin gearbeitet hatte, als sie ungefähr so alt war wie ich jetzt. Sie war immer noch tapfer. Sie mußte es sein, als sie nach Berlin und in die Pension zurückkam, in ein Leben voll Ungewißheiten und Aufregung. Die Inflation, ihre angegriffene Gesundheit, eine langweilige, unterbezahlte Arbeit, ihre Versuche und Fehlschläge auf der Bühne, talentierte Freunde, Freiheit, Ideen und Ideale. Sie hatte Liebesaffären mit bewundernswerten und unfähigen (ihre Worte) jungen Männern – Schauspielern, Dichtern, Schriftstellern –, die im Sande verliefen, wenn sie nicht im Desaster endeten. Sie liebäugelte mit den Radikalen. Mehr als einer der unfähigen jungen Männer war Kommunist oder beinahe Kommunist gewesen. Dies sei das einzig Wahre heutzutage für anständige Leute, erklärte sie uns, Deutschland werde abstoßend nationalistisch, wir könnten nicht ahnen, wie schrecklich die Leute vom rechten Flügel seien, die die Weimarer Republik offen angriffen. «Sie reden sogar von *Krieg*.» Ihre Freunde sagten, die Republik sei schwach, gespalten zwischen Demokraten, dem Zentrum, Sozialdemokraten und Kommunisten.

Die alten Neigungen meiner Mutter, die links von der Fabian Society lagen, lebten wieder auf. Sie fragte, ob sie noch von Rosa Luxemburg sprächen, die sie stets bewundert habe. «O ja», sagte Doris, «und von dem Schwein von Offizier, der sie ermordet hat.»

Ob sie, Doris, jemals Mitglied einer Partei gewesen sei?

Nicht wirklich. Einmal wäre sie es um ein Haar geworden... Aber jetzt... Nun ja, jetzt, wo sich für sie alles so verändert habe, wo sie verlobt sei – sie glaube nicht, daß es Paul recht wäre. Paul sei ihr Verlobter. Sie versicherte uns, daß er auf der richtigen Seite stünde – er habe sozialdemokratisch gewählt –, nur glaube er nicht an die Revolution. «Er ist viel älter als die meisten von uns, er ist schon über *dreißig*.»

Wir hörten aufmerksam zu.

Er sei ein Architekt, der Warenhäuser und Hotels baue, aber wir dürften nicht denken, er sei ein Spießbürger, bloß weil er so viel Geld habe.

Natürlich nicht, beruhigten wir sie.

Tatsächlich sei er ein sehr ernster Mensch, und er liebe sie sehr. Sie wollten heiraten. Das hieß, sobald sie könnten. Er müsse sich zuerst scheiden lassen. Oh, das ginge in Ordnung, er und seine Frau seien sich vollkommen einig, sie seien gute Freunde, und sie wolle auch gleich wieder heiraten. Es würde niemanden verletzen. Aber es wäre sehr unrecht gewesen, eine Ehe zu zerstören – so etwas tue man nicht –, meinten wir nicht auch?

Wir drei mußten ihr zustimmen.

Weimar habe das deutsche Recht sehr human gemacht, es gebe keine Schuldfrage mehr, alles könne mit unüberwindlicher Abneigung begründet werden. Das Gesetz sei vernünftig, aber es dauere trotzdem lange, die Bürokratie... die Gerichte seien langsam... Es würde ein Jahr, vielleicht länger dauern, ehe sie und Paul rechtmäßig heiraten könnten. Bis dahin wünsche er, daß sie einigermaßen diskret seien, aus Höflichkeit gegenüber seiner Frau. Er habe Doris das Auto geschenkt – «es gehört mir» – und vorgeschlagen, daß sie mit ihrer Großmutter in Urlaub führe. Er habe ihnen genug

Geld mitgegeben. «Sie können sich nicht vorstellen, wie gut er zu Mammerl ist – er möchte, daß sie die Pension schließt und bei uns wohnt. Er baut ein Haus an einem See in Bayern. Und er ist so gut zu unseren Freunden, er besorgt ihnen Arbeit und macht ihnen Geschenke, er hat unser Leben verändert. Ich habe ihn sehr gern. Aber es ist sonderbar, auf einmal so reich zu sein. Ich weiß nicht, ob es richtig ist.»

Am Abend nach ihrer Abreise sprachen wir über sie. Meine Mutter sagte, wie gern sie Doris gehabt habe – ein braves Mädchen, ein beherztes Mädchen... O ja, recht albern zuweilen und unbesonnen – von einer Unbesonnenheit, die Leid bringt. Jetzt sieht alles so gut aus für sie, doch irgendwie befürchtet man...

Ob sie attraktiv ist? fragte ich.

Meine Mutter sah Alessandro an. Er überlegte. «Sie hat mehr Sex-Appeal als Oriane.»

«Für dich?»

Er lachte. «Weißt du, eigentlich mag ich diese dünnen Frauen nicht. Außerdem ist sie zu jung.»

Meine Mutter lachte auch. «Sie ist ungefähr in deinem Alter, würde ich sagen.»

«Mindestens zwei Jahre jünger», sagte er verächtlich.

«Ich wünsche ihr Glück», sagte meine Mutter. «Ich hoffe bei Gott, daß alles gut geht und sie diesen *fähigen* Mann heiratet. Ich fürchte, er ist ein bißchen zu gesetzt für sie. Sie könnte vielleicht auf dumme Gedanken kommen, wenn sie zuviel Geld hat.»

«Sie fährt so schlecht Auto», sagte Alessandro finster, «sie hat keine Ahnung, wie man mit einem Auto umgeht – nicht daß sie ungeschickt wäre oder sehr waghalsig, sie ist einfach fatalistisch und ahnungslos. Wie riskant für die arme alte Dame!»

«Wie riskant», sagte meine Mutter, «für das arme junge Mädchen.»

11. Kapitel

Eine Verkettung von Umständen veranlaßte meine Mutter, Sanary für ein paar Wochen zu verlassen. Sie war eine Nomadin, die sich am liebsten niemals von der Stelle gerührt hätte. Der Vorstand ihrer Treuhänder hatte sie schon seit langem zu einem persönlichen Treffen gedrängt – es gelte Dinge zu besprechen, zu entscheiden, zu unterschreiben –, er sei bereit, sie an jedem Ort zu treffen, der beiden genehm sei, am besten irgendwo in der Schweiz. Sie schob es eine Weile hinaus: Er will ja doch bloß auf meinem schwindenden Vermögen herumreiten. Das war nur zu wahr. Doch da Alessandro weiterhin gut verdiente, schwanden ihre Ängste davor, einen Vortrag über ihre Zukunft gehalten zu bekommen, und sie meinte nun vielleicht sogar imstande zu sein, den alten Geizkragen zu einer weiteren Kapitalentnahme zu bezirzen. Auf jeden Fall würde er – von ihrem Kapital – die Reise und den Aufenthalt in der Schweiz oder wo auch immer bezahlen. Sie erinnerte sich an diverse Kurorte am Vierwaldstätter See, die im Hochsommer sehr angenehm waren. Man hatte ihr gesagt, sie habe sich schon viel zu lange auf Meereshöhe aufgehalten. Diesen unentgeltlichen Hinweis hatte ihr ein Arzt gegeben, der einige Male bei uns zu Hause gewesen war, wenn Alessandro sich mit einem Tischlerwerkzeug an der Hand verletzt hatte oder mich hin und wieder Halsweh plagte. Der Arzt war uns von einem Apotheker empfohlen worden, demselben, der meine Mutter mit Schlaftabletten versorgt hatte – und noch versorgte. Ich sage unentgeltlich, weil mir nicht aufgefallen war, daß sie den Arzt konsultiert hatte. Er muß, als er hinausgeführt wurde, Interesse an ihr gefunden haben, sozusagen auf der Türschwelle. Er meinte, sie sehe abgespannt aus, und riet ihr zu einem Klimawechsel.

Meine Mutter achtete nicht sehr auf ihre Gesundheit, daher taten wir es auch nicht. Sie ging damit ähnlich um wie mit ihrer Kleidung, sorglos, wenngleich für Ratschläge empfänglich. An ihre Schlaflosigkeit waren wir gewöhnt, und sie wurde damit fertig – lange lesen, lange schlafen, meistens mit Hilfe eines Schlafmittels.

Der Arzt, den der Apotheker empfohlen hatte, war eine deprimierende Erscheinung. Ausgemergelt wie ein verhungerndes Pferd, gelb im Gesicht mit dunklen Ringen um die tiefliegenden Augen, ein paar Strähnen stumpfer schwarzer Haare, winters wie sommers in einen speckigen schwarzen Anzug gekleidet – kurzum, er sah aus wie einem schlechten Horrorfilm entstiegen. Sein Name war – ich kann nichts dafür, er hieß wirklich so – Joyeu, Docteur Joyeu*. Die Witze kann man sich denken. Hinter seinem Rücken nannten sie ihn Docteur Lugubre**, und sie spöttelten, er sei nicht so fröhlich, wie er scheine.

Ob sein Rat den Ausschlag gab oder nicht, meine Mutter freundete sich allmählich mit dem Gedanken an einen Aufenthalt in den Schweizer Bergen an. Emilias einmonatiger Urlaub stand bevor, das traf sich gut. So reisten sie denn am ersten Juli beide ab, meine Mutter für ein paar Tage zu einem Treffen mit ihrem Treuhänder nach Luzern, anschließend zu einer mehrwöchigen Kur in einem anderen Ort am Seeufer, Emilia in ihr toskanisches Heimatdorf, und Alessandro und ich blieben, zum erstenmal unter demselben Dach, allein.

Nicht für lange. Bald waren wir keine vierundzwanzig Stunden hintereinander unter unserem eigenen Dach. Unsere Freunde und

* Der Witz liegt im Gleichklang mit dem französischen Adjektiv joyeux, fröhlich, lustig. (Anm. d. Ü.)

** lugubre: grauenhaft, schauerlich, völlig deprimiert

Nachbarn waren so besorgt um unser Wohl – verlassen von der Ehefrau, der Mutter, verlassen von der *Köchin* –, daß wir zum zweiten Frühstück, zum Mittagessen, zu Picknicks, Apéritifs und zum Abendessen eingeladen wurden. Les *garçons* nannten sie uns, die Junggesellen, und ganz Sanary bemühte sich, unser Los zu verbessern. Man schien ein bißchen amüsiert über unsere Lage. Alessandro und ich tauchten freudig in den Strudel ein wie Enten ins Wasser. Wir gaben jeden Anschein von Haushaltführung auf. Man hatte uns eine *femme de ménage* besorgt, aber weder kam sie regelmäßig, noch kümmerten wir uns darum, wir trafen keinerlei Anordnungen, machten keine Besorgungen. Für uns war alles in bester Ordnung, solange das Haus einigermaßen sauber aussah – nicht Emilia-sauber, das erwarteten wir nicht. Und es störte uns überhaupt nicht, wenn wir zu später Stunde nach einem Abend mit den Kislings im *bal musette* nach Hause kamen und unsere Betten nicht gemacht waren. Die wenigen Male, wo wir nicht zum Essen eingeladen waren, gingen wir zusammen ins Bistro.

Ich gab auch jeden Anschein von Arbeit auf. Obwohl Alessandro, stets gewissenhaft, weiterhin den Umbau der Villa beaufsichtigte. Bis dahin hatte ich die ganzen Sommermonate hindurch jeden Tag ein paar Stunden lang Bücher durchgeackert, Zusammenfassungen geschrieben und mich bemüht, diverse Grammatiken zu lernen. In Finchingfield hatte jemand die realisierbar scheinende Idee geäußert, daß ich mich trotz Ermangelung einer ordentlichen Schulbildung für ein Dolmetscherdiplom qualifizieren könnte, das man damals bei einer Unterabteilung der Handelskammer erwerben konnte, indem man eine Prüfung ablegte, ohne eine vorbereitende Schule oder einen entsprechenden Kursus besucht zu haben. Das schien wie geschaffen für mich und wurde von meiner Mutter als willkommenes Mittel zur Beschwichtigung meiner Vormünder begrüßt. So hatte ich mich eines Tages in einem Büro in der Stadt eingetragen, wo genau, habe ich vergessen. Ich bekam ein Merkblatt mit Empfehlungen ausgehändigt und wurde aufgefordert, mich in gut zwei Jahren zur mündlichen und schriftlichen Prüfung einzufinden. Ich nahm es leicht, nur die Grammatiken sah ich mir genauer an. Nichts davon *jetzt*. Keine Grammatik, keine Bücher in diesen Wochen, als Alessandro und ich allein waren.

Wir schwammen, wir spielten Tennis. Manchmal mit den beiden älteren der Panigons, Frédéric und Cécile, die offenbar sehr unternehmungslustig waren. Ihre Eltern bereiteten für uns etliche erstklassige Mahlzeiten. So sehr wir uns auch über Madame Panigon lustig machten, sie verstand etwas vom Essen – nicht im Stil der Kislingschen homerischen Gastlichkeit, sondern nach Art der bodenständigen provenzalischen französischen Küche südlich (nicht zu weit südlich) von Lyon –, und Monsieur war der einzige Mann unter unseren Bekannten, der so etwas wie einen Weinkeller besaß. Wir spielten Belote, wir spielten chasse-cœur, wir spielten Mah-Jongg mit Philippe, der Kartenspiele liebte, aber nie um Geld spielte. Ich versäumte keine Gelegenheit, zu den Desmirails zu gehen.

Sogar Louis lud Alessandro in seine Hütte ein, um ihm seine Gemälde zu zeigen. Wir gingen zusammen hin. Was hältst du davon? fragte ich Alessandro hinterher. Er arbeitet nicht genug, antwortete Alessandro.

«Wegen Oriane Desmirail?»

«Weswegen sonst?»

«*Ihre* Schuld ist es nicht», sagte ich.

«Ach was, *Schuld*», sagte Alessandro, «so etwas passiert einfach.»

Es war, als könnten die schönen Tage niemals enden. Und was machen wir heute? begrüßten wir uns morgens fröhlich. Nur unseren *café au lait* machten wir uns noch selbst.

Wir schienen jünger zu werden, als erlebten wir eine zweite Jugendzeit, oder vielleicht wurde Alessandro jünger, und ich wurde erwachsen.

Als wir eines Samstagmorgens auf die Baustelle kamen, war der Rohbau der Villa so gut wie vollendet. Die Maurerarbeiten waren abgeschlossen. Die neuen Türöffnungen und Fensterflügel waren an Ort und Stelle, aber noch ohne Türen und Fensterscheiben, Veranda und Eingangshalle waren noch nicht überdacht und nach oben offen. Es führte keine Treppe zum Haus hinauf, die Arbeiter hatten eine Laufplanke gelegt. Sie waren am Abend zuvor abgezogen und hatten alles saubergefegt und leer zurückgelassen, Werkzeug, Eimer, Beton weggeräumt – vor uns sahen wir den Rumpf eines Hauses, leer, kahl, ein Gerippe: ein Ort zum Spielen für Kinder.

Es war Alessandros Idee. Wir müssen ein Fest feiern. Mit allen Freunden. Hier. *Heute abend*. Verkleidet. Als was? Wir können tun, als wären wir auf einem Schiff – wir machen eine Bootspartie. Wir sagen allen, sie sollen als Seeleute kommen, das läßt sich leicht machen, sie brauchen keine richtigen Matrosenanzüge.

Wir machten uns auf der Stelle ans Werk. Abwechselnd fuhren wir mit dem Peugeot herum und verteilten die Einladungen. *Tout Riseholme*, hätte ich gerne gesagt, aber den Witz hätte nur meine Mutter verstanden; Alessandro hatte für die Lucia-Bücher nichts übrig, ebensowenig für Nonsense-Dichtung, Edward Lear fand er peinlich, auch mußte ich den unangenehmen Gedanken unterdrükken, daß Oriane einen Hauch von Lucia in sich hatte. Wir besorgten die Verpflegung und alles, was sonst benötigt wurde: Madame Panigon lieh uns eine große Schüssel, aus Les Cyprès holten wir die Waschbütte und alle Gläser, deren wir habhaft werden konnten, Louis erbot sich, nach Toulon zu fahren und Lampions zu kaufen, wir liehen weitere Gläser, ein Grammophon und einen Stapel Tanzplatten, Chez Schwob überließ uns eine Stange Eis.

Bei Sonnenuntergang machten Alessandro und ich uns an die Zubereitung unserer Spezialbowle: Wir gossen mehrere Flaschen trockenen Weißwein von der Genossenschaft in Saint-Cyr und ein ziemliches Quantum weißen Rum in die Schüssel und gaben eine Zitrone und kiloweise Pfirsiche (geschält und entsteint) dazu. Dann stellten wir die Schüssel in die Waschbütte auf die Stange Eis und gingen nach Hause, um uns umzuziehen.

Alessandro lieh mir eine Tennishose – wir mußten die Beine etwas hochkrempeln –, geringelte Matrosentrikots besaßen wir beide, und das war's schon. Dann schminkte er uns. Das sei wichtig, sagte er, *damit* würden wir verkleidet aussehen. Er glättete meine Haare, die sehr hell und widerspenstig waren, und färbte sie dunkel, er verpaßte mir ein walnußbraunes Make-up, malte mir mit Kohlestift schwarze Augenbrauen und Koteletten. Als ich mich im Spiegel betrachtete, war ich hingerissen: Ich erkannte den Jungen nicht, den ich sah, ich *fühlte* mich verkleidet. Ich hatte nie zuvor Hosen getragen, Frauen an der Riviera fingen gerade damit an, sie nannten sie Strandpyjamas, aber wir waren noch lange nicht so weit – ausgenommen Renée Kisling. Ich war auch noch nie auf einem Kostümfest gewesen, wußte also nicht, was eine Verkleidung aus einem machen konnte. Mit Erstaunen und Entzücken begann ich unseren Abend.

Es lief hervorragend. Den Leuten gefielen die Laufplanke und das halbdunkle leere Haus, sie bewunderten, wie wir die Dachsparren und Bäume mit Lampions dekoriert hatten – es war ein bißchen ein Gefühl wie auf einem Schiff, sagen wir, einem Flußdampfer. Und unsere Bowle schmeckte köstlich. Madame Panigon hatte sich eine französische Matrosenmütze mit Pompon aufgesetzt. Wir tanzten auf der Terrasse, wir tanzten alle, ungeachtet des Alters oder Geschlechts. Ich fühlte mich fortgerissen, ekstatisch, außer mir, ich war vermutlich ziemlich beschwipst, aber weniger vom Wein als von der Verkleidung. Alle waren ein bißchen beschwipst, nicht sehr, die Bowle kann nicht sehr stark gewesen sein, und man trank nicht *sehr* viel: Es war ein Sommernachtsjux.

Renée war nicht da, sie hatte uns eine Nachricht übermittelt, die Nacht sei ideal zum Fischen. Ich stellte fest, daß die Desmirails nicht gekommen waren, aber das dämpfte die Begeisterung nicht. Ich hüpfte umher, schenkte Gläser nach, tanzte mit allen, Männern und Frauen, ich packte sogar Madame Panigon und verleitete sie zu einem Foxtrott. Es schien ihr nicht wenig zu gefallen.

Um Mitternacht – wie wir später feststellten, niemand hatte auf

die Zeit geachtet – gab es plötzlich ein großes Getöse: Pistolen-
schüsse und wildes Geschrei – ein junger Pirat schwang sich von
den Dachsparren, das Messer zwischen den Zähnen, die Toten-
kopfflagge in der Hand, sprang leichtfüßig auf die Erde... Zwei
weitere stürmten die Laufplanke... Ergebt euch...! Ergebt euch...!
Levantinische Piraten, ihr schmucker Kapitän mit Perücke und
Halstuch, Seemannsstiefeln und Umhang, Krummsäbel in der
Hand... sein schlanker Obermaat mit Dolch und Entermesser im
Gürtel... Sie trugen Halbmasken... Man hatte zu tanzen aufgehört, alle standen regungslos. Eine Minute dauerte die Illusion,
Zeuge eines echten Piratenüberfalls zu sein, und nicht von einem
exakt aufgeführten Ballett, dessen Hauptakteure phantastisch aus-
sahen. Dann fielen die Masken: es waren Louis, Philippe und
Oriane.

Sie hatten eine Eroberung gemacht. Klatsch und Neid unterblie-
ben, man verübelte ihnen nicht, daß sie unseren Bemühungen einen
etwas improvisierten Anschein gegeben hatten – im Gegenteil, der
Auftritt der Desmirails hatte unserem Fest eine besondere Note verliehen, mit viel Erfindungsgeist und Aufwand: Für diese Nacht
wurden sie von allen bewundert, geschätzt, geliebt.

Bei Tagesanbruch, es war ein klarer, schöner Morgen, war alles
vorbei. Alessandro und ich standen mitten in der Unordnung, die
das Fest hinterlassen hatte, und fühlten uns wohl, fühlten uns gut,
immer noch energiegeladen.

Lassen wir das Durcheinander stehen, sagte er. Wir gingen in
Port Issol schwimmen, fuhren dann heim nach Les Cyprès, entfernten die Reste der Schminke von unseren Gesichtern und zogen uns
frische Sachen an. Niemand von uns dachte daran, schlafen zu gehen.

Es war Sonntag. Müssen wir wirklich zurückgehen und uns an
die Arbeit machen? meinte Alessandro. Vielleicht können wir die
femme de ménage morgen hinschicken. Laß uns irgendwohin fahren. Laß uns den Tag in Saint-Tropez verbringen. Ich sagte sofort

ja, ich war noch immer in der Stimmung zu feiern. Also verließen wir das Haus, legten den Schlüssel unter den Blumentopf und zogen los.

Zuerst hielten wir zum Frühstücken bei Chez Schwob an, das schon geöffnet hatte. Niemand anderen als die drei jungen Panigons trafen wir dort, die Schinkenbrote zu ihrem Kaffee aßen. Auch sie waren noch unternehmungslustig. Wir erzählten ihnen, was wir vorhatten.

Fabelhaft, sagte Frédéric. Damals wie heute war Saint-Tropez der richtige Ort, um sich ausgelassen und schick zu amüsieren. Die Panigons fragten, ob wir sie mitnehmen könnten. Warum nicht, meinte Alessandro. Fahren wir alle zusammen. Ich war nicht so begeistert. Annette war nett, aber ein *Kind*, Frédéric hielt sich für einen Rebellen und sehr originellen jungen Mann, Cécile war, obwohl sehr lieb, unerhört affektiert. Sie betonten, wie gut wir es hätten, daß wir in so einer fortschrittlichen, künstlerischen, anregenden Familie lebten, und was für ein Vorzug es für sie sei, meine Mutter zu kennen. Sie müßten die ihre nämlich erst noch um Erlaubnis fragen. Sie wird im Bett sein, dachte ich. Sie sollten auf alle Fälle ihre Badeanzüge holen, sagte ich.

Als wir bei ihnen zu Hause hielten, war Monsieur Panigon noch oder schon auf und las *Le Petit Var*. Frédéric führte die Verhandlung. Er stellte die Idee von einem Sonntagsausflug in Begleitung eines älteren Mannes, eines verheirateten Mannes, als vernünftig dar. Alessandro war tatsächlich etwas näher an dreißig als an zwanzig. Du bist volljährig, mein Sohn, sagte Monsieur Panigon, mach was du willst, aber die Mädchen: *non*. Annette ist viel zu jung, kommt nicht in Frage. Na gut, sagte Annette mit leichtem Schmollen, sie hatte anscheinend von vornherein keine große Lust gehabt. «*Papa...!*» Cécile richtete ihre großen Kuhaugen auf ihren Vater. Frédéric unterbrach sie. Bitte, sagte er in männlichem Ton, darf ich meine Schwester mitnehmen, ich verspreche, daß ich auf sie aufpasse.

Er klang zugleich respektvoll und wie ein Mann von Welt. Und es funktionierte. Er muß es geübt haben, dachte ich. Nun gut, meine Kinder, sagte Monsieur Panigon, und nannte Alessandro den liebenswürdigen Gastgeber von gestern abend, nicht nötig, eure Mutter zu wecken. Amüsiert euch gut.

Wir fuhren los. Die beiden Männer vorne, Cécile und ich auf dem Rücksitz. Sie fing wieder davon an, wie sehr sie meine Mutter bewundere. So vornehm, so kultiviert, so intelligent…

«*tu as de la chance, ta maman te fait lire.*»

Meine Mutter hielt mich zum Lesen an? *Ich* las. *Ich* wollte lesen. Dann mußte ich es im Geiste zurücknehmen – es mußte von ihr ausgegangen sein, von meiner Mutter, die das Beispiel, die Anregung, den Anstoß gab. Ich sagte, so freundlich ich konnte, zu diesem Mädchen, das mich anödete: «Ja, meine Mutter hat mich zum Lesen angehalten.»

Sie fuhr fort mir zu erzählen, daß es bei *ihr* zu Hause ganz anders sei.

Von Sanary nach Saint-Tropez waren es – als es noch keine Autobahn gab – achtzig Kilometer. Hinter Hyères überlegten wir, ob wir die Strecke am Meer entlang nehmen und baden oder landeinwärts fahren und in der Auberge de la Forêt du Dom einen Imbiß nehmen sollten. Da es noch früh war, beschlossen wir, beides zu tun. Wir gingen schwimmen – die Panigons schwammen ganz passabel –, kletterten dann wieder die schmale Serpentinenstraße oberhalb Bormes-Les-Mimosas hinauf zur Route N 98, und in der Auberge bekamen wir *pissaladière* – heißes Brot, gebacken mit schwarzen Oliven, Sardellen und Olivenöl, dazu geräucherte Scheiben vom Wildschwein, das angeblich in diesen Wäldern heimisch war, und ein Glas Weißwein.

Das letzte Stück fuhr ich, Alessandro saß neben mir. Du fährst schon sehr gut, lobte er mich.

«Philippe Desmirail hat mich tüchtig herangenommen. Doppeltes Auskuppeln… Er sagt, man muß lernen, ganz ohne Kupplung zu schalten, hoch *und* runter.»

«Versuch das nicht jetzt.»

«Oriane sagt, er kann im Schlaf fahren.»

«Versuch das auch nicht.»

«Philippe sagt, nach ein paar Jahren Übung werde ich ganz gut fahren – guter Durchschnitt.»

«Nicht sehr schmeichelhaft», meinte Alessandro.

«Er sagt, ich habe nicht genug Talent, um an die Spitze zu kommen.»

«Und was sagt er über meine Fahrkünste?» fragte Alessandro.

«Daß du ein Naturtalent bist, du bekommst eine Eins minus.»

Beifälliges Kichern aus dem Wagenfond.

In Saint-Tropez stellten wir fest, daß eine Yacht im Hafen lag, die Kunden von Alessandro gehörte, den Schroders, Amerikanern, die durch seine Vermittlung ein Bild gekauft hatten und vielleicht noch eins kaufen würden. Wir vier wurden an Bord gebeten und kamen in eine bunte Gesellschaft verschiedener Nationalitäten, die unter einem Sonnensegel an Deck gerade im Begriff waren, Cocktails zu mixen. Mrs. Schroder, die Alessandro auf beide Wangen küßte, war makellos sonnengebräunt, rauchte mit Zigarettenspitze und sah ungemein schick aus. Alle sahen ungemein schick aus. Ich schätzte sie auf zwischen dreißig und vierzig, nur Mr. Schroder, der eine Seglermütze trug, war erheblich älter. Die Cocktails waren Orange-Blossoms: Gin und Orangensaft, mit zerstoßenem Eis geschüttelt. Sie waren erfrischend und kühl, und wir waren sehr durstig. Ich blickte auf die bunt gestrichenen Häuser des Hafenviertels von Saint-Tropez, während sich das Meer sachte unter dem Boot bewegte, und fand das Leben schön. Die Seligkeit hielt an, da sich das Mittagessen verzögerte – nie zuvor hatte ich so lange auf eine Mahlzeit gewartet –, man redete viel und mixte weitere Orange-Blossoms, und als wir endlich aßen, war es schon drei Uhr vorbei. Das Essen wurde von einem Mitglied der Mannschaft serviert und war ausgedehnt, gemächlich und köstlich, es bestand im wesentlichen aus Unmengen von Hummer. Anschließend zogen sich alle zurück. Auch Cécile und ich bekamen eine kleine Kabine. Wir waren noch hellwach, und Cécile begann zu plappern.

«*Tu sais, il est beau, Alessandro* —» Alessandro ist schön.

Die Franzosen verwenden «schön» leichter für einen Mann als die Engländer. Ich meinte zu wissen, wie Alessandro aussah, allerdings wenn man jemanden jeden Tag sieht...

«Ja, das ist er», sagte ich zu ihr, «*beau*.» (Nicht wie Philippe: anders.) Ich hörte sie noch fragen, ob mein Stiefvater auch ein gutes Herz hätte, dann überfiel mich der Schlaf.

Wir wurden mit Eistee in hohen Gläsern und dem Angebot zu duschen geweckt. Anschließend ging die ganze Gesellschaft an Land und fand sich im L'Escale zum Apéritif ein. Es war kurz vor Sonnenuntergang. Die Hochstimmung hielt an. Dann aßen wir zu abend. Mr. Schroder bestellte immer wieder Wein nach. Dann folgte Cognac. Wir tanzten während des Essens und danach. Ein Hauch von Erotik erfüllte den Raum, das Zusammensein mit den Kislings hatte mich gelehrt, dies zu erkennen, zu erspüren. Alessandro tanzte mit allen Frauen unserer Gesellschaft, kühl und teilnahmslos. Er tanzte mit Mrs. Schroder, die er Betty nannte, er tanzte mit einer sehr gut aussehenden Rumänin, die mich faszinierte, er tanzte mit Cécile.

Auch ich tanzte die ganze Zeit, mit Herren unserer Gesellschaft und ein paarmal auch mit Herren von anderen Tischen. Mit einigen hatte ich – wie ich fand – durchaus interessante Gespräche. Frédéric Panigon forderte mich ein zweites Mal auf, was ich überflüssig fand. Er sah besser aus als in den Tagen des Café de la Marine, er war etwas fülliger geworden, ein recht gut gebauter junger Franzose, obwohl ganz durchschnittlich, nichts Besonderes. Ich überließ mich seinem Geplauder. Es ging wieder darum, daß er seine Zeit mit dem Jurastudium verschwendet glaubte, daß es ihn aufbaue, Menschen wie uns kennenzulernen, es könne womöglich sogar seine Eltern dazu bewegen, ihn Kunst studieren zu lassen. Meine Vermutung war jedoch, daß wir in Madame Panigons Wertschätzung keinen allzu hohen Rang einnahmen.

Inzwischen war ich ziemlich betrunken. Ich fühlte mich nicht außer mir wie in der Nacht zuvor, nur weit entfernt vom Alltagsleben, frei, mitgerissen, schwebend. Ich mochte niemanden und interessierte mich für niemanden aus der Gesellschaft – abgesehen vielleicht von der Rumänin, aber sie nahm keine Notiz von mir –, nichts war von Belang, solange das Fest weiterging.

Als das L'Escale schloß, schlug jemand vor, in einen Club in der Oberstadt zu gehen. Ist es zwei Uhr? fragte Alessandro. Es war zwei Uhr. Zwei Uhr morgens. «*Deine Eltern!*» sagte er zu Frédéric, der sagte: «Oh, Mann, war das ein Sonntagsausflug.» Er sagte es nett und gelassen. Cécile rief: «*Oh mon Dieu*» und machte ein entsetztes Gesicht. Mit Recht.

Was sollten wir tun? Nach Hause fahren, so schnell wir können, war Alessandros erster Entschluß. Doch wir mußten uns erst noch verabschieden, Dankeschön und Küßchen auf beide Wangen, und wann sehen wir uns wieder, das dauerte seine Zeit. Keiner von uns war mehr nüchtern. Endlich gingen wir vier los, um den Peugeot zu suchen. Wie können wir das nur *erklären*, fragten wir uns auf dem Weg, wir sitzen in der Tinte. Zurückfahren, so schnell wir können, wiederholte Alessandro. Wir denken uns auf der Fahrt eine Geschichte aus.

Wir stiegen in den Peugeot, Alessandro fuhr ganz passabel los. Die Straße, die vom Hafen aus Saint-Tropez herausführt, ist eine Einbahnstraße, mit Kopfsteinpflaster, schmal. Alessandro beschleunigte, rammte einen Rinnstein, rammte die Bordsteinkante, es gab einen Ruck, es gab ein Klirren, er versuchte weiterzufahren, aber das Auto saß fest. Die Männer stiegen aus. Das rechte Vorderrad war eingedellt, der Reifen platt. Die Männer fluchten. Der Reifen mußte gewechselt werden. Sie machten sich ans Werk. Alessandro fluchte wieder – auch der Reservereifen war platt, er hatte ihn gestern reparieren lassen wollen, Samstag, das war der Tag unseres Festes, und er hatte es vergessen. *Was sollen wir tun?*

Keine Werkstatt würde geöffnet, geschweige denn willens sein, zu dieser nächtlichen Stunde einen Reifen zu flicken. Lieber ein bißchen schlafen und morgen früh aufbrechen, sehr vernünftig, wir müssen ein Hotel finden.

Im Juli ist Saint-Tropez immer zum Bersten voll. Wir versuchten es bei ein paar kleineren Hotels in Seitenstraßen, die Schilder an den Türen verkündeten *complet*. Wir entdeckten noch ein bescheidenes Hotel, in Finsternis gehüllt, aber ohne das abschreckende Schild. Wir weckten einen verstimmten, mürrischen Mann, der uns kalt musterte. Kein Gepäck. Alessandro zückte seine Brieftasche. Noch zwei Zimmer frei. *Messieurs-Dames*, zwei kleine, auf verschiedenen Etagen – hier entlang… Er schlurfte vor uns her, dann hinter uns, und ehe wir es uns versahen, hatte er Frédéric und mich in eine kleine Kammer geschoben, die ein großes Bett ganz ausfüllte. Der Mann war verschwunden, die anderen ebenfalls – eine Treppe hinauf. Frédéric sagte wieder *Oh, Mann*. Ich öffnete das Fenster und den schweren Blendladen und ließ die kalte Nachtluft herein. Frédéric knipste das Licht aus, eine kahle Glühbirne an der Decke. Wir stiegen aus unseren Kleidern, wir hatten nicht viel an, und ins Bett. Frédéric begann mit dem Liebesspiel. Ich hatte in den letzten vierundzwanzig Stunden mit nichts und allem gerechnet. Mein Hauptgedanke war jetzt: Bald werde ich es ganz genau wissen.

Man könnte sagen, daß ich vorher bereits ein sexuelles Erlebnis hatte. Oder auch nicht. Ich wußte nicht, wie ein Vorfall zu bewerten war, der ein Jahr zuvor stattgefunden hatte. Ein Verwandter von Alessandro, ein sehr entfernter Cousin, wohnte ein paar Tage bei uns in Les Cyprès. Er war ein hübscher Kerl, älter als Alessandro, groß, mit lockigen braunen Haaren und edlem Gesicht, aber einer der langweiligsten und dümmsten Männer, denen ich je begegnet war. Er konnte mundfaule Engländer noch übertreffen, wenn er übers Wetter redete, das dort, wo er herkam, nicht viel Abwechslung bot. Er war dumm, stur und obendrein engstirnig und wurde bei Familie und Freunden oft gehänselt. Sie nannten ihn Tempo-Bello, weil sein stehender Spruch war: *Oggi fa tempo bello*, heute ist schönes Wetter. Es war ein Jammer: Bei seinem Aussehen hätte er Il Tasso deklamieren sollen.

Er lud mich zu einem Spaziergang nach der Messe ein. Er brachte tatsächlich einen vollständigen Satz zustande. Ich sagte ihm, ich ginge nie zur Messe, erklärte mich jedoch schließlich einverstanden, ihn danach an der Kirche zu treffen. Es war ein Sonntag im Herbst, kurz vor meiner Rückkehr nach England, und schon etwas kühl am Strand. Wir würden auf La Cride spazieren, einem Felsvorsprung, wo ich zuweilen ein Picknick machte und zu einem kurzen Bad von den Felsen aus zum Meer hinunterkletterte. Ich kannte jede schmale Bucht, jeden Wasserlauf. Als ich zur Place de Sanary kam, sah ich Tempo-Bello vor der Kirche herumlungern. Er hatte, wie bei jungen Italienern seiner Art üblich, sich nicht zu der Gemeinde gesellt, sondern schlenderte bis zum Ende des Gottesdienstes ein paar Schritte vom Eingang entfernt auf und ab. Wenn sie die Sanktusglocke hören, kommen sie näher, stellen sich in den Eingang, machen eine Kniebeuge, bekreuzigen sich, sprechen vielleicht ein Gebet, und nach der Weihe der Hostie können sie sich wieder entfernen. Tempo-Bello und ich fuhren nach La Cride und gingen los.

Er hatte sich den weiß-scharlachroten Umhang über die Schulter geworfen, den zu tragen seine Familie berechtigt war. Es war ein elegantes Stück, wie aus einem Gemälde von Carpaccio oder aus der Stierkampfarena. Als wir zu einer herrlich verzweigten Stechpalme kamen, warf er ihn auf die Erde. La Cride ist an einem Sonntagmittag ein verlassener Ort. Ich dachte, Tempo-Bello wollte ausruhen und rauchen und setzte mich neben ihn. Darauf folgte, sogleich und ohne ein Wort, was ich von meiner Lektüre als intensives Knutschen kannte. Ich war zu überrascht, um entsetzt zu sein, und wurde fast gleich darauf abermals überrascht durch völlig unerwartete, köstliche Empfindungen. Als wir wieder aufstanden – er reichte mir die Hand, um mir zu helfen –, hob Tempo-Bello schwungvoll seinen Umhang auf und setzte unseren Spaziergang fort, als ob absolut nichts gewesen sei. Er war blasiert wie immer und vollkommen gefaßt. Ich nicht, aber ich verbarg es, wartete auf einen Wink von ihm. Es kam keiner. Kein Wort, kein Lächeln, keine Liebkosung. Bis hierhin hätte ich das Geschehene als natürlich und freundschaftlich hinnehmen können. Sein Schweigen machte etwas Abstoßendes daraus. Beschämend, verstohlen, *unrecht*. Ich wurde ebenfalls schweigsam. Wir gingen zurück. Ich wollte nicht mehr mit ihm von den Felsen aus schwimmen gehen. Als wir nach Les Cyprès kamen, ergriff mich Panik. In wenigen Minuten würde ich mich mit meiner Mutter und Alessandro an den Mittagstisch setzen. Was, wenn sie es ahnten, was, wenn sie es errieten? Wie konnte ich vermeiden, mir etwas anmerken zu lassen? Jetzt hatte ich Angst und Schuldgefühle. Ich konnte Tempo-Bello nicht ansehen, wenn er nur nicht mit hereinkommen, wenn er sich eine Ausrede einfallen lassen würde… Er kam mit herein, ließ seinen Umhang in der Halle. Sogleich ging die Hänselei los: Hatten wir einen schönen Spaziergang? Ich wandte mich ab, um mein Gesicht zu verbergen. «Worüber habt ihr euch unterhalten? Was war das Gesprächsthema?» «Er hat zu mir gesagt, *che fa tempo bello*», wie brachte ich den alten Witz über die Lippen? Wie stand ich die nächste Stunde durch? Wie konnte den anderen meine schreckliche Verlegenheit entgehen? Verlegenheit, *das* war es. Das war es, was blieb.

Am nächsten Tag lud Tempo-Bello mich wieder zu einem Spaziergang ein. *Passegiata*? sagte er. Er hatte es auf ein Wort reduziert. Wie Gassi zu einem Hund. Ich ebenso. Ich beschied ihn mit einem glatten Nein. Tags darauf reiste er ab. Trotz der Ängste beim sonntäglichen Mittagsmahl hatte ich den Vorfall bald verwunden. Es war ihm nicht gelungen, so sagte ich mir, den verführerischen Grundsatz der Kislings zu entkräften: *Wenn man befreundet ist, kann man ohne weiteres miteinander schlafen.* Mit Tempo-Bello war ich nicht befreundet, und wir hatten nicht miteinander geschlafen. Damit war der Fall erledigt. Ich erzählte es keinem, aber nur, weil es niemanden gab, dem ich es hätte erzählen können. Man konnte es als komische Geschichte sehen, zumal mit dem Umhang und dem Bestehen auf der Messe. Jahre später habe ich es jemandem erzählt. Zwei Menschen sogar. Zuerst Maria Huxley, die sagte, das müsse ich Aldous erzählen, er liebte es, solche Sachen in seinen Büchern unterzubringen. Ich erzählte es auch ihm, er war sehr amüsiert, woraufhin ich sehr verärgert reagierte: Ich glaubte, er sei gefühllos und verstehe nicht, worauf es ankam. Wenn ich damals über die Episode nachdachte, was selten vorkam, blieb, wie gesagt, nur ein Rest Verlegenheit. Dazu eine schwache Erinnerung an jene köstlichen Empfindungen.

Frédéric. Was *er* zu mir gesagt haben würde, werde ich nie erfahren, denn wir schliefen beide tief ein. Einen Augenblick hatte ich mich ganz leicht gefühlt – recht zufrieden: *Jetzt weiß ich es, und es ist überraschend und auch wieder überhaupt nicht überraschend.* Ich erinnere mich, daß ich so empfunden habe. Junge Menschen brauchen eigentlich keine Schaubilder oder Unterweisungen durch Eltern oder Schule. Wenn einer überrascht war, dann vermutlich Frédéric, als ich keinen Widerstand leistete. Er war sehr selbstsicher – dies war offensichtlich keine neue Erfahrung für ihn. Ich versuchte, ihn nicht merken zu lassen, daß es für mich das erste Mal war. Es tat nicht sehr weh, nicht der Rede wert, nur etwas unangenehm. *Keine* köstlichen Empfindungen. Ich hatte Frédéric nicht mehr oder weniger gern, ich wußte nur, daß ich wünschte, es sei ein anderer als er, aber ich wußte nicht wer. An diesem Punkt muß ich eingeschlafen sein.

Als nächstes ein Klopfen an der Tür und jemand im Zimmer. Es war Alessandro, fertig angezogen. Helles Tageslicht schien zum offenen Fenster herein. Er sah nicht aufs Bett, oder besser gesagt, auf Frédéric und mich im Bett unter dem hastig bis ans Kinn hochgezogenen Laken. «Es ist Vviertel vor sieben», sagte er in unsere Richtung, «macht euch fertig zur Abfahrt.» Er sah fürchterlich aus. Alessandro konnte melancholisch und auf vornehme Weise abgespannt aussehen, jetzt wirkte er schlicht elend. «Ich habe eine Werkstatt wachgetrommelt, sie flicken jetzt den Reifen. Wir treffen uns dort, so schnell ihr könnt, sie heißt Excelsior und liegt nur ein paar Häuser weiter.»

Ich war noch zu verschlafen, um einen klaren Gedanken fassen zu können, und Frédéric ebenfalls, nehme ich an. Wir taten wie geheißen. Im Flur auf dem Weg nach unten gab er mir ein zärtliches Küßchen auf die Wange. «*T'es un brave type*», sagte er. Ich sei ein guter Kumpel. Er betrachtete es als unvorhergesehenes Ereignis. Schön, so ähnlich sah ich es auch.

Von der Werkstatt aus fuhren wir sofort los. Wir halten um acht Uhr an, sagte Alessandro, wenn die Postämter geöffnet haben, und schicken ein Telegramm an eure Eltern. Wenn wir Glück haben, bekommen sie es binnen einer Stunde, sie müssen krank sein vor Sorge.

Frédéric kam zu sich. *Du lieber Gott*, sagte er und sah jetzt ebenfalls fürchterlich aus. Alle wandten sich nun der armen kleinen Cécile zu, die von ihrer gestrengen Mama immer so eingeschüchtert wurde. Im Geiste sah ich Madame immer noch am Strand, als sie mich beschuldigte, Annette ertränken zu wollen. Doch Cécile sagte zu unserem Erstaunen mit fester Stimme: «Uns ist ein Reifen geplatzt, das kann jedem passieren, sie können uns nicht fressen.» Sie wirkte nicht verängstigt, sie wirkte heiter und gefaßt. Da kam mir ein neuer Gedanke. Frédéric ebenso, das sah ich ihm an. Hatte der mürrische Mann im Hotel die beiden etwa auch in eine Kammer mit nur einem Bett geführt? Das war mehr als wahrscheinlich. Dann…? Nein, undenkbar. Frédérics Gesicht sagte: Meine Schwester? Meine Gedanken sagten: Meine Mutter?

Ich – nunmehr wach – konnte keinen Sinn darin sehen, ein Telegramm abzuschicken, das kaum mehr als eine Stunde vor uns eintreffen würde, wenn sie uns doch am Abend vorher zurück erwartet hatten. Alessandro und Frédéric hielten einen solchen Puffer jedoch für notwendig. Wir schickten es in Cogolin ab. Ich erinnere mich noch daran, was nach ausführlicher Diskussion endlich darinstand:

panne d'auto tout bien arriverons de suite

Autopanne alles in Ordnung kommen bald. Wir hatten erwogen, entweder mit *tendresses*, in Liebe, von den Panigons oder *amitiés*, mit freundlichen Grüßen, von Alessandro und mir oder mit beidem zu schließen. Am Ende setzten wir nur unsere vier Namen darunter.

Das war Frédérics Idee, damit sie nicht meinten, *Panne* sei eine Abschwächung für *Unfall* und einer oder mehrere von uns seien tot.

Das Telegramm war abgeschickt, und wir gönnten uns eine Kaffeepause in Cogolin. Alessandro bestellte an der Theke einen Fernet-Branca – er hatte einen Kater, der arme Mann. Ich hatte keinen, mir ging es gut, das Partyfieber erwachte wieder. Ich ging weg, um eine Bäckerei zu finden und Croissants zu kaufen. Frédéric begleitete mich. Als wir zum Café zurückkehrten, hielt Cécile Alessandros Hand, die sie diskret losließ, als sie uns kommen sah. Frédéric wurde blaß. *Was sollen wir tun?* wandte er sich an mich. Wir setzten uns an ihren Tisch, teilten die Croissants aus und taten so, als hätten wir nichts bemerkt. Alessandro bestellte noch einen Fernet-Branca. Cécile überredete ihn – mütterlich! –, einen Kaffee zu trinken. Sie strahlte.

Wir hielten noch einmal an, diesmal für ein kurzes Bad an einem kleinen Strand östlich von Hyères. Dann würden wir präsentabler aussehen, meinten wir. Danach aber fuhren wir zügig weiter. Alessandro saß am Steuer, Cécile neben ihm vorne, Frédéric und ich saßen hinten. Er legte die Arme eng um mich, wobei er darauf achtete, nicht in das Blickfeld des Rückspiegels zu geraten – *auch das hatte er schon früher getan* – und blieb so, während wir dahinrasten, und da waren sie wieder, die köstlichen Empfindungen. Schwach, aber erkennbar. Ich gab mich ihnen hin. Es hatte wenig mit Frédéric zu tun. Ich dachte nach: Dies ist keine Liebesaffäre. Vielleicht könnte man sagen, ich hätte eine Affäre mit diesem Jungen gehabt – ich drückte es in der Vergangenheitsform aus. Das ist es nicht, was ich will. Er hielt mich immer noch, und ich wünschte, daß er nicht aufhörte: Meine Gedanken waren paradox, in Anbetracht der Situation.

Als wir uns dem Ziel näherten, wurde das Schweigen im Wagen gebrochen. *Was sollen wir sagen?* Darum drehte sich alles. Er sei verantwortlich, sagte Alessandro. Als ob das etwas helfen würde, erwiderte Frédéric, der jetzt ganz aufgeregt war. «Ihr seid beide blöd», sagte Cécile, «hört zu», und wieder setzte sie uns in Erstaunen. «Wir hatten eine Reifenpanne – sie können das Rad sehen, das im Kofferraum...»

«Wann hatten wir die Reifenpanne?» rief Frédéric.

«Nach dem Abendessen – zu spät fürs Postamt – deshalb *mußten* wir im Hotel übernachten. Das ist alles.»

«Zu spät für eine Werkstatt?»

«Aber ja. Wir haben ein bißchen spät gegessen. Wie hätten wir Sandros Freunden vorschreiben können, wann sie zu essen haben? Wir werden uns selbstverständlich entschuldigen. Sie werden wütend sein, weil sie nun einmal gerne wütend werden, Papa auch, und weil sie sich Sorgen gemacht haben. Vielleicht sind sie nicht ganz so wütend, wenn Alessandro dabei ist.» Warum nicht? dachte ich. «Es wird vorübergehen. Was können sie uns schon anhaben? In elf Monaten bin ich einundzwanzig.»

«Wir sprechen nicht davon, was in elf Monaten ist, *ma fille*, wir sprechen von *heute*», erwiderte ihr Bruder. Alessandro stöhnte nur.

Niemand von uns erwähnte die Haken in unserer Geschichte. Jeder hing seinen Gedanken nach, niemand stellte Fragen. Wir beschlossen, daß die Geschwister, natürlich begleitet von Alessandro als dem Gastgeber des Ausflugs, die Suppe auslöffeln mußten. Ich sollte in Les Cyprès abgesetzt werden, denn je weniger ins Kreuzverhör genommen würden, desto sicherer sei es. Eine weniger, die vor Scham erröten könnte.

Als wir durch Sanary fuhren, sah ich Oriane Desmirail über den Platz gehen. Spontan bat ich Alessandro anzuhalten und mich aussteigen zu lassen, mir sei eingefallen, daß ich noch etwas besorgen müsse. Bitte, halt an. Ich wünschte Alessandro *bon courage*, als sie weiterfuhren, ihrem Schicksal entgegen. Ich vergaß, Frédéric auf Wiedersehen zu sagen, und schoß davon wie ein Pfeil.

Ich holte Oriane am Hafen ein, als sie in ihr Auto steigen wollte, den kleinen Citroën. Ah, da bist du ja, sagte sie, Philippe und ich haben dich schon gesucht.

«Wir waren in Saint-Tropez.»

«Ah. *Faire la bombe.*»

«Das kann man wohl sagen.»

«Ihr habt eure Freunde im Stich gelassen. Wir wollten beim Aufräumen helfen und euch gestern abend zum Essen einladen.»

«*Oh*», sagte ich, «wenn ich das nur gewußt hätte.»

Sie hob eine Augenbraue. «Wenn du das nur…?»

«Ich wäre mit Ihnen essen gegangen.»

«Ganz recht, statt dich mit den langweiligen Panigons herumzutreiben.»

«Woher wissen Sie das?» fragte ich.

«Jemand hat sie in eurem Auto gesehen. In Sanary wissen alle alles.»

Alles nicht, dachte ich.

«Saint-Tropez ist amüsant, oder habt ihr euch nicht amüsiert? Warum wärst du lieber mit uns essen gegangen?»

Ich wußte die Antwort. Mit plötzlicher Klarheit.

«Diane», sagte ich.

«Welche Diane?»

«Diane Chasseresse, Diane die Göttin.»

Wieder die Augenbraue. «Ja…?»

«*Sie*», sagte ich.

«In einem Citroën 4-CV? *Malheureuse, vous me rendez ridicule.*»*

«Ist das ein Zitat?» fragte ich.

«Ja.»

«*Sie* könnten niemals lächerlich sein», sagte ich.

«Du dagegen schon?»

«Es würde mir nichts ausmachen. Ich bin nur eine Sterbliche. Darf ich Ihnen etwas sagen?»

«Wird es mich amüsieren?»

«Das könnte gut sein», sagte ich grimmig.

«In diesem Fall, sag es mir.»

---

* Unglückliche, Sie machen mich lächerlich.

Ich sah sie an. Direkt. Vollkommen konzentriert. Dann stieß ich die drei fatalen Worte hervor.

Die drei fatalen Worte – es sind drei, im Französischen wie im Englischen oder Deutschen, auch wenn das Pronomen nicht an derselben Stelle steht – die Worte, die jeder Mensch, so hofft man – oder verzweifelt daran –, einmal, öfter als einmal, zu oft, im Leben ausspricht. Ernst meint, ernst zu meinen glaubt, nicht ernst meint. Ich meinte sie ernst. Und wenn man das tut, ist man verklärt. Die Erkenntnis hatte mich in Sekundenschnelle ereilt.

Das Pronomen, das ich verwendet hatte, war *vous*, eine Schattierung weniger banal als das *t'*. Wie nahm Oriane es auf? Wenn es auch der große Augenblick für die erklärende Person ist, so ist es das nicht immer für die, an die die Erklärung gerichtet ist. Sie, die Arme, behandelte mich nicht besser, als ich es verdiente, als absurde, unbesonnene junge Närrin. Vielleicht noch ein bißchen schlimmer, da es sich um Oriane handelte. Doch damals wußte ich nicht, was für ein Mensch sie war – das war *eines* der Dinge, auf die sie mich hinwies. Was ich wußte, war, daß Spott ihre Stärke war.

«Du hast dir eine komische Tageszeit für deine dramatische Erklärung ausgesucht», sagte sie und befahl mir, mich umzusehen – Hausfrauen, die uns kannten, strebten mit vollen Marktkörben hastig ihren Autos zu. Und es war nicht nur die falsche Stunde, hatte ich nicht noch mehr Fehler gemacht?

«Louis und ich dachten, es sei Philippe.»

«Oh, ich liebe Philippe», sagte ich, «aber mit Ihnen... mit Ihnen...»

«Mit *mir*?»

«Ist es nicht dasselbe.»

«Natürlich ist es nicht dasselbe. *Was* ist es denn?»

«Ich kann es nicht noch einmal sagen.»

«Die dramatische Erklärung?»

«Es ist wahr», sagte ich.

«Die Wahrheit», sagte sie, «ist eine lahme Ausrede für so vieles. Was hast du von mir erwartet?»

Ich versuchte nachzudenken. «Ich weiß es nicht. Nichts. Ich weiß es wirklich nicht.»

«Du liebe Zeit. Wie überzeugend. Versuche dich zu entscheiden.»

Und so ging es weiter. Mal so, mal so. Ich wußte, daß Oriane mich aufzog. Auch darauf verstand sie sich gut. Ich wußte, daß ich mich lächerlich machte. Es änderte nichts. Schließlich erbot sie sich, mich nach Hause zu fahren. Ich drehte die Anlasserkurbel für sie und stieg brav ein. Am Tor von Les Cyprès zitierte sie die entscheidende Zeile aus Victor Hugos Gedicht über den französischen Hauptmann, der entdeckt, daß der verwundete Soldat, dem er auf dem Schlachtfeld seine Wasserflasche anbietet, ein preußischer Offizier ist, «*allez, buvez quand même**», und lud mich für diesen Abend zum Essen ein. «Bring deinen gut aussehenden Stiefvater mit», rief sie über die Schulter, als sie davonfuhr.

Ich ging nicht durch die Tür ins Haus. Ich kletterte durchs Fenster in mein Zimmer, verschloß die Tür und zog die Blendläden vor. *Le Rouge et le Noir* kam mir in den Sinn, *Rot und Schwarz*, der heroischste Roman, den ich kannte – auch mein Kopf war voller französischer Zitate –, mit Julien Sorels Erkenntnis, als er Mathilde de la Môle in der Dämmerung verläßt: *Il était éperdument amoureux.* Eperdument, wiederholte ich mir. Verloren in der Liebe.

---

* Hier, trinken Sie trotzdem

12. Kapitel

Ein paar Tage lang lebten drei der vier, die in Saint-Tropez gewesen waren, in ihrer eigenen Welt der Probleme und Emotionen. Befangenheit und Gefühle wechselten sich ab. Die vierte Person erlebte abgesehen von Erleichterung, die schnell vergessen ist, nur Verwirrung. Ich, als eine von den abgeschiedenen dreien, bemerkte oder bedachte dies erst etwas später. Früh genug. Ich konnte mich nicht lange in mich selbst zurückziehen.

Das erste, was den Panzer meiner Verschlossenheit durchdrang, war, daß die Beziehung zu Alessandro sich verändert hatte. Kameradschaft war Komplizenschaft gewichen. Uneingestandene und somit ungewisse Komplizenschaft. Es blieb unausgesprochen. Dann suchte Cécile Panigon mich auf – sie *müsse* reden, sagte sie – und enthüllte eine Situation, von der ich gehofft hatte, daß sie nicht existierte.

Übrigens, wunderbarerweise war alles gut gegangen, als sie und ihr Bruder unter das elterliche Dach zurückkehrten. Madame Panigon, die so leicht Ehebruch, Inzest, Sodomie, Vergewaltigung und Schlimmeres zwischen zwei beliebigen Menschen in ihrem Umkreis argwöhnte, nahm von derartigen Verdächtigungen Abstand, wenn es um ihre eigenen Sprößlinge ging. Das war das Wunder. Obwohl sie sich über die Hotelsituation während der Saison vollkommen im klaren sein mußte, war ihr nicht eine Sekunde in den Sinn gekommen, daß nicht die Mädchen, Cécile und ich, uns eines der zugewiesenen Zimmer geteilt hatten, während die jungen Männer das andere bewohnten. Die Schlüsselfigur, Cécile, hatte ein unbescholtenes Gesicht gemacht, als ob nichts sie aus der Ruhe bringen könne, und es Frédéric und Alessandro so ermöglicht, die Nerven zu behalten. Somit ging alles gut. Natürlich wurden sie gehörig gescholten – ich erhielt einen ausführlichen Bericht davon: Sie hätten von vornherein nicht mitfahren sollen, sie hätten alle im Auto umkommen können… so rücksichtslos, so egoistisch, so undankbar… niemand habe solche Kinder verdient… Aber alles drehte sich nur um schlechte Manieren und die Gefahren der Straße.

Ja, aber die Gefahr war, wie ich sah, wie ich nun zu sehen gezwungen war, nicht vorüber. Cécile hatte sich mit Alessandro getroffen, allein, so oft sie konnten. Was ich vielleicht gemerkt hatte.

Sie sagte: «Ich liebe Alessandro.»

Sie hatte keine Hemmungen, die drei fatalen Worte auszusprechen. Aus ihrem Mund hörten sie sich an wie eine unbestreitbare mathematische Schlußfolgerung. Ich schwieg.

«Kannst du mich verstehen?»

Das war schwierig; vielleicht kann man nur sich selbst verstehen. Unvollkommen.

«Cécile…»

«Er ist so feinfühlig, er weiß so viel, er ist so interessant – er muß so viel von deiner lieben Mama gelernt haben, sie hat Sandro so viel gegeben.»

Ich zuckte zusammen, und nicht nur wegen dieser Version seines Namens (sie sprach ihn französisch aus, mit der Betonung auf der letzten Silbe). «Cécile», sagte ich, «was soll daraus werden?»

«Er liebt mich nicht», erwiderte sie. «Das weiß ich.» Sie sagte es mit Würde und Tapferkeit. «Er ist sehr lieb zu mir… *il est si gentil*. Aber er liebt nur deine Mama. Es ist mir einerlei, was er fühlt, solange ich nur mit ihm zusammensein kann.»

«Cécile…»

«Ich weiß, wir haben nicht viel Zeit. Ich nenne ihn *mon papillon*, mein Schmetterling, der bald fort sein wird.» Ich stöhnte. Sie sah mich bange an. Sie hatte wirklich riesige Augen. «Du denkst nicht, daß wir unrecht tun? Deine Mutter ist so großherzig…»

Meine großherzige Mutter – in bezug auf sich selbst war sie es, weiter wagte ich nicht zu denken. «Was ist mit *deinen* Eltern?» fragte ich.

«Sie können mich nicht daran hindern, Sandro zu sehen. Sie würden mich einsperren, wenn sie es wüßten, aber ich würde ausbrechen und weglaufen.» Sie kam auf das zu sprechen, weswegen sie zu mir gekommen war, und bat mich, ihr zu helfen. «Wenn du fürchtest, daß ich es jemandem erzähle, dann irrst du dich», sagte ich stolz und kalt. «Das geht mich nichts an.»

Das hatte sie nicht gemeint, sie brauchte meine Hilfe *jetzt*. Sie hatte alles ausgeklügelt. Sie hätten nur diese paar Tage, es sei nicht leicht für Sandro und sie, alleine auszugehen – er möchte vermeiden, daß es zu einer Krise mit ihren Eltern kommt –, sie müsse Gelegenheiten und Ausreden erfinden, etwa, daß sie einen Abend im Kino in Toulon mit *mir* verbringe.

Ich lachte. «Und ich gehe allein hin und gebe dir hinterher eine Zusammenfassung des Films?» Für die beiden lügen… die Panigons belügen. Waren es *nur* die Panigons? «Ja, ich tu's», sagte ich schweren Herzens. Was immer ich tat oder unterließ, es war Verrat. Wenn ich mich in diesem Punkt weigerte, könnte es nur noch mehr Kummer, mehr Unglück verursachen. Ich sagte noch einmal, ich wolle tun, was ich könne. Aber eigentlich wollte ich nicht allzuviel von der ganzen Geschichte wissen. Ich hätte mehr Mitgefühl für Cécile aufbringen sollen, dafür, daß sie so sehr liebte. Ich akzeptierte sie nicht als meinesgleichen, als meine Schwester. Tatsächlich konnte ich den Gedanken nicht ertragen.

«Eine schöne Bescherung», sagte ich.

«*Pardon?*»

Am selben Tag sprach Alessandro mit mir. Er sah sorgenvoll aus.

«Ist Cécile bei dir gewesen? Sie hat mir gesagt, daß sie zu dir wollte.» Es war das erste Mal, daß ihr Name zwischen uns fiel.

«Armes kleines Ding», sagte er, «armes kleines Ding.»

«Alessandro», sagte ich, «wie war das nur möglich?»

«Saint-Tropez. Ich hatte zuviel getrunken.»

«Aber... warum jetzt?»

«Du mußt es von ihr gehört haben – sie nimmt es ernst. Schrecklich ernst. Was kann man da machen? Was kann ein Mann da machen? Ihr sagen, daß ich eine Frau in meinem Bett fand, daß ich kaum wußte, wer sie war? So ist es nämlich gewesen. Weiß der Himmel, ich will ihr nicht wehtun, ich kann sie nicht einfach abwimmeln. Weißt du, für einen Mann bedeutet es nicht so viel, so oder so... Sie ist auf ihre Art wirklich sehr süß. Ich mag sie. Und es wird sehr bald ein natürliches Ende finden.»

«Das weiß sie.»

«Sie ist ein liebes, loyales Mädchen.»

«Loyal zu dir. Sie bewundert dich.»

«Gott, ja.»

«Ist es nicht schön, bewundert zu werden?» fragte ich. «Ich wünschte, jemand würde mich bewundern.»

Er lachte. «Bewunderung wird uns hier zu Hause nicht viel zuteil, nicht wahr?»

So hatte ich das nicht gemeint.

Alessandro wurde wieder trübsinnig. «Ich möchte es nicht mit ihren verdammten Eltern zu tun bekommen. Glaubst du, Panigon würde sich duellieren?»

«Vater oder Sohn?» fragte ich, mutig eine Anspielung machend.

«Oh, der Vater natürlich», sagte er, ohne den Hinweis aufzugreifen. «Aber ich glaube es nicht. Er könnte uns jedoch Unannehmlichkeiten machen. Aus gutem Grund. Komisch, Cécile ist eine gute Lügnerin, das hätte man nicht von ihr gedacht.»

«*L'amour*», sagte ich.

«Ich bitte dich. *Ich* habe mir nie träumen lassen, daß so etwas passieren könnte – verfluchtes Saint-Tropez –, seit dem Tag, an dem ich deiner Mutter begegnete, habe ich mit keiner Frau geschlafen oder schlafen wollen.»

Wir schwiegen einen Augenblick.

«Wie... wie wird sie es aufnehmen?»

«Ich weiß es nicht», sagte er. «Vielleicht sollte ich es ihr nicht erzählen.»

«Sie muß solche Dinge verstehen.»

«Bei Frauen kann man nie wissen. Sie sind leicht gekränkt.»

«Sie ist anders.»

«Sie ist anders», sagte Alessandro zärtlich, «und doch nicht *so* anders. Ich darf ihr nicht weh tun. Ich will niemandem weh tun.»

«Lieber Alessandro», sagte ich, «armer, *lieber* Alessandro.» Dann erzählte ich ihm, daß ich mir heute abend den neuen Film in Toulon ansehen würde, allein. Er gab mir einen Klaps auf die Schulter, sah aber immer noch sorgenvoll aus.

Ich sah mir den Film doch nicht alleine an, ich ging mit den Desmirails. Ich erwähnte es, sie fanden, es sei eine gute Idee, und wir gingen alle, Philippe, Oriane, Louis und ich. In letzter Zeit waren wir häufig, meistens zu viert, unterwegs gewesen. Das Resultat meiner Offenbarung am Hafen an jenem Morgen, das einzige Resultat gewissermaßen, war, daß Oriane mich nun als ein Stück von ihrem Besitz betrachtete. Kein sehr wertvoller Besitz. Weit weniger wert als Louis, war ich ihrem Gefolge einverleibt worden. Auch mich konnte man nun hinten in ihren Autos sitzen oder, Mantel oder Korb tragend, einige Schritte hinter ihnen hergehen sehen. Morgens lungerte ich auf dem Dorfplatz herum und wartete, daß sie erschien, eilte zu ihrem Auto und riß den Schlag auf, noch bevor sie anhielt, küßte ihre Hand – wie es Philippe und Louis zu ihrer Begrüßung zu tun pflegten – und schnappte mir alles, was tragbar war. Dann folgte ich ihr zu Chez Benech, dem Milchgeschäft, den Obstständen. Wenn ich sie langweilte – was oft der Fall war –, dann ließ sie es mich in ihrer Launenhaftigkeit deutlich spüren. Wenn ich etwas Ungeschicktes tat, wurde sie richtig böse. So einmal, als ich ihr eine schöne reife Melone aus der Hand nahm und sie oben auf mehrere kleine Rahmkäse legte. In späteren Jahren wurden solche

Vorfälle zu einer Anekdotensammlung: Der liebeskranke Page legt die Melone auf die *fromages à la crème*. Damals bewirkte es nur, daß ich mich als die Närrin fühlte, die ich war.

Sie konnte auch reizend zu mir sein, meistens, wenn Louis dabei war. Dann spielte sie mit unseren internen Scherzen, sie zauste mein Haar, berührte meine Hand. Es gehörte nicht viel dazu, Louis eifersüchtig zu machen, und sie wußte immer, wie sie ihn bei Laune hielt. Nichts davon, kein Reizen, kein Flirten, wenn Philippe zugegen war. Ich wurde – von beiden – mit unverhüllter Zuneigung als wohlgelittene, wenngleich etwas lächerliche junge Freundin des Hauses behandelt. Sie gestanden mir gerne zu, daß ich gebildeter sei, als es meinem Alter entsprach, und gaben mir den Spitznamen *Dix-Sept Ans: Je Sais Tout**, den Titel einer beliebten Jugendzeitschrift. Da es mich bedrückte, weit davon entfernt zu sein, alles zu wissen, und ich auch nicht mehr siebzehn war, bewog ich Philippe, mir einiges von seinem ausgedehnten Wissen zu vermitteln. *Er* war hochgelehrt und ein wunderbarer Lehrer. Ich ließ ihn von Paul Valéry und Valéry Larbaud erzählen und von Marcel, zu dem er als Junge gebracht worden war und den er zum Verdruß von Oriane nicht leiden konnte, die ihrerseits eingeschworene Proustianerin war. Er stillte meine Wißbegierde, auch in Bereichen wie dem Verlegen von Büchern, französischen politischen Institutionen, Automotoren, dem Herstellen von Landkarten und dem Entwerfen von Zeitplänen. Letzteres faszinierte mich wegen der Rechenkunststücke, die es erforderte. Unsere Berechnungen, wenngleich in kleinem Maßstab, waren keine nutzlose Beschäftigung: Die Omnibuslinie der Desmirails sollte in kürze in Betrieb genommen werden. Zu Beginn würden es sieben Busse sein, die Sanary und Toulon auf zwei Strecken verbanden, die eine führte über Ollioules, die andere über La Seyne. Ihre Zeiten waren exakt darauf abgestimmt, die Leute morgens zur Arbeit und sie mittags sowie bei Veranstaltungen bis nach Mitternacht wieder zurück zu bringen. Die Erstellung

* Siebzehn Jahre: Ich weiß alles

dieses Plans – Computer waren noch nicht erfunden – war eine komplizierte und interessante Aufgabe, unsere Graphiken waren auf dem ganzen Fußboden ausgebreitet. Philippe sagte, er arbeite nach dem Prinzip der französischen Eisenbahn. Es war wichtig, La Seyne zu bedienen, da in dieser ziemlich abgelegenen Gemeinde auf der anderen Seite der Bucht von Toulon viele Männer lebten, die in den Marinewerften arbeiteten, wohin sie mit einer Dampferfähre gelangten. Philippe hoffte, eine alternative öffentliche Transportmöglichkeit auf der Straße anzubieten. La Seyne hatte mehr als dreißigtausend Einwohner, «du wirst bald siebzig Busse brauchen, Philippe, nicht sieben», sagte Louis. «Du wirst Millionär.»

«Philippe bestimmt nicht», sagte Oriane, mit einem Hauch von Stolz in der spöttischen Stimme.

«Warum sollte Philippe nicht Millionär werden können?» fragte ich.

«Das wirst du verstehen, wenn du ihn etwas besser kennst.»

«Oriane», sagte Philippe bestimmt, «ich weigere mich zu glauben, daß man kein Geld verdienen kann, wenn man sich nicht wie ein Gauner benimmt.»

«Kommt darauf an, was du unter einem Gauner verstehst. Jeder ist berechtigt, seine eigenen Interessen zu verfolgen.»

«Jeder, der eine Unredlichkeit begeht oder duldet, ist ein Gauner.»

«*Du* würdest Steuerhinterziehung als unredlich bezeichnen.»

«Ist es auch», sagte Philippe.

Ich hätte seinem ruhigen Ton nicht widersprechen mögen. Oriane aber tat es: «Du bist der einzige Franzose, der so denkt.»

«Dann muß ich dieser Franzose eben sein», erwiderte Philippe.

Ich beschloß, wenn die Zeit dazu gekommen sei, auch keine Steuern zu hinterziehen. Mein drängenderes Problem jedoch war, Oriane in Philippes Gegenwart keine schmachtenden Blicke zuzuwerfen.

Unerwiderte Liebe. Darüber gibt es nichts Neues zu sagen. Ob es einem mit achtzehn, mit dreißig oder mit siebzig widerfährt, die Qualen sind immer dieselben: die Verzückung, die Hoffnungen, die Verzweiflung, das *Warten*. Mit achtzehn mag man sich für einmalig betroffen halten, mit dreißig mag man sich noch sagen, daß kein Schmerz unvermeidlich ist, mit siebzig weiß man, daß er eben dies ist: unvermeidlich.

Unerwidert oder nicht, einiges spricht *dafür* – die tugendhaften Vorsätze, die Verzückung über die Nähe, ein seltener sanfter Blick, die Hingabe aus ganzem Herzen, das *Lebendig*-sein. Meine Gefühle wurden durch das Bewußtsein meines Alters, meines Geschlechts und meiner Position im Leben niemals verändert, wohl aber mein Verhalten. Ich schätzte Philippes gute Ansichten mehr als Orianes. Sein Beispiel lehrte mich, Haltung zu bewahren: Anstand – stoisch oder geheuchelt –, auch unter Druck. Ich weiß nicht, wie weit es mir gelang. Was immer Philippe an zwischenmenschlichen Gefühlen sah, ahnte oder wußte, er wollte nichts davon wissen und schien auch nichts zu wissen.

Ferner spricht für Vernarrtheit, daß sie einen sehr vom Rest der Welt absondert, daß sie andere Qualen und Probleme dämpft. Es ließ sich nicht vermeiden, daß ich Frédéric Panigon traf, und ich behandelte ihn ohne Befangenheit wie immer, das heißt, lässig und einigermaßen freundlich. Anfangs verwirrte ihn das. Es wäre ihm gewiß nicht lieber gewesen, wenn ich mich ihm an den Hals geworfen oder ihn mit Vorwürfen überschüttet hätte, aber er schien der Meinung zu sein, daß ein wenig Zuwendung oder Beachtung in irgendeiner Form angebracht gewesen wären. Dies indessen unterließ ich. Nach einigen locker hingeworfenen Ablehnungen, mit ihm tanzen oder schwimmen zu gehen, zeigte er Bestürzung, dann Verärgerung. *Vous êtes une drôle de fille*, sagte er, ein komisches Mädchen. Wir waren wieder per Sie, Gott sei Dank.

Ich hätte vielleicht den Anstand haben sollen – aber *konnte* ihn nicht aufbringen –, es ihm zu erklären. Aber lieber hätte ich mir die Zunge abgebissen, als Oriane hineinzuziehen. Ich hätte sagen können: «Die Sache in Saint-Tropez hat sich zufällig ergeben. Sie haben mich benutzt; ich habe Sie benutzt, um mir zu einem bescheidenen *rite de passage* zu verhelfen, im Schnellverfahren. Sind wir nicht quitt?» Nur eine ältere, sehr erfahrene Frau hätte das sagen können. Oder nicht?

Ich redete mich darauf heraus, daß wir so wenig gemeinsam hätten.

«Sie irren sich, wenn Sie mich mit meiner Familie gleichsetzen.»

Ich sagte, seine Familie sei immer nett zu mir gewesen, schützte eine Verabredung vor und floh.

Als ich ihn das nächste Mal traf – Sanary war so klein –, sagte er mir, ich hätte für jeden Zeit, nur nicht für ihn. Dem gab es wenig entgegenzusetzen. «Meine Schwester sehen Sie so oft.»

Ich merkte, daß mir der Boden unter den Füßen schwand, und rang mir die lahme Antwort ab: «Oh, Mädchen unternehmen gerne etwas zusammen.»

Er blickte mich finster an. «Sie wissen, daß Cécile sehr unglücklich ist?»

«*Ich* bin nicht unglücklich, und Sie sind es auch nicht. Sie sind nicht im mindestens unglücklich, tun Sie nicht so.»

In diesem Moment kam jemand hinzu – in Sanary blieb man nie lange mit jemandem tête à tête –, und ich entfloh abermals.

Diesmal hatte ich seine Eigenliebe verletzt. Ich würde mit ihm rechnen müssen: Er wußte zuviel. Ich wünschte ihn auf den Mond. Oder in die Wüste.

Sollte er versucht haben, mich in Les Cyprès zu besuchen, so hätte ich es nicht gemerkt: Alessandro und ich waren in jenen Tagen selten zu Hause. Der einzige Ort, wo ich vor Frédéric wirklich sicher war, war bei den Desmirails. Sie und die Panigons luden sich nicht gegenseitig nach Hause ein, lediglich wir Ausländer waren die Joker in ihrem Gesellschaftsspiel. Als erkorene Anstandsdame von Alessandro und Cécile mußte ich an manchen Abenden untertauchen; die Kislings lebten zu sehr in der Öffentlichkeit, die Desmirails waren ideal. Und nicht eingeweiht, obwohl Oriane versuchte, mich auszuquetschen. Sie waren so nett, mich so oft zu ertragen; wenigstens diente ich ihnen ein wenig zur Belustigung. Eines Abends redeten Philippe und Louis über Sport und kamen zum Thema Boxen. Ob es so etwas wie eine gerade Linke gebe, wollte ich wissen, und was ein Aufwärtshaken sei und wie er ginge. Philippe und Louis standen auf und demonstrierten die Grundbewegungen, ich stand dabei und sah ihnen zu. «Wie war das, wie haben Sie Ihren Ellenbogen gehalten, machen Sie es noch einmal.» Ich beugte mich vor, um es genauer zu sehen, und im nächsten Augenblick ging ich zu Boden. Später fand ich mich auf einem Sofa wieder, und Oriane versuchte, mich mit einem in Eau de Cologne getränkten Taschentuch wiederzubeleben. Ich war regelrecht k.o. geschlagen worden und hatte einen riesigen blauen Fleck. Sie waren besorgt, aber sie kugelten sich auch vor Lachen. Auch dieses Mißgeschick ging in die Anekdotensammlung (und Clownerien) ein.

«Du machst so ein trauriges Gesicht, *mon coco*», sagte Renée Kisling, «komm, fahr mit mir im Boot hinaus.» Ich wollte nicht, ich hätte Oriane an einem Marktvormittag verpassen können, sie kam nicht jeden Tag. Renée klopfte mir auf die Schulter. Sie machte keine Bemerkung, stellte keine Frage, bedrängte mich nicht.

Von Rosie Falkenheim kamen Briefe: Sie und der Richter hofften sehr, kommen zu können, hofften noch immer, kommen zu können, glaubten nicht, daß sie kommen könnten, waren außerstande, diesen Sommer nach Sanary zu kommen. Der Richter sei über irgend etwas besorgt und glaube England nicht verlassen zu können. Er würde seinen Urlaub in Westengland und dann wie gewöhnlich in Schottland verbringen. Toni und Jamie würden in ihrem Cottage in Essex sein, und sie, Rosie, werde sie begleiten. Toni brauche Gesellschaft und Beistand – sie könne sich noch immer kein bißchen für das Landleben erwärmen, ebensowenig für Finchingfield, wo Jamie sich die meiste Zeit aufhalte. Die Spiele dort seien schlimmer denn je… es wäre vielleicht weniger peinlich für Jamie, wenn Toni sich nicht so auffällig von seinen Freunden und Interessen distanziere; die Leute in Finchingfield seien ganz unverblümt bemüht, ihn zu trösten. Sie habe versucht, Toni zu überreden, sich wenigstens hin und wieder zu beteiligen, aber ich wisse ja, wie starrköpfig Toni sei.

Ja, das wußte ich, und ich sah die beiden noch mit dem jungen Tommy, dem Hund, im Hinterzimmer kauern. Es tat mir leid, daß Rosie ihre Zeit nicht mit dem Richter in Sanary verbringen konnte, es tat mir leid, daß der Richter Sorgen hatte, doch so richtig berührte es mich nicht.

Wir wußten jetzt das Datum der Rückkehr meiner Mutter. Am Abend davor hatten Alessandro und ich noch ein Gespräch. Im Haus, unter uns. Es brauchte lange, bis es in Gang kam. Schließlich sagte er: «Am besten wäre es, wir würden alles, was in den letzten Wochen geschehen ist, vergessen.»

«Die anderen wissen es.»

«Sie werden es nicht von den Dächern pfeifen. Wenn wir Glück haben.»

«Freuen wir uns nicht, daß sie zurückkommt?»

«Wenn sie erst hier ist, wird es für uns wie ein blödsinniger Jux aussehen. Außer... außer für Cécile. Sie weint jetzt sehr viel, das weiß ich, auch wenn sie es vor mir zu verbergen sucht.»

«Ach, Alessandro.»

Wieder ließ er sich Zeit. Dann sagte er: «Und *du*?»

«Was meinst du damit?» Sofort in Abwehrhaltung.

Er gab sich einen Ruck. «Was geht zwischen dir und Oriane vor?»

«Wenn du von Madame Desmirail sprichst, das geht nur sie und mich etwas an.»

Er ließ diesen Schwachsinn durchgehen. Wirklich nett von ihm.

Meine Verstellung brach zusammen. «Tut mir leid, das war schrecklich albern. Die Antwort heißt natürlich: nichts. Nichts.»

«Du meinst», er lächelte, «Madame Desmirail hat nicht...»

«Oriane hat nicht.»

«Aber du wirst sie weiterhin treffen?»

«Ihr nachlaufen, meinst du», wieder auf dem hohen Roß. «O ja!»

«Du weißt, die Leute reden.»

«Tatsächlich?» Ich war geschmeichelt.

«Ich bitte dich, sei *vorsichtig*.»

«Warum?»

«Um deiner Mutter willen.»

Sehr unglücklich sagte ich: «Du meinst... du meinst, sie würde... es mißbilligen?»

Wieder ließ er sich Zeit. «Ihre Neigungen sind so anders.»

«Sie glaubt an die Toleranz.»

«Sie hält sich nicht immer an ihre Theorien, sie ist nicht so vernunftbestimmt, wie ihr gerne denkt, sie und du.»

«*Was soll ich tun?*»

«Die Sache nicht so ernst nehmen, ihr Zeit lassen. Und noch einmal: Sei *vorsichtig*.»

«Du meinst, ihr nichts sagen?»

«Das wäre sicher vernünftig. Obwohl, ich weiß nicht, vielleicht würde sie dich bloß aufziehen.»

«Daran bin ich gewöhnt», sagte ich, «aber es würde mich nicht ändern.»

«Du wirst dich vielleicht selbst ändern – mit der Zeit.» Hier war ich versucht, ihm von Frédéric zu erzählen, unterließ es aber. «Bis dahin wünsche ich dir viel Glück mit Oriane – obwohl ich mich nicht gut mit ihr vertrage – oder mit irgend jemand anderem, für den du schwärmst. Solange du nur diskret bist.»

Ich sah das nicht so. Es war mir egal, was die Leute sagen würden. Da wir schon bei diesem Gespräch waren – konnte man es *en famille* nennen? –, brachte ich etwas zur Sprache, das mir schon lange auf der Seele lag.

«Alessandro», begann ich, «was war los in jenem Sommer, als ihr beide Italien verlassen habt, unserem ersten Sommer in Sanary?»

«1926», sagte er. Er wußte sofort, wovon ich sprach. «Eine ganze Menge war los. Zum einen hatten wir kein Geld. Sie hatte viel zu viel ausgegeben – und einiges davon für *meine* Brüder –, die Treuhänder saßen ihr im Nacken, ihre Zuwendungen wurden vorübergehend gestrichen. Ich konnte damals noch nicht verdienen. Sie wußte nicht, was aus uns werden sollte.»

Das hatte ich geahnt. «Aber sie ist nicht leicht aus der Fassung zu bringen», wandte ich ein.

«Sie ist sogar zu Panik fähig. Es schien, als hätten wir keine Zukunft. Nun, sie fuhr nach Paris. Allein. Ich wußte nicht genau, was sie vorhatte, ich dachte mir, daß sie alte Beziehungen spielen lassen wollte, die mir eine Stellung besorgen konnten. Und ich wußte, daß sie O. aufsuchen würde.»

«Wirklich?» fragte ich.

«Tatsächlich sagte sie zu O., daß sie bereit wäre, ihn jetzt zu heiraten. Du mußt verstehen, sie war in Panik.»

«So sehr, daß sie *dich* verlassen hätte?»

«Sie handelte im Affekt. Sie konnte die Unsicherheit nicht ertragen, und…» er zögerte, «du weißt, daß sie von Anfang an befürchtete, ich sei zu jung für sie… daß uns ein schlimmes Schicksal erwartete.»

«Dann hätte *sie* das schlimme Schicksal herbeigerufen? Ich kann es nicht glauben?»

Er antwortete: «Sie mochte O. *Ich* konnte es auch nicht glauben, als sie mich statt seiner heiratete.»

«Du bist mit ihr davongelaufen», sagte ich, «damals war nicht von Heirat die Rede.»

«Du hast ein gutes Gedächtnis», sagte er.

«O. war ganz Gentleman. *Du* aber warst beharrlich. Du hättest dich sehen sollen in deiner Verzweiflung, meine Güte, du warst romantisch, du *warst* der Prince d'Aquitaine.»

«Wer?»

«Der mit der Unglückslaute und der schwarzen Sonne der Melancholie.

Je suis le ténébreux, le veuf, l'inconsolé,
Le Prince d'Aquitaine à la tour abolie.

Obwohl ich das Gedicht damals nicht kannte.»

«Ja», sagte Alessandro, «*wir sind zusammen davongelaufen.*»

«Sie konnte nicht vorgehabt haben, O. zu heiraten», ich schwankte noch, «ihr seid Italiener, ihr könnt euch nicht scheiden lassen, selbst wenn ihr wolltet.»

«Ich nehme nicht an, daß sie an die rechtliche Seite dachte. Sie hatte die vage Idee, daß O. die Probleme lösen könnte – er ist ein großzügiger Mensch, es könnte noch etwas zu retten sein. Frag mich nicht wie. Sie sieht keine Hindernisse, wenn sie nicht will.»

«Alessandro», sagte ich, «was ist *passiert*?»

«Das war das Schlimme. O. lebte mit einer jungen Frau zusammen, sie waren nicht verheiratet, aber es lief schone eine ganze Weile – deine Mutter sah darin kein großes Hindernis.»

«Aber es war eins?»

«O. muß ihr etwas in der Art gesagt haben. Ich habe es nie genau erfahren, aber es scheint, als habe er ihr klargemacht, daß zwischen ihnen alles aus war. Zu ihrem Angebot: nein danke. Das versetzte ihr einen Schock. So etwas war ihr noch nie passiert. Sie dachte, sie hätte all ihre Kraft eingebüßt. Als sie aus Paris zurückkehrte, war sie in keiner guten Verfassung.»

«War das, kurz bevor ich aus London kam?»

«Ja.»

«Und sie hat es dir erzählt?»

«Nicht sofort.»

Und du, Alessandro, hätte ich rufen mögen, was hast *du* gefühlt? Aber ich konnte es nicht.

Er sagte: «Ich habe sie verstanden. Ich wünschte, ich hätte sie warnen können.»

Es folgte eine Pause.

«Du sagtest, daß O. sich damals in Cortina wie ein Gentleman benommen hat. Du mußt wohl recht haben, er hat etwas Außergewöhnliches getan: Ein paar Monate nach ihrem verhängnisvollen Treffen in Paris war er es, der mir die Kunstkontakte in Amsterdam verschaffte und die Dinge wieder ins Lot brachte.»

«Sozusagen ein Happy-End? Wie hat sie es aufgenommen?»

«Ganz locker.»

«Aber sie ist nicht mit dir gegangen.»

«Nein.»

Nach einer Weile, als ich über alles etwas nachgedacht hatte, sagte ich: «Jetzt verstehe ich erst recht nicht, wieso *ich* so diskret, so vorsichtig sein soll.»

Ich hätte nicht wieder davon anfangen sollen, denn was nun folgte, habe ich als einen der seltsamsten elterlichen Vorträge in Erinnerung.

«Diskret um ihretwillen», sagte er, «ich habe es nicht richtig erklärt, um ihres *Rufes* willen. Du kennst ihre Vergangenheit – sie spricht oft genug darüber –, und ihre Freunde kennen sie auch. Sie behaupten, sie habe sich immer rücksichtslos über alles hinweggesetzt, sie sei eine *grande amoureuse* gewesen, die sich nicht um Konventionen scherte, man kennt ihr Leben, bevor sie deinen Vater heiratete... Was immer *du* tust, man wird sagen, daß sie dir ein schlechtes Beispiel gegeben hat – *telle mère, telle fille* – wie die Mutter, so die Tochter, es ist immer dasselbe: Man wird es ihr zum Vorwurf machen. Sie werden sagen, daß sie dich schlecht erzogen hat. Ich will nicht, daß man so über sie spricht, daß *mußt* du verstehen.»

«Alessandro, das ist doch absurd.»

«Bitte sei brav», sagte er, «oder sie werden denken, sie ist eine schlechte Mutter.»

Am frühen Nachmittag des Tages, an dem meine Mutter zurückkehren wollte, kam Cécile noch einmal nach Les Cyprès. Ich vermutete, daß sie Alessandro bereits Lebewohl gesagt hatte, wußte jedoch nicht, wo oder wie. Ich lag im meinem Zimmer auf dem Bett und versuchte zu lesen. Verrat und Schuld warfen bereits ihre

Schatten voraus. Emilia wurde nicht vor Ende der Woche aus dem Urlaub zurückerwartet, Alessandro und ich hatten ein bißchen geputzt und aufgeräumt – nicht daß sie sich viel daraus machte; es machte eher ihm und mir etwas aus. Wir hatten uns gegen ein selbstgekochtes Willkommensessen entschieden und ein besonderes Menü in einem Bistro bestellt – mit etwas Glück würden ein paar Leute aus der Kisling-Clique auch dort sein.

Ich stand auf und bot Cécile den Schreibtischstuhl an. Sie zog es vor zu stehen. Sie werde Alessandro immer lieben, sagte sie zu mir, ihren Schmetterling, der bald fort sein werde, einen anderen könne es für sie nicht geben. Sie fühle kein Bedauern, keine Furcht. Sobald sie volljährig sei, werde sie von zu Hause fortgehen und Malerei studieren. «Sandro kennt sich in *la peinture* aus, er sagt, ich habe Talent. Mir ist es immer ernst damit gewesen, nicht wie Frédéric, der nur Künstler werden will, um Papa zu ärgern. Und keine Bange – von heute an werde ich weder mich noch ihn durch einen Blick oder ein Wort verraten.»

«Es wird schwer für dich sein», sagte ich. Mir tat das Mädchen leid, mit dem ich Heldentum und Schwärmerei gemein hatte.

Sie platzte heraus: «Eines bedaure ich, ich hätte gern *d'avoir porté son enfant.*»

Ich war entsetzt. *Hätte gern ein Kind von ihm gehabt.*

«Cécile, ist das möglich?»

«Ich habe Sandro gefragt, er sagt, es wäre möglich… in Saint-Tropez.»

Ein Abgrund tat sich auf. Junge Menschen brauchten also doch Schaubilder und Unterweisungen durch Eltern oder Schule.

«Er war an dem Abend sehr betrunken, der arme Sandro. Er wäre eingeschlafen, er wußte nicht einmal mehr, wer ich war. Er hat keine Ahnung, daß ich das gemerkt habe. Er denkt, er hätte mir weh getan… ich habe mir gesagt, *quelle chance*! Weißt du, ich war schon vorher in ihn verliebt, *ich* habe nicht zugelassen, daß er einschlief.»

Für einen Moment fehlten mir die Worte.

«Es hätte also *un petit bébé* werden können, aber nein, es sollte nicht sein. Dann wäre alles anders – vielleicht hätte es deine Mama glücklich gemacht, an Sandros Baby teilzuhaben, da sie selbst keins von ihm hat. Jetzt ist sie zu alt, nicht? Meinst du, es hätte sie gefreut, ein Baby im Haus zu haben?»

Der August war ein unerquicklicher Monat. Wir verbrachten die Tage in krankhaftem Unbehagen. Meine Mutter war erschöpft gewesen, als sie nach einer langen Eisenbahnfahrt ankam, die durch die üblichen Mißgeschicke, die sie auf einer solchen Tour stets heimsuchten, nicht weniger strapaziös wurde. Sie hatte ein Gepäckstück verlegt, möglicherweise verloren, der Zollbeamte an der Grenze hatte sie, als sie ihre Schlüssel nicht finden konnte, jedoch freundlich weitergewinkt.

Kaum im Auto, auf der Rückfahrt vom Bahnhof, begann sie über die Sinnlosigkeit ihres Aufenthaltes in der Schweiz zu klagen. Es war langweilig – ich hätte wenigstens versuchen können, ihr ein paar amüsante Briefe aus Sanary zu schreiben –, es war teuer… ja, die Luft war gut, und es war kühl, aber was hatte sie davon, wenn sie jetzt wieder in der Sommerhitze schmorte? Der Treuhänder? Hoffnungslos und taktlos. Sie ahmte ihn nach: «Nur gut, daß Ihr Gatte jetzt für Sie aufkommt.» Sie hatte ihn davon überzeugt, daß ihre Bedürfnisse darüber hinausgingen, und ihn am Ende herumgekriegt; sagen wir, halb herum. «Er hat gesagt, es liege an mir, wenn ich so weitermachte, wie ich es wünschte, würde kein Erbe für meine Tochter übrigbleiben. Das bist du, mein Liebes. Ich habe ihm gesagt, du bist jung und stark und würdest bekommen, was beim Verkauf des Trödels deines Vaters erlöst wurde. Ich hoffe, du bist einverstanden? Und wirst du nicht ohnehin eine berühmte Romanschriftstellerin, die uns alle ernährt, wenn wir alt sind?»

Sie war mit unserem Arrangement für das Abendessen nicht einverstanden. «Ihr hättet euch denken können, daß ich nach wochenlanger Schweizer Hotelverpflegung lieber zu Hause essen würde.»

Wir hätten sie darauf hinweisen können, daß *soupe de poisson* und *agneau des alpes* im Chez Marius keine Schweizer Hotelverpflegung war, aber wir waren zu sehr eingeschüchtert. Es stellte sich heraus, daß Chez Marius fast leer war, wir hatten einen Tisch auf der Terrasse für uns allein. «Und was habt ihr zwei getrieben?»

Eine lässige Frage, die eine lässige Antwort erforderte. Das kurze Schweigen, gefolgt von unser beider Geplapper, konnte ihr nicht entgangen sein.

Es war unvermeidlich, daß Sanary ihre Rückkehr mit allerlei Veranstaltungen feierte, es war unvermeidlich, daß ganz Sanary Geschichten erzählte – gutmütige Geschichten –, wie tapfer Alessandro und ich uns während ihrer Abwesenheit gehalten hätten. Unser Fest auf der Baustelle wurde in den Erzählungen zu einem glänzenden Ereignis. «Während ich unter den spießigen Schweizern um deine Zukunft kämpfte. Ihr hättet warten können, bis ich zurück war.»

«Es war nicht geplant», sagte Alessandro, «es hat sich spontan ergeben.»

Allerdings, dachte ich. «Es hätte dir nicht gefallen, du magst so etwas nicht, nur Tanzmusik und keine Gespräche.»

«Meiner intellektuellen Tochter gefällt es offenbar.»

Ich merkte, daß ihr Unmut daher rührte, daß sie das Gefühl haben mußte, wir seien auf der Hut und etwas stimmte nicht. Alessandro war äußerst zärtlich und liebevoll, jedoch außerstande, eine gewisse Scheu zu unterdrücken. Ich erinnerte mich, wie sehr ich als Kind ihren Zorn gefürchtet hatte, und fürchtete ihn aufs neue. Wir mußten ständig durch Verschweigen lügen und machten es einfach nicht gut genug. Und so ging es weiter.

Ich überlebte ein Abendessen bei den Desmirails. Es verlief vollkommen normal. Von Philippes Seite konnte es nicht anders sein, und Oriane amüsierte sich auf ihre Art. Sie lobte mich in den Himmel, erzählte meiner Mutter unaufhörlich, wieviel Spaß sie und ich gehabt hätten, ich sei so eine gute Begleitung auf Einkäufen und Spaziergängen, ich hätte so viel Sinn für Humor. Es machte mich sehr unglücklich. Auch war ich nicht sicher, ob meine Mutter ihr wirklich glaubte.

Alessandro und ich überlebten – knapp – ein Abendessen bei den Panigons. Cécile benahm sich gut, sie versuchte nicht, mit Alessandro verstohlene Blicke zu wechseln oder ihn auf ein Wort allein abzufangen, und sie beteiligte sich lebhaft am Gespräch. Ich bewunderte ihre Bravour und Selbstbeherrschung, spürte aber, daß Alessandro nicht sicher war, ob sie es durchhalten könnte. Man brauchte ihn nicht gut zu kennen, um zu bemerken, wie nervös er war, und er – nicht sie – schützte schlimme Kopfschmerzen vor.

Als die Gesellschaft zum Verdauungsschnaps aus dem Eßzimmer in den Garten hinausging, erwischte mich Frédéric allein und wollte mich küssen. Ich wies ihn ab.

«Warum sind Sie so zu mir?»

«Lassen Sie mich in Ruhe», sagte ich.

«Behandeln Sie alle Männer so, mit denen Sie ins Bett hüpfen?» fragte er wütend.

«Seien Sie kein Esel, Frédéric!»

«Miststück!» sagte er. «Wie gerne würde ich es Ihrer Mutter erzählen.»

Hier kamen wir bei unseren Eltern am Gartentisch an. Während der nächsten Stunde sah ich Frédéric drei Gläser Schnaps trinken.

«Ich bin überzeugt, dieses idiotische sentimentale Panigon-Mädchen ist in Alessandro verliebt», sagte meine Mutter zu mir. «Ist dir aufgefallen, wie sie es vermieden hat, ihn anzusehen? War das *meinet*wegen? Hat er mit ihr geflirtet?»

«Du kennst ihn doch, er flirtet mit allen.»

«Alle sind nicht so blöd zu glauben, daß er es ernst meint. Das Mädchen ist ein Dummkopf.»

«Ich glaube nicht, daß Cécile dumm ist», fühlte ich mich verpflichtet zu sagen. «Sie ist wirklich ein nettes Mädchen.»

«Kann schon sein. Aber so begriffsstutzig. Sie wird bald wie ihre Mutter aussehen, aber nie deren Esprit haben. Was für eine Familie! Ich gestehe, ich habe eine Schwäche für Monsieur, er kennt seine Klassiker, er kann gut mit Frauen umgehen und ist ein unterhaltsamer Erzähler. Ganz anders als sein lümmelhafter Sohn, wie heißt er doch gleich, wetten, er hat es auf dich abgesehen. Ich sah dich nicht reagieren. Du dürftest keinen so schlechten Geschmack haben.»

«Ich mag ihn nicht besonders», sagte ich.

«Ich habe nicht eine Minute angenommen, daß das der Fall sein könnte.»

Oriane wurde von Tag zu Tag gelangweilter und ungehaltener mit mir; sie war grundsätzlich gelangweilt und ungehalten. Es hatte wenig Gelegenheiten für sie gegeben, Eindruck zu machen oder etwas zu organisieren: Der Theaterbus und der Piratenauftritt lagen lange zurück. Philippe – ihn behandelte sie stets mit ausgesuchter Höflichkeit, so wie er sie –, der mit dem Einstellen und Anlernen von Personal beschäftigt war, schlug ein Tennisturnier vor. Es gebe unter den gegenwärtigen Gästen des Grand Hotel in Bandol einige passable Spieler, Männer wie Frauen, sie würden mit Freuden an einem kleinen, aber gut organisierten Turnier in Sanary teilnehmen. Oriane machte sich mit Elan ans Werk. Der Platz wurde in erstklassigen Zustand gebracht, Preise, ein Schiedsrichterstuhl und neue Bälle wurden beschafft, die Spielfolge ausgelost, Einladungen an Zuschauer und Teilnehmer verteilt. Oriane nähte Armbinden für den Hauptveranstalter, der sie selbst war, und die Linienrichter. Als Datum wurde die erste Septemberwoche festgelegt. Die Hauptattraktion würde Madame Mathieu sein, eine hochrangige Spielerin und Orianes Freundin, die ihr Erscheinen für die Endrunden zugesagt hatte (falls man das glauben konnte).

Ich war begeistert von der Idee, froh über die Ablenkung und bot meine Dienste an, so oft es möglich war. Louis wurde häufig gerügt; es fiel ihm schwer, sich auf Tennis zu konzentrieren, da er Querelen mit seinen Eltern hatte, die ein festes Arbeitspensum zur

Voraussetzung für die Erlaubnis gemacht hatten, weiterhin selbständig zu malen, statt auf die Pariser Kunstakademie zurückzukehren. Er hatte sich entschlossen, in Sanary zu malen, um mit Oriane zusammen zu sein, aber das Zusammensein mit Oriane bedeutete, wenig zu malen, das war sein Dilemma. Besorg dir ein paar Petroleumlampen und male nachts, riet sie ihm, das wäre mal was anderes als deine sonnendurchfluteten provenzalischen Landschaften.

Als Oriane von Wimbledon-Traditionen zu sprechen begann, sagte meine Mutter (nicht zu ihr): «Die arme Emma Bovary hatte ein tristes Leben, einen langweiligen Ehemann, wenig Geld, *sie* hatte eine Entschuldigung… Deine Zauberin Oriane hat von allem zuviel. Ich würde sie gerne einer geregelten Arbeit nachgehen sehen. Was würde wohl am besten zu ihr passen: Vorsteherin eines hochvornehmen Mädchenpensionats oder Direktrice eines Haute-Couture-Hauses?» – Trotzdem erklärte meine Mutter sich bereit, an dem großen Ereignis teilzunehmen.

Das erste Problem ergab sich, als Alessandro und Cécile Panigon als Partner im gemischten Doppel ausgelost wurden. Cécile löste es auf ihre Art: Sie verließ Sanary.

Sie lauerte mir eines Morgens auf dem Platz auf, als ich gerade Oriane auflauerte. Sie wirkte beherrscht und entschlossen und sehr traurig. Sie gehe für eine Zeit fort, eine unbestimmte Zeit, sie wolle eine Großtante pflegen, die bei Valence wohne und etwas gebrechlich sei, eine schwierige Frau, aber nicht wirklich boshaft.

«Aber Cécile…»

«Es war die einzige Möglichkeit, daß Papa und Maman mich gehen ließen. Sie denken, ich bin verrückt, aber ich erkläre ihnen, man muß sich manchmal opfern.»

«*Mußt* du fort?»

«Ich kann nicht hierbleiben. Ich bringe Sandro in Verlegenheit, Und», fügte sie schlicht hinzu, «ich bin zu unglücklich.»

«Wie wirst du es ertragen können, bei der nicht wirklich boshaften Tante bei Valence zu leben?»

Sie hob den Kopf. «*Ich werde wissen, daß ich es für ihn tue.*»

Ich dachte an Rosie Falkenheim und an das, was sie aufrechthielt.

«Ich möchte dich um etwas bitten – gibst du ihm diesen Brief?»

Sie zog ihn hervor. Ich erstarrte.

«Das kann ich nicht», sagte ich.

«*Bitte*. Steck ihn einfach in seine Tasche. Es ist das letzte Mal.»

«Du mußt einsehen, daß ich das nicht kann.»

«Du bist jung wie ich, hast du kein Verständnis für die Liebe?»

«Ich kann meine Mutter nicht hintergehen.» Auch das war Liebe. Nicht Furcht. Obwohl Furcht mitspielte. Und ob.

«Du hast sie schon hintergangen.»

«Durch Stillschweigen.» Kein anständiger Mensch in meiner Lage hätte geredet. «Ich konnte Alessandro und dich nicht verraten, ich hatte keine Wahl. Das war schlimm genug. Was du jetzt von mir verlangst, ist richtiggehender Betrug.»

Sie sagte wieder: «Bitte.»

Ich schüttelte den Kopf und fand, daß das Leben schrecklich sei und von niemandem verlangt werden dürfe, es zu leben.

«Wenn du meinen Brief nicht nehmen willst, richtest du ihm dann etwas aus? Sag, ‹Cécile geht morgen fort. Heute nachmittag wird sie an der Stelle sein, die du kennst, um die Zeit, die du weißt, sie muß dich noch einmal sehen.›»

Wieder weigerte ich mich, ich fühlte mich wie Judas und Petrus in einer Person. Als sie mich schließlich verließ, sah sie noch trauriger aus als vorher. An diesem Morgen fing ich nicht Orianes Auto am Hafen ab. Ich schlich nach Hause.

Wann immer ich seither in meinem Leben auf einen Geliebten warte, der sich vielleicht verspätet, der vielleicht nicht kommt, denke ich an Cécile Panigon, die an jenem Nachmittag an dem Ort wartete, den ich nicht kannte und von dem ich nichts wissen wollte. Es gibt keine Absolution.

«*T'es un brave coco*», sagte Renée Kisling, «komm mit mir auf mein Boot.» Ich fand, daß ich weder brav noch tapfer war, sagte aber, ich würde mitkommen. Sie und ich verbrachten mehrere, meist schweigsame Stunden weit draußen auf dem Meer, was heilsam war.

Als ich zurückkam, hörte ich, daß die Desmirails an diesem Abend für einige von den Tennisleuten ein Fest gaben. Ich war nicht eingeladen. Ich war wieder unglücklich.

In der Mitte des Turniers – das wirklich gut organisiert war, das wirklich ein hohes spielerisches Niveau hatte – fand ich mich für das Viertelfinale eingetragen, ohne daß ich ernsthaft einen einzigen Ball geschlagen hatte. Ich hatte überhaupt nicht teilnehmen wollen, doch Philippe verfügte, daß Clubmitglieder, mochten sie noch so schlecht sein, mindestens ein Match zu bestreiten hatten. Ich war für kein Doppel eingetragen, und man rechnete damit, daß ich in der ersten Einzelrunde sang- und klanglos (o : 6, o : 6) ausscheiden würde. Wie es der Zufall wollte, mußten zwei von meinen Gegnerinnen ihre Meldung zurückziehen – wir hatten ohnehin keine vollzählige Spielerbesetzung –, und da stand ich nun. Kaum hatte ich die Neuigkeit verdaut, als wir hörten, daß das Mädchen, gegen das ich nun antreten mußte – eine der besseren Spielerinnen aus Bandol –, irgend etwas Dummes mit ihrem Knöchel angestellt hatte und nicht wußte, ob sie am nächsten Tag auf dem Damm sein würde. Philippe war amüsiert.

«Wir werden dich noch im Finale sehen», sagte er.

«Sei nicht albern», sagte Oriane, «im Finale spiele ich gegen Madame Mathieu.»

An diesem Abend, einem Donnerstag, gaben die Teilnehmer aus Bandol in ihrem Hotel ein Essen für die Teilnehmer aus Sanary. Hinterher saßen wir bei Cognac mit Soda und Orangeade auf der Terrasse. Oriane, an deren Tisch ich mich gesetzt hatte, war blendender Laune. Zu ihrer einen Seite saß ein englischer Armeemajor, den sie zum stellvertretenden Turniervorsteher ernannt hatte, mitsamt Armbinde und allem Drum und Dran. Er schien ihr aus der Hand zu fressen und zugleich von ihr verwirrt zu sein, und er trug nicht viel zu der Unterhaltung bei, die von Oriane aus äußerst lebhaft war und mich einbezog. Sie war nett, auf die vertrauliche Art, die sie manchmal hatte, nannte mich ihre liebe junge Freundin, spielte auf Bücher an, die sie und ich gelesen hatten. Irgendwann kam Frédéric Panigon – der noch im Herrendoppel war – von einem anderen Tisch herüber. «Kommen Sie mit mir auf einen Spaziergang», sagte er barsch, «ich muß Sie sprechen.»

«Sehen Sie nicht, daß ich mit ihr spreche?» sagte Oriane und sprach weiter mit mir. Frédéric blieb ein paar Sekunden wie gebannt stehen und sah zynisch auf mich herab, dann löste sich seine Erstarrung, und er ging fort.

«Was hat er?» fragte der englische Major.

«Ich glaube, er ist betrunken», sagte Oriane. «Er hat keine Manieren, obwohl er kein schlechter Kerl ist.»

Wegen der Tennisspiele am nächsten Tag brachen wir zeitig auf. Ich war mit meiner Mutter und Alessandro gekommen und stieg wieder zu ihnen ins Auto. Alessandro hatte einige Mühe, den Wagen aus dem Hotelhof heraus zu manövrieren, denn es wimmelte von Menschen und anderen abfahrenden und wendenden Autos. Als wir es geschafft hatten und auf der Zufahrt waren, kam Frédéric zu uns gerannt, er sprang auf Alessandros Seite aufs Trittbrett und schrie ins offene Wagenfenster.

«*Vous avez mal gardé votre fille, Madame! Elle courre après les femmes…* Haben Sie mich verstanden? Ihre Tochter ist eine Schlampe… Sie läuft Frauen nach, und sie…»

«Das reicht, Frédéric.» Alessandro nahm eine Hand vom Lenkrad, versetzte Frédéric einen groben Stoß und fuhr weiter.

Ich war mir nicht sicher, wieviel meine Mutter oder Umstehende gehört hatten, denn obwohl er schrie, war seine Stimme sehr undeutlich gewesen.

«Und wie haben euch das Essen und der Wein gefallen?» fragte meine Mutter, als wir auf der Straße waren.

Etwas später sagte sie: «Hätten wir dem ungehobelten jungen Mann – ich vergesse immer seinen Namen – nicht anbieten sollen, ihn mitzunehmen?»

In Les Cyprès angekommen, wünschten wir uns eine gute Nacht und gingen gleich zu Bett.

Am nächsten Tag, Freitag, in aller Frühe, besuchten Philippe und Oriane mich zu Hause. Philippe sah aus, als hätte er einen guten Witz auf Lager. Oriane machte ein tragisches Gesicht. «Gratuliere», sagte er, «wir haben soeben von Mademoiselle Beauchamp gehört –» das Mädchen, mit dem ich an diesem Vormittag im Viertelfinale spielen sollte –, «ihr Knöchel hat sich verschlimmert: Du bist im Halbfinale.»

«Das ist unmöglich», sagte Oriane. «Madame Mathieu, dreifache französische Meisterin –»

«*Ich* soll gegen Madame Mathieu spielen?»

«Sie muß ihre Meldung zurückziehen», sagte Oriane, «wir können jemanden von der anderen Seite des Spielplans einschmuggeln.»

«Das geht nicht», sagte Philippe. Er zwinkerte. «*Keine* Wimbledon-Tradition.»

Er amüsierte sich, war dabei aber lieb und bemüht. «Billi wird spielen», sagte er, das Kindheitskürzel meines Namens verwendend, das meine Mutter meistens und er manchmal benutzte, als eine Art elterlicher Beruhigung gemeint. «Das ist nur recht und billig, und sie wird ihr Bestes geben, wer kann mehr tun? Janette Mathieu ist eine sehr nette Frau, die sich den Teufel darum schert, Oriane, daß du nicht in der Lage warst, ihr eine Suzanne zu präsentieren – vielleicht ist sie sogar froh, daß es *nicht* Suzanne ist.»

Oriane machte ein Gesicht, als würde die Welt untergehen.

Es geschah, wie Philippe gesagt hatte. Er war ein Engel. Er fungierte persönlich als Schiedsrichter und arrangierte es so, daß das Spiel ohne vorherige Ankündigung während der Mittagszeit stattfand, als nur wenige Zuschauer anwesend waren. Ich sah kein bekanntes Gesicht außer Alessandro und den Balljungen. Madame Mathieu erschien mit einem Haufen Schläger, eine kleine Frau, eher feminin als athletisch, wohl schon dreißig; damals stand man nicht so jung wie heutzutage an der Spitze. Man mußte ihr erklärt haben, daß ich eine Anfängerin war, die das Halbfinale nicht kraft eigener Leistung erreicht hatte, auf jeden Fall war ihr von meinem ersten Rückschlag an klar, was sie erwartete oder vielmehr nicht erwartete. Philippe hatte recht, sie war eine sehr nette und sehr entgegenkommende Frau. Sie zeigte keine Überraschung, Bestürzung oder Herablassung, sie trat in jeder Hinsicht so auf, als kämpfe sie gegen eine ebenbürtige Gegnerin. Sie muß ihr Spiel nach mir ausgerichtet haben, aber so, daß man es ihr nicht anmerkte, und sie spielte trotzdem noch phantastisch. Sie zog mich kunstvoll in ihren Rhythmus hinein, binnen weniger Minuten hatte sie mein Spiel gesteigert. Ich verlor jede Nervosität, konzentrierte mich nur auf Bewegung und Reaktion. Sie gab mir die Möglichkeit, bis zum Äußersten zu spielen und über meine Grenzen hinauszuwachsen. Es war ein berauschendes Erlebnis. Dieses eine Mal in meinem Leben erlebte ich, was gutes Tennis ist, ein Gefühl von Schnelligkeit, Hitze, Verausgabung, durch die Luft fliegen, eine Aufhebung der Schwerkraft, die ich vom Skilaufen kannte; ich wünschte, es würde nicht enden. Es endete bald. Nach zwei Sätzen. Einmal kam ich bis fünfzehn, einmal bis dreißig, natürlich nur, weil Madame Mathieu verhalten spielte – trotzdem glaube ich, die Punkte waren ehrlich verdient. Als wir uns die Hand gaben, sagte sie, *bien joué*, gut gespielt. Alessandro gab Worte des Beifalls von sich, Philippe stieg vom Stuhl herunter, küßte mich auf beide Wangen und sagte, *bravo, mon enfant*. Oriane, die sich zwar auf dem Gelände aufhielt, hatte nicht zugeschaut. Ich bedankte mich bei Madame Mathieu – mit der man obendrein völlig ungezwungen reden konnte –, alles sei *ihrer* Nettigkeit und großen Geschicklichkeit zu verdanken.

Das andere Halbfinale wurde an diesem Nachmittag ausgetragen und natürlich von Oriane gewonnen, vor so viel Publikum, wie Sanary aufbringen konnte, und am Samstag fand das Hauptereignis statt, das Finale zwischen ihr und Madame Mathieu. Es war ein aufregendes und zugleich äußerst elegantes Match. Auch Oriane steigerte ihr Spiel und wuchs über ihre Grenzen hinaus. Wir sahen die Spitzenprofispielerin (kein Profi im heutigen Sinne) sich mit der brillanten Amateurin messen, die ihr Äußerstes gab. Madame Mathieu gewann, wie zu erwarten war. Gespielt wurden drei Sätze, und einmal führte Oriane im zweiten Satz mit 4 : 1. Als es vorbei war, erntete die Verliererin einen Beifallssturm, die Leute scharten sich um sie; Oriane wirkte mit sich zufrieden und hatte allen Grund dazu. Ich reihte mich in die Schlange ein, um ihr zu gratulieren, aber sie beachtete mich nicht einmal.

Die Preise wurden bei einem Empfang am selben Abend verliehen. Es war sehr feierlich, die Herren kamen im Smoking. Das La Plage wäre ein passender Rahmen gewesen, aber man war den Eigentümern des Tennisplatzes verpflichtet, deswegen fand es in dem düsteren Hotel statt. Oriane liebte Herausforderungen und hatte Dekorationen entworfen und das Restaurant in einen imitierten Ballsaal verwandelt. Ihr Platz war auf dem mit Trikolore und Union Jack geschmückten Podest. Spieler und Zuschauer saßen unter ihr an halbkreisförmig angeordneten Tischen. Ich saß bei meiner Mutter und Alessandro, und man hatte mich überredet, eine Art Abendkleid aus hellblauem Taft anzuziehen, das meine Mutter von geraumer Zeit in den Galeries Lafayette für mich erstanden hatte; ihre Wahl ungeeigneter Kleider war nicht auf ihre eigenen beschränkt. Orianes Stellvertreter, der englische Major, rief die Namen der ersten und zweiten Sieger auf, die daraufhin ans Podest traten und von Oriane ihren Preis – für die Herreneinzel und Madame Mathieu ein kleiner Silberpokal –, einen Händedruck und, wenn es sich um eine Frau handelte, eine feierliche Umarmung mit Küßchen auf beide Wangen in Empfang nahmen. Als sie selbst an der Reihe war, stieg sie vom Podest, und Philippe nahm ihren Platz ein. Der Major rief ihren Namen auf, Philippe überreichte den Preis, Oriane nahm ihn mit Anmut entgegen, und es gab abermals einen Beifallssturm. Dann nahm sie wieder ihren Platz ein: Jetzt waren die Zweiten der Halbfinale an der Reihe, ihre Preise in Empfang zu nehmen. Damit hatte ich nicht gerechnet, und ich war so überrascht wie das übrige

Publikum – da jenes Halbfinale sozusagen unter Ausschluß der Öffentlichkeit ausgetragen worden war, wußten nur wenige, daß es überhaupt stattgefunden hatte –, als der Major meinen Namen aufrief.

«Mademoiselle wie –?» sagte Oriane mit schallender Stimme.

Der Major wiederholte beflissen meinen Namen. Oriane machte immer noch ein verständnisloses Gesicht.

«Du *mußt* gehen», flüsterte Alessandro. Ich stand auf und trat vor, die Leute wandten die Köpfe, um zu sehen, wie ich aussah.

Ohne aufzublicken, überreichte Oriane mir ein silbernes Döschen, und sie unterließ den Händedruck. Als ich zurückging, versuchten ein paar verblüffte Leute zu applaudieren.

Als wir an diesem Abend nach Hause kamen, brach das Unwetter los. Ich muß diesen Ausdruck benutzen, weil keine andere Beschreibung genügt. Meine Mutter kochte vor leidenschaftlicher Wut; ich hatte vergessen, wie zornig sie sein konnte. Ich lasse meine Tochter nicht in aller Öffentlichkeit beleidigen und zum Narren machen, darum ging es.

«Es war eine Schande… Nicht daß du es nicht selbst provoziert hättest… Aber wie kann sie es wagen…» Beim Klang ihrer Stimme senkten Alessandro und ich die Köpfe. «Was glaubt sie denn, wer sie ist…? Diese… diese zweitklassige Madame Verdurin – ach ja, das war Madame Verdurin auch: zweitklassig.»

Wenigstens hatte meine Mutter einem literarischen Scherz nicht widerstehen können, jedoch nahm sie diesen etwas leichteren Ton sofort zurück und tobte weiter: «Sie ist ein Ungeheuer, ich lasse meine Tochter nicht so behandeln. Man muß ihr einen Denkzettel verpassen.»

Es war verblüffend zu sehen, wie meine Mama sich in eine Tigermutter verwandelte.

Augenblicklich wechselte sie die Zielscheibe ihres Zorns. Ich war an der Reihe. «Sie muß fort», sagte sie zu Alessandro. «Sie muß das Haus verlassen. Ich weiß nicht, was sie getrieben hat, ich weiß nicht, was vorgegangen ist – und ich will es auch nicht wissen. Keine Erklärungen bitte. Eins steht fest: Sie hatte zu viel Freiheit. Sanary ist kein Ort für sie.» Sie wandte sich direkt an mich: «Du wirst sofort nach England abreisen. Alessandro, du mußt ihren Nairns telegrafieren, sie werden ihr ein Zimmer oder sonst eine Unterkunft besorgen. Teile ihnen mit, daß sie morgen ankommt. Und jetzt will ich kein Wort mehr hören.»

Wir waren in die Welt des Zornes und der Telegramme eingetreten.

Der nächste Tag war ein Sonntag. Nun gut, dann würde es eben am Montag sein müssen, und ich würde mit dem Nachmittagszug fahren. «Inzwischen wirst du diese Frau nicht wiedersehen.» Der Tag wurde mir sehr lang, obwohl es einiges zu packen gab. Meine Mutter und Alessandro gingen zum Essen aus, mittags und abends.

«Wir werden dich entschuldigen. Wir werden auch für dich Lebewohl sagen: Du bist nach London gerufen worden, um dein Studium fortzusetzen.»

Bevor ich am nächsten Tag abreiste, hielt meine Mutter mir einen kurzen Vortrag. «Merke dir, du bist eine Gans und ein Dummkopf, keine Märtyrerin. Du leidest nicht an einer großen Liebe, du leidest an einer Schwärmerei. Das passiert jedem, obwohl ich meinen würde, du bist schon ein bißchen zu alt dafür. Du bist kein Schulmädchen, und ich habe dich nie wie eines behandelt. Aber du bist sehr unreif. Nach all den Mühen, die ich auf mich genommen habe... eine Enttäuschung. Komm zurück, wenn du zur Vernunft gekommen bist. Und daß du dich ja nicht als eine unselige Baudelairesche Morbide siehst, beladen mit einer Liebe, die ihren Namen nicht zu sagen wagt. Ich vermute gar, du *hast* es gewagt.»

Alessandro brachte mich zum Bahnhof. Es war keine Zeit gewesen, meine Vormünder um Reisegeld zu bitten, deswegen wurde ich dritter Klasse und mit sehr wenig Geld für die Überfahrt von Dieppe nach Newhaven weggeschickt. Im Auto waren wir zu niedergeschlagen gewesen, um zu sprechen. Auf dem Bahnsteig sagte Alessandro: «Es tut mir sehr leid, daß es so enden mußte. Es ist nicht deine Schuld. Sie ist sehr angespannt. Es wird sich alles einrenken.» Ehe er mich verließ, steckte er mir einen Geldschein in die Tasche.

Teil V

ERDRUTSCH

Sanary – London –
Sanary

1. Kapitel

Es ist häufig gesagt worden, daß nie etwas so schlimm oder so gut ist, wie man denkt. Eine Zeitlang dachte ich, es sei sehr schlimm, ich fühlte mich am Boden zerstört und verstoßen. Meine Gedanken und Empfindungen waren durcheinander, ich hatte das Vertrauen in mich und in die Menschen, die ich liebte, verloren. Wer war im Recht? Wer im Unrecht? London, der Übergang vom mediterranen Sommer zu dem möblierten Zimmer im schmutzigen Upper Gloucester Place, war ein schlimmer Schock. Die Aufregung, das Gefühl von Freiheit der vorangegangenen Jahre waren vollständig verflogen – wie hatte ich hier jemals glücklich leben können? Mit Leib und Seele vermißte ich Sanary, meine Wahlheimat.

Eine solch bedrückende Einsamkeit hatte ich nicht erlebt, seit ich in meiner frühen Kindheit den Wunsch verspürte, aus meines Vaters Haus fortzulaufen. Daran erinnerte ich mich nun, und ich blickte entsetzt auf meine Unbarmherzigkeit zurück – *ich* war unglücklich gewesen, deswegen trieb es mich zur Flucht, ohne Rücksicht darauf, was ich ihm damit antat, ihm, der mich liebte. Wenigstens das würde ich heute nicht mehr tun, so dachte ich jedenfalls. Mein Vater… das Leben in jenem Land, Deutschland, dem ich instinktiv den Rücken gekehrt hatte… es war lange her. Jetzt konnte ich nirgendwohin entfliehen; damals hatte ich geglaubt, in einem irdischen Paradies angekommen zu sein, jetzt war ich aus einem vertrieben worden.

Die Nairns waren gut zu mir, weit mehr, als ich es verdiente; ich erzählte ihnen nichts. Die Geschichte, die gerade geschehen war, schien nicht erzählbar. Ich hätte nicht gewußt, wie ich sie mitsamt ihren absurden Elementen formulieren sollte. Überdies fürchtete ich Tonis Mißbilligung, ihre schneidende Intoleranz. Hier tat ich ihr Unrecht; in späteren Zwangslagen meines Erwachsenenlebens ließ sie mir oft das wohlwollende Mitgefühl zuteil werden, daß sie im Umgang mit ihrer Schwester oder ihrem Ehemann vermissen ließ. Rosie hätte ich gerne um Rat gefragt, jedoch hielt mich der Umstand zurück, daß ich trotz der Unreife, derer ich bezichtigt wurde, *ihre* Vertraute war; dieses Fünkchen Selbstachtung aufzugeben konnte ich mir nicht leisten. Ich sagte nichts weiter, als daß ich eine Dummheit begangen hätte und aus dem Hause geworfen worden sei. Fortgeschickt, formulierte ich es. Sie stellten keine Fragen.

Jamie war es, der Mann, mit dem man am wenigsten reden konnte, der Trost brachte. «Das Mädchen hat Kummer», sagte er zu Toni und kümmerte sich um eine Beschäftigung für mich.

Ich hätte es für unmöglich gehalten, daß Unterrichten in französischer Konversation und Übersetzen von Buchhändler- und Versteigerungskatalogen meine Gefühle beschwichtigen würden, aber es gelang einigermaßen. Die Französischlektionen machten Spaß, das Übersetzen, mühsam und anstrengend, erforderte disziplinierte Konzentration. Geld zu verdienen erwies sich als angenehm. Für Französisch erhielt ich £ 3/6 die Stunde – für unqualifizierte Lehrkräfte war der gängige Betrag £ 2/6, doch Jamies Bekannte waren großzügig und wohlhabend –, die Kataloge brachten einen sehr geringen Betrag pro Spalte, aber es läpperte sich zusammen. Wenn ich genügend sparte, könnte ich vielleicht eines Tages aus eigener Kraft nach Frankreich zurückkehren. Aber noch war daran nicht zu denken. Ein Hindernis in meinem neuen Arbeitsleben war meine grauenvolle Handschrift, vielleicht, weil ich einfach kein Talent besaß, vielleicht auch, weil es mir nie ordentlich beigebracht worden war. Ich lernte, deutliche Zahlen zu schreiben, und schrieb Worte in

Blockschrift. Wahrlich ein mühsames Unterfangen. Es hielt mich beschäftigt.

An den Wochenenden nahmen mich die Nairns nach wie vor mit in ihr Cottage. Die Besuche in Finchingfield waren für mich keine reine Freude; die Lustbarkeiten und Ausschweifungen, die Atmosphäre, all das war Sanary zu ähnlich und doch anders. Auch der Verlust des Selbstvertrauens, das man in diesem Milieu nötig hatte, half mir nicht gerade. Es gab noch mehr Schwierigkeiten. Ich war mir der Gefahren geteilter Loyalitäten bewußt geworden. Tonis ablehnende Haltung und passiver Widerstand hatten Früchte getragen: A. J., seine Frau und seine Freunde betrachteten sie – und ihre überloyale Schwester – nunmehr als langweilige Störenfriede, unbedeutende Anhängsel von Jamie, den sie freimütig für sein fades häusliches Leben zu entschädigen suchten. Theoretisch bestand für die Schwestern eine ständige Einladung, aber sie folgten ihr nur oft genug, um einen offenen Bruch zu vermeiden. Jamie nahm nicht alle Mahlzeiten in Finchingfield ein, aber wenn er eine ausließ, ging er gewöhnlich unmittelbar danach hin. Als er dies eines Sonntags nach dem Mittagessen – von Toni aus Dosen «zubereitet», ich war zu deprimiert, um zu kochen – wieder einmal tun wollte, kam es zu einem Streit. *Ich* hatte größere und bessere gehört; für sich betrachtet, hatte er Substanz und Volumen, auch Variationen – *molto agitato, tempestuoso* – über das Thema, der Küchensklave eines Mannes zu sein. Als sie die Treppe hinaufgestampft war, um sich zu ihrem Mittagsschlaf zurückzuziehen, schlichen Jamie und ich umher, spülten schweigend das Geschirr, schrubbten den Küchenfußboden, deckten sorgsam den Teetisch. Flüsternd bat er mich, nach Finchingfield zu radeln, um Kuchen oder *petit fours* zu borgen, und blieb selbst den Rest des Tages zu Hause.

Jamie hatte seine Frau sehr gern, er war nur, wie wohl schon deutlich geworden ist, kein überschwenglicher oder – im häuslichen Bereich – aufmerksamer Mann. Er war gerne bei ihr, aß, was sie ihm vorsetzte, lauschte dem Grammophon. Er liebte aber auch das virile Leben in seiner Buchhandlung und unter seinen belesenen

Finchingfielder Freunden. Weniger bewußt war mir – und vermutlich ihm selbst auch –, daß er sich unterdessen bei den Finchingfielder Frauen wohlfühlte, die ihm so viel Aufmerksamkeit schenkten, ohne merkliche Ansprüche zu stellen. Mir fiel auf, daß er die deutschen Verkleinerungsformen, die Toni ihm beigebracht hatte, nicht mehr so oft benutzte und daß er die besten Geschichten, die er von der Arbeit mitbrachte, für seine Wochenendvergnügungen aufhob.

Toni blieb in diesen Monaten oft sich selbst überlassen. Mit Rosie war nicht zu rechnen, der Richter verbrachte mehrere Wochenenden in London. Meine Gesellschaft war willkommen, wofür ich meinerseits dankbar war, und ich mußte Jamie immer seltener nach Finchingfield begleiten. Als das Wetter im November schlechter wurde, der Nebel in den Straßen hing und es im Cottage kälter wurde, blieb Toni in London, während Jamie von Samstag bis Montag bei A. J. ein Bett bekam. Natürlich konnte ich ihn nicht begleiten.

Freundschaften gediehen in Finchingfield durch Nähe, gemeinsame Tage, gemeinsame Spiele, gemeinsame Scherze; für Außenseiter und Gelegenheitsgäste war eigentlich kein Platz. Meine Verbindung zu ihnen ließ nach in diesem Herbst, nachfolgende Ereignisse schnitten sie vollends ab, und wie es der Zufall wollte, wurde sie später nie mehr erneuert. Ich verlor mein kleines Garsington und büßte vielleicht auch Perspektiven, Möglichkeiten ein…

Meine Zeit in London war an die Kommoditäten meiner Schüler gebunden, die zum größten Teil keine schwerfälligen Kinder, sondern vielbeschäftigte junge Männer waren, die sich auf den Militärdienst oder Geschäfte im Ausland vorbereiteten. Ich entdeckte, daß Unterrichten mir Spaß machte und daß ich Begabung hatte. Ich wechselte meinen Akzent den Erfordernissen gemäß von französischem Französisch zu Anglofranzösisch. Andere Stunden waren mit der mühevollen Katalogarbeit, dem Erlernen von Fachausdrücken, der Umwandlung von *inches* ins metrische System und umgekehrt angefüllt. Ich besuchte keine Galerien, Gerichtsverhandlungen oder Museen mehr. In der verbleibenden Zeit setzte ich das alte abgeschiedene Leben fort: nachmittags bei Rosie und abends bei Toni.

Rosie ging es gut, sie war ausgeglichen und zufrieden wie immer. Jacks Schwierigkeiten, erzählte sie mir, seien behoben. Er scheine weniger besorgt. Sie wisse allerdigns nicht, was die Ursache gewesen sei, nur einmal habe er gesagt: Ich habe Glück gehabt.

«Sie meinen doch nicht –?»

«O nein. Nicht das. Er ist zu keinem Buchmacher und in keinen Spielclub gegangen. Wenn ein Mann wie er sein Wort gibt…»

Ich nahm sie bei dem ihren.

Es hatte keinerlei Kontakt mit Sanary gegeben. Das war normal; Briefe waren in meiner Familie eine Sache der guten Absichten. Hatte ich welche? Sollte ich den ersten Schritt wagen? Was sollte ich, was könnte ich sagen? *Keine Erklärungen bitte*, das klang mir noch in den Ohren. An manchen Tagen wollte ich aufbegehren, denn ich fühlte mich im Stich gelassen. Ich hatte eine Seite meiner Mutter kennengelernt, von der ich wünschte, daß sie nicht existierte. An manchen Tagen war ich nur unglücklich. Ich hatte viele Schuldgefühle wegen Cécile – der ganzen Geschichte – und überhaupt keine wegen Oriane. Doch wie sehr wünschte ich, sie wäre mein Geheimnis geblieben. Ach ja, Diskretion… Über Oriane konnte ich nicht nachdenken. Und auch sie wünschte ich vollkommen zu sehen. Die Trennung war nicht so schmerzhaft, wie ich erwartet hatte; es war beinahe eine Erleichterung. Ich erschrak bei der Vorstellung, wie sie mich in meinen gegenwärtigen schäbigen Umständen ansehen würde. Mein einziger emotionaler Luxus war es, Toni zu überreden, Mozart zu singen, eine süße, traurige Schwelgerei, über die ich die Bemerkungen meiner Mutter nicht hätte hören mögen.

Ich kann nicht behaupten, daß die Zeit verflog. Sie verstrich. Drei Monate waren vergangen, bis die Taube den Ölzweig brachte. Er kam in Gestalt eines Briefes meiner Mutter, eigenhändig von ihr geschrieben. Er hatte einen Anfang, eine Mitte und mehrere Postscripta, wie ich beim Öffnen feststellte, was ich aber nicht sofort tat. Er war mit der zweiten Post gekommen. Als ich das Couvert sah, fing ich an zu zittern. Ich stürmte nach nebenan zu Rosie. Sie war gerade nach Hause gekommen.

«Was gibt's?» fragte sie, als sie mich sah.

Ich begann zu stottern, dann brachte ich es heraus: «Ich habe einen Brief von meiner Mutter bekommen.»

«Ja –?»

Ich mußte erklären, daß es der erste war... ja, der *erste*... Ohne ein weiteres Wort tat Rosie etwas Vernünftiges, Unerwartetes, sie benahm sich wie ein Mann: Sie führte mich ein paar Häuser weiter in eine Kneipe und bestellte mir einen kleinen Whisky-Soda. Er wirkte Wunder.

Danach war ich imstande, den Brief zu öffnen, in meinem Zimmer, allein. Er begann: «Liebe widerspenstige Tochter, willst Du Weihnachten nicht zu uns kommen?»

«Du tust es nie, nicht wahr? Wir sind keine rechtschaffenen Christen... Dieses Jahr gedenken wir den schlimmsten Teil davon in Arles zu verbringen, so daß wir in Les Baux die Christmette besuchen können; wie ich höre, opfern sie ein richtiges Lamm, das dürfte heidnisch genug sein... Und die Fahrt durch die dantehafte Landschaft bei Nacht – Alessandro sagt, der Mond wird scheinen – dürfte sagenhaft sein. Komm doch eine Woche vorher zu uns nach Sanary, begleite uns und bleib anschließend bei uns. Alessandro hätte Dir von den Plänen geschrieben, aber er sagt, ich muß es Dir selbst schreiben. Er sagt, ich habe mich Dir gegenüber gemein benommen. Kann sein. So was kommt vor. Du solltest meinen bestialischen Zorn inzwischen kennen. Ich denke nach wir vor, Du bist eine Gans, aber eine liebe Gans (manchmal). Wie dem auch sei, vieles ist vergeben, das meiste ist vergessen.»

Sie hatte auch vergessen zu unterschreiben, der Brief ging sogleich zu den Nachschriften über.

«PS. Philippe Desmirail kommt oft vorbei, er erkundigt sich liebevoll nach Dir. Dieser exzentrische Heilige hat Dich sehr gern, wirklich. Madame Bovary – falls Du mir gestattest, sie so zu nennen – bekommen wir nicht zu sehen, vielleicht hält sie sich versteckt, vielleicht hat Philippe ihr einen Rüffel erteilt. Wahrscheinlicher ist, daß sie eine spektakuläre Einstandsfeier für ihr neues Haus plant, das Anfang nächsten Jahres fertig werden soll. Lauter weiße Kuben und Terrassen in der Mitte ihres Olivenhains, und ich muß zugeben, es paßt sehr gut in die Landschaft.

PPS. Louis, der Trabant, hat von seinen Eltern einen längeren Aufenthalt bewilligt bekommen, er hat sogar die Erlaubnis, Weihnachten mit den Desmirails Skilaufen zu gehen. Habe ich nicht erwähnt, daß sie fort sein werden? Nicht böse sein, *das* gehörte nicht zu meinen Plänen. Sie werden Anfang Januar zurück sein, und Du wirst genügend Gelegenheit haben, sie zu sehen, sofern das Dein Wunsch ist.

PPPS. Hast Du mitbekommen – oder bist Du zu einsiedlerisch geworden? –, daß die Regierung Briand im Oktober leider gestürzt wurde? Alle rechts gesinnten Leute hier haben sich hämisch gefreut. Diese stumpfsinnige Spaltung der Franzosen in Rechte und Linke ist verachtenswert und so festgeschrieben, es wird ihr Verderben sein. Wird es jemals enden? Jetzt haben sie Tardieu, Gott helfe ihnen… nicht, daß er bleiben wird.

PPPPS. Ich muß schließen. Ich hoffe, Du freust Dich über einen so langen Brief, und ich hoffe sehr, daß wir uns alle zivilisiert benehmen, wenn Du hier bist, und daß Du nicht nachtragend bist. Ich glaube nicht. Du hast so ein feines Wesen.»

Meine Gefühle waren gemischt. Erleichterung, Tränen, Ärger, Wut, nachsichtiges Lachen. Am Ende siegten Erleichterung und nachsichtiges Lachen.

Ma mère est une femme impossible, sagte ich auf französisch zu mir, meine Mutter ist eine unmögliche Frau. Das muß ich an meinen Schülern ausprobieren. Ich kicherte. Zum erstenmal seit langer Zeit.

Nun war ich also zurück aus meinem Exil. Der Aufenthalt war, wie sie gewünscht hatte, zivilisiert und sehr, sehr erfreulich. Nur ein Rest von Unbehagen blieb bei mir zurück. Alles war wie früher zwischen uns, das heißt, wir gaben uns Mühe. Alessandros umgebaute Villa war fertig, in ein bewohnbares Haus verwandelt und übergeben. Die neue Besitzerin war so zufrieden, daß sie ihm einen weiteren Auftrag verschaffte, die Ruine eines Bauernhauses im Hinterland zwischen Bandol und La Cadière. Meine Mutter sollte die Einrichtung übernehmen, diesmal nicht rustikal-provenzalisch. Statt des ausgedienten Peugeots gab es jetzt einen nagelneuen amerikanischen Ford mit Klappverdeck. Er war schwarz, damals eine ausgefallene Farbe. Alessandro ließ mich fahren. Ich chauffierte sie zur Christmette nach Les Baux – sie war eine Spur zu touristisch, und das Lamm wurde lebendig wieder hinausgeführt –, wir übernachteten in Arles, machten am nächsten Morgen einen Spaziergang im Kloster St. Trophime, dann ging es zum Pont-du-Gard, dem Garten Le Nôtre und den Arenen in Nîmes – wir drei waren glücklich zusammen an den Orten, die wir liebten. Am dritten Tag fuhren wir ins Rhônedelta nach Les-Saintes-Maries-de-la-Mer und Aigues Mortes, und hier bedrückte uns eine unheimliche winterliche Leere. Auf dem Weg nach Sanary ließen wir es uns wieder gutgehen, zum Mittagessen saßen wir am Cours Mirabeau in Aix draußen vor dem Café Des Deux Garçons in der Dezembersonne. In Les Cyprès hatte Emilia mit Olivenscheiten ein Feuer vorbereitet, das meine Mutter entfachte. Als Anzündholz dienten Zypressenspäne, der Kamin qualmte ein bißchen, aber der Duft war köstlich.

Das Gesellschaftsleben war vorübergehend zum Stillstand gekommen, die Kislings und die Desmirails waren Skilaufen. Annette, die jüngste Panigon-Schwester, erzählte mir, als ich ihr am Hafen in die Arme lief, daß Frédéric seinen Militärdienst ableiste. Den Silvesterabend verbrachten wir allein zu Hause, wir aßen Austern von la mère Dédée, anschließend *boudin blanc*, eine Art Weißwurst, und tranken Cassis, der damals der prickelndste, aromatischste trockene Weißwein war, den man in der Provence bekommen konnte. Um Mitternacht gesellte sich Emilia zu uns, und meine Mutter ließ uns abergläubische Rituale ausführen, an die sie sich aus verschiedenen Quellen noch erinnerte und die wie bei den Römern mit dem Zerbrechen von Gläsern endeten.

Am Neujahrstag – der in Frankreich *der* Tag der Weihnachtszeit war, was Essen als auch Geschenke betraf – waren wir zu einem großen Mittagessen eingeladen, das die Panigons für ihre Freunde gaben. Das ausgiebige Menü war gut zusammengestellt und bei weitem nicht so schwer und unverdaulich wie das, was man uns unweigerlich in England vorgesetzt hätte. Wir begannen mit einer Platte *fruits de mer*: Muscheln, Austern, Krebse, Seeigel, gefolgt von zarten Hechtklößchen, danach gab es *dindonneaux*, kleine junge Puten, ungefüllt in Butter gebraten, in ihrem eigenen Saft serviert, als Beilage nur ein cremiges Kastanienpüree und einen scharfen Salat aus Brunnenkresse, anschließend etliche ausgesuchte Käse und eine *bombe à glace*. Wir tranken Cassis zu den Schalentieren, Pouilly-Fuissé zu den Hechtklößchen, Bordeaux zum gebratenen Geflügel, Burgunder zum Käse und Champagner (sec, nicht brut) zur Eisbombe, Cognac, Schnaps und Liköre – was sonst? – zum Kaffee. Meine Mutter und Monsieur Panigon lieferten sich Wortgefechte über Politik von entgegengesetzten Standpunkten aus, ohne je aneinander zu geraten, ohne je nachzugeben. Auch Céciles fortgesetzte Abwesenheit von zu Hause wurde kommentiert.

Na so was, läßt ihre Eltern sogar an den Feiertagen allein... Diese plötzliche Aufopferung für eine Tante... nein, eine *Groß*tante...?

«Ja», sagte Madame Panigon gedehnt, «wir konnten es zuerst auch nicht verstehen, daß meine Tochter sich auf einmal in eine barmherzige Schwester verwandelt! Heute –» sie wurde spitzbübisch – «können wir uns den wahren Grund denken, weshalb Cécile ihr bequemes Leben bei uns aufgegeben hat… Meine Tochter ist durchtrieben…»

Alle sahen auf.

«Sie ist schlauer, als ich ihr zugetraut hatte. Sie blickt in die Zukunft.» Madame Panigon lächelte selbstgefällig. «Die Tante meines Mannes *est une femme aisée*, sie besitzt ein hübsches Vermögen. Eine Erbtante – Cécile opfert ihre Jugend, um sich um sie zu kümmern… muß ich noch mehr sagen?»

Wenige Tage nach Neujahr waren die Desmirails zurück. Ohne uns verabreden zu müssen, liefen wir uns bald am Hafen in die Arme. Oriane behandelte mich nicht wie eine lange abwesende Freundin, sie behandelte mich wie eine Freundin, die nie abwesend war. Abermals wurde ein früherer Zustand wiederhergestellt: Ich wurde wieder an meinen Platz als minderes Besitztum verwiesen. *Ich* bemühte mich, mich weniger an sie zu hängen; *sie* war weniger reizbar und provozierend, ihre Stimmung im allgemeinen ausgelassen, liebevoll. Sie neckte mich nach wie vor, und sie hatte alles Recht dazu, da ich immer noch betört war von ihr und es auch zeigte. Meistens hatte sie es gern, wenn ich es zeigte, das wußte ich jetzt. Doch so sehr ich zur Bewunderung neigte, ich bewunderte nicht mehr auf der ganzen Linie. Außerdem wurden meine Gefühle kompliziert durch meine Zuneigung für Philippe und für Oriane und Philippe als Paar.

Sie brachten Schnappschüsse von ihrem Wintersport mit: Auch auf Skiern sahen sie aus wie Scherenschnitte, elegante Schatten; Louis neben ihnen war aus Fleisch und Blut, ansehnlichem Fleisch und Blut.

Die Buslinie der Desmirails, *La Compagnie des Transports du Littoral*, sollte am 15. Januar offiziell eingeweiht werden. Alles war bereit: sieben alte Omnibusse der rumpelnden, lärmenden Sorte, mit klappernden Türen und Fenstern, Motoren, Bremsen und Reifen auf Vordermann gebracht, einschließlich Wartungs- und Reparaturwerkstatt komplett mit Zapfsäule und einem Platz, wo die Uraltvehikel ihre Ruhestunden verbringen konnten. Die tadellos aufeinander abgestimmten Fahrpläne waren gedruckt, ebenso Fahrscheinheftchen. Plakate, von Oriane entworfen und von Louis ausgeführt, verkündeten die Geburt der Firma. Und das Personal: Philippe war der Vorstand und sein eigener Chefmechaniker, mit dem Hilfsarbeiter und zwei Burschen als Untergebene. Er hatte neun Fahrer gefunden, ausgebildet und eingewiesen, die auch als Schaffner fungieren sollten. Es waren Einheimische, sie trugen keine Uniform, nur weißblaue Mützen mit den Buchstaben CTL. Jeder Bus hatte eine Nummer, und an seiner Kühlerhaube flatterte ein kleiner Hauswimpel, von Oriane genäht.

«Wer wettet mit mir, daß sie sie mit Champagner vom Stapel läßt?» sagte meine Mutter.

Ich war fasziniert von den wirtschaftlichen und organisatorischen Einzelheiten und nahm an den Besprechungen teil. Die Entlohnung der Fahrer. Monatlich, dem französischen Brauch entsprechend; über englische Arbeiter wird gehöhnt, sie seien nicht imstande, ihre Ausgaben über einen längeren Zeitraum als eine Woche im Griff zu haben. Die meisten waren verheiratet, und Philippe bot ihnen ein großzügiges Wohngeld, das kommentarlos angenommen wurde. Die Mehrzahl der Bewohner von Sanary, einschließlich dem Bürgermeister, waren Kommunisten. Andererseits hatten wenige etwas mit einer Gewerkschaft zu tun. Philippe bestand auch darauf, seinen Fahrern eine anständige Unfallversicherung zu bezahlen, die weit über die gesetzlichen Vorschriften hinausging, und auch das wurde mit einem Achselzucken angenommen – gut und schön, wenn er so ein Dummkopf ist. Und wie die laufenden Kosten mit den Einkünften abstimmen? Welchen Preis würden die Fahrgäste für angemessen halten? Wieviel mußte man ihnen abverlangen? Sollte man nach 21 Uhr einen Zuschlag erheben? Oder erst nach Mitternacht? Sollte es Zeitkarten für die Pendler von La Seyne geben? Es gab eine Diskussion über das Gehalt der Sekretärin – sie hatten Josée eingestellt, ein einheimisches Mädchen, in Maschineschreiben geübt und sehr hübsch, die Briefe und Rechnungen erledigen, das Geld in den Geldtaschen der Fahrer in Empfang nehmen und zählen sollte. Nun wurde französischen Frauen, insbesondere jungen, in derartigen Stellungen in der Regel *kein* Wohngeld gezahlt, da vorausgesetzt wurde, daß sie es entweder nicht benötigten, weil sie zu Hause wohnten, oder, wenn nicht, daß es für ein einigermaßen attraktives Mädchen immer Möglichkeiten gebe, ein Auskommen zu finden. Oh, nichts so Unfeines wie Prostitution, nur eine Vereinbarung mit einem gesetzten älteren Herrn, der ihr selbstverständlich gelegentlich oder regelmäßig eine Zuwendung zukommen ließ.

Schau, Philippe, sagten sie zu ihm, sie erwartet es nicht, ihr Vater hat eine gutgehende Eisenwarenhandlung… Sei nicht albern, kein Mensch zahlt mehr als achthundert Francs… Schön, *einige* gehen bis zwölfhundert, aber das ist übertrieben…

Philippe hörte höflich zu, dann schlug er das Gehalt vor, das ihm vorschwebte. Wir erfuhren nicht, wie hoch es war. Anders als die Männer zeigte Josée ihre Freude und wurde eine eifrige Vertreterin seiner Interessen.

Am Morgen des großen Tages waren Freunde, Honoratioren, alle, die mit der Firma verbunden waren, einschließlich der Ehefrauen der Fahrer, zu einem Umtrunk auf dem Busparkplatz eingeladen. Auf der Kühlerhaube des großen Panhard, des schönsten der Reihe, mit blauen und weißen Bändern geschmückt, zerbrach Oriane eine Flasche Champagner (auf die Wette meiner Mutter hatte sich niemand eingelassen), während Philippe den Bus eigenhändig langsam auf die Straße lenkte, zu seiner ersten Tour Sanary–Toulon–Sanary. Die anderen sechs folgten in Abständen, jeder vollbesetzt mit festlich gestimmten Fahrgästen. Die Firma hatte jedem Einwohner von Sanary für den ganzen Tag freie Fahrt angeboten. Es war erstaunlich, wie viele Leute an diesem Tag etwas in Ollioules, La Seyne und Toulon zu erledigen hatten.

Jeder Bus wurde auf seiner ersten Fahrt von einem Freund oder einer Freundin begleitet, einer Art Pate oder Patin, die neben dem Fahrer saßen. Mir war Bus Nr. 6 zugewiesen worden, daher wurde ich Zeugin des ersten Dilemmas, in das die Desmirail-Linie kam. Als wir uns der funkelnagelneuen Bushaltestelle in Sanary näherten, wartete dort eine große Menschenmenge darauf, das Transportmittel auszuprobieren, das in *Le Petit Var* und auf Louis' Plakaten weithin angekündigt worden war. Als die Leute feststellten, daß es nicht einmal mehr Stehplätze gab, wurden sie aggressiv. Die gratis fahrenden Leute aus Sanary, die es sich im Bus gemütlich gemacht hatten, lachten und spotteten; der vorangegangene Umtrunk hatte das Seine getan. Die enttäuschte Menge rief zurück, die Jugendlichen im Innern ließen sich nicht lumpen, und es sah aus, als würde es zu Streitigkeiten kommen. Kurz bevor tatsächlich eine Schlägerei begann, wurde der Einstieg von zwei vernünftigen Männern verstellt und dann geschlossen; sodann riefen sie dem Fahrer zu, er solle losfahren, und er tat es, begleitet von Hohn- und Drohgeschrei.

Bus Nr. 7 ereilte ein ähnliches Schicksal. Es schien nicht ratsam, über die Aussichten der *Compagnie des Transports du Littoral* allzuviel nachzudenken.

Am nächsten Tag kam der Hilfsarbeiter nach Les Cyprès und gab drei hübsch gestaltete, mit unseren jeweiligen Namen beschriftete Kartonstreifen ab. Es waren Freikarten für alle Fahrten mit der CTL. In einem Begleitwort drückte Philippe seine Hoffnung aus, daß diese seinen Freunden ein wenig von Nutzen sein mögen.

Ich weiß nicht recht, was mich bewogen hatte, meiner Familie bei der Ankunft zu eröffnen, daß ich nur einen Monat bleiben würde. Es muß ein instinktives Gefühl mitgespielt haben, daß es für mich an der Zeit sei, mich nicht mehr hin und her verfrachten zu lassen, sondern nach eigener Wahl zu handeln (zudem vielleicht ein Impuls, mich etwas von Oriane zu distanzieren?), aber meine *Wahl* war es, in Sanary zu bleiben, nicht in London, das ich nicht mehr liebte. Meine Arbeit dort hatte mir gefallen – sofern man improvisierten Sprachunterricht als Arbeit bezeichnen kann –, ebenso die Unabhängigkeit (und das Selbstwertgefühl?), das sie mir gab, und ich hielt es für meine Pflicht, meine Schüler nicht im Stich zu lassen. Ich hatte nicht die Illusion, unentbehrlich zu sein: Es ging lediglich darum, daß ich mich gewissermaßen verpflichtet hatte, sie bis zu einem bestimmten Stadium zu bringen, daß ein Wechsel ihnen oder ihren Eltern ungelegen sein würde, daß ich sie wirklich weiterbrachte, wobei meine eigene Liebe zum Französischen ein übriges tat. Es war schön, etwas mehr Geld zu haben, am Monatsende nicht auf die Pünktlichkeit des Schecks der Vormünder angewiesen zu sein, mehr Bücher zu kaufen, mit Rosie in Soho bessere Weine zu trinken. Deshalb sagte ich meinen Schülern, ich würde nach einem Monat ausgedehnter Weihnachtsferien zurück sein und sie dann noch drei weitere Monate unterrichten.

Meiner Mutter sagte ich, ich werde im April wieder in Sanary sein, falls es recht sei. Sie nahm es wohlwollend auf: Ich müsse tun, was ich für das Beste halte – übrigens, ob ich mich auf mein Dolmetscherexamen im nächsten Jahr vorbereite? Indirekt, sagte ich – sie werde mich vermissen, ich solle Les Cyprès als mein Heim betrachten und könne mir meine Abreise immer noch überlegen. Ich war zufrieden, hiermit und mit mir, weil ich meine Unabhängigkeit bewiesen hatte. Oder war es nur eine dickköpfige Laune?

Manchmal frage ich mich, ob es etwas geändert hätte, wenn ich in jenem Winter geblieben wäre. Ein unbehaglicher Gedanke. Doch ich kann nicht wirklich glauben, daß meine Anwesenheit einen Einfluß auf die Ereignisse gehabt haben würde. Sicher, ich hätte Alessandro beistehen können, der nichts gerne allein tat. Er hatte soeben einen dritten Auftrag erhalten: die Renovierung einer Villa in Le Lavandou; der Börsenkrach an der Wallstreet hatte bei den wohlhabenden Europäern noch keine große Wirkung gezeigt, während meine Mutter mit der Inneneinrichtung des Hauses oberhalb von Bandol beschäftigt war. Doch dann kann ich mir nur vergegenwärtigen, daß Alessandro und ich zuvor auch viel miteinander allein waren und was dabei herausgekommen war.

Zwischen der Buseinweihung und meiner Abreise erschien Doris von R. wieder, diesmal ordentlich per Post angekündigt. Die Scheidung Pauls, ihres Verlobten, komme schleppend voran, es bestehe keine Aussicht, daß sie vor dem Spätsommer oder Herbst heiraten könnten. Sie, Doris, erhole sich soeben von einem Grippeanfall. Paul meinte, es würde ihr guttun, sich ein paar Monate in einem warmen Klima aufzuhalten statt im kalten Berlin: Er werde sich ein paar Tage freinehmen, um sie in den Süden zu bringen, und werde alles persönlich erklären. Sie sei überzeugt, daß wir ihn mögen würden, und hoffe, es werde uns freuen, sie eine Weile in unserer Nähe zu haben.

Sie kamen, mit der Eisenbahn und per Schlafwagen, sie sah immer noch wie ein vernachlässigtes Kind aus, allerdings wie ein geliebtes vernachlässigtes Kind. Paul, Liebender und Beschützer, der Architekt, der kein Spießbürger war, obwohl er Warenhäuser baute, entpuppte sich als hochgewachsener blonder Jude mit einem netten, sorgenvollen Gesicht, der älter aussah, als er an Jahren war: Anfang Vierzig. Wir brachten sie im Hôtel de la Plage unter, das außerhalb der Saison eine Etage freihielt. Er konnte nur zwei Tage bleiben und hatte tatsächlich eine Menge zu erklären, wozu er sich mit meiner Mutter zurückzog.

Das Wetter war außergewöhnlich schön – blaue, windstille Tage. Alessandro, Doris und ich verbrachten die späten Morgenstunden in einer der bestgeschützten Winterecken von Sanary, auf der Terrasse von Chez Schwob, genossen die Sonne, sprachen wenig, sahen die Zeitungen durch, blickten aufs Meer, tranken einen harmlosen Grenadine oder Wermut-Cassis. Ich überlegte mir ernsthaft, ob ich wirklich nach London fahren sollte.

Paul erzählte unterdessen meiner Mutter, Doris' Gesundheit erfordere Beobachtung, lediglich Beobachtung – immerhin sei ihre Mutter genau in ihrem Alter an Tuberkulose gestorben. *Daran* sei bei Doris kein Gedanke, sie sei nur sehr zart, wie wir sehen könnten. Sie sei als Kind während des Krieges schwer unterernährt gewesen und anschließend während der Jahre in der Pension schlecht ernährt worden. Ja, die Pension sei geschlossen – mehr oder weniger, erklärte Paul –, Großmammerl sei in der Wohnung geblieben, an der sie hänge, genau wie an Berlin, sie gehöre dorthin und sei zu alt für einen Wechsel, weswegen er sie nicht mit hierhergeschleppt habe. Sie müsse sich nun aber nicht allein in einer großen leeren Wohnung placken, man habe sich geeinigt, daß sie ein, zwei von ihren Untermietern behielt, diejenigen, die ihr die liebsten waren.

Zahlende Untermieter? fragte meine Mutter.

Nicht *regelmäßig* vielleicht, sagte Paul mit einem Lächeln. Auch dürfe Doris, das junge Ding, nicht allein gelassen werden, sie verstehe es nicht, für sich selbst zu sorgen. Berlin sei zur Zeit nicht der rechte Ort für sie, zu viele ausschweifende Freunde, spätes Zubettgehen, zu viele Nachtclubs… Das sei das Leben, an das sie gewöhnt sei. Das arme Mädchen, sie habe kaum je eine Chance gehabt. Das würde sich ändern, wenn er ordentlich für sie sorgen könne. Was sie jetzt brauche, sei Wärme, etwas Aufpäppeln, kein Imbiß um drei Uhr morgens, und jemand, der ein wachsames Auge auf sie habe.

Meine Mutter muß wohl gesagt haben, sie werde sie im Auge behalten.

Seine Frau, erzählte er ihr, habe sich erboten, Doris auf eine Kreuzfahrt oder zum Wintersport mitzunehmen. Sie sei wirklich sehr nett, sie habe Doris gern, die beiden verstünden sich gut. Ein zivilisierter Umgang. Er habe Glück gehabt. Trotzdem, es wäre nicht gegangen, schon wegen der Scheidung, falls es bekannt würde… Und seine Frau, hier lächelte er wieder, habe andere Bindungen.

Am Abend versuchten wir gemeinsam zu beschließen, wo Doris am besten wohnen würde. Meine Mutter schlug vor, bei uns in Les Cyprès, es wäre nett, meinte sie, eine junge Person im Hause zu haben.

Alessandro und ich vermieden wie so oft, uns anzusehen.

Paul dankte ihr, befand es jedoch für besser, wenn Doris vollkommen unabhängig bliebe. Alessandro wußte ein kleines Haus in der Nähe, das sich ohne allzu großen Aufwand ordentlich heizen ließe. Wieder ließ Doris Paul für sich sprechen. Sie neige nicht zur Häuslichkeit, sagte er, sie habe in ihrem ganzen Leben nicht einmal ein Frühstück zubereitet. Abgesehen vom Hungern würde ihr die Haushaltsführung keinen Spaß machen. Was sie liebe und selten gehabt habe – es sei denn, man zähle die Pension der Großmutter dazu –, sei ein Leben im Hotel. Und so kam es: Im Hôtel de la Plage wurde ein sonniges, nach vorne gelegenes Zimmer für Doris gebucht, sie konnte dort essen oder bei uns, wie sie Lust hatte. Paul, der soeben mit Emilias Abendmahl fertig war, stimmte zu. Er versuchte, ihr seine Bewunderung für ihre Kochkunst auszudrücken; da er kein Italienisch und wenig Französisch konnte, gab meine Mutter das Kompliment an Emilia weiter. Sie bedankte sich mit Würde. *Signore*, sagte sie und deutete ein Lächeln an. Er war ein Mensch, der Güte und Stärke ausstrahlte. Er fuhr fort, wie sehr Doris sich auf die künftigen Genüsse von Emilias delikater Verpflegung freue. Wieder übersetzte meine Mutter. Emilias Miene wurde abweisend. Ein knappes *Si, Signora* und nicht ein Blick auf Doris.

Ich hoffte, daß unsere Gäste nichts davon bemerkt hatten. Emilia hatte eine geheimnisvolle Art, Billigung und Mißbilligung zu bekunden.

Es blieben einige praktische Fragen. Paul wollte ihr reichlich Geld dalassen – damit sie sich etwas zum Anziehen kaufen, nach Villefranche oder Nizza fahren könne, wo vielleicht Freunde seien. Ein Bankkonto? Damit würde sie nicht umgehen können. Bargeld im Hoteltresor? Damit könne sie erst recht nicht umgehen. Am besten ließe er es wohl bei meiner Mutter – Doris war einverstanden. Als Paul im Begriff war, dicke braune Couverts hervorzuholen, sagte meine Mutter zum Glück, überlassen Sie das Geld und die Rechnungen lieber Alessandro. Doris gab abermals ihre Zustimmung.

Dann besprachen die Männer, wie Doris' offener Chrysler Zweisitzer nach Südfrankreich geschafft werden könne, da Paul meinte, sie würde das Auto gerne dahaben. Ein zuverlässiger Urlauber, der es herunterchauffierte? Oder lieber per Eisenbahn transportiert –

nicht einfach in jenen Tagen, mit der Grenze und allem. Sie hofften, alsbald eine Möglichkeit zu finden.

Als Paul abreiste – mächtig erleichtert, wie er sagte, sein liebes Mädchen in den Händen meiner Mutter zu wissen –, fuhren er und Doris im Taxi zum Bahnhof, um beim Abschied allein zu sein. Wir alle bestätigten ihr, wie sehr er uns gefallen habe und wie sehr die beiden aneinander hingen.

An diesem Morgen erhielt ich einen Brief von Rosie Falkenheim. Zweifellos das Neueste vom Upper Gloucester Place, ach du liebe Güte. Ich steckte den Brief in meine Tasche und öffnete ihn erst nach dem Mittagessen. Rosie drückte sich schriftlich nicht besonders gut aus, ihre Briefe waren zurückhaltend und knapp, aber man erfaßte, worum es ging. Als ich diesen gelesen hatte, zeigte ich ihn meiner Mutter. Sie sagte zwei Dinge, *Frauen*, wie benehmen sie sich nur, die meisten verstehen anscheinend nicht, eine Ehe zu führen. Das zweite: Dies, liebes Kind, ist ein Hilferuf.

An *mich*? fragte ich. Wie könnte *ich* helfen?

«Kannst du nicht. Ich hätte sagen sollen, ein Ruf nach einer Illusion von Hilfe. Das kommt oft auf dasselbe heraus. Sein Herz ausschütten... eine neue Zeugin erscheint am Schauplatz... Vielleicht wartet deine Freundin, ich meine die halsstarrige, sogar auf jemanden, der sie aus ihrer Torheit herausreißt.»

«Du kennst Toni nicht.»

«Wirkliche Hilfe ist meistens unmöglich», sagte meine Mutter.

In Rosies Brief hatte schlicht gestanden, daß Toni Jamie verboten hatte, weiterhin nach Finchingfield zu gehen, vielmehr, sie hatte ihm ein Ultimatum gestellt: Er müsse sich zwischen ihr und diesen Leuten entscheiden. Es war nicht klar, was diese Entscheidung einschloß, außer daß Toni keinen Fuß mehr in das Cottage in Essex setzen würde, solange Jamie nicht auf die Besuche bei seinen Freunden verzichtete. Der Brief endete: «Jetzt stellt Jamie sich stur, ich kann's ihm nicht verdenken, er ist egoistisch, aber man soll einen Mann nicht zum Narren halten. Wenn Toni nicht bald Einhalt geboten wird, rennen beide ins große Elend.» Eine Nachschrift lautete: «Es wäre schön, Dich wieder hier zu haben, ich hoffe, Du hast Deine Pläne nicht geändert und wir können Dich am 23. erwarten.»

«Was hat sie gegen Finchingfield?» fragte meine Mutter. «Es können nicht nur diese Spiele sein?»

«Doch. Weil sie sie nicht gut beherrscht... Sie ist überzeugt, daß *sie* die Überlegene ist, aber daß die anderen keine Notiz von ihr nehmen – es geht nur um verletzten intellektuellen Stolz», sagte ich und glaubte die Wurzel des Übels bereits erkannt zu haben.

Oriane setzte alles daran, um mich zum Bleiben zu überreden. «Du darfst die Hauseinweihung nicht verpassen, unsere *crémaillère.*» Der Einstand sollte an einem Tag Mitte März gefeiert werden, der zufällig mein Geburtstag war. Am Ende gab sie nach. «Dann geben wir eben an deinem Einundzwanzigsten ein großes Fest für dich. In zwei Jahren? Das ist ein Versprechen.» Sie hat es gehalten.

2. Kapitel

Ich hatte die Wurzel des Übels nicht erkannt. Als ich nach London kam, war die Situation schlimmer geworden, viel schlimmer. Es gab kein Ultimatum mehr, keine Entscheidung mehr für Jamie. Es ging nicht mehr darum, daß Toni ihren Fuß nicht nach Essex, sondern darum, daß Jamie seinen nicht in ihre Londoner Wohnung setzte. Toni hatte ihn gebeten auszuziehen.

Rosie nannte ihre Schwester eine Verrückte und ihren Schwager einen Dummkopf. Ich hatte noch nicht einmal ausgepackt, da erfuhr ich es: *Was war passiert?*

«Jamie hatte eine Affäre mit Cynthia.»

«Oh.» Cynthia war Stammgast in Finchingfield, eine junge Frau, die ich recht gern mochte. «Oh. Warum?»

Rosie explodierte. «Warum haben Menschen Affären? Du hättest fragen sollen, warum es nicht früher passiert ist. Jamie ist ein attraktiver Mann... wenn man bedenkt, wie Toni sich aufführt...»

«Aber ist es... ist es ernst?» fragte ich.

«Ich hätte es keine Minute angenommen. Toni schon.»

«Sie weiß es?»

«Sie weiß es.»

«O Gott.» Dann: «Wie hat sie es erfahren?»

«Durch eine der ältesten Methoden. Es gibt grundsätzlich drei: die wohlmeinende Freundin, einen Brief finden, Geständnis. Die ersten zwei mögen gräßlich sein, aber die dritte ist die sträflichste, weil sie so dämlich ist.»

«Sie meinen, Jamie…?»

«Ja. Er hat es getan.»

«Wie konnte er?»

«Er war ganz niedergeschlagen wegen Tonis Verachtung für Finchingfield. Ich glaube nicht, daß die Sache mit Cynthia vorher angefangen hat. Es könnte natürlich sein, und in diesem Fall hätte Toni instinktiv gehandelt, aber ich glaube es nicht. Er hat sich dem Ultimatum widersetzt, er fand Toni unvernünftig und besuchte seine Freunde weiterhin am Wochenende. Toni blieb dabei, nicht nach Essex zu kommen, und war in London eisig zu ihm. In Finchingfield – es sind hellsichtige Leute – verstanden sie, daß Jamie in eine unerträgliche Situation geraten war, sie hatten Mitleid… ein bißchen weibliches Mitleid kann weit reichen… es kann tröstlich sein – unter anderem. Ich bin Realistin: Eine Affäre muß eine ziemliche Abwechslung für ihn gewesen sein. Jetzt hatte er einen Grund mehr, Finchingfield nicht aufzugeben. Wenn die Strafe sowieso folgt…»

Ich bemühte mich, es zu begreifen.

«So weit, so schlecht. Dann muß Jamie auch noch die Grippe kriegen. Während der Woche. In London. Eine schlimme Grippe. Toni pflegt ihn, sorgt sich, holt den Doktor, macht alles, wie es sich gehört. Jamie ist von ihrer Pflege gerührt – er muß sich danach gesehnt haben, daß zwischen ihnen wieder alles gut wird. Sie haben sich wirklich gern – sehr gern. Er sagt also zu ihr, er wird seine Besuche in Finchingfield einschränken, nicht gleich abbrechen, er kann A. J. nicht fallenlassen, und – du wirst es nicht glauben – da ist noch jemand, sagt er zu ihr, den er nicht mit einem abrupten Bruch verletzen kann, es wäre zu grausam: Er hat etwas getan, das er schrecklich bedauert, und hofft, daß Toni versteht und verzeiht, da sie selbst auf derlei Dinge keinen großen Wert legt.

Und tatsächlich hatte meine liebe Schwester zuerst keine Ahnung, wovon ihr Mann sprach. Darauf wurde Jamie deutlich: Er hatte eine Affäre mit Cynthia, und es hat nichts zu bedeuten, und er wird so etwas nicht wieder tun, aber Toni muß einsehen, daß er Cynthia nicht von heute auf morgen verlassen kann.»

«Er muß im Delirium gesprochen haben.»

«Er hatte tatsächlich hohes Fieber. Du mußt es so sehen: Er war niedergeschlagen, er hatte Schuldgefühle, er war vernarrt... Er wollte Äpfel und Birnen von einem Baum ernten.»

«Ich habe Jamie immer für so intelligent gehalten.»

«Ach, Intelligenz», sagte Rosie.

Ich wappnete mich für das Wesentliche.

«Toni sprach kein Wort. Pflegte ihn noch zwei Tage. Als er aufstehen konnte, sagte sie ihm, er müsse ausziehen.»

«Einfach so?»

«Einfach so.»

«Was hat er gemacht?»

«Jamie war erschüttert. Er wußte nicht, was er anfangen sollte, er konnte es nicht glauben. Toni blieb stumm. Es war Morgen, und da er angezogen war, fand er, er könnte ebensogut zur Arbeit gehen. An der Tür sagte Toni zu ihm: ‹Du hast nicht gepackt. Du solltest jetzt wenigstens einen Koffer mitnehmen, den Rest kannst du später nachkommen lassen. Schön, wenn du heute abend deine Sachen nicht haben willst, bist du selber schuld.›»

Jamie ging in sein Büro, und irgendwie überstand er den Tag. Zur Teezeit fuhr er mit dem Bus nach Hause. Er schloß mit seinem Schlüssel auf. Toni hatte weder den Riegel vorgeschoben noch das Schloß auswechseln lassen oder sonst dergleichen getan. Als sie ihn hörte und der Hund ihm entgegenstürmte, empfing sie ihn oben auf der Treppe: «Ich habe dir gesagt, du sollst nicht zurückkommen.» Sie sagte es in einem Ton, daß er den Hund von sich wegschob und ging.

«Ja», sagte Rosie, «sie hatte ihn nicht ausgesperrt, er hat nicht versucht, sich Zugang zu verschaffen – sie muß es allein durch ihren Willen bewirkt haben. Er ist sofort hierhergekommen.»

«Wann ist das gewesen?»

«Vorgestern.»

Rosie hatte ihm einen Tee gemacht, ihn in ein Hotel gebracht und ihm geraten, sich hinzulegen. Dann war sie zu ihrer Schwester gegangen.

Toni war ruhig gewesen, einsilbig, fest entschlossen.

«Zu was entschlossen?»

«Ihr Leben zu zerstören, ihr eigenes und Jamies, würde ich sagen.»

So standen die Dinge bei meiner Ankunft. Aber damit nicht genug. Am nächsten Tag erhielt Jamie in seinem Büro einen Brief. In vernünftigem Ton schrieb Toni, es sei nicht recht, wenn sie in der Wohnung bliebe, da sie Jamie von seinem amerikanischen Gönner überlassen worden sei, daher werde sie ausziehen, sobald sie eine Unterkunft gefunden habe. Es wäre hilfreich, wenn Jamie ihr einen Hinweis auf die Höhe der Miete geben könne, die aufzubringen sie imstande sein werde. Alle zukünftigen Vereinbarungen überlasse sie ihm. Vielleicht könne er ihr auch einen nicht zu teuren Rechtsanwalt empfehlen; Anwälte, nehme sie an, seien bei einer Scheidung unerläßlich. Es werde wahrscheinlich keine Streitpunkte geben, vielleicht könnten sie mit einem gemeinsamen Anwalt auskommen? Sie habe vollstes Vertrauen, daß Jamie in den erforderlichen finanziellen Vereinbarungen ehrlich sein werde. Sie unterschrieb: Deine Toni.

«Scheidung?» sagte Jamie zu Rosie und mir. «Sie hat vorher nichts von Scheidung gesagt.»

«Sie hielt es für selbstverständlich», sagte Rosie.

Zu mir sagte Rosie, sie würde ihr am liebsten an den Hals springen, aber sie wolle es noch einmal mit Vernunft versuchen... Zum drittenmal. Leider kenne sie ihre Schwester zu gut.

Sie kam niedergeschlagen zurück. Toni sage nichts weiter als: Er ist im Unrecht. Seine Schuld. Er muß dafür büßen. Ich kann nicht verheiratet bleiben, ich lasse mich scheiden, ich habe keine Wahl.

«Das ist ein unüberlegtes Gerede, Rosie», sagte ich, «haben Sie nicht mit ihr darüber gesprochen?»

Doch, das hatte sie. Wieder und wieder und wieder. Diskussionen mit Toni führten zu nichts.

Jamie war überzeugt, alles könne noch gut werden, wenn sie nur miteinander reden könnten. Er werde den Brief ignorieren. Was er brauche, sei eine Stunde mit ihr allein. Nicht in der Wohnung – er wolle sich ihr dort nicht aufdrängen.

Rosie schlug ein Treffen bei sich zu Hause vor. Toni lehnte ab.

Jamie kam mit neuen Ideen und bat Rosie und mich, ihn in der National Book League zum Mittagessen zu treffen. Früher hätte mich der Treffpunkt interessiert, jetzt nahm ich ihn kaum wahr. Jamie erklärte, er habe sich nicht genügend entschuldigt – das sei ihm jetzt klar –, er brauche eine Möglichkeit, das gutzumachen. Er wolle Toni versprechen, daß er... ja, daß er... Cynthia nicht wiedersehen werde. Er habe sie nicht gesehen, seit... seit er es Toni gesagt habe.

Rosie bemerkte trocken, wenn dem so sei, dann wäre eine Entschuldigung in dieser Richtung ebenfalls angebracht.

Jamie sah, falls das möglich war, noch unglücklicher drein. *Sie* – er meinte Cynthia, mochte aber ihren Namen nicht nennen – sei ein sehr unabhängiger Mensch, geschieden, das wüßten wir, nicht wahr? Sie komme selbst für ihren Unterhalt auf. Eine gute Stellung in einem Verlag. Sie würde entsetzt sein...

Rosie warf ihm einen ironischen Blick zu.

Er werde sie nicht in diesen Schlamassel hineinzuziehen, beharrte Jamie.

Schweigen. Während dieses Mittagessens wurde ziemlich viel geschwiegen.

Was wir hiervon hielten? fragte Jamie. Was Toni hiervon halten würde? Er wolle sich im Geschäft ein paar Wochen Urlaub nehmen und mit Toni nach Berlin fahren. Er würde es sich leisten können, wenn er das Cottage in Essex aufgäbe, wozu er, das wolle er ihr sagen, nun bereit sei.

Wo könnte er sie treffen, um ihr diese Vorschläge zu unterbreiten?

Wir heckten aus, daß ich Toni ein Mittagessen im Restaurant Schmidt in der Charlotte Street vorschlagen sollte. Jamie würde zwei Minuten später erscheinen. Ich würde verschwinden, er würde sagen, was er zu sagen hatte. Aus einem öffentlichen Lokal konnte sie ihn kaum hinauswerfen – oder doch? Wir bauten auf ihre Schüchternheit.

Jamie fragte, ob es eine gute Idee sei, wenn er die Fahrkarten mitbrächte? Mit der Fähre nach Ostende, im Schlafwagen nach Berlin.

«Ich würde es nicht tun», sagte Rosie.

«Blumen?» schlug ich vor.

«Das hier ist keine Posse», sagte Rosie.

Wahrhaftig nicht. Ich kam zeitig zu Schmidt, schrecklich nervös. Punkt ein Uhr: Toni. Sie besah sich die Speisekarte, die sie so gut kannte – Schmorbraten? Schnitzel? –, als er vor ihr auftauchte. Ich hatte ihn hereinkommen sehen. Sie sah auf, durch ihn hindurch, auf mich. «Verräterin.»

Jamie, unschlüssig, sehr groß wirkend, sagte ihren Kosenamen, eine deutsche Verkleinerung, von ihr selbst gewählt. Toni sprach in die Luft:

«Wenn er nicht sofort geht, sage ich dem Ober, daß ich nicht mit diesem Herrn an einem Tisch sitzen will.»

Jamie hörte es, sprach wieder ihren Namen, wandte sich zum Gehen, ich erhob mich, um mit ihm zu gehen. Toni sagte mit ihrer charakteristischen Willensstärke: «*Du* ißt mit mir zu Mittag.»

Ich hatte wenigstens den Mut, ihr von den Berlin-Fahrkarten und dem übrigen zu erzählen. Ihre Miene wurde nicht gelöster. «Und er macht ein neunzehnjähriges Mädchen zum Boten?»

«Er ist gekommen, um es Ihnen selbst zu sagen.»

«Zu spät.»

Am selben Abend zog Jamie zu seiner Mutter nach Surbiton. Er dachte nicht daran aufzugeben. Er schrieb Toni einen langen Brief, gefolgt von kürzeren Schreiben, die ans Gefühl appellierten. Sie wurden an den Absender zurückgeschickt.

Es war für Jamie undenkbar, Toni ohne Geld zurückzulassen. So kam von nun an wöchentlich ein Scheck. Und mit Geld war Toni imstande zu handeln. Sie ging auf Wohnungssuche. Getrieben von Mitleid, Beschützerinstinkt und der vagen Hoffnung, sie irgendwie davon abbringen zu können, begleiteten wir sie.

Da Rosie ihre Verabredungen mit dem Richter nicht aufgab, verbrachte ich die meisten Abende bei Toni in der Wohnung. Sie war zu unglücklich, um allein gelassen zu werden. Ich brachte etwas zu essen mit, Kleinigkeiten, die sie gerne mochte, sie rührte sie kaum an. Ich besorgte eine Flasche Bristol Cream, sie rührte sie nicht an. Ich brachte Wein mit und trank ihn selbst. Ich überlegte, wie ich an sie herankäme. Die Abende vergingen, und die Worte kreisten in meinem Kopf. Sie wollen sich doch nicht im Ernst von Jamie scheiden lassen? Toni, Sie müssen doch wissen, daß Jamie Sie liebt? Toni, wollen Sie ihm nicht verzeihen?

Ich konnte die Antworten zu deutlich hören.

«Worüber habt ihr beide gestern abend gesprochen?» fragte mich Rosie.

«Thomas Hardy.»

Sie versuchte mir Mut zu machen. «Jemand *muß* es versuchen – sie steckt schon zu tief drin, sie muß da herausgerissen werden.»

«Ich bin nicht die Richtige.»

«Natürlich nicht. Es dürfte uns schwerfallen, die richtige Person zu finden. Wenn ihr Onkel noch lebte… Er war ein weltgewandter Mann, sie hat ihn angebetet, er hätte ihr den Unfug aus dem Kopf schlagen können. Doch leider haben wir sonst niemanden. In Deutschland haben die Gerichte einen offiziellen Schlichtungsdienst – ich weiß nicht, ob es hier so etwas gibt. Ich muß Jack fragen.»

«Können Sie sich Toni vorstellen?» fragte ich.

Rosie war verzweifelt, aber sie konnte noch lachen.

«*Du* wirst es versuchen müssen», sagte sie, «du brauchst mir nicht zu sagen, daß du kein weltgewandter Onkel bist... Aber du hast deinen eigenen Kopf, und Toni hängt sehr an dir.»

«So? An Jamie hängt sie noch viel mehr, und Sie sehen, wohin das geführt hat.»

«Er hat ihr *Unrecht* getan. Du nicht.»

«Bislang.»

«Du mußt ihr einen Schock versetzen, ihr die Ungeheuerlichkeit ihres Betragens vor Augen führen. Sei so mutig, wie du in deinen Überzeugungen bist. Sie hat sich eingeschlossen – schlag die Scheibe ein. Denk an den armen Jamie – denk ein wenig an die arme Cynthia, die inzwischen furchtbare Schuldgefühle haben muß... Denk an mich.»

«*Sie* haben nichts getan.»

«Wenn Toni es schafft, Jamie zu verlieren, muß ich für den Rest unserer Tage mit ihr leben.»

«Ich hatte nicht bedacht...»

«Nein. Es gab zu viele andere Dinge zu bedenken.»

Tonis Ansinnen, einen Anwalt zu besorgen, war Jamie nicht nachgekommen. So handelte Toni selbst und fand einen irgendwo im Norden Londons, mehr oder weniger anhand eines Türschildes, und beauftragte ihn, das Scheidungsverfahren in Gang zu bringen. Von diesem Mann, den Rosie kennenlernte und nicht leiden konnte, erfuhr sie, daß ihr Unterhalt höchstwahrscheinlich ein Drittel vom Einkommen ihres Mannes betragen würde. Toni, die über Jamies Vermögenswerte auf den Schilling genau Bescheid wußte – sie bestanden neben einem kleinen Sparkonto und seinem Auto nur aus seinem Gehalt –, erkannte, ohne mit der Wimper zu zucken, daß sie sich einen Wohnsitz in der Nähe von Regent's Park nicht würde leisten können. Sie verlegte die Wohnungssuche von NW1 nach NW3. Sie müsse etwas in einer Lage finden, sagte sie, wo sie den Hund ausführen könne.

Ich hatte etwas Wein getrunken, ich hatte Toni zu einem Schlückchen Bristol Cream überredet. Sie hatte gerade zu erzählen begonnen, daß es sie an den Château Yquem ihres Onkels erinnere. Ich sagte mir, daß ich nichts zu verlieren habe als eine Freundin. Ich wollte diese Freundin nicht verlieren. Was sie tat, verstieß gegen alles, woran ich glaubte, und es war mir zuwider, ich wollte unbedingt helfen. Nicht nur um Jamies und Rosies willen, ich konnte Tonis verzweifeltes Unglücklichsein nicht ertragen, und ich hing an ihr. Und *sie* konnte es sich nicht leisten, mich ebenfalls zu verstoßen. Fall mit der Tür ins Haus, hatte Rosie gesagt. Nun gut…

Ich erinnere mich nicht, wie es begann, doch bald waren wir mittendrin.

«Was hat Jamie denn so Schreckliches getan? Glauben Sie wirklich, daß zwei Menschen sich für immer treu bleiben müssen oder können?»

«Nein», sagte sie.

Gott sei Dank, dachte ich.

«Wir reden nicht von zwei Menschen, wir reden von Jamie und mir.»

«Das ist im Prinzip dasselbe.»

«Die Prinzipien anderer Leute gehen mich nichts an.»

«Nur Ihre eigenen?»

«Ja.»

«Woher kommen sie, Ihre Prinzipien? Von der Religion?»

«Ich bin nicht religiös», sagte Toni, «ich bin nicht im Glauben an Gott erzogen worden.»

«Nicht an einen Gott der Rache?»

«Wir waren nicht orthodox», sagte sie schroff.

«Also Ethik? Recht und Unrecht?» Ich sprudelte weiter, ehe sie mich unterbrechen konnte. «Ich habe auch keine Religion, aber ich glaube, es *ist* unrecht, zutiefst unrecht, die besitzen zu wollen, die man liebt, eifersüchtig zu sein…»

Jetzt unterbrach sie: «*Ich* bin nicht eifersüchtig. *Eifersüchtig* auf diese Frau, Cynthia? Ich erinnere mich kaum an sie, die sind so ziemlich alle gleich in Finchingfield... Sie ist ein Nichts für mich.»

Mein Elan war gebremst.

«*Jamie* hat unrecht getan», sagte sie entschieden. «Er muß die Konsequenzen tragen.»

«Um Himmels willen! Sie machen eine Majestätsbeleidigung daraus. Er liebt Sie, Sie lieben ihn...»

«O ja. Ich verzeihe nie – daran hätte er denken müssen.»

«Das haben Sie einmal zu mir gesagt – daß Sie nie verzeihen –, damals war ich erschüttert.»

Sie erinnerte sich sofort. «Aber ich habe dir verziehen. Du warst sehr jung.»

«Und es war ein leichtes Vergehen.»

«Sei nicht frech. Das hast du von Rosie.»

«Verzeihung», sagte ich. «Es ist mir sehr ernst – ich finde es verabscheuenswert, Ihre Ehe einfach wegzuwerfen... weswegen? Weil ein Mann mit einer Freundin geschlafen hat?»

Sie zuckte zusammen.

Ich fuhr fort: «Das ist natürlich. Es kommt vor. Es muß nicht viel bedeuten. Sogar meine Ex-Kirche betrachtet es als verzeihliche Sünde, wenn man bereut.»

«*Du* wurdest ohne Moral erzogen.»

«Das ist nicht wahr», sagte ich grimmig, «meine Mutter hat mich Moral gelehrt. Nicht in Ihrem engstirnigen Sinne – ich weiß, es ist niederträchtig, denen, die wir lieben, Freuden zu mißgönnen. Toni, *seien Sie großzügig.*»

«*Er* hat nicht an mich gedacht. Er hat die Treue gebrochen. Was du so leicht nimmst, ist Betrug. Vielleicht bist du zu jung, um es zu verstehen.»

Ich sah ein, daß es das sein *konnte*: Betrug. Aber nicht in ihrem Fall. In einem Aufwallen von Mitleid hätte ich gerne ihre Hand genommen, meine Arme um sie gelegt. «Tut es *so* weh?» fragte ich.

Sie schwieg.

«Es hilft, wenn man versucht, die andere Seite zu betrachten», sagte ich, «wenn man den Groll beiseite schieben kann. Wirklich, es hilft.»

Sie blieb stumm.

Ich nahm meinen ganzen Mut zusammen. «Darf ich Sie etwas fragen? Sind Sie so gekränkt, weil Sie selber das Gefühl haben, daß mit jemandem zu schlafen… nicht gut ist? Daß es… unanständig ist?»

«Es ist unanständig», sagte sie. «Man soll unanständige Dinge meiden.»

Jetzt war es an mir zu schweigen. Als wir wieder sprachen, redeten wir nur noch aneinander vorbei.

«Denken Sie doch an *sich*», sagte ich, «wird es Ihnen gefallen, ohne Jamie zu leben… eine alleinstehende Frau… diese Wohnung zu verlassen… Wollen Sie Ihr Leben zerstören? Können Sie sich nicht vorstellen, wie es sein wird?»

Toni hob das kleine, zarte Gesicht. «Natürlich weiß ich das», sagte sie mit unerschütterlicher Ruhe. «Es ist ein Unglück, er zerstört mein Leben – das hätte er sich vorher überlegen müssen.»

Eine Wohnung wurde gefunden. Ein paar Schritte von Parliament Hill, genau richtig für den Hund. Jamie war erst verblüfft, dann traurig, weil er auch noch Tommy verlor. Ich will nicht, daß er in Surbiton oder Finchingfield eingesperrt wird, hatte Toni ihm übermitteln lassen. Jamie hatte schließlich erwidert: Tommy liebt uns beide, und Toni wäre ohne ihn mehr allein. (An diesem Punkt fand ich, daß *ich* Jamie gerne heiraten würde.) Toni würde nicht allein sein. Die Wohnung, für die sie sich entschieden hatte, verfügte über zwei Schlafzimmer, und sie konnte sich die Miete nicht ganz leisten. Rosie hatte recht gehabt. Toni schlug ihr vor, zusammenzuziehen.

«*Das können Sie nicht*», sagte ich. Ich wußte, was ihre Unabhängigkeit ihr bedeutete.

«Ich muß», sagte sie. «Ich habe mich um Toni gekümmert, seit wir Kinder waren.» Jetzt war auch sie unglücklich.

Toni war im Begriff, den Mietvertrag für die Wohnung in NW3 zu unterschreiben, als ihr der Gedanke kam, es sei vielleicht eine gute Idee, wenn Jamie ihn sich zuvor ansehen würde, und auch die Wohnung – die sanitäre und elektrische Installation, davon verstand er etwas: Männerarbeit. In ihrer Abwesenheit. Jamie ging hin.

Während ich mit Rosie hierüber sprach, fiel mir etwas auf: Warum will sie nicht nach Berlin ziehen? Man hätte meinen sollen, daß sie dies tun würde: nach Berlin zurückkehren.

Ach nein. Es *war* Rosie in den Sinn gekommen, tatsächlich hatte sie mit Jack darüber gesprochen. Er war auch der Ansicht, daß es zwei Gründe dagegen gab: Toni hatte Berlin am Arm ihres gut aussehenden jungen Engländers verlassen, und nun würde sie allein zurückkommen, geschieden, um Jahre gealtert, die Schönheit ihrer Jugend war verblaßt. Sie würde es nicht ertragen können, unter diesen Umständen zurückzukehren. Der andere Grund war, fürchtete Rosie, sie selbst. Toni würde nirgendwo lange leben, ohne ihre Schwester in der Nähe zu wissen. Diese seltsame Bindung. Wo immer sie ihren Ursprung hatte, sie war eine unausweichliche Tatsache. Das erkannte auch Jack.

«Und Sie fügen sich?»

«In Grenzen.»

«Sie sind gewillt, in Parliament Hill zu wohnen», sagte ich, «aber nicht in Berlin?»

«Mein Leben ist hier. Mein Leben ist in England, nichts könnte mich dazu bewegen fortzuziehen. Ganz abgesehen davon, daß ich Deutschland nie geliebt habe.»

Ich fragte sie, was der Richter von alledem halte.

«Er hatte nicht gedacht, daß Toni so weit gehen würde... aber, sagt er, man kann nie wissen, was eine Frau nicht alles tun würde.»

«Er findet nicht, daß sie kleinlich ist?»

«*Ich* finde, sie ist kleinlich und nicht ganz bei Verstand. Jack sagt, sie ist dumm – Jamie wird eines Tages finden, er sei gut davongekommen. Er meint, es *ist* Eifersucht, und zwar von der narzißtischen Art. Toni kann es nicht ertragen, daß jemand ihr vorgezogen wird, egal in welcher Eigenschaft. Die Geschichte wiederholt sich.»

«Dem Richter hatte sie Ihretwegen nicht verziehen. Jetzt ist es Jamie. Obwohl es etwas anderes ist.»

«Etwas *ganz* anderes», sagte Rosie. «Immerhin liebt er Toni nach wie vor. Angefangen hat das alles, weil sie lieblos zu ihm war.»

«Was wird nun aus Jamie?»

«Die Frauen werden ihn trösten wollen, und schließlich wird er sich trösten lassen. Er ist verwirrt, verletzt und furchtbar traurig, und er wird Toni schrecklich vermissen, aber es hat ihm nicht das Herz gebrochen. Vielleicht wird Cynthia ihn sogar eines Tages heiraten.»

«Was eine Frau nicht alles tun würde?» fragte ich. «Was würden *Sie* tun?»

«In Tonis Situation? Ich würde es vorziehen, nichts zu wissen. Und wenn ich es erfahren müßte, würde ich alles tun, um den Mann zu behalten oder zurückzubekommen. Keine Vorwürfe, kein Ultimatum, allerbestes Benehmen, nicht zeigen, wie einem zumute ist.»

«Und wie wäre Ihnen zumute?»

«Es würde mir furchtbar nahegehen. Weißt du, ich bekam sogar Angst, als Jack die hübschen Mädchen am Strand von Sanary bewundert hat. Wenn er sich wirklich in eine verlieben sollte, würde ich sehr leiden.»

«Ist das wahr? Es gibt noch so vieles, das ich mir nicht vorstellen kann oder nicht richtig verstehe, vielleicht werde ich nie eine richtige Romanschriftstellerin... Aber Sie haben mir nicht gesagt, ob Sie ihm verzeihen würden, dem Mann, der Ihnen untreu war?»

«Wenn ich den Mann liebte, selbstverständlich», sagte Rosie.

In kürzester Zeit stand der Umzugswagen in Regent's Park. Die meisten Möbel – Relikte aus Berlin – gehörten Toni, das Klavier eingeschlossen. Dann kam Rosies Besitz an die Reihe: Ihre bayerischen Bauernbarockmöbel trafen ein und wurden in Parliament Hill verteilt. Die neue Wohnung hatte hohe Räume und war viel größer als die in Regent's Park. Rosies Schlafzimmer allerdings war nicht größer als ihr altes und hatte nicht die gelungenen Abmessungen von Upper Gloucester Place. Da waren sie nun, die beiden Schwestern, mit dem Hund und seinem Körbchen. Wie schnell wird man herausgerissen, werden die Annehmlichkeiten des Lebens eingeschränkt. Ich fand es erschreckend.

Sie meinten, es sei sinnlos, daß ich kilometerweit entfernt in Upper Gloucester Place allein blieb. In ihrer Gegend gebe es kein Zimmer mit Frühstück zu mieten. Sie schlugen mir vor, bei ihnen zu wohnen – es war März, es würde nur für ein paar Wochen sein. Ich sagte ja. Sie kauften eine Couch, und ich schlief in ihrem Wohnzimmer. Es war nicht sehr bequem. Ich brauchte länger, um zu meinen Schülern zu gelangen, die ich in ihren Häusern oder Wohnungen unterrichtete. Aber das war nur eine Kleinigkeit. Für Rosie war es schlimmer, da sie abends nicht mehr direkt mit der Untergrundbahn nach St. James's fahren konnte, sie mußte umsteigen, und es dauerte doppelt so lange. «Was sagt der Richter dazu?» fragte ich sie.

«Nichts. Er kennt das Londoner U-Bahnnetz nicht.»

In der neuen Wohnung verbrachten Toni und ich wieder viele Abende allein. Es war zur Krise gekommen, als Toni ihrer Schwester sagte, sie könne unmöglich am hellichten Tag im Abendkleid nach Hause kommen – was würden die Nachbarn denken? «Was sie wollen.» Rosie war dem Ansinnen mit solcher Verachtung begegnet, daß Toni sich geschlagen geben mußte. Sie war gekränkt, aber von da an wurde das Thema nicht mehr berührt. Die Schwestern aßen nach wie vor regelmäßig bei Schmidt zu Mittag (ohne Umsteigen mit der Untergrundbahn zu erreichen), der Hund wurde bei jedem Wetter morgens und nachmittags von Toni ausgeführt, ich war fast den ganzen Tag unterwegs.

Eine neue Schwierigkeit ergab sich, als Rosies Freundin, die Lehrerin aus Watford, zu ihrem vierzehntägigen Tee erwartet wurde. Toni sagte, die Frau dürfe nichts von der Scheidung erfahren.

«Und warum bin ich dann hierhergezogen?» Auch Rosie konnte einen sehr kühlen Ton anschlagen. «Und wo soll Jamie angeblich sein?»

«Du kannst etwas erfinden. Sag, Jamie ist bei der Arbeit.»

Rosie gelang es, ihr auch diesen Unsinn aus dem Kopf zu schlagen. Aber unsere Sorgen um Toni und die Zukunft wurden dadurch nicht kleiner.

«In einer Sache muß ich fest bleiben», sagte Rosie zu mir, «und das ist unser Urlaub. Jack sagt, wir können diesen Sommer wieder nach Sanary fahren.»

«Wie schön.»

«Hoffen wir, daß ich etwas für Toni arrangieren kann.»

Es war nicht nur die Atmosphäre der Wohnung, die mich bedrückte, es waren die Unvernunft der Menschen und ihre Fähigkeit, einander zu verletzen – wenn einigermaßen zivilisierte und wohlmeinende Leute denen, die sie liebten, so viel Schlimmes antun konnten, wie sah es dann erst bei der großen, unwissenden Masse aus, den Menschen, die unter viel größerer, durch Ideologien, Nationalismus und Klassenhaß ausgelöster Ungerechtigkeit, Sorge und Not litten? Wenn man sagen und *glauben* kann: Wir haben recht – sie haben unrecht, ist dann nicht schon der Punkt erreicht, wo Kriege ausbrechen? Ich dachte daran, hierüber zu schreiben – die Verbindungen zwischen Privat- und Massenkatastrophen –, aber noch fehlten mir die Kenntnisse und das Können. Nicht zum erstenmal beklagte ich, daß ich keine Universität besuchen konnte (meine Schuld? Wessen Schuld? Umstände?), ich würde Geschichte belegt haben, nicht Literatur.

An einem schönen Nachmittag ging ich mit Toni und Tommy in Hampstead Heath spazieren, der Hund tollte fröhlich auf der Wiese herum.

«Jamie muß ihn vermissen», sagte ich.

«Und er vermißt Jamie – ich wünschte, die Scheidung würde nicht so lange dauern.» Sie hatte erfahren, daß das Verfahren nicht einmal anberaumt war.

«Wieso?» fragte ich.

«Sobald sie rechtskräftig ist, kann er Tommy besuchen kommen. Und mich. Ich hoffe, daß er es tut. Ich freue mich darauf, *ich* vermisse ihn so.»

«*Toni*», rief ich aus.

«Er kann nicht mein *Mann* bleiben, aber es gibt keinen Grund, weshalb wir nicht Freunde bleiben können.»

April. Meine Zeit war um, ich hatte meine Pflicht an meinen Schülern erfüllt, sie mit etlichen Konjunktiven und einem brauchbaren Schatz an *Jargon* versorgt. Süßes Entkommen.

Ich sagte Rosie, ich würde alsbald für sie und den Richter Zimmer bestellen. Hôtel de la Plage. Etwas, worauf sie sich freuen konnte.

Dies minderte nicht mein Bedauern darüber, sie zu verlassen. Dennoch, süßes Entkommen.

3. Kapitel

Wieder nahm ich die Route Newhaven-Dieppe, diesmal aus freien Stücken. Ich liebte es, auf einer langen Überfahrt auf dem offenen Deck zu spazieren, die salzige Luft zu atmen, meinen Gedanken nachzuhängen. Ich war zufrieden mit den Geschenken in meiner Reisetasche. Von Aldous Huxley war seit *Point Counter Point* (Kontrapunkt des Lebens) vor zwei Jahren kein neuer Roman erschienen, deswegen hatte ich für meine Mutter einen von Ivy Compton-Burnett besorgt – ihren zweiten Roman, *Brothers and Sisters*, der vorigen Herbst erschienen war –, und ich war gespannt, was sie davon halten würde. Ich brachte auch Earl Grey Tee von Jackson's mit, Ingwerplätzchen, eine Strickjacke für Emilia, Dunhill-Zigaretten für Alessandro und Dunhill-Tabak für Philippe, den er jedoch, wie sich herausstellen sollte, verabscheute, er rauchte ausschließlich *caporal* in seinen kleinen weißen Tonpfeifen. Für Oriane war mir kein passendes Geschenk eingefallen, deswegen hatte ich es bleibenlassen. Im Zug wachte ich wie üblich in Marseille auf: bald danach sah man das Mittelmeer und das mediterrane Licht, und etwas später verlief die Strecke oberhalb der Bucht von Bandol, nahe am Meer, nicht weit hinter dem neuen Haus der Kislings vorbei.

In Toulon wartete der Hilfsarbeiter mit dem 4-Chevaux auf mich. *Votre papa* hat mich gebeten, Sie abzuholen, er ist beschäftigt. (Mit den beiden Umbauten, die sie jetzt auf dem Hals hatten, ohne Zweifel.) Und wie geht es Monsieur und Madame? fragte ich, ich meinte die Desmirails. «*Bien, tout le monde va bien.*» Oh, dieser wundervolle Akzent des Midi, ich merkte, wie groß mein Heimweh gewesen war. Und was machte die CTL, wie liefen die Busse? Voll ausgelastet, alle Welt benutzte sie, auf keiner Fahrt blieb auch nur ein Stehplatz frei, das Dumme war nur, daß nicht alle zahlten, zu viele fühlten sich zu freier Fahrt berechtigt. Da habe Monsieur von Anfang an einen Fehler gemacht – wir alle kannten ja Monsieur.

In Les Cyprès angekommen, empfingen mich meine Mutter und Alessandro stehend, die Atmosphäre im Raum war zum Schneiden. Meine Mutter begrüßte mich liebevoll, Alessandro war angespannt und stumm. Als Emilia hereinkam und wir uns umarmten, standen die beiden betont weit voneinander entfernt und regungslos, ohne sich anzusehen. Es verschlug mir die Sprache. Schließlich begann Alessandro: Vielleicht möchtest du dich zuerst waschen und auspacken? Meine Mutter fragte unbestimmt: Will sie kein Mittagessen? Das Mittagessen sei erst in einer Dreiviertelstunde fertig, war von Emilia zu vernehmen. Ich ging mit ihr hinaus und tat wie mir geheißen. Vielleicht träumte ich. Die Reise, die Ankunft geben den Dingen ein befremdliches Aussehen.

Später, bei Tisch, wußten sie wenig zu erzählen, dann erkundigten sie sich plötzlich lebhaft nach London. «Das ist eine lange Geschichte», sagte ich, worauf wieder Schweigen eintrat. Als ich ihr das Buch von Compton-Burnett gab, befühlte meine Mutter es wie einen ungewohnten Gegenstand – sehr hübsch – und legte es beiseite. Sie wirkte jetzt unruhig, schob das Essen auf ihrem Teller herum. Wie spät ist es? fragte sie. Alessandro sagte es ihr. Oh, sagte sie. Ich erinnere mich deutlich an dieses Mittagessen, wie ich am Tisch saß, in jenem Zimmer, die verrinnenden Minuten, das lastende Schweigen. Ich fühle mich zuweilen immer noch dorthin zurückversetzt. Meiner Erinnerung entfallen ist lediglich, *was* uns zu essen vorgesetzt wurde, die erste Mahlzeit wieder in Südfrankreich, Emilias Hausmannskost.

Das Essen schien kein Ende haben zu wollen, meine Mutter trank ungewöhnlich viel Espresso. Schließlich fragte Alessandro: «Sagst *du* es ihr?»

«Ich sag's ihr.» Meine Mutter stand auf, ich desgleichen. «In etwa zehn Minuten», sagte sie und ging. Alessandro folgte ihr.

Als ich zu ihr kam, war sie allein, sie lag auf ihrem Bett. «Setz dich zu mir», sagte sie, «wie früher, als wir spätabends über Krieg und Frieden sprachen.» Es war wieder Leben in ihrer Stimme, eine Spur von Begeisterung. Ihre Augen sahen fremd aus, irgendwie starr, und glänzten – könnte sie Fieber haben? Sie sprach.

«Alessandro hat sich in Doris verliebt.»

…

«Armer Alessandro. Es war nicht seine Absicht. Es ist einfach passiert.»

…

«Das kommt vor. *Ich* sollte es wissen.»

…

«*Und* ich hätte es besser wissen müssen – diese Zeit mit ihm. Damals wußte ich, daß es passieren mußte… Eines Tages… Diese (sagen wir mal) fünfzehn Jahre Altersunterschied. Später habe ich es vergessen. Es war alles so alltäglich, so eingespielt… Oder nicht?»

…

«Jetzt verlangen sie ihren Tribut, die fünfzehn Jahre.»

…

«Mach nicht so ein niedergeschlagenes Gesicht. Er wird mich nicht verlassen. Er hat es selbst gesagt. Es wird vorübergehen. Es hat ihn einfach gepackt – sie beide. Sie ist wahnsinnig in ihn verliebt.»

…

«Da müssen wir durch – wir alle.»

…

«*Ich* gebe mir Mühe.»

…

«Nein, er hat es mir nicht erzählt. Er ist klug. Es war auch nicht

336

meine Intuition. Ich denke daran, wie sie war, als sie ungefähr dein Alter hatte. Ich kann sie gut leiden, es wäre mir nie in den Sinn gekommen. Komisch, voriges Jahr hatte ich einen Verdacht wegen dieses Panigon-Mädchens. Wie ich es herausgefunden habe? Meine eigene Schuld – du kennst mich, ich habe nicht deine Skrupel, ich lese die Post anderer Leute. Es war Neugierde, und Briefe sind so aufschlußreich – das dumme Mädchen hat ihm geschrieben, ich erspare dir die Einzelheiten, die Art von Brief, wie wir sie alle in solchen Umständen schreiben, mein Liebling, es war so wunderbar mit Dir heute nachmittag, ich möchte, daß Du an mich denkst usw. usw. Alessandro, der Dummkopf, hat ihn in seiner Tasche gelassen.»

…

«Nein, mach nicht so ein erstauntes Gesicht, ich habe seine Taschen nicht durchsucht, der Brief ist zufällig aus seiner Jacke gefallen.»

…

«Was ich getan habe? Was hat es *mir* getan… Schrecken, dann rasender Schmerz. Ich habe ihm eine ganz entsetzliche Szene gemacht – wenn du glaubst, meinen Zorn zu kennen, du kennst ihn nicht, *ich* kannte ihn selber nicht – es hat das ganze Haus erschüttert, ich habe ihn angebrüllt, ich habe ihm alles mögliche an den Kopf geworfen… Und die ganze Zeit diese Wut und der Schmerz. Du weißt nicht, wie es ist, wenn jemand, von dem man dachte, daß er einen liebt, fortgeht und dieselben Dinge mit einer anderen tut. *Du* kannst es nicht ahnen, du hast bei Oriane nichts erreicht, armes Kind. Laß es dir von mir sagen, unerfüllte Liebe – nicht daß ich sie oft erlebt hätte – ist hundertmal weniger schmerzhaft, als verlassen, ersetzt werden…»

…

In ruhigerem Ton fuhr sie fort: «Ich bin nicht verlassen, ich bin nicht ersetzt worden. Das sagt er mir wieder und wieder. Und ich frage ihn wieder und wieder, dabei weiß ich, daß ich das nicht sollte. Er will sie aufgeben, er versucht sie aufzugeben. Arme kleine Doris.»

…

«Nein. Auch wenn ich wütend bin, bin ich es nur auf ihn. Sie ist ein liebes Mädchen – wenn auch unzuverlässig –, ein tapferes Mädchen, beängstigend aufrichtig. Das macht es nicht leichter.»

…

«Wo Doris ist? Sie ist fort. Sie versuchen es mit Trennung. Das war noch nie eine gute Idee. Aber im Moment ist es eine Erleichterung. Die Situation hier war unmöglich – sie da unten im Hotel, ich wußte Bescheid und wußte doch nicht, wann er sie sah, die gemeinsamen Abendessen, nach denen er sie wieder zum Hotel zurückbrachte… Er hat sie vor ein paar Tagen in den Zug nach Berlin gesetzt. Er wollte sie nicht allein mit dem Auto quer durch Europa fahren lassen. Es steht immer noch hier.»

…

«Paul. Ja, der arme Paul. Sie will es ihm sagen. Meint, es wäre ehrlicher. Ich habe das Gefühl, es wird ihm das Herz brechen, *und* er wird sehr verständnisvoll sein.»

…

«Du denkst, *ich* bin verständnisvoll. Du liebe Zeit! Ich wollte, ich könnte es sein. Und es auch durchhalten. Prinzipiell wäre ich es gern, aber ich kann es nicht. Nicht von allein. Und ich habe dir noch etwas zu sagen.»

…

«Schlimm? Ich weiß nicht recht. Schön, ich klinge so vernünftig – so versöhnlich, wie du dich rührenderweise ausdrückst –, weil ich mir gewissermaßen Mut angetrunken habe.»

…

«Nein, ich habe nicht zur Flasche gegriffen. Als alles anfing – das muß Anfang Februar gewesen sein, kurz nach deiner Abreise, vielleicht eine Woche später –, als es für mich anfing mit dem Brief, der auf die Erde fiel, war ich so verzweifelt – selbst wenn es vorübergeht, ist dies erst der Anfang: Weißt du, das Alter, das Älterwerden ist unabänderlich. Ich habe ihm Tag und Nacht Szenen gemacht, besonders nachts. Ich konnte nicht schlafen, ich habe *ihn* nicht schlafen lassen, ich war wie das sprichwörtliche verwundete Tier:

unberechenbar. Zum Glück sagte mir ein Rest von Intelligenz, den die Götter mir gelassen haben, daß es so nicht weitergehen durfte, daß ich ihn auf diese Weise verlieren würde – Alessandro ist nicht aus hartem Holz geschnitzt –, ich war dabei, ihn und mich zu zerstören.»

…

«Nein, *du* hast nichts davon gewußt, du bist nichtsahnend durch London gezogen. Wir erfahren selten, wie die andere Seite lebt. Ich ging zu dem Apotheker, der mich gut leiden kann, ich sagte ihm, *j'ai du chagrin*, ich habe Kummer, es gibt Schwierigkeiten bei mir zu Hause – mehr mußte ich nicht sagen, die Franzosen haben Verständnis für so etwas –, ich brauche etwas, um meine Nerven zu beruhigen. Er gab mir eine Flasche mit einem Mittel namens Paciflorin und natürlich noch mehr Veronal. Das Paciflorin riecht, als würde es Baldrian enthalten, aber beruhigt hat es mich nicht. Es hat mich schläfrig gemacht, das ist alles. Gegen den Zorn und den Schmerz konnte es nichts ausrichten.»

…

«Ja, es war entsetzlich. Du bist ein gutherziges Mädchen. Ich ging wieder zu meinem Freund, dem Apotheker, der sagte, mehr könne er nicht für mich tun, aber wenn ich wirklich Hilfe brauchte, so sollte ich es bei Doktor Joyeu versuchen. Erinnerst du dich? Er ist mal hier gewesen. Ich ging zu ihm, er wohnt in einem Haus, das aussieht, als würde es zur Hälfte leer stehen, in dem Pinienwald hinter dem Tennisplatz – offenbar hat er keine Frau, nur ein scheues kleines Dienstmädchen, das die Türe öffnet. Ich habe zu ihm gesagt, *Docteur, mon mari me trompe* – wie in einem schlechten französischen Theaterstück –, mein Mann hintergeht mich, ich halte es nicht aus und mache Tag und Nacht Szenen. Er sagte nur, er könnte mir etwas geben, das vielleicht meine Ehe retten würde. Er nahm eine Spritze und bat mich, meinen Ärmel hochzuschieben, und gab mir eine subkutane Injektion. Es hat nur wenige Sekunden gedauert. Ich sollte nach Hause gehen und mich am nächsten Tag wieder melden.»

…

«Sogleich hatte ich ein außerordentliches Gefühl von Leichtigkeit, mir war, als würde ich im Körper schweben und noch mehr im Geist – licht, heiter, distanziert. Ich konnte an Alessandro und Doris denken, und es kam mir unbedeutend und weit entfernt vor, alles war leicht – man wollte einfach alle Menschen lieben und gut sein, und alles war in Frieden. Das Universum ist *in Frieden*. Es ist ein ganz wunderbares Gefühl – man ist nicht mehr verletzlich, nicht mehr irdisch, aller Schmerzen ledig, man ist von einem außerordentlichen Glücksgefühl erfüllt.»

…

«Vielleicht ist es das, was die Heiligen meinen, wenn sie von Verzückung sprechen.»

…

«Nein, es hält nicht an.»

…

«Am nächsten Tag ging ich wieder zu Docteur Joyeu. Ich berichtete ihm von der Wirkung. Er schien erfreut – sofern dieser Mann überhaupt erfreut aussehen kann –, er sagte, ich sei eine sehr gute Versuchsperson und ob ich nicht meine, mit dieser Behandlung den Frieden bewahren zu können? Ich könnte einen Weltkrieg aufhalten, sagte ich zu ihm. Er gab mir wieder eine Injektion und stellte ein Rezept für eine Woche aus. Eine am Vormittag, eine am späten Nachmittag. Ob ich es wohl selbst könnte? Mir selbst eine subkutane Injektion geben? Mit einer Nadel? Natürlich nicht! Es ist ganz einfach, sagte er. Von wegen. Aber ich hatte auch keine Lust, morgens, mittags und abends in die Villa Joyeu zu gehen. Vielleicht könnte mein Mann es machen? Bestimmt, sagte ich ihm, er ist sehr geschickt mit den Händen. Sagen Sie ihm, er muß die Spritze sterilisieren. Jedesmal, hat er gesagt.»

…

«Alessandro gibt sie mir nun. Du solltest es auch lernen, für den Fall, daß Alessandro nicht hier ist, ich muß sie jetzt nämlich dreimal täglich bekommen. Manchmal viermal. Aber der gute Doktor wird allmählich knauserig mit den Rezepten, er sagt, ich muß versuchen es zu schaffen, die Behandlung nicht öfter als höchstens dreimal täglich anzuwenden.»

...

«Jetzt? Das wunderbare Gefühl? Nein, nicht wie die ersten Male. Es ist nicht mehr so intensiv, und es vergeht schneller. Man kann fühlen, wie es schwindet...»

...

«Was dann geschieht? Wenn die Wirkung nachläßt? Ich werde wieder wütend und ängstlich und bin sehr ekelhaft zu Alessandro. Siehst du, ich bin jetzt zwei Personen. Und ich will nicht die andere sein, ich will sein, wie du mich jetzt siehst. Deshalb muß ich die Behandlung fortsetzen.»

Ganz sachte fragte ich: «Mami, was ist das... das Zeug, das dir hilft... das Zeug, das Alessandro dir gibt?»

«Morphium.»

4. Kapitel

Lebten Alessandro und ich von einem Tag zum anderen, so mußte meine Mutter von einer Stunde zur anderen leben. In den guten Stunden waren Abwechslungen willkommen. Freunde von ihr, die Roy Campbells, kündigten sich für ein paar Tage bei uns an. Roy, so erklärte sie Alessandro, war ein südafrikanischer Dichter mit einigem Talent und exzentrischen Gewohnheiten, er schrieb, wie sie behauptete, in Englisch und in Zulu. Er und seine Frau lebten mehr schlecht als recht in Martigues, dem Fischerhafen auf der anderen Seite von Marseilles.

Sie kamen an einem Vormittag: Roy, hübsch auf seine wilde, ungepflegte Art, und Mary, unverkennbar walisisch und zigeunerhaft. Ich will sie nicht im einzelnen beschreiben, Roy Campbell hat genug Romane über sich selbst geschrieben. Sein Gepäck bestand aus einer Einkaufstasche, ausgebeult von etlichen Flaschen – Literflaschen Rotwein mit 12°. Die kam mit in ihr Zimmer. Ich bin so gut wie sicher, daß ich ihn, als er hereinkam, seinen Fuß gegen unsere Hündin Chumi heben sah, die ihn gerade beschnüffeln wollte. Ein entsetzter Blick von Alessandro gebot dem Tritt Einhalt (sofern ein Tritt beabsichtigt war). Daraufhin funkelte Roy den Hund böse an.

Wenig später begaben wir fünf uns zum Mittagessen. Auf unserer Seite ging alles gut (meine Mutter hatte ihre Spritze etwas früher bekommen), Roy trank eine Menge Rotwein (unseren), es mangelte nicht an Gesprächsstoff. Anschließend sagte er etwas, das bei mir wie eine Bombe einschlug: Er bat beiläufig darum, zu einem Besuch bei Aldous Huxley mitgenommen zu werden. Ich dachte, er redete irre. Das tat er oft. Aber er blieb beharrlich dabei: Sein alter Freund aus Oxford habe ein Haus in Sanary gekauft.

Ich war wie vom Schlag gerührt, weil ich gehofft hatte, eines Tages diesen Schriftsteller persönlich kennenzulernen, dessen Werke ich vergötterte. *Eines Tages – nicht jetzt.* Wenn ich selbst eine Schriftstellerin sein würde (falls überhaupt). Wie dem auch sei, als Alessandro sich bereit erklärte, sich mit den Campbells auf die Suche nach dem Schriftsteller zu machen, von dem er meine Mutter und mich so oft hatte sprechen hören, war ich sofort dabei. Nicht dagegen meine Mutter. «Schriftsteller soll man lesen, nicht sehen.» Es war an einem heißen Nachmittag im Frühling. Ich hatte ein Gefühl, wie man es manchen Mädchen nachsagt, wenn sie zum erstenmal zum Tanz ausgeführt werden, bevor sie alt genug sind, die Kleider zu tragen, die ihnen gefallen.

Wir wußten nichts von Huxley, wie alt er war, wie er lebte, ob er verheiratet war oder nicht (vermutlich nicht), wie er aussah; damals war das Verlagswesen zurückhaltender und unpersönlicher als heute.

Wir fuhren los. Mary Campbell saß neben Alessandro, Roy mit seiner klirrenden Einkaufstasche neben mir auf dem offenen Rücksitz. Unterwegs meinte ein Arbeiter, der keine Siesta hielt, er hätte gehört, daß ein englischer *homme de lettres* ein Haus umbaue, das er auf La Gorguette, einer Landzunge zwischen Sanary und Bandol, gekauft habe. Wir fanden es. Die Villa Uley existierte tatsächlich. Sanary hatte nicht darüber geredet. Es war typisch für Aldous und Maria, daß, wo immer sie lebten, sie viel seltener zur Zielscheibe des Dorfklatsches wurden als die meisten anderen Leute. Vielleicht wegen der Würde und Freundlichkeit, mit der sie auftraten? Wiederum werde ich weder ihr Aussehen noch ihr Haus beschreiben – und nur ein wenig von dem etwas absurden Nachmittag unserer ersten Begegnung schildern –, ich habe genug über Aldous Huxley geschrieben (*keinen* Roman). Hier werde ich ihn und Maria nur insoweit erwähnen, wie sie unser Alltagsleben, unsere Geschichte und mich persönlich berührten.

Ich muß damit beginnen, daß Alessandro, nachdem er den mit Baustaub bedeckten 1,88 Meter großen Aldous, der auf dem Fußboden saß und Bücher sortierte, fünf Minuten lang betrachtet hatte, sich wieder aus dem Haus stahl, den Wagen wendete und losfuhr, um meine Mutter zu holen. Maria, die dieses Verschwinden beobachtet hatte – ihr entging selten etwas –, mutmaßte, sie und Aldous hätten gründliches Mißfallen erregt. Kurz darauf erschien meine Mutter, die sich von ihrer freundlichen und angeregten, nur leicht angegriffenen Seite zeigte. Sie und Aldous waren sofort ins Gespräch vertieft und hörten den ganzen Nachmittag nicht mehr auf (wir wurden eingeladen, zum Tee zu bleiben); sie fanden sichtlich Vergnügen darin, sich gegenseitig zu entdecken. An jenem Tag war nichts von Aldous' schrecklichem, von seiner Familie und seinen Freunden gefürchteten Schweigen zu ahnen. Meine Mutter war auch Maria sogleich zugetan, wir übrigen hielten uns im Hintergrund und sahen erfreut zu. Roy war ein bißchen unruhig, sein alter Freund aus Oxford erwies sich nicht als ein so geselliger Kamerad, wie er gedacht hatte, er traute sich nicht, seine Einkaufstasche samt Inhalt aus dem Auto zu holen. Keiner von uns bekam etwas zu trinken, denn meine Mutter hatte sich der Teekanne bemächtigt, sobald sie auf den Tisch kam, und hielt sie fest, während sie mit Aldous ins Gespräch vertieft war. Sie hatte vergessen, daß sie sich nicht in ihrem eigenen Haus befand, vergaß einzuschenken, die Tassen blieben leer. Das war ihre gewöhnliche Geistesabwesenheit. Für uns, nicht für die Huxleys. Maria mischte sich nicht ein, weil sie überzeugt war, meine Mutter hätte etwas Gräßliches in der Teekanne gefunden; sie hatte den Deckel angeschoben und zerstreut hineingesehen. Unterdessen verzehrte meine Mutter mit ihrer freien Hand sämtliche Häppchen und lobte, wie köstlich sie seien, und warum wir so etwas zu Hause nie bekämen? Sie war tatsächlich typisch meine Mutter. Niemandem fiel auch nur das geringste auf, nicht einmal Maria merkte etwas. Ich möchte fast glauben, daß sie es in diesen Stunden selbst vergessen hatte, eingelullt und verführt von Aldous' Geist und Ruhe, seiner schönen Stimme und Marias *gentilezza*. Jedermanns Laune und Verfassung hoben sich stets in Gegenwart der Huxleys, wie ich sehr bald erfahren sollte. Meine Mutter war gefesselt, auch Aldous und Maria zeigten sich fasziniert. Roy Campbell, so schien es, hatte ihnen einen seltsamen Vogel ins Haus gebracht. Es war der Beginn einer Freundschaft.

Nicht mit mir zu diesem Zeitpunkt, auch nicht mit Alessandro – wir interessierten sie kaum, wie Maria mir später erzählte. Alessandro war wie einer von den Männern, die sie nicht geheiratet hatte, als sie noch ein Mädchen war und in Italien lebte. Ich war eine junge Person am Ende des Tisches. Habe ich erwähnt, daß ich Aldous' Bücher beinahe auswendig kannte? Ich schwieg ehrfurchtsvoll. Ungefähr das einzige, was Maria bei diesem ersten Besuch zu mir sagte, war: Unser Junge wird in den Sommerferien bei uns sein, es wäre nett, wenn ihr euch kennenlernt. – Als Matthew dann kam, stellte sich heraus, daß er neun Jahre alt war.

Gegen Abend hörten wir den roten Bugatti, den Sportwagen, den Maria zu Aldous' Entzücken stets mit großer Geschicklichkeit und Geschwindigkeit fuhr, vor Les Cyprès halten: Maria brachte Hyazinthen und einen Laib von dem köstlichen Schwarzbrot für meine Mutter vorbei. Eine typische Geste: Freundlichkeit mit ein wenig Neckerei (und einem Quentchen Ernst darin).

Eine Anmerkung zur Mode: Maria hatte eine Hose getragen, eine weiße Matrosenhose mit weitem Gesäß. Meine Mutter tat es ihr gleich am nächsten Tag nach. Alessandro wurde nach Toulon geschickt, um im Bazar des Mécaniciens am Hafen Hosen zu kaufen. Ich verlor keine Zeit, sie ebenfalls anzuziehen.

In Les Cyprès schleppten wir uns durch den Mai. Der Vierundzwanzigstundenzyklus meiner Mutter verlief ruhig, sofern ruhig der richtige Ausdruck ist für langsames spätes Erwachen, gefolgt von schwerer Verzweiflung, deren Hauptlast Alessandro trug, die abgelöst wurde – nach der ersten Injektion – von milder Euphorie, die sie schweigend oder redselig werden ließ, und während des Mittagessens allmählich in Reizbarkeit und angespanntes Warten überging, wiederum abgelöst von Euphorie, und so weiter über die dritte Injektion bis zur mitternächtlichen Dosis Veronal. Sie gab sich Mühe, nett zu Alessandro zu sein und ihrer beider Situation objektiv zu sehen, und meist gelang es ihr auch. Sogar während der Stunden des Wartens – «es kann nicht erst halb sechs sein!» – war sie imstande, sich über sich selbst lustig zu machen. Selten hörte ich – Les Cyprès war ein solide gebautes Haus – eine laute Stimme.

Alessandro und ich umsorgten sie in einem Zustand schwebender Hoffnungslosigkeit. War ich hilflos, so war er es erst recht. Gefangen in seinen Gefühlen, die zwischen Schuld und Sehnsucht schwankten, wie ich vermutete. Steckten wir die Köpfe in den Sand? Es sah so aus. Wir lernten, aber wir blieben im ungewissen. Es gab niemanden, den wir fragen konnten. Wir waren beide vollkommen ahnungslos, was Drogen betraf. Das war etwas, wovon man in Abenteuergeschichten (Sherlock Holmes, chinesische Opiumhöhlen) und in der Sensationspresse las (elegante junge Frauen, die in Nachtclubs Kokain schnupften). Die Behandlung meiner Mutter war ärztlich verordnet – wir vermieden es, viel von Docteur Joyeu zu sprechen – und wurde mit krankenschwesternhafter Routine verabreicht, mit allergrößter Sorgfalt, eine anstrengende Prozedur, wenn man es dreimal täglich machen mußte (wir versuchten, es darauf zu beschränken). Die Nadel und die Glasspritze (es gab damals noch keine Einmalspritzen) mußten wir sterilisieren, das heißt, gut zehn Minuten in einem kleinen Tiegel auskochen, zugedeckt halten, abkühlen lassen, wieder zusammensetzen. Anfangs hatte Alessandro es auf dem Küchenherd getan – für Emilia war es die Medizin von la Signora. Als es andauerte, wurde er vorsichtig, kaufte einen Spirituskocher, verwahrte die Utensilien in einer verschlossenen Schublade und führte die Prozedur im Schlafzimmer durch.

Er hatte zwei Umbauten auf dem Hals, in Le Lavandou und La Cadière, und meine Mutter war keine große Hilfe mehr. Beide Häuser näherten sich der Fertigstellung, er *mußte* zeitweise außer Haus sein. Deswegen unterwies er mich, wie meine Mutter vorgeschlagen hatte, in ihrer Behandlung: er lehrte mich die Spritze vorbereiten, die kleine Ampulle mit der mitgelieferten winzigen Feile öffnen, das Desinfektionsmittel auftragen, dann die Injektion verabreichen. Ich habe es nicht gern getan, betrachtete es jedoch als unvermeidlich und tat es jedesmal widerwillig.

Wir wußten instinktiv, daß wir es vor den Leuten geheimhalten mußten. Für meine Mutter bedeutete das vor allen anderen die Huxleys. Das Zusammensein mit ihnen tat ihr ausgesprochen gut, sie gab sich Mühe, den Schein zu wahren, bei ihnen erschien sie stets in bester Verfassung. (Was sorgfältige Zeitplanung erforderte.)

Obwohl Aldous äußerst regelmäßige Arbeitszeiten einhielt – zwei, drei Stunden am Vormittag, wenigstens zwei am Nachmittag –, waren er und Maria sehr gesellig. Sie hatten Gäste zum Mittagessen, sie aßen oft auswärts oder luden Leute zum Abendessen zu sich ein. Als das Haus fertig bewohnbar war, hatten sie meistens Freunde – interessante und reizende – in ihren drei Gästezimmern einquartiert. Und es gab die Picknicks, die vergnügten Huxley-Picknicks, am Strand, auf Klippen und windgepeitschten Hochebenen, nächtliche Picknicks. Aldous sorgte für das Getränk, den Planter's Punch, Maria für ausgefallene Verpflegung – sie war anspruchsvoll und aß nicht immer gern, versorgte aber Kinder und Gäste –, es gab geröstete Rosenblätter, gebratene Zucchini und Kaninchen, Quittengelee, auch Spiele wurden nicht vergessen. Diese Picknicks und Musik am Abend – Aldous' Beethovenplatten, denen man in Hängematten im Garten unter Sternen und Blättern lauschte – waren das reinste Vergnügen, eine Hingabe an den Augenblick. (Der vorüber war, wenn meine Mutter erste Anzeichen von Unruhe verspürte.)

Wie gesagt, wir schleppten uns durch den Mai. Im stillen müssen wir an ein Ende geglaubt haben: Die Situation zwischen Alessandro und Doris würde sich klären... die Notwendigkeit der Behandlung aufhören...

Alessandro? Erfuhr er Momente der Vergebung bei diesen Anlässen, wenn sie Artur Schnabel das erste Klavierkonzert spielen hörten? Es war ja bei einer Soiree gewesen, auf der der Maestro persönlich spielte, wo Alessandro und meine Mutter sich zum erstenmal begegnet waren. Er erhielt postlagernde Briefe aus Berlin. Wo er sie las, ob er sie vernichtete, wußte ich nicht. Was dabei herauskam, war, wie meine Mutter vorhergesehen hatte, daß die Trennung keine Lösung war. Alsbald schlug Paul ein anderes Heilmittel vor: das Gegenteil.

Paul hatte es schlimm und zugleich gütig aufgenommen. Er war sehr unglücklich, aber er wollte Doris nach wie vor heiraten. Er bestand darauf, ihre Großmutter weiterhin zu unterstützen, und bedrängte Doris, auch seine Zuwendungen an sie anzunehmen. Er versuchte, es als *coup de foudre* aufzufassen, einen Blitzschlag, den man nicht aufhalten könne. Er und Doris sahen sich weiterhin, er war liebevoll, stellte keine Forderungen. Sein Vorschlag war, daß Alessandro und Doris zusammen für ein, zwei Monate wegfahren sollten... eine Reise. Doris gab zu verstehen, damit sei sie zufrieden – eine Zeitlang mit Alessandro allein, begrenztes Glück. Letztlich liebe er nur meine Mutter, er würde seine Ehe niemals aufgeben, das habe er ihr deutlich zu verstehen gegeben. Was Paul angehe, wolle sie nicht über ihre Zeit mit Alessandro hinausdenken. Sie werde vielleicht allein bleiben, nur in der Vergangenheit leben... (Das erinnerte mich an Cécile Panigon: Sie war jetzt dank der Segnungen der schwierigen alten Tante in Paris und studierte Kunst; allein oder nicht hatte man nicht erfahren.)

Nach und nach gewann Alessandro die Unterstützung meiner Mutter für Pauls Idee der Heilung durch Nähe. Er versuchte sie zu überzeugen, daß dies die Lösung sei: Ein paar Wochen, ein paar Monate vielleicht für sie allein, das sollte genügen, solche Dinge nähmen ihren Lauf, er wolle mit Doris das Bett teilen, nicht sein Leben. Er meinte, er kenne sich selbst gut genug, er kenne die Männer...

Hier zitierte meine Mutter ein paar Zeilen aus dem 129. Sonett.

Alessandro seufzte. Könne sie es nicht einfach als eine Art verspätetes Hörnerabstoßen betrachten? Er *werde* zurückkommen.

Und alles werde wie früher? Wie kann das sein?

Es werde anders sein. Aber wir können noch eine lange Zeit vor uns haben, sagte er zu ihr. Eine schöne Zeit.

Die erste Reaktion meiner Mutter war nicht zustimmend. Was sie ihre böse Inkarnation nannte, drängte sich in den Vordergrund. Es gab eine Szene, ich wurde von meiner Mutter ins Zimmer gerufen. Es war die erste Szene, die ich miterlebte. Später verlangte sie, keinen Widerspruch duldend, nach der vierten Injektion.

In den folgenden Tagen wurde sie zunehmend vernünftiger und liebevoller. Es war tatsächlich ungewöhnlich. «Ich muß dem guten Jungen lassen, was er haben möchte...» Ich war vor Bewunderung, Alessandro vor Dankbarkeit in Hochstimmung. Und in dieser machten wir auch die konkreten Pläne.

Meine Mutter zeigte sich interessiert – gemeinsam erörterten sie verschiedene Länder, entschieden sich dann für Spanien. Er war noch nie dort gewesen, meine Mutter aber kannte es gut, sie und mein Vater hätten über ein Jahr in Andalusien gelebt – einem verschlossenen Teil von Spanien, der im frühen 19. Jahrhundert stehengeblieben war, mit wenigen Fremden und unwirtlichen Straßen. Sie hätten es verlassen müssen – bedauerlicherweise –, weil man es nicht für ungefährlich hielt, daß sie dort entband. Es sei kein Land für eine Frau, sie erinnere sich noch an den Diener meines Vaters, der, was immer im Hause geschah, nie für sie Partei ergriffen habe. Das Haus habe in der Nähe von Ronda gelegen – sie seien in einer Pferdekutsche hingefahren, es gab keine Eisenbahn, oh, der Staub in der Luft, die ungefederte Kutsche, aber die einzigartige Landschaft... Alessandro... und Doris, sie müßten nach Ronda. Sevilla? Die Karwoche, unaufhörlicher Lärm – dort habe sie ein kleiner Junge begeistert, sehr blond und blauäugig, höchst ungewöhnlich in Andalusien, der mit großer Anmut in dem rituellen Ballett den Altar umtanzt hatte; sie hätte eine Kerze angezündet und sich gewünscht, ihr Baby möge aussehen wie er.

Die Erwartungen habe ich nicht erfüllt, warf ich ein. Sie lachte.

Ansonsten werde Sevilla überschätzt, ebenso Granada, wichtiger sei, Cordoba zu sehen, und er *müsse* nach Madrid. Alessandro hatte schon daran gedacht: der Prado.

Er richtete es so ein, daß er Doris in Marseille am Zug aus Berlin abholte und sie von dort aus weiterfuhren. Meine Mutter hatte gewünscht, sie solle zuerst nach Sanary kommen und ein paar Tage bei uns bleiben. Es gelang Alessandro, ihr das auszureden.

Sie wollten in Doris' Chrysler fahren – ein Glück, daß er noch hier war, in unserem Hof geparkt –, er wolle seinen Wagen für meine Mutter hierlassen, damit sie mobil sei. Ich solle sie chauffieren; ich sagte ja. Ich würde vorsichtig fahren.

Mit mir sprach er über Geld. Man hatte ihm das Honorar für die beiden Umbauten fast vollständig gezahlt, es war also ein ansehnlicher Betrag auf der Bank. Davon mußten die ausstehenden Rechnungen von Zimmerleuten und Maurern bezahlt werden – «Gib acht, daß sie keine Dummheiten macht, sie ist imstande, das Geld zum Fenster hinauszuwerfen.» Sie hatten ein gemeinsames Konto. In der Haupteinkaufsstraße von Sanary gab es eine kleine Bankfiliale der Crédit Lyonnais, die zweimal in der Woche geöffnet hatte. Alessandro hätte den größten Teil des Geldes gerne mir anvertraut, aber ich konnte kein Bankkonto eröffnen, ich war noch nicht volljährig.

«Möchtest du, daß ich es in der Matratze aufbewahre?» Lieber nicht, meinte er. «Sie hat versprochen, dir das Bargeld, das sie abhebt, in Verwahrung zu geben, achte nur darauf, ob sie dienstags und donnerstags zusätzliche Schecks ausstellt.»

Ich meinte, ich müßte unter anderem wissen, wieviel sie Docteur Joyeu bei ihrem wöchentlichen Besuch zur Erneuerung ihres Rezepts bezahlen mußte. Sehr wenig, sagte Alessandro, lediglich den gängigen Tarif für eine kurze Konsultation eines praktischen Landarztes. Er nannte einen geringfügigen Betrag.

Je näher der Tag seiner Abreise rückte – Anfang Juli –, desto bedenklicher wurde der Zustand meiner Mutter, die vierte Injektion wurde nun schon zur Gewohnheit. Damit gelang es ihr, sich unter Kontrolle zu halten, es gab keine weiteren Szenen mehr, keine Erpressungsversuche.

Alessandro hinterließ uns keine Adressen, denn das hätte eine genaue Planung der Reise erfordert. Sie kamen überein, sich nicht zu schreiben. Keine Postkarten von der Alhambra. Alessandro gab nicht einmal die Reiseroute bekannt. Er wollte *mir* von unterwegs telegrafieren, wo er zu erreichen sei, für den Notfall. Er brauchte nicht hinzuzufügen: *nur*. Er wußte, daß ich fest entschlossen war, ihn nicht zu behelligen.

Es war auch kein Datum für seine Rückkehr festgelegt, irgendwann im August schien vereinbart. Ob das Anfang oder Ende bedeutete, sagte niemand.

Die erste Adresse, die er mir angab, war c/o American Express, Barcelona.

Als er fort war, geriet meine Mutter, von ihrem eigenen Großmut und ihrer Courage aufgebaut, beinahe in Hochstimmung. Sie war voller Pläne für unsere Unternehmungen. Sie wolle Abendeinladungen geben, Besichtigungsausflüge machen – «Wir haben ja das Auto» –, vielleicht wieder zu schreiben beginnen. «Ich habe Notizen für meinen Essay über Stendhal und Flaubert.» Ich hörte zum erstenmal davon.

Kein einziger Plan gelang.

Sie bestand darauf, mit mir im Le Sourd zu Abend zu essen, also fuhren wir dorthin. Das Le Sourd, elegant, nicht groß, das eine gemäßigte klassische Küche pflegte, war damals eines der teuersten Restaurants in Toulon. Wir waren schon einmal dort gewesen, eine von Alessandros Gönnerinnen hatte uns eingeladen. Meine Mutter bestellte ein erlesenes und reichhaltiges Menü. Sie duldete keinen Widerspruch, ich müsse dies und jenes nehmen, sie wolle dasselbe... Es war ein Sonntag, mittags war das Restaurant zweifellos gut besucht gewesen, jetzt war es fast leer, die Kellner machten einen müden und gelangweilten Eindruck, die Franzosen gehen sonntags abends nicht oft essen. Meine Mutter stocherte ein wenig in ihrem ersten Gang herum, irgendeine in dieser Jahreszeit seltene Delikatesse. Die Ente, die auf ihrem Teller riesig aussah, rührte sie kaum an. Als man die Utensilien für die Crèpes suzette heranrollte, sagte sie zu dem Oberkellner, sie fühle sich nicht wohl, und zu mir, ich solle sie unverzüglich nach Hause fahren (sie brauchte die vierte Injektion). So rasch ich konnte, bezahlte ich das nicht verzehrte Mahl und fuhr sie schnell zurück.

Als ich mit der *ordonnance*, dem wöchentlichen Rezept, zur Apotheke kam, bat mich der Apotheker zu warten. Das Geschäft war wie üblich voller Menschen. Er winkte mich hinter die Theke und ging mit mir in sein kleines Kontor.

«Mademoiselle», sagte er, «ich kann Ihnen das Verschriebene nicht mehr geben, Woche für Woche, in diesen Mengen… Docteur Joyeu übertreibt…» Er sagte es traurig, bedächtig, aber auch mit ärgerlicher Bestimmtheit.

Ich war verblüfft. «Aber es ist ärztlich verordnet!»

«Wofür?» fuhr er mich an, «zu welchem medizinischen Zweck?»

«Ich nehme an», sagte ich, «um die Nerven zu beruhigen.»

Er sah mich mitleidig und noch ärgerlicher an.

«Sie müssen wissen, Apotheker werden kontrolliert… Es gibt Gesetze…» Er sprach von Betäubungsmitteln, *stupéfiants… la drogue*, Rauschgift… Entsetzliche Worte. «Mit so etwas spielt Ihre Mutter.»

«Sie braucht es», sagte ich.

«Ja, *jetzt* wird sie es wohl brauchen.» Wieder Ärger und Mitleid.

Ich wurde panisch. «Was machen wir jetzt?»

«*Je suis désolé pour vous, et pour Madame votre mère*, ich bin untröstlich. Soviel ich weiß, ist ihr Mann fort?»

Und es wird kein SOS an American Express, Barcelona, gehen, dachte ich. Es wäre sowieso zu spät. Was aber soll *ich* machen, wenn ich mit leeren Händen nach Hause komme? Wieder fragte ich: «Was machen wir jetzt?»

Er wolle es mir diesmal noch geben, sagte er, es nicht zu tun wäre unmenschlich *und* gefährlich. Er werde auch weiterhin, bis... bis andere Schritte unternommen werden könnten, hin und wieder ein Rezept einlösen. Inzwischen riet er mir, es bei anderen Apotheken zu versuchen.

Es gebe nur eine andere in Sanary, warf ich ein.

Oh, er würde Sanary überhaupt meiden. Ich müsse in weiter entfernte Orte. Toulon, vielleicht Hyères... Und nicht zu oft in dieselben.

Bandol? Bandol sei näher, sagte ich.

«Zu nahe.» Er zögerte, zögerte abermals. «Docteur Joyeu gilt als... als etwas frei...»

Ich begriff, daß es ratsam war, dorthin zu gehen, wo Docteur Joyeu wahrscheinlich nicht bekannt war, und, falls ich gefragt wurde, einen besseren Grund zu nennen als die *Nerven*.

«Wogegen wird es gewöhnlich verschrieben?»

«Schmerzen.»

«Ja?»

«Nach Unfällen, Kriegsverletzungen, Operationen.» Es gebe noch andere Voraussetzungen, wo es angezeigt sein könnte. «Wenn Ihre Mutter unter Anfällen einer bestimmten Form von Asthma litte, würde man es ihr geben, um ein akutes Stadium zu lindern.»

Er drückte sich nicht so klar aus, wie er es wohl gerne getan hätte. «Sie sagen, es würde einen Anfall beenden?»

«Ganz bestimmt. Es kann sehr hilfreich, in manchen Fällen notwendig sein.»

«Sie meinen, *wenn* meine Mutter solche Anfälle hätte...?»

Er schlug vor, sie möge es mit ihrem Arzt besprechen.

Was sollte ich nun sagen, wenn ich in Toulon oder Hyères ein Rezept einreichte?

«Sie könnten sagen, die Patientin leide an Herzasthma – das ist zwar alles andere als korrekt, aber von einer jungen laienhaften Person wie Ihnen würde man keine präziseren Angaben erwarten.»

Ich dankte ihm.

Er händigte mir einen Wochenvorrat aus, die flache Pappschachtel mit zwei Lagen à zwölf Ampullen, und noch einige zusätzlich in einer Verpackung, die wie ein halbes Päckchen Zigaretten aussah.

Ich dankte ihm noch einmal.

«Und versuchen Sie bitte, Ihre Mutter nicht mehr als ihre Ration nehmen zu lassen.»

«Sie ist sehr brav gewesen», sagte ich, «sie verlangt seit mehreren Wochen nicht mehr als vier am Tag.»

Er hob die Hände: «Wußten Sie nicht, daß die Dosis *erhöht* wurde? Zweimal... Einmal im April und noch einmal vorigen Monat.»

Voll Verachtung für meine Unwissenheit sprach er von Milligramm. «Deswegen kann ich nicht weitermachen, deswegen muß ich Sie warnen.»

Kleinlicher Mensch, sagte meine Mutter. Na gut, du mußt nach Toulon, da gibt es in jeder Straße zwei Apotheken.

Als ich ihr erzählte, was er mir bezüglich der Anfälle gesagt hatte, fand sie, sie sollte Joyeu deswegen aufsuchen. «Ich fürchte, er ist kein wirklich erstklassiger Diagnostiker.» Sie muß es wohl getan haben, denn bald darauf fing sie an, ganz ernsthaft über ihre furchtbare Herzkrankheit zu reden.

Die angedrohten Abendeinladungen fanden nicht statt, tatsächlich bekamen wir unsere Freunde kaum zu sehen. Je nach Laune erging meine Mutter sich in Sticheleien über sie, oder sie flitzte zu spontanen Besuchen zu ihnen. Ihr plötzliches Verschwinden, so ganz allein, machte mir Sorgen. Ich kam vom Markt oder vom Meer nach Hause, und sie war fort, ohne daß Emilia sie hatte gehen sehen. Emilia kümmerte sich in diesen Tagen stur um ihre eigenen Angelegenheiten. (Sie hatte jedoch äußerst freundlich auf Alessandros Bitte reagiert und ihren diesjährigen Urlaub bis zum Herbst verschoben.) Ein-, zweimal war meine Mutter mit der Buslinie der Desmirails nach Toulon gefahren und vergnügt zurückgekehrt, mit Armen voller Geschenke für mich, Hosen aus dem Bazar, Büchern. Zuweilen argwöhnte ich, daß sie auf die Bank gegangen war, was sie jedoch bestritt. An einem anderen Tag ging sie den ganzen Weg zur Villa Uley zu Fuß und schneite bei den Huxleys zum Tee herein. Maria brachte sie im Bugatti nach Hause, sie ließ es aussehen wie einen selbstverständlichen Gefallen nach einem angenehmen Besuch: Maria war der Inbegriff von Taktgefühl. Mir war bewußt, daß sie etwas gemerkt haben mußte: der torkelnde Gang, das Glitzern in den Augen, die ungleichmäßig aufgetragene Schminke.

Würde ich recht daran tun, bei Außenstehenden Rat zu suchen? Wem *könnte* ich es erzählen? Das war eine der Fragen, die in meinem Kopf kreisten. Maria? Aldous und Maria waren die Freunde meiner Mutter. Oriane – undenkbar. Philippe? Ein Fels in der Brandung. Doch da war seine unerschütterliche Rechtschaffenheit: Würde er Schritte unternehmen? Hatte man mir nicht gesagt, es gebe Gesetze…? Zudem besaß er keine rechte Liebe für meine Mutter. Renée? Sie wäre der herzlichste, verständnisvollste Mensch, an den ich mich wenden könnte, aber wie Philippe hatte sie keine enge Beziehung zu meiner Mutter. Wie konnte ich irgendeinem von ihnen unsere Geschichte nahebringen? Ein Gefühl von Treulosigkeit, von Verrat, hielt mich zurück.

Ich versuchte mehr als einmal mit meiner Mutter zu reden.
«Es tut dir nicht gut. Es kann nicht gut für dich sein.»
«Doch. Sehr gut.»
«So, wie du dich morgens fühlst und wenn es nachläßt?»
«Deswegen muß ich es nehmen. Immer dann tut es mir gut.»
«Du müßtest es nicht nehmen, wenn du nicht damit angefangen hättest.»
«Du weißt, warum ich es getan habe», sagte sie spitz.

«Bitte, bitte, denk an deine Gesundheit.»

«Ich muß an andere Dinge denken.»

Die Panigons – ohne Frédéric, der immer noch fort war, um seinen Militärdienst abzuleisten – luden uns zu einem ihrer großen Abendessen ein. Meine Mutter sagte zu. Verwegen ausstaffiert kam sie ohne Desaster durch den Abend, mir fielen lediglich ihre übertriebene Exaltiertheit, ihr schlechter Appetit und leichtes Flattern gegen Ende auf, nichts Schlimmeres. Sie sprach über Alessandros Abwesenheit in exakt dem richtigen Ton und Umfang: Er sei in Sachen Kunsthandel in Spanien unterwegs. Als wir nach Hause kamen, fing sie an zu weinen, es war das erste Mal, und sie weinte bitterlich und lange. Sie sagte zu mir, wie entsetzlich es sei, was sich zwischen ihr und Alessandro abgespielt habe, wie unerträglich seine Abwesenheit sei und das, was er während dieser Abwesenheit tue. Bis jetzt hatte sie ihn kaum erwähnt, sie war, ich spürte es, mehr mit ihrem magischen Bann, wie sie es nannte, befaßt, mit ihren kurzen Augenblicken der Euphorie. Hilflos versuchte ich sie zu trösten.

Bald darauf bat sie mich, ihr noch eine Injektion zu geben. Ich protestierte. Dann reicht es nicht für die Woche, erklärte ich ihr. «Ach, dann gehst du einfach zu Joyeu, sag ihm, die Anfälle werden häufiger.» Sie war so unglücklich, daß ich nachgeben mußte.

In dieser Zeit dachte ich nicht viel an Oriane. Wenn Liebe Furcht vertreiben kann, gilt es auch umgekehrt. Ihr Anblick konnte mir einen Stich versetzen, wenn sie wollte, konnte sie immer noch faszinieren, aber es war nicht mehr so intensiv. Bedeutete dies, meine Gefühle waren weniger – weniger was gewesen? Weniger wahr? Erhaben? Verzehrend? Wirklich? Oder zeigte es, daß sie unreif waren, irrig, vermessen, eine unbedeutende Schwärmerei? *Sie hatten existiert.* Lauter Fragen, mit denen ins reine zu kommen ich lernen mußte. Irgendwann, *nicht jetzt.*

Die Desmirails waren in ihr neues, ihr ultra-neues Haus gezogen, vollkommen kubisch, geräumig, kühl und weiß mit riesigen Fenstern ohne Blendläden – Jalousien hielten das Sonnenlicht ab – und wenigen Möbeln, nur Bücherregale, ein großer Eßtisch, Philippes großer Schreibtisch, einige nicht unbequeme Sessel. Es hatte einen einzigartigen Komfort (einzigartig für Sanary), mit Ölzentralheizung, mehreren Badezimmern, einem elektrischen Küchenherd, Einbauschränken, Schlafräumen mit zwei Einzelbetten, einem Eisschrank und einem Telefon. Über die beiden letzteren verfügte die Villa Uley ebenfalls, was, als ich es zufällig erwähnte, Oriane sichtlich ärgerte. Sie hatten das Haus La Pacifique genannt. Wie alle unsere Häuser, die Villa Uley eingeschlossen, war es nicht von der hierzulande üblichen sommerlichen Wasserknappheit ausgenommen.

Oriane durchlief eine Phase konventionellen Geschmacks. Cousinen mit vornehm aussehenden Ehemännern waren im Grand Hotel in Bandol abgestiegen, die Frauen aufsehenerregend herausgeputzt. Oriane hatte die Desmirailsche Zwillingsaufmachung, die wunderbare Schlichtheit von Designer-Arbeiterkluft und kreideweißen Espadrilles zugunsten konventionellerer, schmucker Couturier-Eleganz aufgegeben. Philippe veränderte seine Garderobe nicht, aber Louis wurde gelegentlich dazu angehalten, in langer Hose und Hemd zu erscheinen. Omnibusse langweilten Oriane inzwischen, sie war selten in der Zentrale von CTL zu sehen, wo Philippe mit Unterstützung des Hilfsarbeiters und des (laut Oriane) überbezahlten Personals schwer schuftete. Oriane und die Cousinen waren tagelang unterwegs, in Antibes oder Juan; manchmal hielt sie mich am Hafen an, um mir von den fabelhaften Sachen zu erzählen, die sie unternahm. Trotz alledem wirkte sie unruhig und verdrießlich.

Ich wurde den Cousinen vorgestellt, gönnerhaft vorgezeigt, wie man vielleicht einen klugen, anhänglichen streunenden Hund vorführen würde, der einem überallhin folgt. Tatsächlich konnte ich ihr nicht mehr überallhin folgen, selbst wenn ich es gewollt hätte oder gar eingeladen worden wäre, an ihren fabelhaften Unternehmungen teilzunehmen: denn es wurde immer gefährlicher, das Haus zu verlassen. Ich ging nur ganz kurz schwimmen und überließ die wenigen Einkäufe, die zu erledigen waren, Emilia. Meine Mutter, die feste Mahlzeiten lästig fand, zog es vor, wenn überhaupt, zu unmöglichen Zeiten vom Tablett zu essen. La Signora geht es nicht gut, mußte ich Emilia wortkarg erklären, sie erwiderte: «*Se vede*», das sieht man. Meine Mutter war in letzter Zeit dünn geworden, unkleidsam dünn. Ihre stillen oder gutmütig-angeregten Stunden wurden kürzer, und das hieß häufigeres Verlangen nach einer Injektion, die ich ihr zu verwehren oder vielmehr aufzuschieben suchte, um eine ganze oder eine halbe Stunde, die mit Drohungen gegen mich und Schmähungen Alessandros erfüllt war. Sie hatte angefangen, sich gegen ihn zu wenden, auf eine Weise von ihm zu sprechen und über ihn zu schimpfen, deren ich sie früher nicht für fähig gehalten hatte. Strenge gegen ihn, die ungeschminkte Wahrheit, ja sogar ihre Wutausbrüche war ich gewöhnt und konnte ich hinnehmen. Was sie jetzt während ihrer schlimmen Stunden äußerte, waren heftige, gehässige Verwünschungen, die selbst eine Madame Panigon beschämt hätten. Als ich sie entsetzt zu bremsen versuchte, ihr lautstark Ungerechtigkeit und reine Unwahrheit vorhielt, wurde ich übertönt. Undankbares Gör, du bist auf seiner Seite! Früher oder später, meistens früher, gab ich ihr die verlangte Injektion, nach der sie verzweifelt schrie.

Einmal versuchte ich sie mit der Ausrede hinzuhalten, die Spritze sei noch nicht sterilisiert. (Der Spirituskocher brauchte wirklich lange, um das Wasser zum Kochen zu bringen.) Du lügst, sagte sie. Sie hatte recht.

Nach erfolgter Tat – wie ich es haßte –, wenn wieder Friede über sie gekommen war, schenkte sie mir ein liebes Lächeln. Bin ich sehr garstig gewesen? Ja. Verzeih mir. Ich schmolz dahin.

«Ich habe es dir gesagt», sagte sie, «ich bin jetzt dazu verdammt, zwei Seiten zu haben.»

Was mich ängstigte, war die steigende Dosis. Fünf Injektionen in vierundzwanzig Stunden waren jetzt nicht ungewöhnlich. Diese dauernde Sorge darum, das Zeug rechtzeitig zu beschaffen, viel zu oft ging es uns beinahe aus. Ich war ständig unterwegs zu Joyeu oder auf der Suche nach einem gefälligen Apotheker. Bei Joyeu war es immer dasselbe: Ich stotterte etwas von *ma mère* und einem Anfall in der Nacht, er sah mich traurig mit seinen dunklen, umschatteten Augen an, stieß einen Seufzer aus und schrieb nach einer Pause, einer langen Pause, langsam das Rezept. Hin und wieder sagte er: «*Dites lui de faire attention*», sagen Sie ihr, sie soll aufpassen, aber meistens schwieg er. Ich stellte die übliche floskelhafte Frage (französische Patienten bezahlen bar an der Tür): *Combien je vous dois, Docteur*, was bin ich Ihnen schuldig? Er nannte den immer gleichen bescheidenen Betrag. Ich hatte das Geld bereit. «*Merci.*» «*Bon soir, Docteur.*» «*Bon soir, Mademoiselle.*»

Der Gang zu den Apotheken war entnervend für mich, und vielleicht ließ ich deswegen unnötige Vorsicht walten. Ich zögerte auf der Schwelle, sprach ein Gebet und verlangte dann Zahnpasta und Aspirin zusammen mit dem Rezept. Es wurde mir nie verweigert (jedesmal ungeheure Erleichterung), auch war ich nie gezwungen, das Gefasel von Herzasthma aufzusagen.

Zu Hause gab es einmal einen fürchterlichen Vorfall, als ich die Spritze, eine schon mit dem kostbaren Inhalt einer Ampulle aufgezogene Glasspritze, fallen ließ. Sie zersprang. Meine Mutter kroch auf dem Fußboden herum und versuchte die Bruchstücke mit den Fingern aufzulesen. Dann ging sie auf mich los, zog mich an den Haaren. Ich tat das Vernünftigste, was ich tun konnte, rannte aus dem Haus, ließ den Wagen an und fuhr zum Apotheker, unserem wohlgesinnten Apotheker. Glücklicherweise war weder Siestazeit noch Abend. Von da an verwahrten wir zwei Spritzen im Haus.

Alle fünf bis sechs Tage erhielt ich von Alessandro ein Telegramm mit einer neuen Adresse. Valencia... Toledo... Madrid... Eine sehr alte, gebückte Frau verrichtete damals in Sanary den Dienst des

Telegrafenboten. Ich war inzwischen geübt darin, sie abzufangen. Meine Mutter aber entwickelte einen sechsten Sinn; an solchen Tagen fragte sie mich stets ein paar Stunden später: Wo ist er? Ich mußte es ihr sagen. Mach, daß er zurückkommt, sagte sie.

Renée Kislings Auto überholte mich, als ich von einer Touloner Apotheke zurückfuhr. Wir hielten beide an. «Man sieht dich gar nicht mehr, *mon coco*», sagte sie. «Du bist nicht mit uns zum Tanzen gekommen am *quatorze*.» Auf mein verständnisloses Gesicht: «*Le quatorze juillet,* am vierzehnten Juli.»

«Wann ist das?» fragte ich.

«Vorige Woche.» Sie ließ ihr lautes Lachen hören. «Hast du das Feuerwerk nicht gehört? Du mußt verliebt sein.» Sie sah mich prüfend an. «Es geht dir nicht gut.» Ich sei wochenlang nicht draußen auf dem Meer gewesen, ob ich mit ihr hinausfahren wolle? Ich glaube nicht, daß es geht, sagte ich traurig. Sie stellte keine Fragen. Ich wünschte, sie hätte es getan. Wir stiegen in unsere Autos und fuhren unserer Wege.

Im letzten Jahr hatten sie am Hafen in Bandol ein Casino gebaut, ein richtiges Spielcasino, das, wenn nicht für Roulette, dann wenigstens für dessen Miniaturversion, *boules*, zugelassen war (die kleine Kugel konnte nur in neun Löcher kullern statt in sechsunddreißig) und über einen eigenen Saal für Bakkarat verfügte. Dieses Etablissement sollte vom *préfet* von Var mit einem Gala-Diner und einem Kabarett mit Pariser Bühnenberühmtheiten wie Maurice Chevalier und dem alten, nach wie vor faszinierenden Vortragskünstler Mayol eröffnet werden. Nicht nur Oriane und ihr Gefolge sprachen seit Wochen von diesem Ereignis. Der Einlaß zu *L'Ouverture du Casino* erfolgte ausschließlich auf Einladung. Wir erhielten eine, die Huxleys erhielten eine (das Netz war weit gespannt). *Tenue de soirée* war verlangt, Abendgarderobe, was für die Herren alles mögliche sein konnte, vom Smoking des *préfet*, dem Gehrock des Bürgermeisters bis hin zum dunklen Anzug. Aldous, man mag es erstaunt vernehmen, beschloß hinzugehen, meine Mutter ebenfalls. Beide hauptsächlich, um Mayol noch einmal zu hören und zu sehen, wie er bei der berühmten Darbietung des Chansons «Les Mains des Femmes» seine außergewöhnlichen Hände schlängelte. Aldous ging auch deshalb, weil ihn damals die lokalen Attraktionen amüsierten, und meine Mutter deshalb, weil die Huxleys uns an ihren Tisch gebeten hatten.

Ich stand (neben anderen Problemen) vor der quälenden Frage, was ich anziehen sollte. Ich wollte nicht wieder in dem blaßblauen Chiffonkleid gehen, besaß jedoch nichts anderes, was als *tenue de soirée* bezeichnet werden konnte. Maria hatte mittlerweile nach genauerem Hinsehen feststellen müssen, daß ich nicht neun Jahre alt war und eine Freundschaft mit ihrem Matthew, einem wirklich sehr netten kleinen Jungen, würde warten müssen. Als hätte sie es geahnt, bot mir Maria ein altes boleroartiges Gesellschaftssakko, ein sogenanntes Affenjäckchen, von Aldous an, das er getragen hatte, als sie vor ein paar Jahren eine Weltreise unternommen hatten. Wir probierten es an; es erinnerte mich an die Jacketts meines Vaters, die ich zur Kirche trug, als ich in Matthews Alter *war*. Mein Vater war ein großer Mann gewesen, aber Aldous war noch größer. Maria ließ kurz entschlossen die Säume heraus: man müsse sich nur des Geschicks eines kleinen Schneiders bedienen. So geschah es. Nach mehreren Anproben mit Abstecken und Änderungen war das Sakko in ein gut sitzendes Kleidungsstück verwandelt. Dazu würde ich – auch dies war ein Vorschlag von Maria – einen schlichten langen schwarzen Leinenrock tragen, der von einer Schneiderin rasch zusammengenäht wurde.

Meine Erinnerungen an den großen Abend sind dunkel und voller Lücken. Ich kann mich zum Beispiel nicht erinnern, wer noch am Tisch der Huxleys saß. Welcher von ihren Freunden kommt in Frage? Raymond Mortimer? Der Chronologie nach eher nicht. Die hinreißende junge Yvonne Franchetti, die später den Verleger James Hamish Hamilton geheiratet hat? Schon möglich. Die Charles de Noailles? Wiederum möglich, obwohl ich es nicht glaube. Clive Bell aus Cassis? Drieu la Rochelle und seine Frau Olésia (ebenfalls eine Schönheit)? Sehr gut möglich. Sicher ist, daß wir, als wir hinkamen, von Frauen umgeben waren, die gut aussahen, und Männern, die sich gewählt ausdrückten. Maria dürfte bezaubernd ausgesehen haben, mit ihrem Gesicht einer jungen El Greco-Heiligen, Korallen an den Ohren und einer einzelnen, strahlend weißen Blüte aus ihrem Garten im Haar.

Als wir *endlich* hinkamen. Wir, meine Mutter und ich, kamen spät. Auch in ihren besten Momenten achtete sie selten auf die Zeit. Zunächst hatte sie sich überhaupt nicht umziehen wollen – für ein kleines ländliches Fest: Woher ich solche bourgeoisen Ideen hätte? Dann warf sie sich übertrieben in Schale: orangefarbene Spitzen, tiefes Dekolleté, ein spanischer Kamm mit einem Hauch von Schleier. Ich hüllte mich in mein *tenue de soirée* und war begierig, fort und zu den Huxleys und dem Vergnügen zu kommen. Ich drängte sie, aber sie sträubte sich. Irgendwann schrien wir uns gegenseitig in großem Zorn an. Ich entdeckte, daß ich eine Neigung zu Wutanfällen besaß oder entwickelte. Dann fingen wir gleichzeitig an zu lachen. Werde nur nicht wie ich, sagte sie. Endlich im Auto, fiel es mir schwer, in dem langen engen Rock zu fahren. Meine Mutter war mir behilflich, ihn hochzurollen. Auch das brauchte Zeit. Siehst du? sagte sie. Wir waren versöhnt.

Unser Auftritt – lange nach Monsieur le Préfet, was nicht *bien-vu* war – kann, bei der Erscheinung, dem Make-up und dem somnambulen Gang meiner Mutter, nicht unverdächtig gewesen sein. Trotzdem fanden wir den richtigen Tisch, die Herren, von denen ich nicht mehr weiß, wer sie waren, erhoben sich. Maria sprach das richtige Wort, und da saßen wir. Wenige Minuten darauf sah ich die Desmirails hereinschweben – zwei schmale Silhouetten, er im Smoking, sie in einem weißen Etuikleid – später sogar als wir, seltsam, wenn man Philippes Umgangsformen bedachte. Ihnen folgten die blendenden Cousinen; Louis, Orianes Halbgott, fehlte. Im Rückblick war *dies* das denkwürdigste Ereignis des Abends – Louis' Verschwinden aus dem Leben der Desmirails, aus Europa und dieser Geschichte. Im Moment erregte es kaum Aufsehen. Das Diner, protzig, aber nicht schlecht, wurde unter etlichen Pannen serviert und sehr genossen, die offiziellen Reden, schwülstig, geschliffen und wie zu erwarten gewürzt mit gallischem Witz, ließ man über sich ergehen, dann begann das Kabarett: es war hervorragend. Maurice Chevalier leibhaftig, *en chair et en os*, «in Fleisch und Knochen», wie die Franzosen sagen. Er heizte das Publikum auf, Mayol versetzte es in Verzückung: ein dicker alter Mann, der ein sentimentales Lied mimisch vortrug. Wer ihn je zu Gesicht bekommen hat, wird sich daran erinnern. Für alle anderen ist es, als sei es nie gewesen (es sei denn, es existieren, was unwahrscheinlich ist, noch Reste eines alten Films). Aldous und meine Mutter, aus ihren abgesonderten inneren Welten herausgelockt, gaben sich seiner Magie hin.

Später – wie desillusionierend – gingen die Lichter an, und es wurde getanzt. (Was bei den Herren an unserem Tisch keinen Anklang fand.) Ich wurde einige Male von den Ehemännern von Orianes Cousinen aufgefordert. Als sie selbst an mir vorbeikam, musterte sie meine Aufmachung und raunte mir ein neidloses *très chic* zu. Als wir das nächste Mal in Sprechweite waren, sagte sie: *Louis m'a plaqué. Plaquer,* transitives Verb, kann alles bedeuten, von «hat mich versetzt» bis «hat mich verlassen». Sie sagte es wie einen großen Witz.

Meine Mutter hielt sich gut. Unser Tisch war einer der ersten, die aufbrachen – nach einer kurzen Runde durch die Spielsäle und vielem Kopfschütteln von Aldous: er konnte einfach nicht verstehen, daß jemand etwas so Uninteressantes tun wollen könnte wie Spielen, sehr merkwürdig. Meine Mutter half mir wieder, meinen Rock hochzurollen, und wir gelangten heil nach Hause.

Am nächsten Morgen kursierte die erste Version von Louis' Geschichte in Sanary: Die Desmirails hätten sich gestern abend verspätet, weil Louis in rebellischer Stimmung in einem Konfektionsanzug und offenem Hemd in ihrem Haus erschienen war. Oriane hatte mit der ganzen Verachtung, derer sie fähig war, zu ihm gesagt: «Du könntest wenigstens eine Krawatte umbinden.» Worauf Louis sie wütend angeschrien hatte: «*Zut pour la cravate!*», ich pfeif auf die Krawatte, die gut eingepaßten Türen von La Pacifique zugeknallt hatte und in die Nacht enteilt sei.

Oriane, ihrerseits wütend, hatte sich dann doch noch beruhigen und dazu überreden lassen, ohne ihren *amant en titre* auszugehen.

Der erste Nachtrag kam von ihr selbst: sie erzählte jedem, der es hören wollte, daß das, was Louis ihr an den Kopf geworfen hatte, nicht das harmlose kindliche *zut* gewesen war. Seine letzte boshafte Bemerkung hatte gelautet: «*Merde pour la cravate*, ich scheiß auf die Krawatte.»

Erst ein paar Tage später wurde bekannt, daß Louis am Hafen in ungeheuer düsterer Stimmung seinem Bruder in die Arme gelaufen war. Ihm hatte Louis sein Herz ausgeschüttet. Der Bruder, sein älterer Bruder, der verheiratet war und zufällig im Hôtel de la Plage Urlaub machte, hörte ihm zu. Louis habe es satt, den Handlanger zu spielen und sich von Oriane herumkommandieren zu lassen. Er habe die Nase voll. Er wolle weg. Der Bruder sah seine Chance. Man darf nicht vergessen, daß die Familie – solide, respektabel und in der Pariser Kunstwelt hochgeachtet – in allen Punkten dagegen war: Eine verheiratete Frau, zweifelhaft, hält sich einen jungen Sohn der Familie, hält ihn vom Malen ab. Der Bruder nahm Louis mit ins Hotel, quartierte ihn in seinem Zimmer ein und schürte seine Wut. Dann machte er sich an die Arbeit. Schnelle Arbeit. Er rief den Vater in Paris an, der Vater rief den Onkel in Marseille an, der Onkel trieb einen Kapitän aus seiner Bekanntschaft auf, einen Hochseekapitän, dessen Schiff, ein Frachtdampfer, vor dem Hafen lag und im Morgengrauen den Anker lichten und Kurs auf den Südpazifik nehmen würde. Louis hatte unterdessen seinen Zorn in Cognac mit Soda ertränkt. Er wollte es dem Miststück zeigen, jawohl. Der Bruder hatte keine Zeit verloren und ihn, so wie er war, (ohne Krawatte) in sein Auto verfrachtet. Kurz nach Mitternacht war er an Bord, unter den Fittichen des selbstgefälligen Kapitäns und zufrieden mit seinem Bestimmungsort. (Louis sah sich gerne als einen edlen Wilden.) Das Schiff, wurde dem Bruder versichert, würde mindestens fünf Wochen lang keinen Hafen anlaufen. Das Komplott war ein Triumph von Entschlußkraft, Familienzusammenhalt und List sowie ein Sieg des Willens über die Gegebenheiten, wenn man den damaligen Zustand des französischen Telefonsystems (das heute der Stolz von Europa ist) in Betracht zieht.

Bevor er in See stach, hatte Louis noch Zeit gefunden, eine an Madame Philippe Desmirail adressierte Postkarte zu kritzeln. In zittriger Blockschrift stand da (ich habe sie gesehen: Oriane hat sie mir gezeigt): EN ROUTE POUR TAHITI! AU REVOIR!

Zuerst hielt Oriane es für einen Scherz. Der Bruder verbreitete jedoch bald die Wahrheit. Dann schrieb Louis' Vater ihr einen reservierten Brief und informierte sie von seinem Entschluß, seinen Sohn – um den Preis eines großen persönlichen Verlustes für Louis' Mutter und ihn selbst – für ein paar Jahre auf die andere Seite der Welt zu schicken. Sie müssen Oriane für *sehr* gefährlich gehalten haben. Oriane selbst schien den Verlust gut zu verkraften und machte eine Geschichte daraus: und das alles wegen *une cravate.* Später erfuhr ich, daß es sie schwer getroffen hatte, ein schlimmer Schlag, auf seine Weise so schlimm wie einst der buchstäbliche Zusammenbruch ihrer Tenniszukunft auf dem Platz in Biarritz. Jedesmal wenn einer ihrer bovaristischen Träume zerbarst, hörte ein Teil der Welt, die sie sich geschaffen hatte, damit sie sich um sie, Oriane, drehte, auf zu existieren. Im Alltag verstärkte dieses Verschwinden ihre bedenkliche Unterbeschäftigung: Das Gängeln von Louis, dem Trabanten, hatte einen guten Teil ihrer Fähigkeiten und Zeit in Anspruch genommen. Sie litt fortan an einer Reihe von *crises de nerfs*, Nervenzusammenbrüchen, wie man sagte, die sie von jetzt an ihr Leben lang in Abständen heimsuchten. Damals erlitt sie sie im stillen; Philippe hatte, ebenfalls im stillen, die Hauptlast zu tragen.

Niemand weiß, was Louis am Morgen nach seiner Entführung empfand. Er kehrte erst etwa fünfzehn Jahre nach dem Zweiten Weltkrieg nach Frankreich zurück, also nach mehr als dreißigjähriger Abwesenheit, als ein Mann im mittleren Alter (mit einer jungen tahitischen Ehefrau im Reisegepäck), der kein moderner Gauguin geworden war, sondern ein mäßig erfolgreicher Export-Import-Kaufmann. Was eine Demütigung für Oriane gewesen war, hatte seinen Eltern, die das Wiedersehen mit ihrem Sohn nicht mehr erlebten, großen Kummer bereitet. Bei seiner Rückkehr suchte Louis sogleich Oriane auf, die schon lange von Philippe getrennt lebte, eröffnete ihr, sie sei die Liebe seines Lebens, und machte ihr einen Heiratsantrag; er behauptete, die junge eingeborene Frau leicht loswerden zu können. Keiner der beiden nahm es ganz ernst, doch Oriane war genügend geschmeichelt, um es mir zu erzählen (er hatte sich äußerlich weit mehr verändert als sie). Zusammen erfreuten sie sich einiger Scherze über *la cravate*, dann gingen sie für immer auseinander. Er soll in die Tropen zurückgekehrt sein.

Die Geschichte von seiner Abreise am Abend der Casinoeröffnung wurde Aldous von Maria zugetragen. Sie war seine Verbindungstür zu den Vorgängen in der menschlichen Welt; für seine Bücher, so erklärte sie, erwiesen sich alle Kleinigkeiten als brauchbar. Auch ich mußte meine Geschichten zum besten geben. Nun liebten die Huxleys Wortspiele und -witze – die geborenen, die echten Huxleys, nicht ihre Frauen –, Aldous allerdings weniger schonungslos als sein Bruder Julian. Louis' Streit im Haus der Desmirails, *La* Pacifique, die Friedliche, und sein anschließendes Reiseziel, *Le* Pacifique, der Ozean, gaben ihm Gelegenheit zu einem sehr dürftigen *jeu de mots*.

Von Toni erhielt ich nichtssagende Briefe. *Über* sie hatte ich einiges mehr gehört. Sie konnte sich nicht an ihr neues Leben gewöhnen, das wurde ihr allmählich klar. Sie vermißte Jamie. War ihr Unrechtsgefühl noch intakt? Rosie schrieb, Toni wünsche, daß man es denke, aber es bestehe eine kleine Chance, eine minimale Chance, daß es in sich zusammenfallen könnte. *Wenn* das Richtige geschähe. Toni war zu Ohren gekommen, daß Jamie sich furchtbar gräme und daß es sich sogar in seiner Arbeit bemerkbar mache.

Das erschütterte sie ein bißchen. Könnte man sie wohl dazu bringen, fragte sich Rosie, zu denken, daß der Mann genug bestraft sei?

Rosie setzte alle Hebel in Bewegung – es wäre nicht das erste Mal, daß eine Scheidung abgebrochen wurde. Sie schrieb Jamie nach Surbiton, daß sie ihn sprechen wolle. Als er antwortete, entschuldigte er sich für die Verzögerung: Er war bei seiner Mutter, von wo ihm der Brief nachgeschickt worden war, ausgezogen und wohnte wieder in London. Die Adresse auf seinem Briefkopf lag in Bloomsbury; er schrieb es nicht, doch Rosie folgerte, daß es Cynthias Anschrift war. Jamie hatte nicht gefragt, worüber Rosie mit ihm sprechen wolle, auch hatte er kein Treffen vorgeschlagen. Damit war dieser Hoffnungsschimmer erloschen.

Jetzt fand Rosie, daß sie Toni wirklich nicht verlassen und mit Jack nach Südfrankreich fahren könne. *Er* konnte dieses Jahr fahren, wollte fahren, bestand darauf, sie selbst sehnte sich danach… Doch wenn sie an Toni dachte, die niemanden hatte, mit dem sie wegfahren konnte, die allein in London festsaß, dann meinte sie, daß sie mit *ihr* irgendwohin fahren sollte, sagen wir, zwei Wochen in die Bretagne. Oh, sie wollte es nicht. Noch einmal mit Jack reisen können! Sie war hin und her gerissen. Was sollte sie tun – was ich dazu meine?

Was *meinte* ich? Mein Herz war bei den Liebenden – sie hatten schon voriges Jahr wegen der Schwierigkeiten des Richters auf Sanary verzichtet – man soll sich seine Freuden nehmen, wann man kann, *wenn* man kann, aber kann man? Wenn es Rosie solche Schuldgefühle bereitete, ihre Schwester zu vernachlässigen? Für sie war es wirklich hart. Konnte es denn nie möglich sein, daß alle glücklich waren? Mußte alles Gute auf irgend jemandes Kosten gehen? Ich wünschte Rosie ihre Zeit mit Jack, ich wünschte, daß sie kämen. Wirklich? Wollte ich mich zu diesem Zeitpunkt Rosies Fragen stellen oder ihnen ausweichen? War ich in der Stimmung für Mittagessen mit Burgunder in Gesellschaft eines vornehmen, auf so reizende Art gönnerhaften Richters? Das war vor zwei Jahren gewesen – es kam mir vor wie eine Ewigkeit. Würde ich nicht ständig die Drehtüre des Speisesaals im Hôtel de la Plage im Auge behalten, um zu sehen, ob meine Mutter hereingeschneit käme?

Ich schrieb einen ausweichenden Brief. Es wäre wunderbar, wenn sie kommen könnten, obgleich ich ihre Bedenken, Toni – im ersten Sommer einer Art von Witwenschaft – allein zu lassen, verstünde, es sei ein schwieriger Entschluß.

Das schrieb ich. Was ich hätte schreiben sollen war: Kommen Sie auf jeden Fall, es ist nicht selbstsüchtig von Ihnen, Sie tun ohnehin genug für Toni, letztlich hat sie es sich selbst zuzuschreiben. Verzichten Sie nicht auf Ihre Zeit mit dem Richter, sie wird es verwinden: es sind nur zwei Wochen im August, und sie hat sich lebenslanges Elend eingebrockt. Greifen Sie nach allen heilsamen Lebensfreuden, die Sie bekommen können – was *gibt* es denn sonst?

Das ist es, was ich hätte schreiben sollen. Und nicht geschrieben habe. Abgesehen von Eigennutz war mein Glauben an Lebensfreude auf einem Tiefstand. Aber hätte es irgend etwas ändern können? Möglicherweise. Von Anfang an bestand zwischen Rosie und mir, ungeachtet unseres Altersunterschieds, eine seltsame Form des Vertrauens in das gegenseitige Urteilsvermögen. Zuletzt beschloß sie, diesen Sommer nicht nach Sanary zu fahren. Es war das erste Mal, daß sie wegen irgend etwas nein zu Jack gesagt hatte.

Nachdem meine Mutter den Casino-Abend überstanden hatte, verlangte sie nach neuen Zerstreuungen. An den meisten Tagen stand sie gegen Mittag mit einem Plan für einen Ausflug bereit. Laß uns nach Aix fahren… (zu weit, Mami, hin und zurück jeweils achtzig Kilometer) nach Cannes… (doppelt so weit). Wir könnten in einem anständigen Hotel übernachten… (sie werden voll sein, es ist Sommersaison). Mit dem richtigen Wort an den Portier kommt man immer hinein… (anständige Hotels in dieser Küstenregion sind teuer).

«Wie kannst du es wagen, mir mit Geld zu kommen – was glaubst du, was *er* ausgibt, wenn er sich auf der Iberischen Halbinsel amüsiert? Er gibt *mein* Geld aus.»

Da waren wir wieder bei diesem Thema.

«Mit Verlaub» – ich sagte tatsächlich mit Verlaub, wie man es auf der Bühne hört, in der Hoffnung, unseren Ton zu entschärfen –, «es ist sein Geld, er hat es selbst verdient.»

«*Endlich*.» Es hatte den Ton nicht entschärft. «Und *wer* besorgt ihm die Aufträge? Was denkt er, was er ist? Er war *nichts*. Ich habe ihn erschaffen.»

Ich versuchte, meine Ohren zu verschließen. Bald, wenn der Spirituskocher das Wasser in dem kleinen Tiegel endlich zum Kochen gebracht hatte, würde sie wieder ein anderer Mensch werden. Dann würde sie sagen: «War ich schrecklich? War ich ungerecht? Armer Junge, er hat so viel Talent – wer weiß, vielleicht wäre er ohne mich besser dran gewesen. Wie kann ich so gräßlich über ihn reden? Aber ich bin so unglücklich. So ist das – ich bin gräßlich, weil ich unglücklich bin. Und *er* hat mich unglücklich gemacht.»

Ein andermal beschuldigte sie Alessandro, auf Doris' Kosten zu leben. Ich konnte ihr nicht entgegenhalten, daß Doris ein mittelloses Mädchen sei, weil sie es war und nicht war. Meine Mutter hatte es sogleich erfaßt. «Er reist mit Pauls Geld... in dem Auto, das Paul gekauft hat... was macht das aus ihm? Einen doppelten Zuhälter? Einen von zwei Seiten ausgehaltenen Mann?»

Besser, viel besser war es, sie auf Ausflügen zu chauffieren, so riskant es auch sein mochte. Das Problem dabei war ein zweifaches: die Gefahr, nicht rechtzeitig für ihre nächste Injektion nach Hause zu kommen, was bewirken konnte, daß sie furchtbar litt, unnötig, und ich vor Besorgnis den Kopf verlor. Sie schlug unbekümmert vor, ich könne ihr die Spritze unterwegs geben – wir könnten den Zauberkasten mitnehmen, ganz wie bei einem Picknick.

«Und *wo* soll ich das tun?»

«Am Straßenrand oder in einer Toilette, eine Toilette wäre intimer.»

Ich war so entsetzt – und äußerte es so lautstark –, daß sie fürs erste davon Abstand nahm. Das war nicht klug von mir gewesen.

Das zweite Problem bei diesen Ausflügen war, daß wir, so sehr ich es zu verhindern suchte, zu viel Geld ausgaben. Sie wich von meiner Seite und huschte in ein Geschäft, kaufte mehrere Seidenschals zu Touristenpreisen oder ein Stück provenzalisches Keramikgeschirr, dann ein ganzes provenzalisches Keramikservice, und meinte, das würde sich mit gutem Gewinn verkaufen lassen; sie müsse einen Vorrat für Alessandros nächsten Auftrag anlegen. Inzwischen war sie schon bei einer *pâtisserie* stehengeblieben, um eine Meringuetorte oder einen anderen großen Kuchen für zu Hause mitzunehmen, von dem Emilia vielleicht zwei oder drei Stücke und meine Mutter und ich so gut wie nichts aßen.

Seit den bescheidenen Tagen im Schloß meines Vaters und in den schönen Jahren sorgloser Mittellosigkeit bei den Robbins, hatte ich gelernt, mit Geld umzugehen, insbesondere mit Geld, das man nicht hatte. Ich wußte, daß die vierteljährlichen Bezüge meiner Mutter auf einen sehr bescheidenen Betrag zusammengeschrumpft waren. Was immer sie einst für Alessandro und seine Familie getan hatte – und sie hatte eine Menge getan –, jetzt war es Alessandros Einkommen, das ihr ein komfortables Leben ermöglichte. Komfortabel, nicht luxuriös. Ich wußte, wie relativ kleine Griffe in die Kasse den finanziellen Frieden zerstören können – für Leute mit schmalem Geldbeutel ist es kein sehr weiter Weg zwischen einem komfortablen Leben und erdrückender Schuldenlast: Mr. Micawbers Sixpence geisterte durch meinen Kopf.

Wie vorausgesehen, trafen die Rechnungen von Alessandros Maurern und Zimmerleuten ein. Sie nannten sie *petites factures*, ungeachtet der Höhe des Betrages, und schlugen vor, sagen wir, kommenden Dienstag vorbeizukommen und sich, wie es der Brauch war, das Geld in bar abzuholen. Man trank ein Glas Rotwein mit ihnen, *un coup de rouge*, zählte die Geldscheine vor, reichte sich die Hände, lächelte in die Runde, und das war's. Der Haken war, daß meine Mutter zuerst einen Scheck ausstellen mußte und dann versuchte, etwas von dem Geld einzubehalten. Wenn ich es war, die sich den Scheck schnappte und zur Crédit Lyonnais ging, um ihn einzulösen, lauerte sie mir auf und verlangte etwas für sich.

Wenn sie es schaffte, selbst zu der kleinen Bankfiliale zu gehen, war es noch schlimmer, weil dann ich es war, die so viel wie möglich aus ihr herausholen mußte. Es war nicht leicht für uns.

Und ich war nicht sicher, wie oft es ihr gelang, einen Scheck einzulösen, von dem ich nichts wußte. Ich bekam nie einen der Bankauszüge zu sehen. Meine Mutter, die sonst immer alles herumliegen ließ, verheimlichte sie nun sorgsam vor mir. Wenn mein eigenes Geld kam – per internationaler Postanweisung –, tauschten wir die Rollen: Ich versuchte es zu verheimlichen, sie versuchte es mir zu entlocken. Ich widersetzte mich, weil ich für Emilias Lohn und unser tägliches Essen etwas zurücklegen mußte. Auch ich mußte mich im Verheimlichen üben.

Alessandro war nun schon viele Wochen fort, und sie wartete begierig auf ein Zeichen oder Datum seiner Rückkehr. Ich, die ich genauso wartete, versuchte, sie, so oft ich konnte, abzulenken. Eines Nachmittags schlug sie eine Fahrt ins Hinterland vor – dort sei es so friedlich, so schön; sie sei Strände, Leute und Geschäfte leid. Ich war sofort dafür, denn bezüglich der Geschäfte konnte ich ihr nur beipflichten. Von Bandol fuhren wir nach Le Beausset, von dort über Le Brulat auf einer der schmalen, auf den Michelin-Karten weiß eingezeichneten Landstraßen den Paß hinauf, dann nach Ste Anne du Castellet und noch weiter. Es war still und sehr, sehr heiß – kahles, verdorrtes Land mit scharfgezeichneten Konturen, wo man sich in der klaren Luft frei und aufgenommen fühlt. Als wir nach Le Camp kamen, wo die D 26 die N 8 kreuzt, die Hauptstraße von Marseille, auf der wir zurückkehren wollten, sagte meine Mutter: Laß uns weiterfahren.

Laß uns weiterfahren in das weite Land, in Richtung des Massivs La Ste Beaune, mal sehen, ob wir Signe finden können, ein Dorf mit einer Gastwirtschaft an dem Fluß, den sie mit Alessandro auf dem Weg in die Haute Provence überquert hatte. Tatsächlich stießen wir auf eine andere Landstraße, und auf dem Kilometerstein stand *Signe 20 km*, das schien erreichbar. Der Abend – er brach schon herein – war so heiter, ebenso die Stimmung meiner Mutter, daß ich meine Befürchtungen unterdrückte, und wir fuhren weiter. Als sie das letzte Mal durch Signe gekommen war, hatten sie in der Gastwirtschaft gerade einige kleine Vögel gebraten, ja, kleine Singvögel, es ist so grausam, so gräßlich von den Bauern, aber zugegeben, sie schmecken gut. Wir kamen an. Das Dorf und die Gastwirtschaft, an einer Schlucht gelegen, deren Fluß jetzt ausgetrocknet war, sahen verlassen und abweisend aus. Keine kleinen Vögel auf dem Rost – auch gut. Wir setzten uns an eine baufällige Brüstung, eine Frau servierte uns kühlen *vin blanc cassis*, die Schatten wurden länger und meine Mutter allmählich unruhig. Zeit, höchste Zeit, an den Heimweg zu denken. Vorher müssen wir noch ein wenig essen (meine Mutter bestand darauf), vor der langen Fahrt. Aber es werde keine lange Fahrt, nicht wahr. Wir müßten nicht den Weg zurück, den wir gekommen waren? Es gebe doch sicher eine Abkürzung?

Unsere Mahlzeit wurde gebracht – es dauerte ein Weilchen –, Sardellen, Oliven, ofenwarmes Brot. Sicher gebe es eine Abkürzung: Wenn es uns nichts ausmachte, daß es keine richtige Straße war, könnten wir ungefähr fünf Kilometer hinter dem Dorf links abbiegen und würden schließlich auf die N 8 stoßen. Ich fand einen hauchdünnen Strich auf der Karte – das Licht schwand schnell –, einen als *chemin d'exploitation* bezeichneten Strich, ein Pfad für Bauernkarren? Er führte direkt nach unten zur Küste und würde uns viele Kilometer ersparen – wenn ich ihn finden konnte, wenn er dorthin führte, wohin er zu führen schien.

Meine Mutter trödelte noch ein wenig herum, ihr fehlte ein ausgeprägter Selbsterhaltungstrieb. *Endlich…* Ich fand die Abzweigung nach links oder das, was wie die richtige Abzweigung nach links aussah. Wir nahmen sie.

Der Weg war schmal und holprig, er fing an, kurvig zu werden. Ich sah keinen Wegweiser oder Kilometerstein. Bald darauf wäre ich gerne umgekehrt, aber es gab keinen Platz, wo ein Auto wenden konnte. Ich fuhr weiter, betete, daß wir auf dem richtigen Weg waren, betete, daß uns kein anderes Fahrzeug entgegenkam. Wir begegneten keinem, der Weg war sehr einsam und teilweise unangenehm steil. Hin und wieder kam es mir vor, als stieg der Weg leicht an – hinab zur Küste? Ich betete wieder, warf verstohlene Seitenblicke auf meine Mutter, versuchte, ihre seelische Verfassung einzuschätzen, und spürte, daß sie Gefahr zu wittern begann. Ich fuhr, so schnell es die Bedingungen zuließen, und versuchte mich zu beruhigen, indem ich die Segnungen aufzählte: Wir hatten reichlich Benzin, ich hatte Öl, Wasser und die Reifen nachgesehen. Alle Straßen mußten endlich irgendwohin führen – oder nicht? Wenn es Wege waren – *chemins d'exploitation* –, konnten sie nicht an einem öden Acker enden? Und wie weit war «endlich»? Die Abenddämmerung war längst vorüber. Jetzt war es dunkel. Die Scheinwerfer des Fords waren gut, aber ich hatte nicht viel Erfahrung mit richtigen Nachtfahrten, schließlich hatte ich meine Fahrprüfung erst vor etwas mehr als einem Jahr abgelegt und war, ungeachtet Philippe Desmirails Unterricht im doppelten Auskuppeln, keine geübte Fahrerin. Trotzdem wäre alles gut, *wenn* dieser Weg irgendwohin führte. Irgendwo *nahe* an Zuhause.

Jetzt fingen die Fragen meiner Mutter an. Bist du sicher, daß dies die richtige Straße ist? Mir scheint, wir fahren schon schrecklich lange? Sollten wir nicht längst auf der Hauptstraße sein?

Wie lange soll das noch dauern?

Ihrem Ton nach war sie angespannt, ungeduldig; noch hatte sie nicht den qualvollen Zustand nervösen Verlangens und körperlicher Schmerzen erreicht, den ich schon ein-, zweimal mit ihr durchgemacht hatte, als eine Injektion zu lange hinausgezögert worden war.

Dampf stieg nach der Hitze des Tages auf, und die Sicht wurde streckenweise von Nebelschwaden behindert. Das Fahren war schwierig.

Geht es ein bißchen schneller? sagte meine Mutter.

Wir fuhren und fuhren. Jetzt schien es bergab zu gehen. Immer noch keine Wegweiser. Die Geräusche der Nacht hatten eingesetzt, Laubfrösche und Grillen, sonst nichts; einmal hoffte ich einen

Hund bellen zu hören. Zwei der schlimmsten Momente waren die, als wir an Kreuzungen kamen. Halt bloß nicht an, schrie meine Mutter. Ihre akute Phase hatte begonnen. Ich fuhr drauflos: Jetzt konnte uns nur noch Glück retten.

Ich wußte, was sie durchmachte. Einer von La Rochefoucaulds eindringlichsten Grundsätzen lautet, daß nichts leichter zu ertragen ist als die Leiden anderer, *les souffrances d'autruis*. In manchen Situationen trifft das nicht zu. Noch eine Nebelbank, noch eine scharfe Abwärtskurve, meine Mutter schlug sich mit den Fäusten auf die Beine. Schneller, schrie sie, schneller. *Bitte*.

Ich konnte nichts tun, als zügig weiterzufahren. Plötzlich mündete der Weg in eine Seitengasse eines schlafenden Bergdorfes, das ich als Evenos identifizierte. Minuten später waren wir auf der N 8: Es waren keine fünfzehn Kilometer mehr bis nach Hause.

Das letzte Stück war das schlimmste für meine Mutter. Sobald wir auf der Hauptstraße waren, drängte sie mich zu fahren, als sei ich ein Rennfahrer. Ich fühlte mich wie ein Pferd im Endspurt, das sein Leben gibt. Sie schlug auf das Lenkrad ein, sie schlug auf meine Hände und Arme – kraftlos, das machte es um so bemitleidenswerter. Schneller, *schneller*, SCHNELLER.

Als wir nach Sanary kamen, wagte ich zum erstenmal auf meine Uhr zu sehen: Es war zwei Uhr morgens. Wir fuhren direkt zu Docteur Joyeus Haus unter den Bäumen – eine stillschweigende Übereinkunft, ich war nicht in der Verfassung, mit einer Spritze umzugehen. Joyeu empfing uns wortlos – er war anscheinend nicht im Bett gewesen –, meine Mutter, ebenso stumm, sah gespenstisch aus, sie könnte durchaus soeben einen entsetzlichen Anfall gehabt haben. Er ließ sie auf einer Chaiselongue ausruhen und verabreichte ihr, was nötig war. Ich glaube, sie ist für eine Weile eingeschlafen. Ich schnappte keuchend nach Luft. Joyeu reichte mir ein Glas, halb gefüllt mit einer trüben Flüssigkeit mit einem schwachen Arzneigeruch. Ich wollte eigentlich nicht, aber ich trank es. Schließlich weckte er sie ganz sachte. Sie öffnete die Augen. «Ich möchte mit meiner Tochter nach Hause», sagte sie, «wenn sie so gut ist und mich fährt.» Da mußte ich mich zwingen, nicht in Tränen auszubrechen.

Ich vergaß es, *sie* fragte: «Was bin ich Ihnen schuldig, Docteur?» Er nannte das Doppelte des üblichen Betrages und sprach die ersten Worte in dieser Nacht, *«puisque c'était une visite nocturne, Madame»*. Weil es ein Nachtbesuch war.

Wir waren beide so angegriffen, daß eine ganze Weile danach weder sie noch ich die nächtliche Fahrt erwähnen konnte. Auch war nicht mehr die Rede davon, zusammen weitere Ausflüge zu unternehmen. Ende der Woche sagte sie zu mir, sie könne nicht mehr: *Er muß zurückkommen.* Ich müsse ihm telegrafieren. Noch heute. Ich bat sie, ihn nicht zu behelligen, es sei so gut von ihr gewesen, ihn ziehen zu lassen: Verdirb es jetzt nicht. Laß ihn aus eigenem Antrieb zurückkommen. Wir haben noch nicht mal Mitte August, überlaß es ihm, *du* wirst dich besser fühlen, wenn es sein eigener Entschluß ist.

Sie wollte nichts davon hören und befahl mir, das Telegramm zu schicken. Schreib, ich bin krank. «Es ist keine Blinddarmentzündung», sagte ich dämlich. «Dann *schreib*, es ist Blinddarmentzündung.»

Ich weigerte mich. Sie verlangte seine Adresse.

Als ich ihr auch dies verweigerte, sagte sie: «Laß dich daran erinnern, daß du minderjährig bist, ich kann dich bei deinen deutschen Vormündern wegen Ungehorsams gegen deine Mutter anzeigen. Du bist unbeherrschbar, sie werden sich um dich kümmern.»

Ich war starr vor Entsetzen. Zwar wirkte es nicht mehr: es rührte an alte Sorgen, aber löste keine wirklichen Ängste mehr aus. In knapp sechs Monaten würde ich zwanzig Jahre alt sein, bis dahin könnten noch einige unangenehme Dinge geschehen, denn noch war ich nicht aus jenen Klauen befreit, aber ich führte nicht mehr das Leben eines Mündels, ich *fühlte* mich nicht mehr wie ein Mündel unter Vormundschaft. Dennoch war ich entsetzt über meine

Mutter und sehr wütend. In dieser Sache waren sie und ich immer auf derselben Seite gewesen. Sie wußte, was mein Schreckgespenst war, ich konnte die Gemeinheit ihres Verrats nicht hinnehmen.

Kalt sagte ich ihr, daß ich Alessandro versprochen hatte, ihn nur in einem wirklichen Notfall zurückzurufen.

«Ein wirklicher Notfall! *Das* mußtest du ihm versprechen? Dieser Schuft.»

«Natürlich nicht. Wir haben nicht darüber gesprochen. Es verstand sich von selbst, wie so manches.»

«Dummes Kind. Woher hast du diese hehren Prinzipien? Von mir nicht, und auch nicht von deinem Vater, wie ich ihn kannte.»

Am darauffolgenden Sonntagmorgen sollte ein Schiff in der kleinen Marinewerft in La Ciotat, wo es gebaut worden war, vom Stapel gelassen werden, ein Ereignis, das man gesehen haben mußte. Die Huxleys gingen mit einigen ihrer Freunde hin. Maria lud uns ein, sie zu begleiten und anschließend in einer Felsenbucht auf der anderen Hafenseite ein Picknick zu machen. Ich versuchte meiner Mutter beizubringen, daß wir ruhig mitgehen könnten – ich wollte etwas gutmachen, was mir Schuldgefühle verursacht hatte: meine zimperliche Weigerung, ihr außerhalb unserer eigenen vier Wände eine Injektion zu verabreichen, womit ich sie in jene nächtliche Situation gebracht hatte. Ich wolle einen Weg finden, eine sterilisierte Spritze mitzunehmen, wir würden unterwegs eine verschwiegene Stelle finden...

«Wenn du dich dadurch freier fühlst, gebe ich dir die Spritze, wo immer du willst.»

Sie blickte mich seltsam an. «Zu spät, Chérie. Auch ich habe aus dieser Lektion gelernt. Ich mache es längst selber – es ist wirklich ganz einfach, und wie du sagst, ich fühle mich dadurch freier.»

Da erkannte ich, daß ich mich nicht verzählt hatte, als ich mich über die Anzahl der Ampullen in der Schachtel gewundert hatte. Von diesem Tag an gab ich ihr nie wieder eine Spritze, und sie hat mich auch nicht darum gebeten. Doch ich ging weiterhin zu Joyeu und machte meine Runde zu den Apotheken, um ihr die Ampullen zu beschaffen.

Wir fuhren nach La Ciotat. Der Stapellauf des Schiffes, eines kleinen Küstenfahrzeugs, das langsam unter dem klaren Himmel in sein natürliches Bett glitt, war unvergeßlich schön.

Wenige Tage später, als ich nach einer Besorgung nach Hause kam, fand ich den Wohnzimmerboden mit zersplittertem Holz und Glasscherben bedeckt. Meine Mutter, die mitten in den Trümmern stand, sagte selbstgefällig: «Nennt man so etwas nicht ‹alles kurz und klein schlagen›?» Tatsächlich sah es aus wie eine Szene aus einem Film.

«Um Gottes willen, wo ist Emilia?» fragte ich.

«Ich habe ihr den Nachmittag freigegeben.»

Die Waffen, sah ich, waren ein Bügeleisen und ein Stock gewesen. Was mir einen Schauder über den Rücken jagte, war der Sprung im Spiegel über dem Kaminsims. Das brachte Unglück. Sie war ungemein abergläubisch, wenn es um einen zerbrochenen Spiegel ging, und ich ebenfalls. Das konnte sie doch nicht mit Absicht getan haben?

Sie sagte: «Ich habe eben erst angefangen. Es sei denn, du denkst, dies *ist* ein Notfall?»

Sie hatte mir die Schlinge mit List und Tücke um den Hals gelegt: Ich ging nach Sanary, ins Postamt, bat um ein Formular, schrieb die kurze Nachricht in Wörterbuch-Spanisch und adressierte sie: Postlagernd Granada.

5. Kapitel

Fast die ganze Woche hörten wir nichts, dann platzte Alessandro an einem Vormittag ins Haus. Er sah unausgeschlafen aus, seine Augen waren gerötet, sein Gesicht von Staub und Schweiß gezeichnet. «Wie geht es ihr? Ist sie krank?» Er hastete an mir vorbei, «ich muß sie sehen!» Ich wollte ihn aufhalten, doch er ging geradewegs in ihr Zimmer hinein.

Als er Minuten später wieder herauskam, sah er immer noch fürchterlich aus, aber auf eine neue Art – ergriffen, verwirrt, benommen. Er ließ sich in einen Sessel fallen. «Was ist passiert? Was haben sie mit ihr gemacht?»

Ich wußte, wie es ihr vormittags ging, ich kannte die Farbe ihrer Haut, den Zustand ihrer Haare, ihres Nachthemdes, den Zustand des Zimmers: Ich hatte die Veränderungen gesehen, hatte sie nach und nach wahrgenommen. Für ihn war es neu und erschreckend.

«Was ist das für ein fürchterlicher Geruch?» *Äther*. Aus irgendeinem Grund benutzte sie Äther statt Alkohol zur Desinfektion ihrer Nadeln. Ich bemerkte den Geruch nicht mehr. Alessandro verharrte eine Weile zusammengesunken im Sessel. Emilia brachte ihm unaufgefordert Kaffee und einen Krug frische Limonade. Meine Mutter kam herein, jetzt angezogen, sagte hochmütig: «Du solltest ein Bad nehmen» und schritt wieder hinaus. Den Rest dieses Vormittags, den Tag, die ganze folgende Zeit dürften wir damit verbracht haben, langsam und unsicher zu uns selbst zu finden.

Nach einer Weile fragte ich: «Wo ist Doris?» Er hatte sie im Wagen gelassen, er war geradewegs nach Hause gefahren, die ganze Nacht durchgefahren. Sie waren nicht in Granada gewesen, als das Telegramm gekommen sein mußte, sie waren im Süden von Andalusien unterwegs, es erreichte sie in Ronda. Sie brachen sofort auf, fuhren gen Norden durch Mittelspanien, zwei Drittel der Strecke nach Madrid, dann in östlicher Richtung nach Saragossa, Barcelona und weiter, immer weiter. Es war heiß – August in Spanien, ein heißer August, der Höhepunkt der Urlaubssaison, überfüllte Straßen. Wie viele Tage? Sie hatten so gut wie keinen Schlaf gehabt: Nur zweimal hatten sie in einem Gasthof am Straßenrand ein paar Stunden ausgeruht.

Wir fanden Doris aufrecht und wach im Chrysler sitzend, sie sah ängstlich aus, traurig und restlos erschöpft. Ihr Gesicht und ihr Kleid waren mit Staub bedeckt. Auto und Windschutzscheibe waren schmutzig und klebrig von toten Insekten.

Meine Mutter, die sich sehr unter Kontrolle hatte, bat sie herein. Du mußt ja tot sein, mein armes Kind. Während sie schliefen – Doris im Gästezimmer, Alessandro in meinem Bett –, fuhr ich in Sanary herum und versuchte ein Hotelzimmer zu finden. Nicht ein Mauseloch war frei. Schließlich hatte das Plage, wo wir gute Kunden waren, ein Einsehen und versprach uns eine Dienstmädchenkammer nach dem Wochenende. So blieb Doris in Les Cyprès, wozu meine Mutter sie nötigte. Doris begegnete sie weiterhin freundlich-distanziert, Alessandro dagegen ignorierte sie meistens, sie sah durch ihn hindurch, als wäre er Luft. Plötzlich fragte Doris:

«Wo ist Waldemar?»

«Lieber Gott», sagte Alessandro, «wo ist Waldemar? Fort, nehme ich an.»

«Nein, nein», sagte Doris, «das würde er nicht tun, ohne sich von uns zu verabschieden.»

«Wer ist Waldemar?» fragte ich.

Ach ja, ein junger Deutscher, ein Student, ein Kommunist – er legte großen Wert darauf, das zu betonen –, sie hatten ihn auf der spanischen Seite der Grenze aufgelesen. Die Posten hatten sich geweigert, ihn ins Land zu lassen, es hing wohl damit zusammen, daß er zu Fuß unterwegs war oder daß ihnen seine Papiere nicht gefielen (es war das Jahr, bevor Spanien Republik wurde, sechs Jahre vor Ausbruch des Bürgerkriegs), er fürchtete, die Franzosen würden ihn nicht wieder hereinlassen – ob er die Grenze vielleicht mit ihnen im Auto überqueren könne? Alessandro hatte Wichtigeres im Kopf, aber Doris beharrte darauf, daß Leute in Schwierigkeiten andern Leuten in Schwierigkeiten immer helfen müßten. Glücklich in Frankreich, hatten sie Waldemar, der sich auf den Rücksitz neben das Gepäck gezwängt hatte, weiterhin mitgenommen. Er war ein Berliner – mit guten Manieren –, der in den Ferien etwas von der Welt sehen wollte.

Bald darauf kam Waldemar ins Haus, er hatte unter einer Zypresse geschlafen, jetzt wollte er sich bedanken und verabschieden. Er sah nicht nur von der Reise verdreckt, sondern auch unterernährt aus. Sein Französisch hatte einen grauenhaften Akzent, war aber grammatisch korrekt, als er ins Deutsche verfiel, sprach er Doris' gebildetes Berlinerisch. Sie müssen uns alles über den Zustand der Weimarer Republik erzählen, sagte meine Mutter und bat ihn zu bleiben. Wir hatten kein zweites Gästezimmer, aber Waldemar versicherte, er sei damit zufrieden, auf unserer Terrasse zu schlafen; alles, was er brauche, habe er in seinem Rucksack. Dann wurde noch etwas Wasser bereitgestellt, damit auch *er* sich waschen konnte.

Diese Situation im Hause hielt ein paar Tage an. Meine Mutter zog sich abwechselnd für längere Zeit zurück und erschien wieder mit neuer Munterkeit. Doris verbarg tapfer, was in ihr vorging, während uns allen nur zu bewußt war, was es zu verbergen galt. Alessandro erfuhr nach und nach von dem Ausmaß der Zerstörung, die während seiner Abwesenheit gewütet hatte. Er schlich durchs Haus, ließ sich unentschlossen treiben. Es gab zu vieles zu besprechen. Meistens sprachen wir nicht.

Als er davon erfuhr, wollte Alessandro, daß ich unverzüglich aufhörte, die Apotheken abzuklappern. Darüber war er richtig entsetzt. Ich gab ihm zu verstehen: Wenn du oder ich es nicht machen, tut sie es selbst, in einem Taxi vermutlich, und Gott weiß, wohin das führt.

Waldemar kam und ging, er legte seinen Schlafsack oder worauf auch immer er schlief zusammen, vollkommen unkompliziert, erkundete die Landschaft und lehnte puritanisch alle Mahlzeiten ab: sogar die Baguettes und die Salami für seine Spaziergänge mußten wir ihm aufdrängen. Eines Nachmittags saßen wir alle mit meiner Mutter am Tisch, Doris und Waldemar diskutierten über dialektischen Materialismus. Waldemar und meine Mutter verbissen sich in marxistische Fragen – er mit Feuer und Flamme dafür, sie kühl dagegen –, und Doris erklärte, daß heutzutage die meisten *guten* Menschen Kommunisten werden müßten. Alessandro und ich saßen dabei und staunten.

«Ja: den roten Schleier nehmen», sagte meine Mutter. «Laß dich nicht dazu verleiten, Chérie. Glaube nicht, daß du berufen bist.»

Sie sagte es zu Doris, nicht zu mir.

Als nächstes sprach der junge Deutsche mit den guten Manieren über Metaphysik.

Als endlich ein Zimmer frei war und Doris ins Plage zog, nahmen die Dinge zu Hause eine Wende zum Schlechteren: Meine Mutter machte wieder offene Szenen – Vorwürfe, Sticheleien, Hilferufe, als Schmährufe maskiert. Alessandro wiederholte, daß Doris fortgehe, bereit sei zu gehen. Und er zu bleiben.

Bei mir?

Bei dir.

Warum?

Nach einer Pause sagte er matt, ich habe dir gesagt, daß ich bleiben würde.

Willst du es?

Er hatte nicht den Mut zu antworten, sie hatte den Mut zu fragen: Bei mir bleiben, wie ich jetzt bin?

Nach einer weiteren Pause sagte er, von der anderen Seite des Zimmers her: Du wirst nicht immer so sein. Das *kann nicht sein*.

Es entstand das Problem, wie Doris nach Berlin gelangen sollte. Er wollte sie immer noch nicht alleine fahren lassen. Sie nach ihrer gemeinsamen Zeit in Spanien einfach in einen Zug zu setzen war wenig galant. Am Ende wurde Waldemar dazu überredet, sie zu begleiten. Dann aber stellte sich heraus, daß er nie etwas so Kapitalistisches getan hatte wie Auto fahren zu lernen. Er hatte das Fahrgeld für die Eisenbahn nicht und wollte es nicht von uns annehmen. Doris, die er als Beinahe-Genossin akzeptierte, ließ sich einen Kompromiß einfallen: Sie würde für sie beide die dritte Klasse bezahlen: das kostete so viel wie eine Fahrkarte zweiter Klasse. (Ich nehme an, Waldemar war damit einverstanden, weil er meinte, es sei gut für sie, dritter Klasse zu fahren.)

Doris reiste ab. Alessandro mußte sie und den politischen jungen Mann zum Bahnhof von Toulon bringen. Es gab keinen intimen Abschied. Nur die direkte Rückkehr nach Les Cyprès. Ich betete, daß meine Mutter ihm an diesem Tag ein bißchen Frieden ließ. Sie ließ ihn in Ruhe.

Doris war fort. Doch damit war noch nichts geändert.

Wir beobachteten einander, wußten nicht, wie wir uns verhalten sollten. Habt ihr etwa erwartet, daß ich meine Spritze einfach weglege? fragte meine Mutter. Vielleicht hatten wir es erwartet. Vielleicht hatte *sie* es erwartet? Die Situation war ausweglos.

Bis Maria erschien: Ihr roter Bugatti hielt in der Kurve vor unserem Haus an. Sie bringe Aldous zu dem englischen Zahnarzt nach Hyères, ob ich mitkommen wolle? Der Bugatti hatte hinten einen Behelfssitz. Da der Beifahrersitz zurückgeschoben werden mußte, so weit es ging, damit Aldous seine ungeheuer langen Beine unterbringen konnte, mußte sich der dritte Insasse seitwärts hocken, die Knie angezogen wie ein Jockey. Maria wartete vor dem Haus des Zahnarztes im Wagen. Das tat sie immer. In all den Jahren, die sie ihn chauffierte – was er wegen seiner schlechten Augen nicht selbst konnte –, zu Ärzten, zu Versammlungen, zu Quacksalbern und Gurus, wartete sie stets direkt vor der Eingangstür auf ihn, um ihm beim Herauskommen ein Warten oder einen Weg, und sei er noch so kurz, zu ersparen. Sie war sehr auf seine Zeit bedacht, die für seine Arbeit und seine Gedanken genutzt werden sollte, nicht zum Warten, während sie vielleicht kurz in ein Café oder ein Geschäft geschlüpft war. Doch bei aller Fürsorge, ihrer lebenslangen Fürsorge für Aldous, hatte sie immer Zeit, Geld und Kraft – sie war körperlich zart – für andere übrig, für ihre Familie, ihre Freunde, für jeden, der sie brauchte. So standen wir in einer von Bäumen gesäumten Straße draußen vor dem Haus des Zahnarztes. *«Viens t'asseoir près de moi»*, komm, setz dich neben mich. Maria und Aldous sprachen zu Hause meistens Französisch miteinander. Ich kletterte auf den Sitz neben ihr. Sie wandte mir das Gesicht zu – sie hatte ein scharf geschnittenes Profil – und sah mich mit ihren leuchtenden grünblauen Augen rasch und forschend an, wie ein Vogel. *«Tu sais, ta mère est bien malade»*, deine Mutter ist sehr krank.

Ich widersprach nicht.

Wieder ein kurzer Blick: *«Cela se guérit.»* Das ist heilbar.

Wie?

Maria war es, die den Spezialisten in Nizza ausfindig machte. Maria war es, die den Termin für eine Konsultation vereinbarte. Es lief nicht reibungslos: Der Termin verfiel und mußte erneuert werden. Maria war es, die meine Mutter aufgesucht hatte, zu uns nach Hause gekommen, in ihr Zimmer gegangen war und an ihrem Bett gesessen hatte: Sie nannte die Dinge beim Namen, redete mit ihr. Was, wußten wir nicht. Meine Mutter hatte bedingungsloses Vertrauen in alles, was von den Huxleys kam.

Alessandro und ich brachten meine Mutter nach Nizza. Wir fuhren mit der Eisenbahn, weil die Autofahrt zu anstrengend gewesen wäre; wir erkannten allmählich, daß diese Sache sie körperlich schwächte. Es war keine leichte Fahrt, da sie behauptete, sie hätte es sich anders überlegt, und an jeder Haltestelle vorgab, sie würde aussteigen. Schließlich kamen wir an. Meine Mutter wurde sofort ins Sprechzimmer geführt. Alessandro und ich warteten, ohne zu sprechen, nervös, bis zum äußersten angespannt. Einmal sah eine Schwester herein, warf uns einen verächtlichen Blick zu, wir sprangen auf, sie zog sich wieder zurück. Als die Tür nach einer Stunde oder noch später wieder aufging, war es der große Mann persönlich. Er warf einen Blick auf Alessandro und fragte schroff: «Sie sind ihr Sohn?»

«Ihr Mann.»

«Gut. Sie können hereinkommen.»

Ich stand auf. «Ich bin ihre Tochter.»

«Sie können hier warten.»

«Ich habe mich ganz allein um meine Mutter gekümmert, ich sollte bei dieser Besprechung besser anwesend sein.»

«Wie Sie wünschen», sagte er kalt und trat durch die Tür. Alessandro ließ mir den Vortritt und folgte mir in das Behandlungszimmer.

Meine Mutter saß in einem bequemen Sessel, ich konnte nicht ausmachen, ob sie eher ängstlich oder trotzig blickte, jedenfalls war das kämpferische Feuer in ihren Augen nicht ganz erloschen.

Der Arzt begann: «Es wurde mir gesagt, daß diese Sucht sich in wenig mehr als einem halben Jahr entwickelt hat. Verhält es sich tatsächlich so? In Anbetracht des Allgemeinzustandes der Patientin kann ich es kaum glauben.»

Meine Mutter machte Anstalten, ihn zu unterbrechen.

«Ja», sagte Alessandro, «es hat im Februar angefangen.»

Wenn dem so sei – eine relativ kurze Einnahmezeit, verbunden mit einer hochgradigen Sucht und einem hohen Maße an körperlichem Verfall –, dann ist dies der wichtigste und ernstzunehmendste Aspekt des Falles. Er erklärte es uns: Die Einnahme einer Droge, eines Opiats, führt unweigerlich zur Abhängigkeit von der Droge, das heißt, Geist und Körper des Einnehmenden können ohne die Droge nicht mehr normal funktionieren. Hand in Hand mit dieser

Abhängigkeit, dem zunehmenden Bedürfnis nach der Droge, geht eine zunehmende Toleranz: Es sind immer größere Dosen erforderlich, um eine beruhigende Wirkung herbeizuführen, und diese Dosen führen wiederum zum zunehmenden Verfall der betreffenden Person.

Das sei die *unvermeidliche* Spirale. Niemand, der regelmäßig zu Drogen greife, entkomme der Notwendigkeit, die Dosis *früher oder später* zu erhöhen. Die Zeitskala sei der springende Punkt. Bis zur Abhängigkeit könne es ein langer Prozeß sein. An dem einen extremen Ende der Skala seien Personen bekannt, die Jahr um Jahr regelmäßig Opiate nehmen, bevor die Veränderungen und Steigerungen sich bemerkbar machen, am anderen Ende könnten sie so schnell vonstatten gehen wie im vorliegenden Fall: Galoppierende Sucht. Im Durchschnitt dauere es fünfzehn Monate bis drei Jahre, um dieses Stadium zu erreichen. Die ausschlaggebenden Faktoren? Konstitution... Lebensgeschichte... Anfälligkeit von Personen von geringem Intellekt werde gewöhnlich angenommen, doch hier scheine es sich um eine Person von hoher Intelligenz zu handeln...

«Ich wünsche», unterbrach meine Mutter mit klarer Stimme, «daß Sie aufhören, auf diese unhöfliche Art von mir zu sprechen. Sie sprechen doch von mir, wenn ich es recht verstehe? Ich bin hier, ich sitze hier... *Professeur.*» Sie redete ihn nicht mit *Monsieur le Professeur* an.

«Madame.» Er wandte sich ihr mit einer kleinen Verbeugung zu, sein kühler Ton war nur ganz leicht ironisch gefärbt. Falls sie seine Eigenliebe getroffen hatte, ließ er sich nichts anmerken. «Sprechen wir also über Ihre Zukunft...»

Hier hatte er die Oberhand. Eine Entgiftungskur in einer Spezialklinik. Unbedingt. Baldigst. Ein Aufschub geschähe um den Preis weiteren Schadens für die Gesundheit und vermehrten zukünftigen Leidens. Es sei nicht nötig, sich in die Schweiz oder nach Paris zu begeben: Er würde eine Klinik unweit von Nizza empfehlen, die eine Kapazität führte. Er würde ihr nicht zu einer Kur in einer öffentlichen Einrichtung raten. Besagte Klinik sei *keine* psychiatrische: Ohne ihre Einwilligung würden und könnten sie keine Kur durchführen. Meine Mutter gab nach. Das sagte sie zumindest, im Augenblick. Sie hatte während des Gesprächs ihre Würde und Selbstbeherrschung nicht verloren, jetzt aber wirkte sie erschöpft. Eine Schwester kam und führte sie in ein anderes Zimmer. Der Arzt bedeutete uns zu bleiben.

«Ich habe veranlaßt, daß sie bekommt, was sie für eine ruhige Heimfahrt braucht. Ich werde auch die Rezepte ausschreiben, die sie die nächsten Tage durchhalten lassen.»

Wir waren beide drauf und dran, etwas zu sagen.

«Ich frage Sie nicht», fuhr er fort, «welches die früheren Beschaffungsquellen Ihrer Frau waren. Ich praktiziere hier, im Département des Alpes Maritimes. Ich bin den Behörden des Département du Var nicht verantwortlich. Gleichzeitig muß ich Sie darauf hinweisen, daß es bald äußerst schwierig werden kann, die Dosen, an die sie gewöhnt ist, bei irgendeiner sogenannten legalen Quelle zu erwerben. Die Untersuchung hat ergeben, daß der Stoff bislang im reinen Zustand injiziert wurde. Das dürfte sich ändern, sobald sie gezwungen ist, ihn sich in irgendeiner Form auf dem schwarzen Markt zu beschaffen...» Er sah Alessandro an. «Seitenstraßen und Bars... Der Stoff, der dort angeboten wird, kann gefährlich sein.»

Alessandro fragte: «Und diese Kur? Was wird sie ihr antun? Wird es ihr weh tun? Ist es sehr schlimm?»

Alessandro wirkte niedergeschlagen, als lastete eine tiefe Traurigkeit auf ihm. Als ich ihn kennenlernte, sah ich ihn als den jungen Mann in Gemälden des Quattrocento, der neben dem Schafott auf der Piazza steht, die Hand am Schwert oder Zügel, und Zeuge des Leids ist. Jetzt sah er selbst aus wie eine Leidensgestalt.

«Sehr schlimm», antwortete der Arzt. «Solche Kuren sind immer schlimm. Wie sie durchgeführt wird... das liegt in den Händen meines Kollegen. Ich halte Ihre Frau für keinen leichten Fall.»

«Und wenn sie beschließt, es nicht zu machen? Wenn wir es verschieben? Was geschieht dann?»

Der Spezialist hob die Hände. «Was dann geschieht? Haben Sie

noch nicht genug gesehen? Tod. Auf die eine oder andere Weise…
Durch zuviel von dem Stoff oder zuwenig. Selbstmord… In ihrem
Fall nicht wahrscheinlich, aber möglich. Zufälliger Selbstmord. *Un
beau jour il se peut bien qu'elle aille assassiner quelqu'un.* Ich lehne
jede Verantwortung ab.» Wütend verfiel er, mir zum Spott, ins Englische: «Sie könnte durchaus eines schönen Tages einen von Ihnen
ermorden, Miss.»

Wir beeilten uns zu sagen, wir würden unser möglichstes tun, um
sie zu bewegen, seinem Rat zu folgen.

«Die Entscheidung liegt bei ihr, sie wird eine Unterschrift leisten
müssen. Es sei denn, Sie nehmen Zuflucht zu richterlicher Gewalt.
Das Gericht könnte sie durch eine Verfügung zwingen, obwohl man,
da Sie keine Franzosen sind – wie ich annehme – es wohl vorziehen
würde, das Problem zu umgehen, indem man sie auswiese. Nun, ich
sehe, daß Sie dies nicht in Betracht ziehen. Daher, meine Kinder, rate
ich Ihnen, machen Sie Ihren Einfluß bei ihr geltend.»

«Und sie *wird* in der Klinik geheilt?»

«Selbstverständlich.» Der Arzt zuckte mit den Achseln. «Geheilt
werden sie alle. Die Frage ist immer, wie lange die Heilung anhalten
wird.»

Entsetzt fragten wir: «Sie meinen, sie kann… sie könnte…?»

«Rückfällig werden.» Diesmal war er nicht zornig. «Ja, das ist das
große Problem. Hat man jemals *Les Paradis artificiels* * erfahren –»,
er warf mir wieder einen spöttischen Blick zu, «ich bin überzeugt,
Mademoiselle hat ihren Baudelaire gelesen –, zieht es einen dorthin
zurück. Um jeden Preis. Sie können nur hoffen, daß sie nicht dazu
gehört.»

Er geleitete uns hinaus; meine Mutter wartete im Flur. Er nahm
ihre Hand und sagte mit Wärme und Strenge: «*Allez, Madame, bon
courage*», nur Mut, Madame. Bereits im Gehen, gab er noch Alessandro und mir flüchtig die Hand. Die Schwester brachte uns zum
Taxi.

* Die künstlichen Paradiese, dt. 1972

Es waren zermürbende Wochen, die nun folgten. Wochen, nicht Tage, wie der kühl denkende Arzt gehofft hatte. Die Situation meiner Mutter war in jeder Hinsicht quälend. Was vor ihr lag, war unbekanntes Gebiet, eine grausame Tortur, die Befreiung von einer Fessel um den Preis einer neuen. Die unausweichlichen Folgen des einen wie des anderen Schrittes machten es noch unerträglicher. Daher war ihre Unentschiedenheit, in der sich schreckliche Angst, Optimismus und Trotz abwechselten, natürlich und menschlich und fand bei Alessandro und mir Verständnis.

Alessandro wurde erdrückt von ihrem Leid und seinen Schuldgefühlen. Ich fühlte keine Schuld – noch nicht –, nur Mitleid, Anspannung und das überwältigende Sehnen danach, daß ich frei, daß diese Geschichte zu Ende, meine Mutter aus dem Haus und an diesem geheimnisvollen Ort sei, den nun auch ich um ihretwillen fürchtete.

Ich war sicher, daß Alessandro von demselben Sehnen erfüllt war, was seine Schuldgefühle noch steigerte. Machen Sie Ihren Einfluß geltend, hatte der Arzt gesagt, und das taten wir. Wenn sie fragte: Muß ich? Wie wird es sein?, gaben wir die richtigen Antworten – richtig vom medizinischen Standpunkt, richtig im Sinne des gesunden Menschenverstandes – ja, ja, aber unsere Motive waren nicht lauter: Wir spürten die Erleichterung, die ihre Abwesenheit in ihrem jetzigen Zustand für uns bedeuten würde, und wir sehnten sie mit verzweifelter, brennender Ungeduld herbei. Wir hätten nach wie vor unser Leben für sie geopfert, doch wenn sie wieder einen Aufschub durchsetzen sollte, würden wir sie am liebsten umbringen.

Maria kam und fing sie mit ihren gutherzigen Verlockungen ein. «Aldous sagt» war ihre Einleitung, wenn sie einer Ansicht oder einem Rat Gewicht verleihen wollte. Mir war vollkommen klar, daß Aldous es aller Wahrscheinlichkeit nach nicht gesagt hatte. Er mochte der Ansicht oder dem Rat zugestimmt haben, wäre aber nicht von sich aus darauf gekommen. Maria behelligte ihn selten mit Problemen, ihren eigenen oder denen von Freunden, es sei denn, sie waren zufällig brauchbar für das Buch, das ihn gerade beschäftigte. Jetzt wurde meine Mutter mit «Aldous sagt» bearbeitet. Maria sprach zu ihr wie zu einem Kind, das ins Internat geschickt werden soll: Denk daran, wie schön es sein wird, wenn du wieder hier bist, wenn es vorbei ist und wir alle unsere besten Kleider anziehen, um dich zu Hause willkommen zu heißen. *Ich* hätte mit einer solchen Predigt nichts erreicht, Maria aber verfügte über die magische Kraft der Reinherzigen, und der scharfe, intellektuelle Geist meiner Mutter war besänftigt und verzaubert.

Ich will es tun, sagte sie. Maria legte sie auf ein Datum fest (das noch mehr als einmal geändert werden sollte).

Alessandro und ich blickten inzwischen anderen Realitäten ins Auge. Die Kosten für die Klinik, die den Namen einer Heiligen trug, waren hoch. Bei der Einlieferung wurde eine stattliche Anzahlung verlangt. Wir hätten nicht genug Geld, erklärte mir Alessandro. Sie hatte ungeheuer viel ausgegeben, während er in Spanien war. Weit mehr, stellte sich heraus, als ich befürchtet hatte. Was können wir tun?

Der Börsenkrach an der Wallstreet im Jahr zuvor wirkte sich jetzt – im Spätsommer 1930 – auf Europa aus. Selbst wenn wir in Erwägung gezogen hätten, meine Mutter zu informieren, war es zweifelhaft, ob ihre Treuhänder viel hätten helfen können. Es war nicht die Zeit, um Aktien und Wertpapiere zu verkaufen. Mein eigenes Kapital, das Kapital einer Minderjährigen, war fest angelegt. Alessandro dachte daran, sich mit der Bitte um einen Vorschuß auf zukünftige Arbeiten an einige seiner Gönner und Gönnerinnen zu wenden. Er glaubte, trotz der Marktlage noch Arbeit bekommen zu können, doch um die Arbeit zu *tun*, mußte er frei und mobil sein. *Was sollten wir tun?*

Viele Jahre später stieß ich auf einen Brief, den Maria während des Zweiten Weltkrieges an ihre Nichte Claire Nicolas White geschrieben hatte. Es war ein langer, langer Brief – wie Maria sie zu tippen pflegte, rasend schnell und in eigenwilliger Orthographie, spät nachts, wenn Aldous schlief. Der Anlaß war entweder ein einundzwanzigster Geburtstag oder eine Verlobung, und er enthielt gute Ratschläge für alle Lebenslagen: von Kleinigkeiten wie dem regelmäßigen Säubern von Kamm und Bürste, bis zu Grundsätzlichem: wie man sich bei der Hausarbeit nützlich machte, ohne es die Familie merken zu lassen, und daß man nicht darauf beharren dürfe, im Recht zu sein, selbst wenn man es war. Ein Punkt beeindruckte mich besonders: «Gib stets, *bevor* man Dich darum bitten muß.» Das war es, was Maria nun für uns tat. Sie suchte mich auf. Dein Stiefvater muß eine Menge Unkosten haben, sagte sie. (Sie redeten sich mit Alessandro und Maria an, doch in Abwesenheit des anderen sprachen sie stets von «deinem Stiefvater» und «Madame Huxley».) Dann bot sie mir das Geld für die Klinik an. Sie hatte es bei sich. Dieses Zeichen ihrer Großmütigkeit war um so bemerkenswerter, als ihr schmerzlich bewußt war, wie hart Aldous arbeiten mußte, um ihren Lebensunterhalt zu verdienen. Jeder Akt der Großmütigkeit von ihr, und sie war endlos, war für sie ein Schnitt ins eigene Fleisch. Man muß hinzufügen, daß in diesem Zusammenhang ihr «Aldous sagt» ein unmißverständliches, immerwährendes «wir *müssen* helfen» aus seinem eigenen Mund war.

Alessandro war beeindruckt. Wir müssen es Madame Huxley zurückzahlen, sagte er zu mir. Es freut mich sagen zu können, daß wir dies schließlich auch getan haben, was, und daran denke ich nicht gerne, nicht immer der Fall war, wenn Maria mir später Geld lieh oder überließ.

Emilia verließ uns, um ihren verschobenen Urlaub anzutreten. Zuvor teilte sie Alessandro mit, sie werde nicht zurückkommen. Ein Grund wurde weder erbeten noch genannt. Sie schuldete uns keine Loyalität, sie war kein Familienfaktotum, wenngleich sie uns wie eines gedient hatte. Es war anständig von ihr, uns zu verständigen, es wäre viel einfacher gewesen, einfach abzureisen, ohne etwas zu sagen, und dann nicht wiederzukommen. Wir gaben ihr einen zusätzlichen Monatslohn, fuhren sie zum Bahnhof und brachten sie an den Bummelzug, der sie nach Livorno bringen würde.

Alessandro stellte eine *femme de ménage* ein. In Anbetracht der Unordnung, die meine Mutter im Haus verbreitete, war dies unerläßlich, wollten wir nicht der völligen Verwahrlosung anheimfallen. Die Besten waren vergeben; unserer nahm sich La Grosse Hélène an, wie sie genannt wurde, eine junge einheimische Frau von ungeheurem Umfang. Sie war jovial, ja vertraulich, und sie war als Klatschbase bekannt. Das war jetzt weniger von Belang: zu viele versteckte und weniger versteckte Andeutungen ließen durchblikken, daß Sanary wußte, was in Les Cyprès vorging. Nur Madame Panigon war es gelungen, eine Fassade vollkommener Unwissenheit zu bewahren. Sie hatte zu viel Übung darin, mehr über ihre Nachbarn zu erfahren, als sie sollte, um sich anmerken zu lassen, daß sie irgend etwas wußte.

Schließlich reiste Aldous mit seinem gelehrten Freund J. H. W. Sullivan, bewandert in Physik, Mathematik, Astronomie, Literatur und Musik, nach Berlin, sie wollten bedeutende Wissenschaftler interviewen. Es war September geworden. Maria war im Begriff, ebenfalls Sanary zu verlassen und zu ihren Verwandten nach Belgien zu fahren. Nach vielem Hin und Her, am letzten Tag vor ihrer Abreise, fuhr Maria meine Mutter allein nach Nizza in die Klinik. Als sie aufbrachen, küßte meine Mutter uns beide, dann sagte sie, mit einem Blick auf unsere gezeichneten Gesichter, mit einem lieben, spöttischen Lächeln: «Ich weiß, ihr konntet nicht warten, bis sich die Gefängnistore...»

6. Kapitel

Wenige Tage später fand ich die Heiterkeit und Ordentlichkeit eines französischen Haushaltes wiederhergestellt. Am Morgen, wenn das Frühstückstablett gebracht wurde, zog ich die Jalousien hoch, die die breiten Fenster verdunkelten, und ließ die Farben und Düfte des Olivenhains in mein großes, kahles Zimmer. Das übrige Haus war still, keine Befehle waren mehr zu hören. Ich trank meinen *café au lait* langsam, ein Buch in der Hand, ich atmete durch, sah hinaus. Dann wusch ich mich in einem blitzblanken Badezimmer und zog mich ohne Eile an. Später: ein Klopfen an der Tür.

Gut geschlafen, Billi?

Aus Nizza kam die Nachricht, es würde lange dauern, einen Monat, wenn nicht mehr. Vorerst verbat der *chef de clinique* jeden Besuch, insbesondere den des Ehemannes. Die Klinik werde uns verständigen, wenn diese Maßnahme aufgehoben werde; inzwischen sei es mir gestattet, die Oberschwester einmal in der Woche anzurufen.

Alessandro ging auf Reisen, er nutzte die Zeit, um – wie er hoffte – ein bißchen Geld zu verdienen. Er war nach wie vor der Vermittler für Sammler und einige Künstler, die hin und wieder ihre angestammten Händler umgehen wollten. (Die Kislings waren ihm dabei eine große Hilfe gewesen.) Er fuhr mit dem Ford und hatte einen der Hunde mitgenommen, Chumi, die sich am meisten an ihn gewöhnt hatte. Er wollte nach Paris und Amsterdam; ich hatte keine Ahnung, ob er beabsichtigte, auch nach Berlin zu fahren, und ich fragte nicht.

Die Desmirails kamen und bestanden darauf, ich müsse solange bei ihnen in La Pacifique wohnen. Ich hatte es geahnt: jeder wußte von unseren Problemen. *Pour le moment tu es ma fille*, sagte Philippe, für den Augenblick bist du meine Tochter, Oriane nickte sanft und ernst. Ich war ebenso gerührt wie überrascht von solcher Güte und Zuneigung, und ich mußte mich zurückhalten, nicht zu weinen. Les Cyprès wurde verschlossen, La Grosse Hélène kam zweimal die Woche, um zu lüften und Staub zu wischen, die anderen beiden Hunde, obwohl sie nicht gerade gut erzogen waren, wurden bei der Frau eines Fahrers von Philippe in Pension gegeben.

Septemberstürme, die Sturzbäche, die auf den Midi in ungelegenen Momenten niedergehen, hatten die Sommerhitze früh beendet. Bis dahin war es ein langer Badesommer gewesen, noch vor Mai hatte man zum ersten Mal schwimmen können. Auch nach dem Unwetter war Schwimmen noch möglich, aber wir ließen es bleiben und richteten uns auf den Herbst ein. Zu meinem Erstaunen begann ich zu schreiben: nicht nur regelmäßig einige Stunden täglich (wie Aldous!), sondern tatsächlich *schreiben*. Einen Roman. Keine geschraubten Aufsätze mehr. Eine Geschichte, eine Handlung, *Menschen*. Es war eine schmerzvolle, harte Arbeit und eine große Freude. Der Durchbruch war so gekommen: Selbst in ihren nettesten Momenten konnte Oriane nicht lange von der Schauspielerei lassen. Vielleicht war es keine Schauspielerei, eine Rolle anzunehmen lag in ihrer Natur. Da sie keinen Louis noch sonst jemanden mehr hatte, mit dem sie sich schmücken konnte – die weltgewandten Cousinen waren nach Paris zurückgekehrt –, versuchte sie, aus mir etwas zu machen. Sie hatte die wenigen Anspielungen auf das, was sie unsere sentimentale Vergangenheit nannte, erschöpft. Einstweilen behandelte sie mich wie eine jüngere Schwester, um die man sich kümmern mußte: sehr schön für mich, doch genügte es kaum für sie, um vor der Welt Ehre zu erlangen. So wurde sie eine

Förderin der Literatur. Sie redete sich ein, ich sei eine vielversprechende Schriftstellerin, über Nacht wurde ich zu ihrer *jeune écrivaine*, ihrer jungen Schriftstellerin. *Ma jeune écrivaine* wohnt bei mir, *ma jeune écrivaine* ist im Begriff, ein großartiges Werk zu schreiben, erklärte sie den Busleuten, Madame Panigon, den Leuten im Chez Schwob, die es alle besser wußten. Dennoch, im Zwang ihrer Erwartungen, dadurch, daß sie Suzanne, ihr Mädchen für alles, angewiesen hatte, mir jeden Wunsch von den Lippen abzulesen und für den richtigen Tisch und liniertes Papier in meinem ruhigen, geräumigen Zimmer zu sorgen, wurde aus dem Mythos Wirklichkeit. Eine Art von Wirklichkeit, jedenfalls brachte ich den ersten Roman schließlich zu Ende. Er handelte von einem jungen Mann in Südfrankreich und seinen Abenteuern. Der Titel lautete *An Expense of Spirit* (eine taktlose Freundin ergänzte: *In a waste of time*). Es war – unschwer zu erkennen – ein verdünnter Aldous Huxley: Aldous Huxley und klares Wasser. Das Werk machte die Runde durch die Verlage, wurde zuerst von Chatto und Windus abgelehnt – zu Recht, damals jedoch zu meinem Kummer –, dann von mehreren anderen.

Während ich mich abmühte – was durch meine Handschrift noch erschwert wurde, die so unleserlich war, daß ich sie selbst nur entziffern konnte, wenn ich die Worte in Druckbuchstaben zusammensetzte –, während ich also meiner Arbeit nachging, kümmerte Philippe sich vormittags um seine Schreibarbeiten und seine Busse, die nach wie vor Geld verschlangen, und Oriane ging in Sanary auf den Markt und führte ansonsten den Haushalt. Sie tat es ohne großes Interesse, aber wie fast alle Französinnen war sie dazu erzogen, es tüchtig und reibungslos zu erledigen. Ein tadelloses Haus, feines Leinen, pünktliche Mahlzeiten, gut zubereitet, gut angerichtet, ohne jemals die Hilfe eines Ehemannes zu erbitten, waren ein wesentlicher Bestandteil von *bienséance*, der Schicklichkeit häuslichen Lebens. Oriane und Philippe waren beide von Natur aus ordentlich; ihre Schränke, Schubladen, Werkzeugborde waren ein ästhetischer Anblick. Von allen ordentlichen französischen Haushalten, die ich gekannt habe, war der der Desmirails der herausragendste.

Wenn ich mittags erlöst wurde, war das Essen mit ihnen meine Belohnung. Ich habe bereits ihre vollendeten Manieren im gegenseitigen Umgang erwähnt – kein Nörgeln und Anfeinden in diesem Haus –, Manieren, die auch bedeuteten, daß man auf das hörte, was der andere zu sagen hatte. Ihre morgendlichen Streifzüge durch Sanary trugen amüsante Früchte. Wie viele intelligente Leute, wie Aldous, wie meine Mutter, liebte Philippe den Klatsch, über ihn selbst und über andere. Intelligenter Klatsch liefert, im Gegensatz zu gewöhnlichem Klatsch, guten Gesprächsstoff. Philippe, der beileibe kein Einheimischer war, wußte – oder erfand – eine ganze Menge über die geheimen Histörchen der Bewohner von Sanary. Zwei seiner Lieblingszielscheiben waren ein pensionierter Militär namens Rose, *Le Général Rose allongé* (General Langstielrose) genannt, und eine schnurrbärtige ledige Person von undefinierbarem Geschlecht, deren Name tatsächlich Mademoiselle Casanova war.

Beim Kaffee legte Philippe, wie Alessandro, seine Patiencekarten, während Oriane nähte. Philippe hatte ein spezielles Patiencebrett, das auf seinen Knien ruhte, während er in einem tiefen Sessel saß und eine von seinen Tonpfeifen rauchte. Müßige Hände sah man in diesem Haus selten. Wenn er keine Patience legte, bastelte Philippe zur Entspannung an Chronometern oder den kleineren Teilen ihrer zahlreichen alten Autos herum. So begann auch ich Patiencen zu legen und stellte fest, daß es tatsächlich Nerven und Geist beruhigte. Anschließend gingen wir wieder an die Arbeit, Philippe zu seiner *Compagnie des Transports*, und zwischendurch ein wenig Tennis, ich machte mich an meinen nächsten Absatz, und Oriane zog sich mit einem Buch zurück.

Dann wurde ich endgültig erlöst – wie wartete ich auf das Klopfen an der Tür – von meinem *métier de jeune écrivaine*: Oriane und ich tranken zusammen Tee. Kameradschaftlich. Danach holten wir die beiden Hunde bei der Frau des Fahrers ab, fuhren mit dem Auto zu einem guten Ausgangspunkt und machten einen langen Spaziergang. Wenn wir zurückkamen, war Philippe schon da. Wir zogen Hauskleidung an und verbrachten die Stunde vor dem Abendessen mit Lesen auf der Terrasse: getrennte Bücher, geteilte Bemerkungen. Bernard Grasset und andere Verlage schickten Philippe nach wie vor ihre neuen Romane, alle paar Tage trafen in La Pacifique Päckchen mit druckfrischen Büchern ein, die Seiten noch nicht aufgeschnitten, wie es damals bei französischen Büchern üblich war. Papiermesser aller Arten waren zur Hand: Philippe schnitt die Seiten eines Buches äußerst sorgfältig auf, ehe er ein Wort las, Oriane und ich dagegen liebten es, erst die ersten acht Seiten aufzuschneiden, lasen, mußten innehalten, schnitten wieder.

Abendessen gab es um acht. Die Mahlzeiten der Desmirails waren seltsam einförmig. Weniger sinnenbetont als das, was wir aßen, kann gutes Essen – und es war gutes Essen – kaum sein. Einmal hörte ich Oriane ein Gericht als «korrekt» bezeichnen. Wir hätten ebensogut Tausende von Kilometern von der Provence entfernt sein können: keine aromatischen Kräuter, keine Farben, keine Gewürze, kein Knoblauch, vor allem kein Knoblauch. *Une question d'éducation*, sagte Philippe zu mir, ein gut erzogener Mensch ißt keinen Knoblauch, es könnte beleidigend sein für jemanden, der keinen gegessen hat. Daß dieses Problem im Midi, wo *jeder* Knoblauch ißt, nicht auftritt, brachte ihn nicht von seinem Prinzip ab. Ein tieferer Grund für seine kulinarische Zurückhaltung war, nahm ich an, eine Art Nachkriegsscheu vor einigen Formen des Französischseins, ein Protest gegen den Pantagruelismus, die satte Lebensfreude seiner Landsleute. Der Protest schloß Wein mit ein. Die Desmirails tranken bei Tisch Wasser, Evian oder Vittel. Ich nehme an, Philippe hat diese Mineralwasserphase längst vergessen und würde heute nicht gerne daran erinnert werden, da er, unter anderem, ein ziemlich berühmter Weinbauer geworden ist, der mit seinen Freunden manche gute Flasche geleert hat. Die Askese seiner Vergangenheit war so, wie ich es heute sehe, Teil der Erholung von dem Trauma des Weltkriegs, seinem knappen Überleben, nachdem drei Brüder gefallen waren. Bei aller Gelassenheit und Ausgeglichenheit kämpfte er in manchen Aspekten des Lebens noch mit der Vergangenheit.

Doch selbst in dieser Zeit war er genug Franzose geblieben, um es unvorstellbar zu finden, einem Gast an seinem Tisch nicht Wein anzubieten. Bei jeder Mahlzeit stand eine Karaffe mit ordentlichem Rotwein neben meinem Glas, und es galt als selbstverständlich, daß ich mich nach Belieben bediente.

Nach dem Abendessen versuchte Philippe zuweilen, mich ein wenig mit den Grundzügen der Physik und den Entwicklungen des Automobilbaus vertraut zu machen, Oriane, bereits bestens unterrichtet, strickte bei diesen Gelegenheiten. Oder wir spielten ein Spiel, Mah-Jongg oder Belote, zu dritt. Oft saßen wir auch nur schweigend zusammen, jeder in sein Buch vertieft. Zur Schlafenszeit, gegen elf, pflegte Oriane Philippe noch einen Kakao zu machen.

Einmal in der Woche war das Telefongespräch mit Nizza fällig. Es war immer ein Donnerstag, und die Nachrichten waren nie erfreulich. Meine Mutter hatte auf keine Behandlung gut angesprochen. Sie war eine schwierige Patientin, die etwas in die Finger bekommen hatte, womit sie nicht umgehen konnte, und sich weigerte, die Verantwortung dafür zu übernehmen. Es gab Ärger mit einer Krankenschwester, gegen die sie eine Abneigung hatte. Einmal versuchte sie, ohne Genehmigung auszugehen – zu fliehen, würde ich es genannt haben –, was nicht erlaubt ist, wenn man ein verbindliches Papier unterschrieben hat, und der Aufsicht war es gelungen, sie zurückzuhalten. Das Schlimmste war, daß meine Mutter, nachdem die komplette Absetzung der Droge endlich erreicht war, körperlich sehr geschwächt war. Diverse Sekundärbeschwerden traten auf. Meine Mutter, einst so gesund, war jetzt eine schwerkranke Frau. Sie sahen und sagten eine langwierige und schwierige Genesung voraus.

Wann ich sie sehen dürfe?

Möglicherweise bald. Allerdings habe sie bislang nach keinem ihrer Angehörigen gefragt. Es gebe jetzt eine Schwester, die sie gern hatte und die etwas für sie tun könnte.

Schon am Tag vor diesen Telefonaten war ich ganz aufgeregt, in dieser Zeit waren die Desmirails besonders lieb zu mir.

Der schönste Tag der Woche war für mich der Sonntag, weil Philippe am Samstagabend die Büroschreibmaschine mitbrachte, ein großes, klobiges Ding, das werktags von Josée, der «überbezahlten» Sekretärin, benutzt wurde. Philippe schleppte die Maschine zuverlässig jeden Samstag nach La Pacifique und beförderte sie am Montagmorgen zurück. Sonntags tippte ich, was Oriane und ich in ironischem Ton *mes œuvres* nannten, meine Werke. Ich übertrug die Druckbuchstabenausbeute von sechs Tagen auf steifes weißes Papier. War es annehmbar? War es gut? Oder war es nur Gefasel? Ich hoffte, ich bangte, ich jubelte: es getippt zu sehen war fast so gut wie gedruckt.

Eines der von Oriane für ihre junge Schriftstellerin eingeführten Rituale war, daß sie dem Hausmädchen Suzanne eingeschärft hatte, mich nie mit Dingen wie Saubermachen zu stören. Jede Schriftstellerin, alt oder jung, geübt oder erst lernend, wäre über eine derartige Protektion entzückt. Die gute Suzanne betrat mein Zimmer mit Besen und Staubwedel nur in meiner Abwesenheit nach dem Mittagessen. Für eine Weile sah alles bestens aus. Ich liebe Ordnung, übertrieben, wie einige meiner angelsächsischen Freunde meinen; aber weit unterhalb des Desmirailschen Standards. Eines Tages befand Oriane, daß mein Zimmer eine gründliche Reinigung benötige, die von Suzanne während unseres Spaziergangs erledigt wurde. Aus Sorge, daß meine «Papiere» durcheinandergeraten oder, Gott behüte, weggeworfen worden seien, überprüfte ich danach alles sorgfältig. Alles war an seinem Platz, nur auf der Frisierkommode fehlte ein Aspirinröhrchen. Meine Mutter hatte es mir in den letzten Tagen der Ungewißheit, bevor sie in die Klinik ging, gegeben. Ob ich es für sie aufbewahren wolle, *ohne* es aufzumachen und zu sehen, was darin sei? Ob ich ihr mein Wort gebe? Sie hielt sich selbst oft nicht an ihres, vertraute aber darauf, daß ich meines hielt. Natürlich versprach ich es. Das Aluminiumröhrchen war fast gewichtslos, es klapperte nicht, wenn man es schüttelte. Ich maß ihm wenig Bedeutung bei – damals waren so viele sonderbare Dinge im Gange. Als ich Les Cyprès verließ, hatte ich es zu meinen Bürsten und Utensilien gepackt und auf die Frisierkommode gelegt. Jetzt fehlte es, Suzanne mußte es fortgeworfen haben. Ich wollte nicht danach fragen – es hatte vermutlich etwas Anrüchiges enthalten, ohne das wir besser dran waren. Ich betrachtete es nicht als ein heiliges Gut (abgesehen davon, es nicht zu öffnen und nicht hineinzusehen) und verbannte es aus meinen Gedanken.

Es war ein gutes, ein heilsames, ein friedliches Leben, das ich in La Pacifique führte – auch ohne die Verführung zum Schreiben –, und ich bin den Desmirails auf ewig dankbar für ihre Großmütigkeit und Zuneigung: sie waren himmlisch.

Vielleicht nicht nur himmlisch, was Oriane anging, das paßte nicht zu ihr, etwas trieb sie – später noch schlimmer –, von Zeit zu Zeit ihre Krallen zu zeigen. Eines Abends beim Essen – wir waren allein, ein Problem mit einem Theaterbus hielt Philippe in der Werkstatt auf –, als ich mich wieder aus der Weinkaraffe bediente (ein drittes Glas? Ein viertes? Ich trank ziemlich viel für mein Alter), sagte Oriane mit samtiger Stimme: «Weißt du, *ma chérie*, ich an deiner Stelle wäre *vorsichtig*, immerhin, *ta mère est une morphiniste*», deine Mutter ist morphiumsüchtig.

Sogleich war sie entsetzt (viel mehr als ich) und bettelte um Vergebung. «Wie konnte ich? *Je suis méchante*», ich bin boshaft. Ich verstand oder glaubte zu verstehen; wir beruhigten uns gegenseitig, in der Gewißheit, daß keine von uns jemals ein Wort darüber zu Philippe verlieren würde.

Oriane sprach sehr viel auf unseren Spaziergängen. Der Weg führte uns oft zu oder vorbei an Verstecken, die sie entdeckt (benutzt?) hatte – eine verlassene Hütte, eine geschützte Lichtung. Ich dachte an Louis. Sie aber sprach von anderen Männern. Männern der Zukunft. Einem Bankier in Paris, sehr tüchtig, ein ambitionierter Mann, der es weit bringen werde, der nur auf ein Zeichen von ihr wartete... aber er sei zu alt. Der Fahrer von Bus Nr. 1 lächle ihr zu, brauche aber Ermutigung, ein sehr gut gebauter junger Bursche, dem Typ nach der geborene Chauffeur des Ehemannes – ob es amüsant wäre, die französische Lady Chatterley zu sein? (Den Kommentar meiner Mutter *dazu* hätte ich gerne gehört.) Auch der Mann ihrer jüngeren Cousine sei verrückt nach ihr – ich hätte ihn sicher bemerkt? Er sei so hübsch. Es geschähe Adrienne recht, sie habe ihm genug Hörner aufgesetzt, *und* sie versuche, sich an Philippe heranzumachen. Andererseits sei eine Affäre en famille eigentlich nicht das, was man sich wünsche, oder?

Was, dachte ich erschüttert und verwirrt, will Oriane eigentlich? Aufregung? Amüsement? Befriedigte Eitelkeit? Etwas hiervon war in vielen Liebesaffären enthalten... Aber in *diesem* Maße? *Und Philippe*? Ja, man kannte Philippes Version vom Nachkriegskodex des ehelichen Laisser-faire: die seine basierte auf Toleranz, mit einem Quentchen Lässigkeit oder gar Gleichgültigkeit? Oriane stand ihm hierin in nichts nach: Ihr Sprungbrett war Trivialität und die Kunst, immer um eine Nasenlänge voraus zu sein. Ihrer sexuellen Freizügigkeit, in Gedanken, wenn nicht in Taten, fehlte es an Würde, ganz zu schweigen von der Spontaneität des Kislingschen Milieus. Oriane sprach viel von Philippe, wie sie ihn liebe und bewundere. Und sie tat es wirklich. Sie glaube daran, daß sie unzertrennlich seien, und sie wolle alles Erdenkliche tun, damit es so bliebe. Sie hätten so viele Gemeinsamkeiten: zwei Menschen aus demselben Holz geschnitzt. Ihre Tragödie war, daß auch er dies glaubte, zumindest für eine lange Zeit. Denn sie waren *nicht* beide gleich, nicht im Charakter – er war eher stark, sie eher eigenwillig – und nicht in ihren Wertvorstellungen. Das Zwillingsgebaren ihrer Jugend war ein trügerischer Schein, ihre so auffällige Ähnlichkeit im Aussehen ein Produkt von Erziehung, Milieu, Manieren, einigen gemeinsamen Vorlieben und Abneigungen und der großen Illusion ihrer Ehe. Die beiden waren sich gerade ähnlich genug, um sich als Liebende nicht gegenseitig zu entflammen, und sie waren sich zu unähnlich, als daß sie die Grundsätze seiner Natur, seine außergewöhnliche Güte, Rechtschaffenheit und Bescheidenheit, hätte anerkennen können, und zu unähnlich, als daß er – sobald er sich dessen bewußt wurde – das Fehlen dieser Eigenschaften bei ihr hätte noch länger erdulden können.

Oriane lebte dafür, erfolgreich zu sein, Aufsehen zu erregen, sie sehnte sich nach Erfüllung, Liebe, Berufung; sie besaß Courage, Waghalsigkeit und einen Hang zu Verwegenheit, und wenn das Schicksal, was wahrscheinlich war, darin versagte, ihr den Trumpf zuzuspielen, dann würde sie entschlossen die Karten selbst in die Hand nehmen.

Trugen alle Frauen den Keim der eigenen Zerstörung in sich? Toni… meine Mutter… Doris… Cécile… Doch da war auch Renée. Und Rosie, die gute, liebe, häßliche Rosie. Bei ihnen war die Welt noch in Ordnung.

Während ich unter dem Dach der Desmirails lebte, waren diese Befürchtungen über ihre jeweilige Zukunft nur Andeutungen, Gedanken, die sich in meinem Unterbewußtsein verankerten. Was mein Bewußtsein damals beschäftigte und heute vergessen ist, war der Charakter des jungen Mannes in meinem Roman, von dem mir nichts in Erinnerung geblieben ist, als daß er wahrscheinlich Mallarmé und Catull heruntergerasselt hat und daß er eine Geliebte hatte, eine neckische, hinreißende Frau in den Dreißigern, deren Name Marie-Laure de Sainte-Trinide war.

In der Zwischenzeit, wenn ich nicht an die Klinik in Nizza dachte – was ich, so oft es ging, vermied –, war ich glücklich.

7. Kapitel

Als meine Mutter endlich nach Hause entlassen wurde, richteten wir alles für ihre Ankunft her und versuchten auch, uns selbst darauf vorzubereiten, so gut es eben ging. Eine junge Krankenschwester, die mit ihr gefahren war, half ihr aus dem gemieteten Wagen. Meine Mutter stützte sich auf ihren Arm, langsam gingen sie die Zufahrt hinauf. Die Frau, die Alessandro und ich näherkommen sahen, war ausgezehrt und bewegte sich schwerfällig. Sie erwiderte unsere Begrüßung willenlos, ja abwesend. Ihr Gesicht war faltig, in ihr kastanienbraunes Haar mischten sich graue Strähnen, ihre Augen waren stumpf.

Als ich sie in der Klinik gesehen hatte (man hatte es mir in letzter Zeit einige Male gestattet), war sie eine Kranke in einem Hospitalbett, für einen Besuch zurechtgemacht und entschieden zu erschöpft, um viel zu reden – sie litt an akuten Schmerzen und Steifheit in den Gelenken. Ich hatte nicht erwartet, daß sie wie früher sei. Doch hier, aufrecht stehend, angekleidet und «geheilt», war die Veränderung verheerend.

Wir gingen ins Haus. Es war gegen drei Uhr nachmittags, kaum die günstigste Zeit des Tages für eine Ankunft. Sie setzte sich. Ich setzte mich. Die Schwester sagte, es sei Zeit für sie zu gehen. Sie küßte meine Mutter, die wie von panischem Schrecken erfaßt ihre Hand festhielt, um sie dann ohne ein Wort loszulassen. Alessandro begleitete die junge Frau zum Auto.

Ich war zwei Tage zuvor wieder in Les Cyprès eingezogen. Alessandro war schon länger da. Er hatte unser winziges Badezimmer frisch gestrichen, damit es heller aussah, und einen Tisch für die Bücher und Papiere gebaut, die meine Mutter gerne am Bett hatte. Maria – die Huxleys waren wieder in Sanary – hatte das Haus mit Blumen geschmückt, das Zimmer duftete nach ihnen und den spätherbstlichen Früchten, die ich mitgebracht und in einem hübschen Korb arrangiert hatte. La Grosse Hélène hatte einen Großputz veranstaltet. Auch die Hunde waren wieder da. Ihre Begrüßung ließ meine Mutter ebenso gleichgültig über sich ergehen wie das Wiedersehen mit uns und alles übrige.

Alessandro kam wieder herein. Er hatte sich noch mit der Schwester unterhalten, die ihm sagte, daß die «Anpassung» schwierig sei. Die ersten Tage könnten die schlimmsten sein, um frisch Entlassene müsse man sich mit größter Sorgfalt kümmern. Alessandro hatte sich immer um meine Mutter gekümmert, niemand konnte das besser als er, *wie ein Mann sich um eine Frau kümmert*. Nicht eine Tochter, nicht eine Krankenschwester. Überdies – wie ich, wie viele Leute, die wenig Erfahrung damit hatten – fürchtete er sich vor Krankheiten.

«Möchtest du jetzt zu Bett gehen?» fragte er. «Ich denke schon.» Sie sah sich hilflos um. «Es gibt sonst nicht viel zu tun.»

Ich brachte sie in ihr Schlafzimmer. «Wie primitiv die Wasserleitungen in diesem Haus sind – ist das alles, was ihr hier an fließendem Wasser habt?» Sie sagte es eher mit resigniertem Staunen als vorwurfsvoll. «Dann war die Klinik komfortabel?» fragte ich und rief mir ins Gedächtnis, was ich dort zu sehen bekommen hatte – eine Kreuzung zwischen einem Luxushotel und einem diskreten Irrenhaus.

Auch dachte ich an die Rechnungen.

«Komfortabel?» rief sie aus, «komfortabel? Oh, ich schätze, das war es gewissermaßen, man hat nie einen Finger gerührt.»

Sie sah auf das große Bett. Ihr Gesichtsausdruck war halb ängstlich, halb mürrisch. «Ich glaube», sagte sie sehr langsam, «ich muß nachts allein sein. Würdest du ihm das ausrichten?» Es sollte nicht das letzte Mal sein, daß sie Alessandro indirekt eine Botschaft zukommen ließ.

Am selben Abend brachte er seine Sachen ins Gästezimmer. Ich habe nicht gefragt, ob er erleichtert war, und wollte es auch nicht wissen.

Die körperliche Verfassung meiner Mutter besserte sich. Sie konnte sich wieder mühelos bewegen, doch ihre seelische Verfassung blieb sehr niedergeschlagen, und das blieb nicht ohne Wirkung auf uns und alles, was wir taten. Sie reagierte stets gleichgültig, nichts machte ihr Freude, weniges mißfiel ihr ausgesprochen: Sie war duldsam geworden. Sie sprach wenig. Ihre Lust zu analysieren war geschwunden und augenscheinlich auch ihre Launenhaftigkeit, mit Ausnahme einer Spur von Arroganz, die sie Alessandro hin und wieder entgegenbrachte. An Stelle der wechselnden Persönlichkeiten des letzten Sommers fanden wir eine neue dritte.

Ich versuchte, die Mauer zu durchbrechen, indem ich fragte: «Mami, bist du immer noch sehr unglücklich?» «Glücklich… unglücklich…» sagte sie auf diese neue, langsame Art, «Glück kann ich mir nicht vorstellen, nichts kann ich mir vorstellen. *Gibt* es etwas?» Sie war befallen von *le cafard*, wie man es im sorglosen Midi nennt, wo er angeblich nachmittags zuschlägt, Weltschmerz, die schwere, erdrückende Last, die dem Menschen die Seele beschwert und den schönsten Tag, die strahlendste Aussicht, in Staub und Asche verwandelt.

In Nizza hatte man meiner Mutter einen Brief für einen praktischen Arzt in Bandol mitgegeben. Wir fürchteten inzwischen alle Ärzte. Dieser, ein wohlwollender, verständiger, halbwegs sensibler Mann, war zuversichtlich. Ja, sagte er uns, sie durchlaufe eine depressive Phase. *Pauvre femme*, die Ärmste. Medizinisch sei da nicht viel zu machen (nicht damals, nicht in Bandol). Er riet zu einem milden Beruhigungsmittel, Sedobrol oder ihrem unwirksamen alten Gefährten Paciflorin, und warnte uns, sie keine starken Schlaftabletten nehmen zu lassen. Zerstreuungen? Ruhe? – Das spiele keine Rolle. Nur Geduld… Zeit…

Wir versuchten, sie dazu zu bewegen, zu essen – sie war viel zu dünn – und wenigstens einmal am Tag aufzustehen und sich anzuziehen. Alessandro und ich kochten die Gerichte, die sie am liebsten aß, und Madame Panigon, die immer liebenswürdig zu uns war, egal was sie hinter unserem Rücken sagte, schickte eine köstliche Suppe, die sie selbst gekocht hatte. Meine Mutter setzte sich müde auf, trommelte mit den Fingern unruhig auf den Tisch, aß lustlos gerade genug, um Bemerkungen und gutem Zureden vorzubeugen, wartete darauf, daß Alessandro ihr Glas wieder füllte, und stürzte dann gierig ihren Wein hinunter. Früher hatten wir sie gehänselt, weil sie so wenig trank, oft nicht mehr als ein halbes Glas Rotwein zum Essen. Jetzt widersetzten wir uns ihrer Forderung nicht. «Kommt schon», sagte sie, «amüsiert mich, wenn ihr könnt.» Ich versuchte ihr vom Leben bei den Desmirails zu erzählen. «Du liebe Güte», sagte sie, «nicht gerade amüsant, ich würde es eine Lobpreisung nennen: Zuerst war es Oriane, jetzt ist es Philippe – mein armes Kind, immer übertreibst du.» Sie griff an Alessandro vorbei nach der Flasche. «Schläfst du?» sagte sie zu ihm. Der Wein brachte etwas von ihrem alten Ich zurück. Wir waren erleichtert.

Die Huxleys schenkten meiner Mutter ein Kätzchen, einen Sprößling von Matelot und Pussy, ihrem Siampärchen. Es war ein schönes kleines Tier mit hellem, cremefarbenen Fell und der typischen dunklen Zeichnung. Meine Mutter nahm es in die Arme und auf ihr Bett, wo es sich häuslich niederließ. Siamkatzen sind wählerische Gesellen, diese jedoch gestattete, daß sie Gefallen an ihr fand. Sie nannte den Kater Uley, so wurde der Name der Huxleys von den Einheimischen ausgesprochen, denen H und X nicht leicht von der Zunge ging. Sie spielte mit Uley, überließ ihm die Papiere auf ihrem Bett als Spielzeug, sie fütterte ihn mit den besten Bissen von ihrem Teller, wenn sie aufstand, trug sie ihn auf ihren Armen. Die Hunde, die ihr nach wie vor gleichgültig waren, wollten aufbegehren, aber sie brachte sie zum Kuschen. Dies war ihr erster Ausbruch aus der tödlichen Apathie.

Während meine Mutter sich erholte, freundete sie sich mit La Grosse Hélène an. Sie schickte sie mitten in der Hausarbeit zu Besorgungen. (Etwa um auf der Bank Schecks für sie einzulösen?) La Grosse Hélène, gescheit und gutmütig, behandelte uns alle mit einer Mischung aus Mütterlichkeit und Herablassung.

Meine Mutter wurde heiterer, Momente des Optimismus durchbrachen ihre Düsterkeit, sie redete wieder. Einige Mahlzeiten waren wieder lebhaft. Schließlich begann sie, von der Klinik zu erzählen, nicht von den Schrecknissen, sondern von Leuten, Personal, Mitpatienten. Jetzt erfuhren wir, daß sie sich mit einem Russen angefreundet hatte, einem weißrussischen Emigranten, nicht mehr in der Blüte seiner Jugend, der sich seiner sechzehnten Entgiftungskur unterzog. «Die *sechzehnte*. Ich werde keine *zweite* durchmachen. Niemals. Das verspreche ich euch.»

Alessandro und ich vernahmen ihre Worte mit gefalteten Händen und Gebeten im Herzen.

Der Russe, Iwan war sein Name, «nicht sehr originell von ihm, oder besser von seinem Vater, aber der arme Mann war auch mit diesem Namen geschlagen, mein Russe heißt nämlich Iwan Iwanowitsch». Er hatte die ganze Skala durchlaufen, Kokain, Haschisch, Opium, Heroin. Opium sei das beste, sagte er zu ihr, wenn man lerne, damit umzugehen, hielte die Wirkung am längsten an. Der Russe, ein Mann von außerordentlicher Finesse und Kultiviertheit, meinte, sie würde nie in den vollkommenen Genuß von Turgenjew gelangen, wenn sie nicht lerne, ihn im Original zu lesen. Sie brauche sich nicht zu bemühen, wegen Tolstoi Russisch zu lernen, dessen Stil zeitweise schwerfällig sei, *er* lese sich besser in Übersetzungen. Sie vermisse Iwan Iwanowitsch... Sie ließ durchblicken, daß er sie bewundert hatte. Eines Tages, so hatten sie sich gelobt, würden sie sich wiedersehen, wenn er herauskäme, wann immer das sei.

«Ich glaube, ich werde Russisch lernen. Er hat mir schon das kyrillische Alphabet beigebracht.» Sie angelte nach Papier und Bleistift und schrieb fließend абжя. Rief dann: «Oh, starrt mich nicht so an, als hätte ich einen Zirkustrick vorgeführt – ihr behandelt mich wie ein gefährliches Tier. Ich bin immer noch… Oh, was weiß ich, was ich bin?»

Alessandro stand auf und tätschelte unsicher ihren Arm. «Seht ihr?» sagte sie mit höhnischem Grinsen.

An anderen Abenden jammerte sie nach der jungen Krankenschwester. «*Sie* wußte, was man braucht, wenn es einem nicht gut geht. Sie hat Gedanken gelesen.»

«Weil sie Krankenschwester ist», sagte Alessandro, was vielleicht unklug von ihm war.

Diese Abende endeten entweder in plötzlicher Apathie oder in erneuten Anklagen gegen Alessandro, die sie ihm offen ins Gesicht schleuderte oder hinter seinem Rücken verbreitete.

«*Er* hat mir dies eingebrockt», schrie sie in plötzlichem Zorn.

Ich versuchte ihr klarzumachen, daß *dies* vorbei sei, daß sie es hinter sich lassen müsse, aber es brach aus ihr heraus: «Nach allem, was mit *mir* passiert ist! Meine ruinierte… Gesundheit.» (Noch war sie außerstande, über ihre ruinierte Schönheit zu sprechen.)

Sie schlief tief und lange, manchmal bis zum Nachmittag. Eines Tages stieß ich auf die Ginflasche in ihrem Bett. Sie war herausgefallen, sie war leer, eine Flasche Gordon's Gin. Zuerst behauptete meine Mutter, ich träume, dann, daß die Flasche zufällig dahin geraten sei.

Beim zweiten Mal – diesmal hatte ich nicht gewartet, bis die Flasche herausfiel, und sie war nicht leer – wurde sie wütend.

«Wage ja nicht, es jemandem zu erzählen, am wenigsten diesem Zerberus von einem Arzt in Bandol…»

Es ging also nicht nur um die Einlösung von Schecks, wenn La Grosse Hélène nach Sanary geschickt wurde.

«Ich glaube, die Frau stiehlt», sagte meine Mutter zu mir, «vermißt du etwas?» Nein, natürlich nicht. «Bist du *ganz* sicher?»

«Ganz sicher», sagte ich. «Bei all ihren Fehlern, das ist das letzte, was Hélène tun würde. Sie ist ehrlich. Sie stiehlt höchstens unseren guten Ruf.»

«Wir haben keinen guten Ruf. Bei dem lockeren Lebenswandel meines Mannes.»

Es sei vorhersehbar gewesen, sagte der verständige Arzt in Bandol. Und Sie können sie nicht davon abbringen. Diese Menschen finden immer Mittel und Wege, es zu beschaffen. Versuchen Sie zu erreichen, daß sie weniger trinkt, versuchen Sie, es natürlich aussehen zu lassen, trinken Sie *mit* ihr.

Wir besorgten Wermuth, Orangensaft, Angostura, Eis und erklärten, es sei doch nett, wenn wir zusammen Ging Sling, Tom Collins oder was auch immer trinken würden. Gott, wie falsch das klang. Meine Mutter war nicht angetan davon, im Gegenteil, es war ihr überhaupt nicht recht. Sie wollte ihr Geheimnis bewahren, sich von Zeit zu Zeit zurückziehen, mit Uley und einer Flasche, und ins Bett gehen.

Eine Zeitlang kam sie ganz gut damit zurecht. Es ermöglichte ihr, beinahe normal und die meiste Zeit auf zu sein. Sie ging sogar alleine aus, zum Einkaufen und zum Friseur. Die grauen Strähnen verschwanden aus ihren Haaren, ein gutes Zeichen. Sie gewann ihre Freude am geselligen Leben zurück. Sie besuchte Leute, manchmal zu ausgefallenen Zeiten, wurde eingeladen und kam auch beinahe pünktlich, zum Mittagessen bei den Panigons, den Kislings, den Huxleys. Sie besuchte sogar Oriane. (Philippe ging sie aus dem Weg; sie spürte instinktiv das Eis unter seiner Liebenswürdigkeit.) Und das Beste daran war, daß sie nicht mehr in Depressionen versunken, nicht mehr verzweifelt war. Schlimm jedoch, sehr schlimm, war ihre fortgesetzte Feindseligkeit gegen Alessandro. Sie bedachte ihn mit Spott und Hohn, behandelte ihn wie einen Verbrecher, einen Wurm. Er ertrug die Angriffe tapfer.

«Willst du deine Konkubine nicht sehen?» fragte sie ihn in meiner Gegenwart.

Er beherrschte sich mit Mühe. In einer plötzlichen Eingebung erkannte ich, daß seine Qualen das Verhalten meiner Mutter betrafen, nicht die arme Doris. Bewunderung und Liebe für meine Mutter hatten fast sein ganzes Leben als erwachsener Mann erfüllt. Nun hatte sie seit fast einem Jahr die Person, die er liebte, vor seinen Augen zerstört. Er konnte es nicht ertragen.

Als ich später zu ihm ging, sah ich die Gelegenheit gekommen, ihn zu fragen: «*Willst* du Doris sehen?» O nein, sagte er. Das könne nicht erneuert werden. Der Preis dafür sei zu hoch gewesen.

Sie ist also verraten und verkauft, dachte ich. «Wie geht es ihr?»

Er seufzte. Arme kleine Doris. Sie wolle nicht zu Paul zurück. Sie nehme sein Geld nicht mehr an. Sie arbeite für eine politische Vereinigung, sei in Deutschland aktiv politisch tätig, ultralinker Flügel. Es habe Paul das Herz gebrochen. «Ich wünschte, ich wäre tot», sagte Alessandro.

Meine Mutter erhielt Briefe von ihrem Russen Iwan Iwanowitsch. Sie riß sie an sich, nahm sie mit ins Bett, versteckte sie unter dem Kopfkissen. Vielleicht waren es Liebesbriefe, vielleicht wollte sie es uns auch nur glauben machen.

Sie hatte sich eine russische Grammatik besorgt. Es sei Zeit, etwas für ihre Weiterbildung zu tun, außerdem liebe Uley es, mit russischen Kosenamen gerufen zu werden. Sie wolle sich auch bald wieder mit ihrem Essay über Stendhal und Flaubert befassen. Sie sprach mit mir wie früher, oft sehr lieb. Da erzählte ich ihr von dem Roman, den ich bei den Desmirails geschrieben und seitdem nicht mehr angerührt hatte.

Sie nahm mich ernst. Ob mir klar sei, wie schwierig es sei, einen *guten* Roman zu schreiben? Die vielleicht schwierigste, und lohnendste, literarische Gattung. Sie selbst hätte alles darum gegeben –

nein, nicht alles, wie ihr Leben wohl bewiesen habe, aber eine Menge –, etwas schreiben zu können, Erfahrung in Kunst umsetzen zu können. Ob sie das erforderliche Talent gehabt hätte? Das könne man nicht sagen, wenn man es nicht versuche – und es zu versuchen sei Arbeit. «Ich habe nie gelernt zu arbeiten.» Schreiben war etwas, dem man sich hingeben müsse wie einer Berufung. Wären da nicht die vielen Liebesgeschichten gewesen… Sie hatte sie erlebt, leider nicht geschrieben.

Was mich, ihre Tochter, angehe, so mochte ich es durchaus zustande bringen, *wenn* ich Talent hätte, wenn ich akzeptierte, daß man sich der Schriftstellerei unterwerfen müsse. «Blicke nie über deine Schulter, denke nicht an Publikum oder Ruhm oder Geld – folge deiner Inspiration, wenn du sie hast, dann gib dir alle Mühe, es festzuhalten, es auszudrücken, in die richtige Form zu bringen.» Und es sei das Beste für mich, nicht zu heiraten, mich nicht mit Haus und Kind zu belasten. Sie grinste. «Oh, ich weiß, alle denken, ich habe mich nicht genug mit dir beschäftigt. Und doch bin ich *keine* Schriftstellerin geworden, hier haben wir einen hübschen Trugschluß. Und jetzt mußt du mich allein lassen. Ich brauche ein bißchen Ruhe.» Sie lächelte wieder gewinnend. «Ich nehme ein Schlückchen, und Uley bekommt einen Tropfen davon in seine Milch. Ich will doch nicht, daß er ein Riesenkater wird.»

Am Heiligen Abend aßen meine Mutter und ich bei Huxleys in Marias Eßküche im Keller. Maria war eine unkonventionelle Gastgeberin, lange bevor die Umstände die meisten von uns dazu zwangen. Alessandro war geschäftlich für ein paar Tage in Aix. Meine Mutter nahm Uley mit, der von seinen Eltern völlig ignoriert wurde – Aldous war von dieser elterlichen Loslösung fasziniert und verglich sie wohlmeinend mit menschlichen Familienstrukturen. Er selbst hing sehr an dem kühlen Vater von Uley, Matelot, der sich gerne in Aldous' Arbeitszimmer aufhielt und auf Aldous' Schulter thronte, während dieser tippte. So saßen wir an Marias großem wachstuchbedecktem Tisch, sprachen über Siamkatzen und aßen

Rosenblättermarmelade und Salzmandeln, die eine von Matthew eigens für diesen Anlaß gebaute Miniatureisenbahn hin und her beförderte. Meine Mutter war gutgelaunt. Es schien wieder möglich, daß das Leben zu ertragen sei.

Die Zeit verging. Wochenlang war meine Mutter still und reserviert, Alessandro kam und ging, aber es gelang uns, den Frieden zu bewahren. Ich begann wieder zu schreiben. Ein wenig, und nicht ohne Mühe. An einem Winternachmittag kam ich von einem Spaziergang mit Oriane zurück. Sie war gereizt gewesen, beklagte sich über ihre Unzufriedenheit. Sie könne die dämlichen Busse, das fade Leben in Sanary nicht mehr ertragen, ebensowenig Philippes Behauptung, es spiele keine Rolle, welche Art von Arbeit man tue, solange man sein Bestes gebe. Sein Bestes! Wenn das Geld den Bach hinunterging, die Frauen der Fahrer wegen lächerlicher Beschwerden auf Kosten der Firma in Privatkliniken behandelt wurden und die Konkurrenz eine von Bandol ausgehende Buslinie ins Leben gerufen hatte! *Sie* wolle nach Paris, um Theateraufführungen und kultivierte Leute zu sehen, sie könne aber auch ebensogut in die Schweiz und in ein dortiges Sanatorium zur Kur gehen; sie könnten dort Wunder für die Nerven wirken. «*Comment, idiote, tu ne savais pas que je souffre des nerfs?*» Wieso ich Dummkopf nicht wisse, wie sehr sie mit den Nerven fertig sei? Es gelang mir, sie zu beruhigen, ich sagte, daß *ich* für meine Nerven Paris besser finden würde als Lausanne, und ging nach Hause. Im Flur wehte mir schwacher Äthergeruch entgegen. Schneller als meine Gedanken reagierte der Körper, meine Glieder begannen zu zittern, Arme und Beine führten einen selbständigen kleinen Tanz auf. Es war ein merkwürdiges Erlebnis; erst Sekunden später erreichte die Erkenntnis meinen Verstand: damit reinigt sie die Nadeln ihrer Spritze. Es begann von vorn.

Als ich sie das erste Mal zur Rede stellte, bestritt sie es. Lächerliche Verdächtigungen, wir demütigten sie mit unserer Überwachung. Als es offensichtlicher wurde – wir bemerkten neben dem Äthergeruch noch andere Anzeichen, nachdem wir wachsam geworden waren –, gestand sie es beinahe triumphierend: Was seien wir für Idioten gewesen.

«Wie lange geht das schon?»

«Das geht euch nichts mehr an.»

Und so war es auch. Eines machten Alessandro und ich ihr klar: Diesmal würden wir nicht die Hand im Spiel haben. Kein Assistieren mit dem Spirituskocher, mit dem ganzen Hokuspokus, keine Touren durch die Apotheken. Meine Mutter sagte, sie brauche und wolle unsere Hilfe nicht.

«Ihr könnt nichts tun, um mich daran zu hindern», sagte sie klar und deutlich, «außer im Extremfall werdet ihr nicht daran denken, mich bei den französischen Behörden anzuzeigen, die mich vielleicht ausweisen oder einsperren – wahrscheinlicher aber mit der ganzen Sache nichts zu tun haben wollen. Ebenso unklug wäre es von euch, mir alles Geld zu nehmen. Ihr könnt mich natürlich kurz halten, aber wir haben Kredit...»

Sie hatte recht. Wir besaßen keine brauchbaren Waffen.

Aldous und Maria waren im Januar nach London gefahren und würden vorerst nicht zurückkommen.

Wir fragten nicht, wann und wie sie an den Stoff kam. Die wahrscheinliche und einfachste Antwort war: Joyeu. Sie hatte wieder Zuflucht zu dem zweifelhaften Joyeu genommen.

Als sie merkte, daß uns unsere Ohnmacht bewußt geworden war, wurde sie sanfter. «Regt euch nicht so auf, habt nicht solche Angst... es wird nicht so enden wie letztes Mal. Das kann ich euch versichern. Ich werde Herr der Sache sein – mein russischer Freund hat mir eine Menge beigebracht – ich gestatte mir nie wieder, zur Sklavin zu werden. Ich behalte Kontrolle über dieses zweischneidige Geschenk des Teufels und der Götter, behandle es als mein Entkommen, meinen Schatz. Ich muß sie mir einteilen, die Stunden in meinem künstlichen Paradies. Aus jedem anderen bin ich vertrieben worden. Doch glaubt mir – aber das könnt ihr nicht, ihr Sterblichen, weil ihr es nie versucht habt –, das Künstliche kann durchaus das Beste sein, und man *kann* nach Belieben dahin zurückkehren. Ich werde als seine Anhängerin zurückkehren, als seine Besucherin, *nicht* als Süchtige.» Sie glaubte sich, und Stolz schwang in ihrer Stimme.

Ich hätte schreien können: «Du bist schon süchtig, sonst hättest du es nicht gewagt, dorthin zurückzukehren.»

Für eine Weile – ein paar Monate – blieb ihr Zustand tatsächlich stabil. Meine Mutter teilte es sich ein: drei-, viermal die Woche vielleicht (wir fragten nicht zu genau nach). In der Zwischenzeit Gin und Wein, abends Veronal. Sie verhielt sich still, verbarg ihren Gemütszustand vor uns. Nur mit mir konnte sie hin und wieder vertraulich reden, ich schmolz dahin, wenn sie es tat. Alessandro gegenüber bewahrte sie eine wachsame Zurückhaltung. Ein paarmal nannte sie ihn einen armen Jungen. Er konzentrierte sich ganz auf seine Arbeit.

Mit oder ohne Droge, meine Mutter war abends nicht gerne allein zu Hause, wenn einer von uns ausging, mußte der andere dableiben. Wir hatten uns bemüht, das Ritual der abendlichen Familienmahlzeit beizubehalten, aber zu häufig wurde nichts daraus. Ich arbeitete nicht und war so oft ich konnte nicht zu Hause. Die Kislings und ihre Freunde sahen mich gern, ich besuchte sie wieder regelmäßig. Neuerdings verbrachte ich meine Abende auch in Bandol und lernte neue Leute kennen. Es war Frühling, die Hotels und Bars füllten sich allmählich. Die Leute, die ich dort traf, wußten nichts von mir und unserer Geschichte, und das gab mir die Freiheit, so zu erscheinen, was ich sein wollte. Ich fühlte mich zu einigen hingezogen und merkte, daß sie mich attraktiv fanden. Ich hatte Affären. Sie waren nicht sehr ernst oder dauerhaft, aber es waren Menschen, die ich mochte und oft bewunderte und mit denen ich gerne zusammen war. Es war freundschaftlich, sinnlich und offen, die gelebte

Kisling-Doktrin, wie ich sie verstand. Ich ließ mich freudig mitrei-
ßen, weniger von einem bestimmten Liebhaber – wenngleich diese
Affären neben vielem anderen auch liebevoll waren – als vielmehr
von der Atmosphäre des Liebesspiels, seiner Abenteuerlichkeit
und dem unmittelbaren, neuen Eintritt in das Leben von Erwachsenen, die mit sich selbst zufrieden waren. Ich hatte Glück, oder
habe gut gewählt, denn die meisten von ihnen waren reizende
Menschen, gute Menschen, manche sogar herausragend. Mit vielen blieb ich danach lange Zeit, oft lebenslang, befreundet. Nur
einer oder zwei waren Mißgriffe, an die ich nicht gerne denke. All
dies begann langsam in jenem Frühling, ich erlebte *nicht* alles auf
einmal.

Eines Morgens rief mich meine Mutter in ihr Zimmer, sie war auf-
gestanden und angezogen und steckte gerade einige Geldscheine in
ihre Tasche. Die beiden jungen Hunde, die wieder Gnade gefunden
hatten und sich erstaunlich gut mit Uley vertrugen, sahen ihr vom
Bett aus zu. «Ich fahre mit dem Bus nach Toulon», sagte sie ganz
nebenbei, «ich brauche das Ding, das ich dir zur Aufbewahrung
gegeben habe.» – «Welches Ding?» – «Das Aspirinröhrchen, im
September, bevor... ich fortging.»

Ach das. «Jetzt erinnere ich mich. Tut mir leid, es ist weg.»

«*Weg*? Unmöglich!»

Ich erklärte, wie es verschwand, versehentlich weggeworfen
wurde, als ich bei den Desmirails wohnte. «Aber wußtest du denn
nicht, was darin war?»

«Ich habe nicht nachgesehen. Du hattest mir gesagt, ich dürfe es
nicht, ich mußte dir mein Wort geben.»

«Guter Gott! Was bist du für ein Dummkopf, schon wieder dieser hehre Ehrenkodex. Was *habe* ich nur in die Welt gesetzt?»

«Mami, was *war* darin?» fragte ich, nun wirklich neugierig.

Da zögerte sie. «Ein Stück Papier», sagte sie schließlich.

...?

«Eine Quittung.»

«Ach, deshalb war das Röhrchen so leicht und hat nicht geklappert. Was für eine Quittung?»

«Vom Mont-de-Piété in Toulon.» Der Pfandleihe.

Ich glaubte zu verstehen. «Hast du etwas versetzt, Mami? Das Familiensilber? Aber wir haben doch keins.»

«Es *war* gewissermaßen ein Familienerbstück – es hatte deinem Vater gehört... es war dein goldenes Zigarettenetui. Hast du es nicht vermißt?»

...

«Ich hab's letzten Sommer getan», erklärte sie hastig, «ich brauchte Geld, ich weiß nicht mehr wofür, aber ich brauchte es. Und du hast es nie benutzt. Da habe ich es zum Mont-de-Piété gebracht, und sie haben mir einen jämmerlichen Betrag dafür gegeben, diese französischen Geizhälse, wieviel, habe ich vergessen, aber es war jämmerlich, dabei war es massives Gold. Ich wollte es natürlich einlösen, bevor du es merktest. Aber dann mußte ich fort, deshalb habe ich den Pfandschein in dem Röhrchen versteckt und dir anvertraut. Und jetzt stehen wir da!»

Das Zigarettenetui meines Vaters. Ich hatte es sorgsam in einer Schublade verwahrt, zusammen mit mehreren Pullovern, die ich längere Zeit nicht getragen hatte.

«Was hättest du getan, *wenn* ich es vermißt hätte?»

«Wir hätten alle angenommen, daß La Grosse Hélène oder sonst jemand...»

«La Grosse Hélène war damals nicht bei uns», sagte ich wütend, «da hatten wir noch Emilia. Keinem von uns wäre je in den Sinn gekommen, etwas so Häßliches von ihr zu denken.»

«Bitte keine Vorwürfe. Du meinst, es wäre dir nicht in den Sinn gekommen, daß Emilia dein goldenes Etui gestohlen hätte, aber von deiner Mutter hättest du es angenommen?»

«Meine Mutter *hat* mein Etui gestohlen», erwiderte ich. Wir wußten nicht, ob wir lachen oder weinen sollten. «Du bist die unmöglichste Frau der Welt.»

«Kann schon sein. Liebstes Kind, ich sehe, es geht dir wirklich nahe.»

«Es ist früher schon versetzt worden», sagte ich.

«Tatsächlich?» Das erheiterte sie. «Hast *du* es versetzt?»

«Nicht direkt.»

«Erzähl.»

Da erzählte ich ihr, wie Susan Robbins es in den Tagen der Arglosigkeit verpfändet hatte, damit sie Ende des Monats über die Runden kamen.

«Du liebe Güte», sagte meine Mutter, «so habe ich mir dein Leben bei den Robbins nicht vorgestellt.»

«Du hast es dir vorgestellt, wie ich es dich glauben machte.»

«Du meinst, du hast mich getäuscht?»

«Ich war nicht erpicht darauf, dich aufzuklären. Und du hast es mir leicht gemacht.»

Sie lachte. «Also kein hehrer Ehrenkodex – vielleicht bist du doch nach mir geraten? Aber warum? Warum hast du mir nicht die ganze Wahrheit gesagt?»

Ja, warum? «Aus Angst, daß sich etwas ändert. Ich fühlte mich wohl bei ihnen. Manchmal fürchtete ich mich vor dem Zusammensein mit dir, das Leben mit dir konnte unberechenbar sein.»

«War es das bei den Robbins etwa nicht? Von einem Ort zum anderen hetzen, um den Gläubigern zu entweichen?»

«Berechenbar unberechenbar. Es betraf mich nicht, ich fühlte mich frei.»

«Heute morgen kommen kuriose Wahrheiten ans Licht», sagte meine Mutter. «Vielleicht sollten wir lieber zusehen, wie wir dein Zigarettenetui zurückbekommen, nachdem du den Pfandschein verloren hast.»

Das erwies sich als fruchtloses Unterfangen. Meine Mutter erinnerte sich nicht an das Verfallsdatum. Sechs Monate? Ein Jahr, nachdem man den Gegenstand hingetragen hatte? Und auch an dieses Datum erinnerte sie sich nicht. Sie bat mich, Philippe, die Kislings oder sonst jemanden einzuschalten, damit sie ihre Verbindungen spielen ließen. Ich erzählte es schließlich Oriane, da sie am wenigsten zu schockieren war. Sie bemühte sich, den Weg über die Bürokratie einzuschlagen, aber es gab endlose Komplikationen, denn wir hatten keinerlei Beweis. Niemand von uns, ich eingeschlossen, gab sich wirklich große Mühe, es war eben eines von den Dingen, die aufzugeben man lernen mußte.

Bald nach dieser Enthüllung – in Zusammenhang damit oder nicht – nahm die Kontrolle meiner Mutter merklich ab. Sie teilte nachlässiger ein, bald suchte sie täglich Zuflucht bei ihrem Geheimnis, möglicherweise öfter als einmal.

Sie sprach gerne darüber – wie sie es wohl mit ihrem Russen getan hatte –, sie beschrieb es, wie man poetische Träume beschreiben mochte (es war die Zeit vor LSD). Sie sagte mir, die Wirkung sei jetzt anders als beim erstenmal, als sie es genommen hatte, um Eifersucht und Zorn zu vergessen. Jetzt nahm sie es um seiner selbst, um eines reineren Zieles willen. Sie wollte, daß auch ich es probierte. Nur einmal, damit ich wisse, was für eine Erfahrung das sei.

Eines Nachmittags reichte sie mir eine Ampulle. Als ich zurückschreckte, sagte sie mir, eine Injektion sei nicht notwendig, nicht beim erstenmal. Ich würde vermutlich etwas spüren, wenn ich es nur trinke und mich ruhig verhalte. Einmal hatte ich gesehen, wie sie Uley einen Tropfen aus der Spritze von ihrem Finger schlecken ließ; Uley nieste leise, dann spuckte er. Ich nahm die Ampulle mit in mein Zimmer und legte mich aufs Bett. Alessandro war außer Haus. Ich hielt das winzige Glasröhrchen in meiner Hand. Ja oder nein? Es bestand nicht die entfernteste Möglichkeit, daß auch ich die Kontrolle darüber verlieren würde, nicht bei einer kleinen Dosis, aber es stieß mich ab. Und doch war ich neugierig. Ich würde wissen, wie es war, wie es für sie war. Wie *war* es? Gleichzeitig spürte ich eine starke Abneigung, und eine innere Stimme sagte mir, es sei verderblich, mit so etwas zu spielen. Lange lag ich unschlüssig da, die Sonne schien durch die halb geschlossenen Blendläden. Am Ende stand das Nein.

Als ich ihr die Ampulle zurückgab, fragte sie: «Hast du keine Courage?»

Das Verhalten meiner Mutter an diesem Nachmittag verschaffte mir einen aufschlußreichen Einblick in die rätselhafte Persönlichkeit des Docteur Joyeu. Bekehrungseifer.

Meine Mutter gelangte zu der Überzeugung, daß La Grosse Hélène sie bespitzelte – es gab keinen *Grund* zum Spionieren –, und begann, immer wenn sie ausging, ihre Tür abzuschließen. Ihr Zimmer war das einzige im Haus, das Schloß und Schlüssel hatte. Natürlich ging der Schlüssel bald verloren. Eines Tages kamen wir zusammen nach Hause. «Wo ist er? Mein Schlüssel?» Nirgends zu finden. Was tun – einen Schlosser rufen? Meine Mutter wußte schnell Rat, holte ein Bügeleisen und schlug damit eine der unteren Türfüllungen ein. Sie gab mühelos nach, und es entstand eine Öffnung, die in Größe und Form etwa der einer durchschnittlichen Hundehütte entsprach. Meine Mutter ließ sich auf dem Fußboden nieder, wand sich mit erstaunlicher Behendigkeit durch das Loch und forderte mich auf, ihr zu folgen. Ich sträubte mich.

«Es ist ganz leicht», rief sie von drinnen, «komm doch.» Ich blieb stur. Ihr Kopf erschien ungefähr auf Bodenhöhe. «Dann müssen wir uns da unterhalten, wo wir sind. Hol dir ein Kissen. Ich habe eins.»

Ich holte ein Kissen, und wir begannen, uns ganz normal zu unterhalten, eine jede auf ihrer Seite der Öffnung kauernd. Sie erinnerte mich daran, wie sie, als wir in der Villa auf dem Hügel wohnten, auf einem Hocker am Kamin ihr Essen von einem Tablett verzehrte, während ich darauf bestand, meines an einem richtigen Tisch einzunehmen. «Du bist immer noch hochtrabend und bourgeois.»

Als Alessandro hereinkam und uns sah, fluchte er – was bei ihm äußerst selten vorkam – und knallte angesichts dessen, was ihm als der Gipfel der Schlamperei erschienen sein muß, die Flurtüre zu.

Aus irgendeinem Grund hielt diese Situation mehrere Tage an, meine Mutter wand sich in ihr Zimmer, das damit für La Grosse Hélène vollkommen unzugänglich geworden war, hinein und wieder heraus, durchaus schwungvoll. Auch Maria überraschte uns einmal, wie wir auf unseren jeweiligen Seiten vor dem Loch saßen und uns unterhielten. Sie muß es Aldous berichtet haben, denn Jahre später fand ich den Vorfall in *Geblendet in Gaza* geschildert. Hier ist es ebenfalls die Tochter – die mit mir nicht die geringste Ähnlichkeit hat –, die sich durch das Hundeloch mit Mrs. Amberley unterhält, der Ex-Geliebten des Erzählers, die in beklagenswerte Umstände geraten ist. Es gibt Ausschmückungen und Ungenauigkeiten (nach *meinem* Empfinden) – dichterische Freiheit –, und Mary Amberley gleicht natürlich ebensowenig meiner Mutter wie den anderen ein oder zwei Frauen, die Kritikern, Freunden und Klatschmäulern zufolge Aldous angeblich als Vorbild für ihren Charakter und ihr Betragen gedient haben. Dennoch gibt es auch etliche Entsprechungen. Huxley gestaltet die Szene zwischen Mutter und Tochter – viel Getue um eine Injektion – sehr deprimierend, mit widerwärtigen Einzelheiten. Hat er dies erfunden? Oder hat Maria ihm auch davon berichtet, und ich habe es aus meinem Gedächtnis gelöscht? Ich möchte mich nicht festlegen. Beim wiederholten Lesen jenes Kapitels – das eingebettet ist in den überlangen, chronologisch ungeordneten Roman – geht mir auf, wieviel Aldous und Maria damals gesehen und interpretiert haben müssen.

Als das Buch 1937 erstmals erschien, war ich entsetzt – Unsagbares war enthüllt (und verzerrt) worden. Auf meine Vorhaltungen entgegnete Maria, daß er alles, dessen er habhaft wurde, in einem Buch verarbeitete, früher oder später und auf seine Art. Wenn ich also eine Geschichte habe, die ich nicht gedruckt sehen wolle – «erzähl sie Aldous nicht». (Vielleicht *hatte* ich ihm eine Menge erzählt.)

Eine Nachricht aus England teilte mir mit, daß der Termin für die Dolmetscherprüfung feststehe. Ich hatte sie fast ganz vergessen, wollte jedoch die Gelegenheit wahrnehmen. Es ließe sich wohl zu einem Aufenthalt von einer Woche oder zehn Tagen in London ausdehnen; ich war über ein Jahr nicht mehr dort gewesen.

Meine Mutter unterstützte mich: Oh, ja, deine Ausbildung – du wirst die Prüfung mit fliegenden Fahnen bestehen, ohne jeden Zweifel. Ich war nicht so sicher. (Aus gutem Grund.) Alessandro schöpfte neue Hoffnung: wenn er sich ganz allein um sie kümmerte, könnte das nicht, möglicherweise, ihr Urteil über ihn mildern? Die Dinge wieder ins Lot bringen? Meine Befürchtung war, daß dies nicht mehr möglich sei. Der Grund seiner gegenwärtigen Liebe waren Fürsorge und Schuldgefühle, während nur eines sie ihm wieder zuführen konnte: daß er sie als Frau begehrte. Ich wußte instinktiv, daß er dies nicht tat, und wenn dem so ist, erzeugt es leicht das gegenteilige Gefühl. (Ich hatte in jüngster Zeit einiges gelernt.) Ihr Aussehen hatte – unwiederbringlich, wie es schien – Schaden genommen. Dazu diese Unordnung, ihre Ungepflegtheit…

Ich hatte nur eines im Sinn, nämlich allem für eine Weile den Rücken zu kehren.

Ich sagte, ich wisse nicht, wo ich mich aufhalten würde. Ich wollte nicht in der Wohnung in Parliament Hill eingepfercht sein. Toni besorgte mir ein billiges Zimmer in der Nähe des Britischen Museums in einem – wie sich herausstellte – Hotel, in dem Alkohol verboten war. Ich besuchte die Schwestern gleich bei meiner Ankunft und wurde von Toni fröhlich begrüßt. Ich sah, daß sie zurechtkam, gut zurechtkam, sie hatte sich eingerichtet, sie hatte sich ihr zukünftiges Leben gewählt, sie hatte *richtig gehandelt* – sie würde so weitermachen. Keine Klagen. Die Scheidung war ausgesprochen, und obwohl das Urteil noch nicht rechtskräftig war, betrachtete Toni dies als ausreichend, um sich das zu gestatten, worauf sie sich gefreut hatte: Jamie gelegentlich zu sehen. Er kam nachmittags, sie gingen mit dem Hund spazieren, der männliche Gesellschaft liebte, kamen zurück in die Wohnung zum Tee, mit oder ohne Rosie. Die Schwestern baten ihn wegen diesem und jenem um Rat, er bestand darauf, daß sie sich ein Telefon zulegten, und erbot sich, die Installationskosten zu übernehmen.

Toni weigerte sich. «Ein Telefon, wofür? Damit Rosie in aller Gemütlichkeit mit diesem Kerl (dem Richter) telefonieren kann?»

Daß Jamie zweifellos zu Cynthia gezogen war, ertrug sie mit unvermuteter Toleranz. «Das ist jetzt seine Sache, oder nicht?»

Ihr augenblickliches Ziel war es, Arbeit zu finden, um ihren Unterhalt aufzubessern, und Jamie wollte ihr eine Stelle besorgen. Außerdem versuchte sie, Geld für eine Reise nach Italien zu sparen. Sie wußte genau, wohin sie wollte und wann, La Scala, San Carlo, Rom, um einen bestimmten (sehr berühmten) Opernsänger zu hören. So eigensinnig sie auch war, ich freute mich über ihre wiedererwachte Lebensfreude. Sie erkundigte sich auch danach, wie es *mir* ergangen sei. Ich fand es unrecht, sie und Rosie noch länger im dunkeln zu lassen. Auch sagte ich mir, daß meine Mutter die Geschichte der beiden kannte. Ich versuchte, die Ereignisse herunterzuspielen und sie möglichst wenig dramatisch klingen zu lassen, trotzdem waren die beiden bewegt und konnten es kaum fassen. Eine von Tonis Reaktionen war, das zu verachten, was sie meine Umgebung nannte, es sei ihre Pflicht, meine deutschen Vormünder zu informieren. Die alte Drohung aus einer neuen Ecke.

Ich konnte nicht widerstehen, sie zu provozieren, indem ich ihr von meinem Tun und Treiben erzählte. «Jetzt können Sie so schlecht von mir denken, wie Sie es von den Frauen in Finchingfield getan haben.»

«Ich weigere mich, schlecht von dir zu denken. Du warst für mich immer eine Ausnahme.»

«Wovon? Von Ihren Regeln?»

«Es sind meine Regeln», erklärte sie steif. Ich war gerührt und ein wenig geschmeichelt. Toni fügte streng hinzu: «Ich weiß auch nicht, warum ich das mache.»

Rosie dagegen machte keinen glücklichen Eindruck, im Gegenteil, sie wirkte gespannt und nicht ganz im reinen mit sich selbst. Als es mir endlich gelang, mit ihr allein zu sprechen – was nicht ganz einfach war, aber an meinem zweiten Nachmittag ging Toni zu ihrer Gesangsstunde –, erzählte sie mir ohne Umschweife, daß der Richter in großen Schwierigkeiten war. In größeren Schwierigkeiten als je zuvor. Doch nicht *Spielen*? Eine Art von Spielen, die gefährlichste Art von Spielen, die es gab. Ich hatte vermutlich noch nie etwas davon gehört.

Hatte er nicht sein Wort gegeben?

Aber es hatte weder mit Pferden noch mit Karten etwas zu tun, es fiel nicht unter sein Versprechen. Er spekulierte an der Börse, er ging vorsätzlich Risiken ein – das war für ihn das Wesentliche, darin lag der Reiz an der Sache. Er kaufte ohne Deckung, setzte große Summen, die er nicht hatte, mit hohen Gewinnchancen darauf, daß seine Aktien steigen oder fallen würden.

«Ich wußte lange nichts davon. Er hatte mir ja auch nicht gesagt, welche Schwierigkeiten uns vor zwei Jahren davon abgehalten hatten, nach Sanary zu fahren. Damals hatte sich das Blatt gewendet, und seine Aktien taten das, worauf er gesetzt hatte. Gerade noch rechtzeitig.»

Diesmal, vor ein paar Wochen, hatte er es ihr gesagt. Er steckte so tief drin, daß seine Freunde – denen er nichts davon erzählt hatte – ihm nicht heraushelfen wollten oder konnten. Er verkaufte die wenigen Bilder, die er geerbt hatte, überzog sein Bankkonto gewaltig und schuldete mehr, noch viel mehr, seinem Börsenmakler. Nichts konnte ihn retten, wenn nicht ein Wunder geschah.

«Besteht Aussicht auf ein Wunder?»

«Er meint ja.»

«Und wenn nicht…?»

«Dann wird er bankrott gehen», sagte Rosie. «Zurücktreten vom Gericht. Und das ist sein Leben. Das Glücksspiel ist eine Art Traumleben, vielleicht weil ihm alles übrige so leicht gefallen ist.»

Ich begriff – das Aufsehen, der Skandal. Der Ärmste! Doch dann erkannte ich, daß er nicht der Mann war, von dem man «der Ärmste» sagen konnte.

Wir saßen eine Weile stumm, in starrer Verzweiflung. Das wirkliche Leben ist nicht zu ertragen, dachte ich, es ist nicht das, was man empfindet, wenn man im Schatten sitzt, mit einem Glas Wein in der Hand, im Kreis von Freunden, und Blätter und eine sonnenüberflutete Säule betrachtet.

Als ich dann Tonis Schlüssel in der Tür hörte, fragte ich schnell: «Weiß Toni davon?»

«Nein. Niemand weiß es. Es wird noch früh genug bekannt. Mach nicht so ein bekümmertes Gesicht. Es wird eine schlimme Zeit, aber Jack wird es überstehen. Er sagt, wir werden ins Ausland gehen. Vielleicht nach Australien oder sonstwohin.»

Ich werde es mit ihm durchstehen. Das war es, was Rosie sagen wollte.

In dem Augenblick, in dem die Prüfung begann, wußte ich, daß ich hier fehl am Platze war. Ich betrachtete die anderen Prüflinge, die Kleidung, die sie trugen – es schien ein ernsthaftes Unterfangen zu sein, und ich war gänzlich unvorbereitet. Ich hatte nur einen alten Füllfederhalter und eine Tasche mit einer Flasche Sherry bei mir, die ich soeben in einer Weinhandlung gekauft hatte, um sie anschließend mit nach Hause zu nehmen. Ich wurde zu einer mündlichen Prüfung hineingerufen, die ich erstaunlich leicht fand. Ich hatte das Gefühl – vielleicht das trügerische Gefühl –, die Prüfer angenehm überrascht zu haben. Als ich wieder vor meinen Papieren saß und die Fragen beantworten mußte – die eigentliche Prüfung –, wurde mir klar, daß es hoffnungslos war, daß ich ein Narr gewesen sein muß. Meine Handschrift allein würde mir bereits zum Verhängnis werden. Die Ergebnisse, wurde mir gesagt, würden in drei Monaten bekannt gegeben und mir nachgeschickt werden. Ich fragte mich, wie ich es anstellen sollte, sie bis zu meiner Volljährigkeit geheim zu halten, bis zu der es nicht ganz ein Jahr war. Benahm ich mich wie ein Betrüger? Vielleicht war ich ein Betrüger.

Rosie erzählte mir, daß Jamie und Cynthia im Herbst heiraten wollten. Es war nicht Cynthias Idee, sie war nicht besonders erpicht darauf, jemals wieder zu heiraten, aber Jamie war so verzweifelt, daß sie es aus Pflichtgefühl tat. Was immer ihre wahren Beweggründe gewesen sein mochten, ich muß an dieser Stelle festhalten – auch wenn es den Zeitrahmen dieser Geschichte sprengt –, daß sie miteinander glücklich waren. Jamies zweite Ehe ging gut und bescherte ihm die Kinder, die er sich gewünscht hatte und die Toni nicht bekommen wollte oder konnte. Er blieb jedoch Toni stets freundschaftlich verbunden. Ebenso Rosie. Als der Zweite Weltkrieg kam und damit die Bedrohung einer Nazi-Invasion, half er seiner Ex-Schwägerin, ihren Namen, Falkenheim, in seinen schottischen Namen zu ändern. Rosie wurde Miss Nairn, und die Schwestern hatten nun wieder denselben Namen.

Einige Tage nach der schmachvollen Prüfung ging ich zuerst zur National Gallery und dann nach Parliament Hill, um Toni abzuholen. Ich wollte sie zum Mittagessen einladen. Nicht bei Schmidt, sondern bei Bertorelli. Immerhin befanden sich beide Restaurants in der Charlotte Street. Toni machte sich gerade fertig, als es an der Wohnungstür klingelte. Jamie stand um zwölf Uhr mittags unangemeldet im Flur. Er sah mich zunächst nicht. «Ist Billi hier? Ihre Mutter ist in London. Sie hat mich im Geschäft angerufen. Es geht ihr nicht gut, Billi soll sofort zu ihr kommen.»

Mein Mund öffnete sich und ich schrie. Ich konnte es hören, es nahm kein Ende. Ich wußte, ich könnte aufhören – es war freiwillig-unfreiwillig –, aber es hielt an. Ich war verwundert über das Geräusch. Toni und Jamie waren es auch. Er fragte: «Was ist mit dir?»

Ich werde die Eskapaden meiner Mutter nicht in allen Einzelheiten schildern. Ich traf sie, wie sie Jamie mitgeteilt hatte, im Tavistock Hotel in Bloomsbury. Sie war von der Reise erschöpft und etwas betreten darüber, worauf sie sich eingelassen hatte. «Oh, ich wollte dich überraschen, ich dachte, es würde Spaß machen, deine kurzen

Ferien mit dir zu verbringen. Ich möchte ein paar Ausstellungen besuchen, ein paar Leute treffen...»

Das hatte sie bereits getan. Direkt von Victoria Station aus, im Haus eines Schriftstellers in Bloomsbury, eines ehemaligen Verehrers (möglicherweise). Es schien kein Erfolg gewesen zu sein: Er hatte ein Taxi gerufen, war mit ihr zum Tavistock Hotel gefahren und hatte ein Zimmer für sie gebucht, von einer weiteren Verabredung war nicht die Rede gewesen. Das war gestern abend. Heute morgen war ihr der Name der Buchhandlung eingefallen, wo Jamie arbeitete; sie hatte die Nummer aus dem Telefonbuch herausgesucht, und hier war ich nun.

«Weiß Alessandro, wo du bist?» fragte ich.

«Natürlich nicht. Er hat nicht die leiseste Ahnung. Wahrscheinlich durchkämmt er die Opiumhöhlen von Toulon nach mir. Ich wollte ihm einen Streich spielen – *er* ist nach Spanien durchgebrannt, oder?»

...

«Es schien mir eine großartige Idee zu sein, gestern, oder war es vorgestern?» Alessandro war außer Haus gewesen, sie hatte etwas Geld und ihren Paß zusammengesucht, eine kleine Tasche gepackt, den Bus nach Toulon genommen und einen Schnellzug nach Paris erwischt. Sie hatte dem Schaffner ein Trinkgeld gegeben, und er besorgte ihr ein Schlafwagenbett. Dann mit der Eisenbahn nach Calais, die Fähre, noch eine Zugfahrt. «Du kennst die Strecke... ermüdend.» Sie fügte matt hinzu: «Da ich nun hier bin, sollten wir uns amüsieren.» Es zeigte sich, daß ihr das Geld *und* die Ampullen ausgingen.

«Ich brauche mehr, bei diesen vielen Strapazen, es ist nicht dasselbe, wie wenn ich friedlich mit Uley in Les Cyprès wäre.»

Ich ging hinunter, um ein Telegramm an Alessandro aufzugeben.

Wir besuchten ein paar Galerien, sogar ein Theater, ein Geschäft in der Burlington Arcade, wo sie mir einen Schal kaufen wollte – nichts ging gut: alles, der Verkehr, das Gedränge auf den Bürgersteigen, war für sie störend und fremd. Als sie einmal ein Restaurant betrat, gebieterisch, einen anständigen Tisch verlangend, da sah ich sie so, wie andere sie wohl sehen mußten – eine ausgemergelte Erscheinung, von makabrer Eleganz: das faltige, angespannte Gesicht noch schön, aber kein Giorgione mehr, eine Rembrandtsche Frau, eine alternde Jüdin an einer Klagemauer.

Ich wußte, daß sie Angst hatte, daß sie alles ungeschehen machen, flugs nach Hause wollte. *Wie?*

Jamie besorgte ihr einen Termin bei einem Arzt. Er war hochtrabend, distanziert, entrüstet. Er verschrieb, was nötig war, damit sie durchhielt, unter der Bedingung, daß sie das Land binnen vierundzwanzig Stunden verließ. Es war keine leere Drohung.

Mit ihrem neuen Vorrat wurde sie entspannter. Der englische Stoff sei wunderbar, viel besser als der, den sie in Frankreich bekommen konnte... Sie bedrängte mich, Jamie zu bewegen, einen zweiten Besuch zu vereinbaren, natürlich bei einem anderen Arzt... Dann das Reisegeld, das nicht vorhandene. Meines hatte ich, aber sie hatte keine Rückfahrkarte, und sie mußte einigermaßen bequem reisen. Ich mußte mich an Rosie wenden. Sie wurde nervös, verlegen, unglücklich – sie sei außerstande... sie habe kein... «Bitte, erklären Sie es nicht», sagte ich, ebenso nervös, verlegen, unglücklich wie sie. Sie erklärte es. Sie wollte es so.

Sie hatte, was sie besaß, dem Richter gegeben, ihre Ersparnisse und was sie für das bißchen Schmuck bekam, den sie noch aus Berlin hatte. «Ich wollte es Jack *leihen*, es war nicht leicht, ihn zu überreden, es zu nehmen.»

«War es für die Börse? Ein Köder für das Wunder?»

«Nein, nein. *Das* erfordert andere Beträge, ich hatte sehr wenig. Es ist für ihn – zum Leben. Er hat seinen Überziehungskredit ausgeschöpft, er wagt nicht, in seinen Clubs einen Scheck einzulösen. Mit dem, was ich ihm geben konnte, war es ihm möglich, die vierteljährliche Miete zu bezahlen und seinem Sekretär das Geld zu geben, um eine Zeitung oder Zigarren kaufen zu gehen. Abends lassen wir uns jetzt belegte Brote bringen.»

Wiederum half Jamie. Er bezahlte die Fahrkarte für meine Mutter, brachte uns zum Zug. Die Rückreise verlief chaotisch. Meine Mutter wurde auf der Fähre ohnmächtig und mußte von zwei englischen Matrosen an Land getragen werden. In Paris weigerte sie sich, sofort zur Gare de Lyon zu fahren, wir mußten einen Aufenthalt einlegen, der mehr als vierundzwanzig Stunden dauerte und meine Geduld auf eine Zerreißprobe stellte. Als wir endlich nach Les Cyprès kamen, war sie erschöpft, aber froh. Zu Alessandro sagte sie: «Ich hoffe, du fühlst dich besser nach meiner kurzen Abwesenheit.» Tatsächlich jedoch sah er fast so krank aus wie sie.

Aus London zurück, versuchte ich, jeden Abend auszugehen. Das war oft nicht möglich, bevor meine Mutter sich schlafen gelegt hatte. Ich saß auf und beobachtete jedes Gähnen. «Ist es nicht Zeit für dein Paciflorin?» «Ach was, Zeit. Na gut, du kannst es mir jetzt holen.» Ich vermischte es – es war eine klebrig-süßliche braune Flüssigkeit – mit etwas Zitronensaft, eine reichliche, eine überreichliche Dosis. Es war ein ziemlich harmloses Zeug, das schläfrig machen sollte. Wenn es zu langsam oder gar nicht wirkte, half ich nach: «Möchtest du kein Paciflorin?» «Habe ich es nicht gerade genommen?» «Ich glaube nicht.»

War ich nicht selbst entsetzt über meine Skrupellosigkeit? Doch, das war ich, gleichzeitig aber sehnte sich jede Faser in mir danach, aus dem Haus zu kommen, hinein ins Nachtleben.

Es bestand die Gefahr, daß meine Mutter wieder aufwachte und in mein Zimmer schlenderte. Wenn sie es leer fand und es wie gewöhnlich sehr spät war, gab es Ärger und ein Netz von Lügen. Wenn ich im Zimmer war, wurde ich oft aus tiefem Schlaf gerissen und konnte nicht wieder einschlafen, solange sie an meinem Bett saß. Wie wünschte ich, daß sie ginge, wie mußte ich kämpfen, um einigermaßen wach zu scheinen! Ich blieb abends gerne lange auf, doch sobald ich eingeschlafen war, konnte mich nichts aus meinem tiefen Schlaf wecken – als hätte *ich* Paciflorin eingenommen. Diese nächtlichen Überfälle waren eine Qual, ich konnte mich nicht dafür erwärmen.

Einer meiner neuen Freunde befestigte an der Innenseite meiner Tür einen kleinen Riegel. Jetzt konnte ich mich vom Rest des Hauses abriegeln und es durchs Fenster verlassen, das sich keine anderthalb Meter über der Erde befand. Bei der Rückkehr, im Morgengrauen oder später, war es leicht, hineinzuklettern.

Einmal in tiefster Nacht jedoch besuchte *ich* meine Mutter in ihrem Zimmer. Ich hatte etwas gegessen – sehr wahrscheinlich eine verdorbene Muschel –, wovon mir sehr übel war. Ich weckte sie, sie sah mich zittern, stand auf, brachte mich wieder ins Bett, machte Wasser heiß für eine Wärmflasche, machte Gerstenschleim, hielt meine Hand, während ich wimmernd und dankbar dalag. Sie blieb so lange wie nötig bei mir sitzen. Ich schämte mich sehr und sagte es ihr. «Ach, Menschen, die es nicht gewöhnt sind, krank zu sein...» sagte sie. «Die Kranken haben gelernt, für sich selbst zu sorgen.»

Wenn ich keine Verabredung hatte oder eine verpaßte, weil ich zu spät kam, fuhr ich alleine nach Bandol und suchte mir Gesellschaft in einem Etablissement, das nach dem rauhen, herzlichen und habgierigen Käfer, der die Wirtin war, *chez Suzie* hieß. Es gab sich den Anspruch eines Nachtlokals oder einer *bar américain*, war aber eigentlich ein Tanzcafé. Man saß und trank draußen in der lauen Luft, wenige Schritte vom Meer entfernt. Wenn das Grammophon zu spielen begann und man Lust hatte, ging man hinein, um auf einer kleinen Tanzfläche im roten Licht einen heißen Tango zu tanzen. Die Leute wohnten in den Hotels und Villen am Ort oder lagen mit ihren Yachten im Hafen, viele kamen noch spät, wenn das Spielkasino schloß. Suzie hatte bis vier oder gar fünf Uhr früh geöffnet, ganz legal. Ich wurde ihr Stammgast, traf unterschiedliche und kuriose Typen, die mir Getränke spendierten, Engländer oder Amerikaner zumeist (diejenigen, die trotz der Wirtschaftskrise noch kommen konnten) – sie konnten alles sein, vom ausgebürgerten Dichter oder Antiquitätenhändler aus Chelsea bis zu den unverheirateten Töchtern eines Warenhauskettenbesitzers aus Mittelengland.

Ich trank *fine à l'eau*: Cognac mit Soda, tanzte, machte Spaziergänge *à deux* unter nächtlichem Himmel, erfuhr so manche Lebensgeschichte, die wiederum Aldous und Maria mit Begeisterung hörten. Aldous war von allen Einzelheiten meines Nachtlebens fasziniert und wünschte ausführliche Beschreibungen. Trotzdem mißbilligte er den Nachtclub und wollte in *chez Suzie* nicht das harmlose französische Café sehen, das es war. «Warst du wieder in deinem Höllenkreis?» fragte er, dann wollte er unbedingt davon hören.

Alessandro hatte diese kleinen Fluchtmöglichkeiten nicht, sein Leben war einsam geworden. Wenn er das Haus verließ, tat er es, um die Hunde auszuführen oder Zigaretten zu holen. Bei allen beliebt, stand er doch niemandem in Sanary sehr nahe. Die Männer, mit denen er Geschäfte machte, nahmen ihn wie einen jüngeren Bruder auf, er selbst aber fühlte sich in der Gesellschaft von Männern nicht wohl, er war lieber mit Frauen zusammen. Doch jetzt wich er ihnen aus.

Ich weiß nicht, wie weit meine Mutter sich der Zerstörung bewußt war, die um sie herum vorging. Die Unbarmherzigkeit, die sie Alessandro entgegenbringen konnte, stieß mich ab. Aber ich tat wenig, um dagegen anzugehen. Was würde aus uns werden, wenn auch ich in ihren Augen zum Gegenstand des Hasses würde?

Die Begegnung mit Toni – o ja, sie hatten sich in London kennengelernt, aber es war kein gelungenes Treffen – hatte die Gedanken meiner Mutter auf Scheidung gelenkt. Sie wußte, daß ihre eigene – italienische – Ehe unauflösbar war und nahm sie zum Anlaß für neue Sticheleien. «Du bist dir doch darüber im klaren, daß du unwiderruflich an mich gebunden bist», schleuderte sie Alessandro ins Gesicht, «durch Religion, Gesetz und Verpflichtung, oder hattest du an eine *Annullierung* gedacht? Wer würde sie dir gewähren? Das Kardinalskollegium? Der Papst? Wer würde sie bezahlen? Welche Gründe hast du? Sie würden dich auslachen.»

Zu mir sagte er: «Ich habe nie an Scheidung gedacht, ich will keine andere heiraten, ich habe nie daran gedacht, nicht mit ihr verheiratet zu bleiben.»

«Du darfst ihn nicht so hassen», sagte ich, als wir allein waren.

Meine Mutter erwiderte: «Sieh mich an. Er hat mich zerstört, durch das, was er getan hat.»

«Es war nicht seine Absicht…»

«Die älteste Ausrede – er hat den Apfel nicht wirklich essen wollen – und die lahmste.»

An anderen Tagen, über andere Themen, sprach sie sanft und nachdenklich. Dann konnte ich sie wieder lieben.

Evelyn Waugh. Sie war von seinem Format angetan gewesen, in jenen Tagen, als ich ihr, auf den Rat von Rosie Falkenheim hin, seine ersten Romane geschickt hatte. Jetzt hatte sie *Vile Bodies* (Aber das Fleisch ist schwach) neben sich, eines der Bücher, auf denen Uley lag. Ob ich merke, wie viel Verzweiflung in diesem Roman lag? «Er muß dasselbe fühlen wie ich. Jemand, der so schreibt, muß sich entweder dem Alkohol zuwenden oder dem, dem ich mich zugewendet habe, oder der Religion. Ich glaube, es wird die Religion sein – er wird katholisch werden.» (Ich glaube, Waugh war es damals schon oder hatte es vor, das wußten wir allerdings noch nicht.)

Aus heiterem Himmel fragte sie mich: «Wovon handelt dein Roman?»

Ich wurde rot. Bekannte mich dann zu dem jungen Mann in Südfrankreich.

«Ach ja. Fast alle fangen damit an, daß sie über eigene Erlebnisse schreiben. Obwohl sich dies nicht ganz nach deinen eigenen anhört. Wenigstens schreibst du nicht über deine Schule.»

Ich gab zu, kein besonders originelles Thema zu haben.

«Du hast mich. Ich bin ein interessanterer Stoff als der junge Mann deiner Phantasie.»

«Gott behüte, Mami.»

«Eines Tages, wenn du dich an dies alles erinnerst.»

«Nein», sagte ich, «nein, ich glaube nicht, daß ich das jemals könnte.»

Sie lächelte mich zynisch an.

Madame Panigon erzählte uns, daß Oriane einen Nervenzusammenbruch hatte, *une dépression nerveuse*, nannte sie es, und in die Schweiz geschickt werden mußte. In ein Sanatorium, ein sogenanntes... «Ich dachte immer schon, daß sie nicht ganz richtig im Kopf war.»

Um Madame Panigon abzulenken, fragte ich, was es Neues von Cécile gebe? «Sie lebt in Paris mit einem Mann, der alt genug ist, um ihr Vater zu sein, ein Kunstmaler, kein nennenswertes Vermögen. Sie macht ihrer Familie Schande, sie wollen heiraten.»

Ich traf Philippe am Hafen. Die Desmirails spielten keine Rolle in meinem ausschweifenden Leben. «Oriane ist in der Schweiz, sie macht eine Kur.»

«Hoffentlich nichts Ernstes?»

«Ich glaube nicht», sagte er leise, verständnislos, *«elle fait un peu de neurasthénie.»* Eine kleine Nervenschwäche.

Meine Mutter betrachtete mich mit Verwunderung. «Ich finde es immer seltsamer, ein Kind zu haben. Es war einfach, als du klein warst, aber jetzt ist da eine vollständige, erwachsene, eigenständige Persönlichkeit... Du stehst hier. Und ich denke, das habe *ich* hervorgebracht? Gebären ist eine Sache... Wenn du etwas geboren hast, das sich fortlaufend in jemand anderen verwandelt, dann wird es so seltsam.

Nicht weil du bist wie ich oder anders als ich – ich denke, du bist beides –, das ist nicht der springende Punkt. Sondern daß du ein Teil von mir sein sollst, der – im gewöhnlichen Gang der Dinge – bleibt, wenn ich nicht mehr bin. Darum sehe ich dich an und fühle... ich weiß nicht was.»

«Wenn du die Wahl gehabt hättest, würdest du ein Kind bekommen haben?» fragte ich sie.

«Du bist wahrhaftig in einem ungelegenen Moment gekommen – wie ich dir schon oft gesagt habe –, es band mich an deinen Vater, als ich bereits auf Mittel und Wege sann, um ihn zu verlassen.»

«War es mit dem anderen Kind genauso?»

«*Was*? Wovon redest du?»

«Es gab ein zweites Kind, nicht? Ich habe es im Geiste mein Brüderchen genannt.»

«Guter Gott! Das weißt du!»

«Oh, ich habe es gewußt. Ich wußte auch, daß es ein Geheimnis war.»

Meine Mutter blickte mich so entgeistert an, wie ich sie noch nie gesehen hatte.

«Ich habe das Geheimnis bewahrt. Habe auch nicht viel daran gedacht. Ich war damals ein ganz kleines Kind, es war alles so weit weg.»

«Aber *woher*? Woher hast du es gewußt? Wie hast du es erfahren? Wer konnte es dir erzählt haben? Niemand hat es damals gewußt. Dein Vater bestimmt nicht.»

«Es war der Kinderwagen», sagte ich. «Du hast es verraten, Mami, als du nach dem Kinderwagen schicktest.»

«Was für ein Kinderwagen?»

«Erinnerst du dich nicht? Es war *mein* alter Kinderwagen – er stand in Feldkirch auf dem Speicher. Du schriebst den Anwälten, die Papa bei der Scheidung vertraten, und batest, daß man ihn dir bald schickte.»

«Gott ja, das stimmt.»

«Papa war zuerst verblüfft, dann hat er sich aufgeregt, und dann durfte ich nichts mehr davon wissen. Die Packer kamen, und schon war es geschehen. Er und Lina – du wirst dich nicht an Lina erinnern, sie kam, nachdem du uns verlassen hattest – sprachen darüber, aber ich habe nicht viel mitbekommen, nur ‹*wie konnte sie?*› und einmal ‹das *liegt auf der Hand*›.»

«Jetzt weiß ich, wie es dein Vater geschafft hat, mich bei unserer Scheidung zum schuldigen Teil zu machen. Durch meine Dummheit. Nicht daß es viel geändert hätte.»

«Sie haben es nur vermutet. *Ich* war ganz sicher, daß mein Kinderwagen für dein neues Kind war.»

Meine Mutter sah mich beinahe ehrfürchtig an. «Was hast du dabei empfunden?»

«Hoffnung, daß du Freude an ihm haben würdest – ich weiß nicht warum, aber ich dachte immer an einen Jungen – und daß wir uns eines Tages begegnen würden.»

«Und dann», sagte meine Mutter, «als du ihm *nicht* begegnet bist?»

«Ja, das war mir äußerst peinlich. Weißt du, als du mich nach Italien kommen ließest – als du wieder heiraten wolltest und wir in Florenz leben sollten –, da habe ich damit gerechnet, meinen kleinen Bruder vorzufinden. Fast hätte ich nach ihm gefragt. Dann spürte ich, was für ein entsetzlicher Fehler das gewesen wäre. Entweder hatte ich mich geirrt, oder du hattest ihn weggegeben, zu Pflegeeltern oder sonst jemandem, und wolltest nichts davon hören. Oder er war… tot.»

«Er war tot», sagte meine Mutter. «Es war ein Junge, und er ist nach wenigen Wochen gestorben.»

Als wir wieder sprachen, sagte ich: «Du mußt sehr traurig gewesen sein.»

«Das war ich auch. Ich hatte ihn gewollt. Und ich habe den Mann, der sein Vater war, sehr geliebt. Wir wollten heiraten, sobald meine Scheidung rechtskräftig war. Nein, es war nicht O., O. kam Jahre später. Es war der Mann, der mir den Klee geschenkt hat.»

«Warum ist nichts daraus geworden?»

«Als das Baby tot war, wollte ich den Mann nicht mehr. Eine seltsame Umkehr der Gefühle, aber so war es. Ich habe Schluß gemacht und ihn verlassen.»

«Hat es ihn getroffen?»

«Sehr.»

Wir holten beide tief Luft. Dann fragte ich: «Mami, warum um Himmels willen hast du das getan?»

«Was?»

«Nach dem Kinderwagen geschickt. Es ist absurd. Ich weiß, du hast Vater das Schloß behalten lassen und das Parkgrundstück und alles übrige, du hast es ihm geschenkt, einfach so, ohne viel Aufhebens davon zu machen, weil du wußtest, wie schlimm es für ihn gewesen sein würde, es zu verlassen. Dafür habe ich dich immer bewundert. Und dann bittest du um einen gebrauchten Kinderwagen? Du warst damals doch nicht knapp bei Kasse?»

«Es war ein besonders *guter* Kinderwagen, ein englisches Fabrikat. Ich sah nicht ein, warum ich einen neuen kaufen sollte, wenn er dort im Hinterland des Großherzogtums Baden auf seinen Rädern herumstand und dein Vater auch alles andere hatte. An die Konsequenzen habe ich nicht gedacht.»

Mir fiel noch etwas ein. «Mami, war es der Kinderwagen von Kopenhagen?»

«Was meinst du damit?»

«Der Wagen, in dem du mich eines Nachmittags in diese Junggesellenwohnung mitgenommen hast…?»

«Peters Wohnung. Erinnerungen hast du! Peter… Ihn habe ich auch geliebt, vielleicht mehr als die meisten… damals dachten wir, was für ein guter Schriftsteller er sei, sie nannten ihn den dänischen Maupassant, jetzt ist er aufs Abstellgleis geschoben, fast vergessen. Ich habe ihn nach jenem Sommer nie wiedergesehen. Der Krieg kam, und er ist 1917 gestorben. Kaum fünfzig, an hundert Zigaretten täglich und anderen Sachen.»

Ich sagte: «Plötzlich war da diese Fotografie auf deiner Frisierkommode. Ich erinnere mich an seine lange Hand mit der Zigarettenspitze.»

«Dein Vater hat sie auch gesehen. Er kam in mein Zimmer und scheute wie ein Pferd. Ich sagte zu ihm: ‹Ich habe es soeben erfahren – er ist vorige Woche gestorben.› Dein Vater machte eine leichte

Verbeugung und sagte: ‹Es tut mir so leid.› Das war ganz typisch für ihn.»

«War es der Wagen?» fragte ich.

«Ja, es muß derselbe Kinderwagen gewesen sein. Siehst du jetzt, wie seltsam es ist, dich zu haben? Die Dinge, an die du dich erinnerst, die Dinge, die du weißt… Und ich hatte keine Ahnung. Kenne ich dich? Glaubst du, du kennst *mich*?»

«Es ist nicht leicht, dich zu kennen, Mami.»

«Warum hast du mich nie auf das andere Kind angesprochen?»

«Da *du* es nie getan hast – wo du über so viel anderes geredet hast –, hatte ich das Gefühl, nicht davon anfangen zu dürfen, außerdem hatte ich es fast vergessen. Es war nur ein Vorgang, den ich als Kind mitbekommen und wie ein Kind betrachtet hatte.»

«Und heute? Siehst du es heute anders?»

«Vielleicht.»

8. Kapitel

Der Hilfsarbeiter kam mit einer Nachricht in unser Haus. Ich möge sofort nach La Pacifique kommen, ein persönlicher Anruf aus London warte auf mich, von einem – er hielt mir einen Zettel hin – Mister Nairn. Ich folgte ihm mit klopfendem Herzen. Jamie war nicht der Mann, der ohne weiteres internationale Ferngespräche führte. Philippe war da, er sagte der Vermittlung, ich sei nun zu sprechen, und nach kurzem Warten war ich durchgestellt. Ich hörte Jamie sagen: «Der Richter... er hat sich erschossen... er ist tot, Rosie hat ihn gestern nachmittag gefunden.»

Bevor ich etwas sagen konnte, fuhr er fort: «Keiner weiß warum... es steht in allen Zeitungen. Anscheinend hatte er in letzter Zeit ein paar schwierige Fälle.»

Meine Mutter sagte: «Du mußt zu ihr.» Ich lieh mir das Fahrgeld von Maria. Diesmal mußte ich sie bitten. Ich erzählte ihr, einer guten Freundin sei etwas Schreckliches zugestoßen. «Ich werde ihr keine Hilfe sein.» «Dann hast du dich wenigstens bemüht», sagte sie. Ich stieg am selben Abend in den Zug.

Ich ging zuerst zu Jamie. Er klärte mich über die Tatsachen auf. Rosie war in St. James's in die Wohnung gegangen und hatte den Richter in seinem Wohnzimmer in einem Sessel gefunden, die

Schrotflinte neben sich. Sie ging – unbeobachtet – hinaus und rief die Polizei aus einer Telefonzelle an. Sie sagte, sie sei die Schreibkraft, die verabredungsgemäß vorbeigekommen sei, um Papiere abzugeben. Sie nannte ihren Namen nicht, sie sagte, sie wünsche das öffentliche Aufsehen nicht, das sich daraus ergeben könnte, und die Polizei akzeptierte das. Die Presse machte (ein Wunder?) kein großes Aufhebens um die unbekannte Frau, die ihn gefunden hatte. Sie suchten nach einem Grund für den Tod des Richters – und das müsse auch Rosie tun, vermutete Jamie –, man schien sich einig: Überarbeitung, in Verbindung mit der öffentlichen Kontroverse über seine Haltung in einigen neueren Fällen. Man rechnete damit, daß auf Selbstmord in geistiger Umnachtung erkannt werde, die Zeitungen verloren schon das Interesse an dem Fall.

«Mit etwas Glück wird keiner herausfinden, daß sie ihn gekannt hat.»

«Wie... wie geht es Rosie?» fragte ich schließlich.

«Sie ist ruhig», sagte Jamie. «Ziemlich.» Ein seltsamer Ausdruck, dachte ich.

Ich fand die Schwestern wie gelähmt, Toni sah man es am meisten an: Bleich und erschüttert, behandelte sie Rosie linkisch wie eine Kranke, während sie Gott weiß was unterdrückte. Rosie wirkte ziemlich unverändert, abgesehen von einer gewissen Steifheit in ihren Bewegungen. Sie sprach wenig. Über das Geschehene fiel kein Wort. Sie waren keine Südeuropäer – keine körperliche Mitleidsbekundung schien gestattet, keine Umarmung, kein Händedruck. Ebenso fern lag ihnen ihre eigene herzliche Tradition, das jüdische Teilen des Kummers, das Beieinandersitzen und Klagen. Alles war nüchtern, kalt.

Toni bereitete einen Tee. Rosie aß normal.

Später lud sie mich zu einem Spaziergang im Park, Hampton Heath, ein. Sobald sie den Hund von der Leine gelassen hatte, begann sie zu reden. Sie sprach gemessen, mit gleichmäßiger, leiser Stimme. Sie habe ein wunderbares Leben, ein paar herrliche Jahre gehabt. Das sei vorbei.

«Mir bleibt nichts mehr. Ich werde nicht Jacks Weg gehen, das kann ich Toni nicht antun. Stell dir vor, wie schockiert sie sein würde.»

Ich war froh, in dieser letzten Bemerkung eine Spur ihres alten Ich wiederzufinden. Was immer das Leben den Menschen antut, vielleicht bleibt ein Funken von Persönlichkeit bestehen, der in die Freiheit strebt.

«Außerdem könnte es sein, daß Selbstmord» – sie war imstande, das Wort auszusprechen – «nicht meiner Natur entspricht. Ich an Jacks Stelle hätte mich anders entschieden. Aber für ihn war sein Ruf seine größte Stütze. So wie er meine war.» Sie richtete sich gerade auf wie ein Soldat, ein sehr müder Soldat nach einem sehr langen Marsch, dennoch wie ein Soldat. «Ist es nicht großartig, daß aller Voraussicht nach nichts über Schulden oder Bankrott bekannt werden wird? Offensichtlich haben seine Angehörigen alles bezahlt – was sie nie getan hätten, wenn er noch lebte. Die Wahrheit wird nie ans Licht kommen.» Ihre Stimme wurde fester. «Da Jack die Angelegenheit nicht bereinigen konnte, sorgen seine Hinterbliebenen dafür, daß niemand erfährt, daß es eine Angelegenheit zu bereinigen gab. Das hätte er sich am meisten gewünscht. Und dies ist etwas, das auch ich noch für ihn tun kann: Von mir wird niemand die wahre Geschichte erfahren.»

Ich lobte, wie gut sie es ihrer Schwester und Jamie verheimlicht hatte, und versicherte sie meines Stillschweigens. Ich habe mein Versprechen gehalten. Nun ja, gut fünfzig Jahre lang.

Ob ihr wohl ein Ortswechsel für eine Weile guttäte? Eine Reise? Könne sie es ertragen, mit mir zu fahren (dabei fragte ich mich, was unser Haus zu bieten hätte)? Aber ich nehme an, sie wolle jetzt nicht nach Sanary?

Nein, jetzt nicht nach Sanary.

Würde sie weiterhin bei Toni leben?

Unvermeidlich. Es sei denn, Toni ginge eines Tages mit einem Sänger auf und davon. Höchst unwahrscheinlich.

Wie ihr durch die nächsten Wochen geholfen werden könne? Das war leicht. «Ich muß arbeiten. Sofort. Es sei denn, ich lebe auf Tonis Kosten.» Tatsächlich habe sie schon eine Stelle, sie übernehme die, die Jamie Toni besorgt hatte, eine ausgezeichnete Stelle in einer Galerie; Toni trete sie ihr liebenswürdigerweise ab.

«Und wartet, daß sich ihr eine andere bietet?»

«Die Jamie ihr zu beschaffen versucht. Jamie ist sehr gütig gewesen.»

«Und er weiß nicht einmal, weshalb Sie Arbeit brauchen.»

«Jamie stellt keine Fragen.»

«Was kann *ich* für Sie tun?»

Nichts. Es sei lieb von mir gewesen zu kommen. Jack hätte es zu würdigen gewußt. «Er hat dich als meine Freundin geschätzt. Die einzige, die er je kennengelernt hat.»

Eines, ja: Ob ich ihr ein paar Bücher besorgen könne. Sie nehme Schlaftabletten – natürlich –, trotzdem lese sie jede Nacht ein Buch durch. Als ich mich eifrig bereit erklärte und Vorschläge machte, sagte sie: «Oh, keine richtigen Bücher. Die könnte ich nicht lesen. Nur Detektivgeschichten, jede Menge.»

Ich dachte an Gewehre – und Schlimmeres –, die in Studierzimmern und Bibliotheken von Landhäusern gefunden wurden: Konnte sie sich mit dergleichen befassen wollen? Also mußte wahr sein, was die Leute sagten, daß der Tod in Detektivgeschichten ganz unwirklich war.

Nachdem es tatsächlich nichts gab, was ich für Rosie tun konnte, befand ich mich nach knapp achtundvierzig Stunden in London wieder auf dem Rückweg nach Frankreich.

Als ich mit dem Koffer in der Hand nach Les Cyprès kam, sah ich Waldemar auf der Terrasse sitzen und Zeitung lesen. Ich suchte Alessandro. «Was um Himmels willen…?»

«Er ist zurückgekommen, um uns zu besuchen. Er wollte sich für den letzten Sommer bedanken. Wie es aussieht, hat er sein Examen bestanden und irgendeine feste Stellung angetreten. Er hat deiner Mutter seine gebundene Doktorarbeit als Geschenk mitgebracht.»

«Was willst du mit ihm machen?» fragte ich sie gleich darauf.

«Wir haben ein Bett, oder nicht? Er wohnt in Emilias altem Zimmer. Ein anständiger junger Mann, wenn auch schrecklich ernst, meine Güte, und so sauber und korrekt, obwohl er sich so schwer für die Revolution abgerackert hat.»

Ich wollte an diesem Abend ohnehin nicht ausgehen, und so war mir das Essen daheim mit Waldemar sehr recht. Alessandro hatte gekocht. Es wurde ein angenehmer Abend; das Hauptgesprächsthema war die Politik, wobei meine Mutter den jungen Deutschen aufzog und zuweilen völlig verwirrte. (Von London wollte ich meiner Mutter nach und nach erzählen, das konnte warten.) Sie zog sich zurück, und wir gingen alle früh schlafen.

In der Nacht wurde ich von großem Lärm im Haus geweckt: Ich erkannte die Stimme meiner Mutter. Ich öffnete meine Tür, im Flur brannte Licht, und ich sah sie auf der Schwelle von Emilias kleinem Zimmer stehen. Sie war im Nachthemd, und sie tobte. Waldemar, nahm ich an, war im Bett. «Ich wünsche, daß Ihnen klar ist», schrie sie, «daß Sie unter dem Dach eines Ehebrechers schlafen… eines *Ehebrechers*…»

Jetzt erschien Alessandro, das Geschrei wurde lauter, ich stahl mich fort. Obwohl ich an diese nächtlichen Tumulte gewöhnt war, drangen sie bis ins Mark. Ich ging wieder ins Bett, steckte mir die Stöpsel, die ich manchmal beim Tauchen benutzte, in die Ohren, zog mir ein Laken über den Kopf. Nach einer Weile klangen die Geräusche ab. Ich schlief wieder ein.

Ich wachte abermals auf, als Alessandro in der Tür stand. Er war vollständig angezogen und hielt Chumi an der Leine. Auf dem Kopf hatte er eine kleine weiße Schirmmütze, wie sie Golfspieler tragen, die er zum Autofahren aufsetzte. Er bedeutete mir, still zu sein. Ich nahm die Stöpsel aus den Ohren, stand auf und folgte ihm aus dem Haus. Wir standen uns an der Balustrade über der Zypressenterrasse gegenüber. Es dämmerte.

Er sagte: «Ich kann nicht mehr. Ich muß gehen.»

Die klare Gewißheit traf mich wie ein Hieb. Ich sah ihn mit plötzlich aufwallender Zuneigung an: «Ja – geh.»

«Kümmere dich um sie. Sei lieb zu ihr.»

...

«Philippe und Oriane, Aldous und Maria und Renée, sie werden dir helfen.»

...

«Ich schicke Geld, sobald ich kann. Regelmäßig.»

«Und was wirst du tun?»

«Ich weiß nicht.»

«Ach, Alessandro.» Dann Belangloses. «Waldemar? Was sollen wir mit ihm machen?»

«Er ist schon im Wagen, er hat mein Gepäck eingeladen. Wir fahren mit Doris' Chrysler – er muß zurückgebracht werden –, den Ford lasse ich hier.»

«Du willst also nach Berlin.»

«Nicht für lange. Paul könnte mir Arbeit besorgen – er baut irgendwo in Deutschland. Er kann einen Innenarchitekten gebrauchen. Einen *Amateur*-Innenarchitekten.»

«Du wolltest ein richtiger Architekt werden, nicht?»

«Richtiger Architekt. Bißchen spät jetzt.»

Ich erinnerte mich an einen anderen Vorfall, als er abreisebereit war. Es war in Sorrent, und ich, bemüht, mich ihretwegen zu vergewissern, hatte gefragt: «Du kommst zurück?» Jetzt fragte ich es nicht. Ich war von einer Woge der Liebe erfüllt, unpersönlicher Liebe, als seien er und ich ein Glied in der Kette der Bruderschaft der Menschheit geworden. Ich legte meine Arme um ihn, getragen von einem Bedürfnis nach Erlösung. Absolution. Einer Absolution, wie sie ein Mensch dem anderen erteilen kann. So standen wir einige Augenblicke. Nie hatte ich mich jemandem so nahe gefühlt.

Die Worte kamen heraus: «Geh in Frieden.»

Als er fort war, blieb ich eine Weile an der Balustrade stehen. Es war der Anbruch eines neuen, unbarmherzig schönen Morgens im

Midi. Schritte. Alessandro war zurückgekommen, er trug seine Remington-Reiseschreibmaschine in der Hand. «Nimm du sie lieber. Benutze sie.» Er war wieder fort.

Ich ging in mein Zimmer. Das Haus war still. Ich wollte gerade den Riegel auf der Innenseite meiner Tür vorschieben, als mir klar wurde, daß ich mir das nicht mehr erlauben konnte. Ich stellte die Schreibmaschine sehr vorsichtig neben den Tisch, den ich als Schreibtisch benutzte, und ging wieder ins Bett. Es muß gegen fünf Uhr gewesen sein. Mit etwas Glück konnte ich mit ein paar Stunden Schlaf rechnen.

ROSAMUNDE PILCHER

Blumen im Regen

Erzählungen
Deutsch von Dorothee Asendorf
352 Seiten. Gebunden

Mit «Blumen im Regen» eröffnet Rosamunde Pilcher ihre große Sammlung von Erzählungen. Eine Pilcher, wie wir sie kennen und lieben: tref-
fend, witzig, besinnlich und anrührend. Sie versteht sich wie keine auf die
Kunst, Geschichten zu erzählen, Geschichten von Liebe und Leid, von Verzweiflung und Glück.

September

Roman
Deutsch von Alfred Hans
624 Seiten. Gebunden

Der September ist in Schottland etwas ganz Besonderes. Es ist die Zeit
glänzender Jagdgesellschaften. Es ist der Monat, in dem Ehen geschlossen
werden und zerbrechen – in dem die Nächte länger werden und ein wenig
zuviel getrunken und getanzt wird.

Als die Gäste aus aller Welt in dem kleinen Dorf Strathcroy eintreffen,
verändert sich für manche das Leben – und in einigen Fällen auf überra-
schende Weise.

Die Muschelsucher

Roman
Deutsch von Jürgen Abel
704 Seiten. Gebunden

«Eindringlich und intensiv beschreibt Rosamunde Pilcher nicht nur Gefühle, sondern auch Landschaften und Stimmungen. Trotz positiver
Grundstimmung liegt über dem Buch eine angenehme Melancholie, die
einen angesichts eines nebligen Tages am Meer oder eines englischen Gar-
tens mit welkenden Rosen befällt. Es fällt daher nicht schwer, das Werk in
die Riege der Lieblingsbücher einzureihen.»   (Wolfsburger Allgemeine)

WUNDERLICH

ROSAMUNDE PILCHER

Karussell des Lebens

rororo 12972

Prue Shackleton, jung, schön und eigenwillig, hat die Ermahnungen ihrer Mutter einmal zu oft gehört. Statt sich um einen vielversprechenden Heiratskandidaten zu kümmern, fährt sie zu ihrer Tante ans Meer. Auf ausgedehnten Streifzügen durch Cornwall lernt sie Daniel kennen...

Lichterspiele

rororo 12973

Emma Litton ist nach dem Tod ihrer Mutter in Internaten aufgewachsen und hat ihren Vater nie richtig kennengelernt. Was für ein Mensch ist dieser weltberühmte Maler, den sie ein Leben lang immer nur sehnsüchtig aus der Ferne bewunderte?

Sommer am Meer

rororo 12962

Virginia Keiles unglückliche Ehe endet mit dem Tod ihres Mannes. Die junge Witwe kehrt zum erstenmal nach Jahren an ihren Heimatort zurück, um den Sommer am Meer zu verbringen. Dort begegnet sie ihrer Jugendliebe Eustace Philips.

Stürmische Begegnung

rororo 12960

Am Sterbebett ihrer Mutter erfährt Rebecca Bayliss ein langgehütetes Geheimnis: Plötzlich hat sie eine Familie, von der sie bislang nichts ahnte. Mit ihrem gutaussehenden Cousin Eliot verbindet sie bald mehr als nur Verwandtschaft.

ROWOHLT

PAULINE GEDGE

Der Sohn des Pharao

Roman
Deutsch von Helmut Mennicken
640 Seiten. Gebunden

Nach ihren Welterfolgen «Die Herrin vom Nil» (rororo 5630) und «Pharao» (rororo 12335) entführt Pauline Gedge den Leser wieder in die Welt des Alten Ägypten, diesmal in die dekadente, parfümdurchwehte Zeit der 19. Dynastie 1250 Jahre vor unserer Zeitrechnung.

Im Zentrum dieser spannenden Geschichte von Macht, Magie und erotischer Besessenheit steht Khamwaset. Er hat den Ruf eines hervorragenden Gelehrten und wird wegen seiner umfassenden Kenntnisse als Arzt und Magier geschätzt. Obwohl seine Umgebung ihn als nüchternen Mann kennt, jagt er einem Kindheitstraum nach: er strebt danach, die legendenumwobene Schriftrolle des Gottes Thoth zu finden, von der es heißt, daß sie ihrem Besitzer die Macht verleihe, die Toten aufzuwecken und Unsterblichkeit zu erlangen.

Pauline Gedge, 1945 in Auckland/Neuseeland geboren, verbrachte einen Teil ihrer Kindheit in England und lebt heute in Alberta/Kanada. Ihre Bücher sind in zahlreiche Sprachen übersetzt worden.

WUNDERLICH